WOLFRAM EULER

UND

KONRAD BADENHEUER

SPRACHE UND HERKUNFT DER GERMANEN

Abriss des Protogermanischen vor der Ersten Lautverschiebung

Hamburg / London 2009

Verlag Inspiration Un Limited

sunḗu méinosmō
Falk-Leonhard

súnēu méinazmō
*Falk-Leonhard**

* Zu Deutsch: „Meinem Sohn Falk-Leonhard“, oben protogermanisch, unten späturgermanisch

Umschlagbild: Der ***Sonnenwagen von Trundholm*** *gehört zu den herausragendsten Funden der europäischen Bronzezeit. Das 1902 von einem Bauern entdeckte Kultobjekt wird meist in die ältere und teilweise in die mittlere Bronzezeit datiert, die Ansätze schwanken vom 18 bis ins 14. Jahrhundert v. Chr. Die Titelseite zeigt die vergoldete Vorderseite („Tagseite"), die Buchrückseite die „Nachtseite" des im Kopenhagener Nationalmuseum aufbewahrten Gefährts.*

Graphische Gestaltung: Konrad Badenheuer
Satz: textum GmbH, 81671 München
Druck: naberDRUCK GmbH, 76549 Hügelsheim

Printed in Germany

ISBN 978-3-9812110-1-6

Vorwort des Herausgebers

Mit über 500 Millionen Muttersprachlern gehören die germanischen Sprachen zu den großen Sprachfamilien der Welt, durch die dominante Rolle des Englischen in Wirtschaft und Wissenschaft ist eine germanische Sprache zur *lingua franca* der Welt geworden.

Allein schon deswegen müsste man meinen, dass die Frühgeschichte der germanischen Sprachen, zu denen auch Deutsch, Niederländisch und Afrikaans, Jiddisch und die skandinavischen Sprachen außer dem Finnischen gehören, umfassend erforscht ist, dass hier keine größeren Forschungslücken mehr bestehen. Doch das ist nicht der Fall. Zwar wurde die gemeinsame Protosprache der germanischen Idiome, das in der Zeit um Christi Geburt gesprochene „Urgermanisch", seit dem frühen 19. Jahrhundert intensiv und erfolgreich erforscht. Die davor liegende Ausgliederung des (Proto-)Germanischen aus dem Indogermanischen und seine weitere Entwicklung – beginnend mit der Ablösung von den benachbarten keltischen und italischen Sprachen über die erste Lautverschiebung bis zum Beginn jenes Zustandes, der in der Literatur meist als urgermanisch bezeichnet wird – blieb dagegen weitgehend unbearbeitet, eine zusammenfassende Monographie darüber fehlte bisher ganz.

Der Verlag Inspiration Un Limited hat es unternommen, diese Lücke mit der vorliegenden Arbeit zu schließen. Das Buch ist zumindest in drei Punkten ungewöhnlich und stellt darum auch ein gewisses Wagnis dar:

Ungewöhnlich sind zunächst die Größe des bearbeiteten Feldes und der innovative Anspruch des Werkes. Immerhin geht es um die Frühgeschichte einer Sprache über eine Periode von rund 1800 Jahren – vom frühen zweiten bis zum ausgehenden ersten Jahrtausend vor Christus. Ungewöhnlich ist zum zweiten das Zusammenwirken zweier Autoren, die sich in ganz außergewöhnlicher Weise ergänzt haben. Ungewöhnlich ist schließlich drittens der Versuch, Grundlagenforschung allgemeinverständlich darzustellen. In diesem Buch geht es nämlich um weit mehr, als die bloße Darstellung wissenschaftlicher Forschungs*ergebnisse*. Vielmehr ist dieses Buch selbst ein Stück Forschung, das sich mit der Veröffentlichung der Kritik der Fachwelt stellt.

Doch die Ergebnisse sind zu einem so großen Teil von Interesse für ein historisch und sprachwissenschaftlich interessiertes Publikum, dass Verlag und Autoren einen kühnen Versuch unternommen haben: Statt nur die Ergebnisse in einer eigenen, populären Veröffentlichung zu präsentieren, wurde hier eine genuin wissenschaftliche Arbeit für ein breiteres Publikum geöffnet. Weite Teile des Buches sind allgemeinverständlich, ebenso sämtliche Resultate und natürlich die Illustrationen. Diese dienen im ersten Teil des Buches unmittelbar der Erläuterung des Textes, im sprachwissenschaftlichen Hauptteil dagegen primär dessen Auflockerung und Ergänzung. Es soll erkennbar werden, dass die hier analytisch beschriebene Sprache von Menschen aus Fleisch und Blut gesprochen wurde.

Wer dieses Buch als sprachwissenschaftlich und historisch interessierter Laie zur Hand nimmt, muss sich darauf einstellen, dass er manche Passage nicht oder nur teilweise verstehen wird. Etliche Herleitungen und Begründungen setzen für ein volles Verständnis linguistisches Fachwissen, eben die Methodik der Vergleichenden Sprachwissenschaft voraus. Das Buch nimmt seine Leser also gleichsam auf eine Bergtour, bei der er die eine oder andere Steilwand womöglich umgehen muss, ihm jedoch viele interessante Aufstiege und atemberaubende Ausblicke winken.

Dass diese Arbeit nun ausgerechnet kurz vor dem 2000. Jahrestag der Schlacht im Teutoburger Wald erscheint, ist ein Zufall, allerdings ein glücklicher. Denn das Interesse an Kultur, Lebensweise und Religion der Germanen hat in den vergangenen Jahren deutlich zugenommen, ideologische Verzerrungen in der einen oder der anderen Richtung, die im einleitenden Kapitel mehrfach thematisiert werden, spielen erfreulicherweise keine große Rolle mehr.

Betrachtet man die Fülle der neuen Veröffentlichungen zu nahezu allen Aspekten des Lebens der Germanen, so fällt auf, dass nur sehr wenige Beiträge sich mit deren *Sprache* befassen. Auch zur Schließung dieser Lücke kann diese Arbeit beitragen, wobei der Schwerpunkt des Buches allerdings auf den Jahrhunderten unmittelbar vor dem großen römisch-germanischen Konflikt der Jahre 15 vor bis 17 nach Christi Geburt liegt.

Der Verlag Inspiration Un Limited ist dankbar, mit dem Münchner Linguisten Dr. Wolfram Euler eine Kapazität auf dem Feld der Indogermanistik als Autor gewonnen zu haben, der mit dem Journalisten Konrad Badenheuer ein originelles Doppel gebildet hat. Es ist der Wunsch des Verlages und der Autoren, dass dieses Buch das Interesse an der mitteleuropäischen Bronze- und Eisenzeit fördern und weitere, durchaus nicht nur sprachwissenschaftliche Forschungen anregen möge. Offene Fragen gibt es genug.

Prof. Dr. Dr. Daniel v. Wachter
Santiago de Chile, im September 2009

Vorwort des Autors

In der historischen Germanistik und Romanistik sind bekanntlich kaum mehr Entdeckungen von umfangreicheren Texten und daraus resultierend spektakuläre Erkenntnisse für die Vergleichende Sprachwissenschaft zu erwarten. Zu den kleineren Neuentdeckungen der letzten Jahrzehnte gehören in der germanischen Sprachwissenschaft etwa das Speyerer Fragment mit dem Ende des gotischen Markus-Evangeliums im Jahre 1970 sowie drei südgermanische Runeninschriften aus dem 6. Jahrhundert n. Chr., von denen zwei erst in den 1990er Jahren in Süddeutschland gefunden wurden. Trotz ihrer lapidaren Kürze und ihres formelhaftähnlichen Wortlauts haben diese Inschriften zu wesentlichen neuen Erkenntnissen über die Sprache der Merowinger geführt. Deren Lautstand war um einiges archaischer als bis dahin vermutet und wird darum heute übereinstimmend als spätes Westgermanisch und nicht mehr beispielsweise als „voralthochdeutsch" bezeichnet.

Wo solche Neufunde fehlen, sind größere Erkenntnisfortschritte kaum noch zu erwarten, nachdem das überlieferte Material bereits von Generationen von Sprachwissenschaftlern erforscht und analysiert wurde. Eine Ausnahme bildet die Untersuchung der Ausgliederung des frühen (Proto-)Germanischen aus der indogermanischen Grundsprache und dessen weitere Geschichte bis zur ersten Lautverschiebung, also vom frühen zweiten bis zum späten ersten Jahrtausend vor Christus. Schon Hans Krahe forderte 1960 in seiner „Germanischen Sprachwissenschaft" (Band I, S. 40) die Darstellung der historischen Entwicklung des Germanischen vom Indogermanischen her über die vorliterarischen Perioden des Altgermanischen. Da das Indogermanische bereits im späten 19. Jahrhundert in seinen Grundzügen erforscht war, mahnte Krahe damit die Schließung einer bereits damals seit zwei Generationen und aus heutiger Sicht seit über 100 Jahren offenen Forschungslücke an. Die vorliegende Abhandlung will zu ihrer Schließung beitragen.

Angeregt und maßgeblich gefördert wurde diese Arbeit von meinem Freund Konrad Badenheuer, einem Journalisten und Publizisten, der sich seit langem intensiv mit der deutschen Sprachgeschichte, Ortsnamenkunde und mit der germanischen Sprachwissenschaft befasst. Von ihm stammen nicht nur die Idee zu diesem Buch und dessen Konzeption. Er hat auch die Illustrationen und den verlegerischen Teil besorgt, das einleitende Kapitel geschrieben und das Manuskript mehrfach intensiv redigiert, wobei weit über die Fehlervermeidung hinaus viele Verbesserungen erzielt wurden. Am Ende war sein Beitrag auch hinsichtlich der rein sprachwissenschaftlichen Inhalte so substantiell, dass ich ihm gerne die Koautorschaft angeboten habe.

Dr. Wolfram Euler

Inhaltsverzeichnis

		Seite
Vorwort des Herausgebers		5
Vorwort des Autors Wolfram Euler		7
1. DAS WISSEN ÜBER DIE GERMANEN UND IHRE SPRACHE		**12**
1.1. Die Untersuchung des Protogermanischen		**12**
1.1.1.	Römer und frühe Germanen	12
1.1.2.	Die wichtigsten Inhalte dieses Buches	13
1.1.3.	„Protogermanisch“ und „Späturgermanisch“	15
1.2. Der geographische und zeitliche Rahmen		**16**
1.2.1.	Vorüberlegungen	16
1.2.2.	Bronzezeit in Mitteleuropa	16
1.2.3.	Eisenzeit in Mittel- und Nordeuropa	20
1.2.4.	Indogermanen in Mitteleuropa aus linguistischer Sicht	23
1.2.4.1.	Die alteuropäischen Flussnamen	23
1.2.4.2.	Germanen, Kelten und Italiker	24
1.2.4.3.	Germanen und Balten	28
1.3. Das Zusammenwirken von Archäologie und Linguistik		**30**
1.3.1.	Von einem Extrem ins Andere	30
1.3.2.	Gustaf Kossinna und die „siedlungsarchäologische Methode“	31
1.3.3.	Zwei Desiderate	33
1.4. Überholtes und Übersehenes		**36**
1.4.1.	Ost-West-Gliederung statt Satem- und Kentumsprachen	36
1.4.2.	Die Substrat-Theorie	38
1.4.3.	Illyrer in Mitteleuropa?	39
1.4.4.	Die Stellung des Nordgermanischen zwischen Ost und West	40
1.4.5.	Gab es germanische Dialekte?	41
1.4.6.	Urheimat Skandinavien?	43
1.5. Implikationen der „mitteldeutschen“ Theorie		**48**
1.6. Kelten und Germanen im 1. Jahrtausend v. Chr.		**51**
1.7. Vorbemerkungen zum Hauptteil dieses Buches		**54**
1.7.1.	Die Datierung des grammatischen Wechsels	54
1.7.2.	Weitere Vorbemerkungen	55

2. DIE PHONOLOGIE DES PROTOGERMANISCHEN **58**

2.1. Konsonantismus **58**
2.1.1. Verschlusslaute 58
2.1.1.1. Die Datierung der Lautverschiebung – der *terminus post quem* 64
2.1.1.2. Der *terminus ante quem* und weitere Überlegungen zur Datierung 66
2.1.1.3. Fazit 72
2.1.2. Kombinatorischer Lautwandel, Konsonanten im Auslaut 73

2.2. Vokalismus **74**

2.3. Die phonologischen Veränderungen im Überblick **78**

3. ABRISS DES FORMENSYSTEMS **81**

3.1. Methodische Vorbemerkungen **81**

3.2. Die Flexion der Nomina **83**
3.2.1. Substantiva 83
3.2.1.1. Vokalische Deklination 83
3.2.1.1.1. Stämme auf *-*o*-und *-*(i)jo*- 83
3.2.1.1.2. Stämme auf *-*ā*- 89
3.2.1.1.3. Stämme auf *-*i*- 91
3.2.1.1.4. Stämme auf *-*u*- 94
3.2.1.1.5. Feminina auf *-*ī*-/-*jā*-,*-*ī*- und *-*ū*- 96
3.2.1.1.6. Wurzelnomina auf Langvokal und Diphthong 98
3.2.1.2. Konsonantische Deklination 100
3.2.1.2.1. Maskulina und Neutra auf *-*en*-/-*on*- 100
3.2.1.2.2. Feminina auf *-*ōn*- und *-*īn*-, Ausbreitung der *n*-Flexion 103
3.2.1.2.3. Verwandtschaftsbezeichnungen auf *-*(t)er*- 105
3.2.1.2.4. Heteroklitika 107
3.2.1.2.5. Konsonantische Wurzelnomina 108
3.2.1.2.6. Mehrsilbige Stämme auf Verschlusslaut 113
3.2.1.2.7. Stämme auf Sibilant 114
3.2.2. Adjektive und Partizipien 116
3.2.2.1. Adjektive 116
3.2.2.1.1. Stammbildungen auf *-*o*-/-*ā*- 116
3.2.2.1.2. Stammbildungen auf *-*u*- und *-*i*- 121
3.2.2.2. Partizipien mit ursprünglich konsonantischem Stammauslaut 124
3.2.2.3. Komparation 124
3.2.2.4. Bildung von Adverbien 127

3.3. Die Flexion der Pronomina **129**
3.3.1. Das ungeschlechtige Personalpronomen und Possessivum 129
3.3.2. Geschlechtige Pronomina 132
3.3.2.1. Das Personalpronomen **i-* 132
3.3.2.2. Demonstrativpronomina 134
3.3.2.2.1. Das Demonstrativum **so, to-* 134
3.3.2.2.2. Das nahdeiktische Demonstrativum **ki-* 137
3.3.2.2.3. Das ferndeiktische Demonstrativum **eno-* 137
3.3.2.3. Identitätspronomen 138
3.3.2.4. Interrogativpronomina 138
3.3.2.5. Indefinitpronomina 140

3.4. Die Numeralia **141**
3.4.1. Kardinalia 141
3.4.2. Ordinalia 147
3.4.3. Sonstige Numeralia 149

3.5. Flexion und Stammbildung der Verben **150**
3.5.1. Das Präsenssystem 150
3.5.1.1. Starke Verben 150
3.5.1.2. Schwache Verben 156
3.5.1.3. Reliktverben 161
3.5.1.3.1. Athematische Verben 161
3.5.1.3.2. Präteritopräsentia 163
3.5.2. Das Präteritalsystem 167
3.5.2.1. Präterita der starken Verben 167
3.5.2.2. Präterita der athematischen Verben 173
3.5.2.3. Dentalpräteritum 174
3.5.3. Verbum infinitum 177

4. BESONDERHEITEN DER GERMANISCHEN SYNTAX **179**

4.1. Der Formengebrauch **179**
4.1.1. Verwendung der Kasus 179
4.1.2. Verwendung von Tempora und Modi 181

4.2. Die Wortstellung **186**
4.2.1. Stellung von Verbum und Objekt 186
4.2.2. Stellung von Attributen 187
4.2.2.1. Pronomina und Zahlwörter 187
4.2.2.2. Genitivattribute 189

5. WORTSCHATZ UND STILMITTEL **190**

5.1. Protogermanische Neologismen **190**

5.2. Drei besonders archaische Wortfelder **192**
5.2.1. Vorüberlegungen 192
5.2.2. Verwandtschaftsbezeichnungen 193
5.2.3. Körperteilbezeichnungen 195
5.2.4. Tierbezeichnungen 199
5.2.4.1. Haustiere 199
5.2.4.2. Andere Tiere 199
5.2.5. Zusammenfassung 201

5.3. Komposita **202**

5.4. Germanische Stilmittel **206**
5.4.1. Metaphern 206
5.4.2. Stabreim 207

6. SCHLUSS: AUSWERTUNG, AUSBLICK **209**

6.1. Die wichtigsten Ergebnisse **209**

6.2. Weitere Überlegungen zur Ausgliederung des Germanischen aus dem westlichen Indogermanisch **210**

6.3. Textproben **211**
6.3.1. Vorüberlegungen 211
6.3.2. Die Fabel „Das Schaf und die Pferde“ 212
6.3.3. Die Fabel „Der König und sein Sohn“ 214
6.3.4. Das Gedicht von Felix Genzmer 216
6.3.5. Das Vaterunser 217
6.3.6. Zitate und Sprichwörter 219

EIN STAMMBAUMMODELL **221**

ENGLISH SUMMARY **222**

BIBLIOGRAPHIE **226**

BILDNACHWEIS UND ABKÜRZUNGEN **237**

1. Das Wissen über die Germanen und ihre Sprache

1.1. Die Untersuchung des Protogermanischen

1.1.1. Römer und frühe Germanen

Diese Arbeit untersucht die Entwicklung der noch weitgehend einheitlichen germanischen Sprache im ersten Jahrtausend vor Christus, insbesondere in dessen letzten Jahrhunderten. Was sich um diese Zeit in Mittel- und Nordeuropa, den Siedlungsgebieten der Germanen, abspielte, darüber fehlen jegliche historische Überlieferungen. Einzige Quelle ist somit die Archäologie. Um 440 v. Chr. erwähnt der Historiker Herodot Kelten im Quellgebiet der Donau. Der Name der Germanen taucht in der überlieferten Literatur erstmals im Jahre 222 v. Chr. auf, römische Annalen erwähnen den Stammesnamen eher beiläufig im Zusammenhang mit der Unterwerfung der keltischen Insubrer in Oberitalien. Die Römer unterschieden zu diesem Zeitpunkt noch nicht genau zwischen Kelten und Germanen, diese Trennung vollzog erst C. Julius Caesar in seinen im Jahre 51 v. Chr. abgeschlossenen *Kommentaren über den Gallischen Krieg*. Möglich ist, dass andere Römer schon vor Caesar genauere Kenntnisse hatten, ohne dass wir darüber etwas wissen.

Fest steht, dass die Römer bereits drei Generationen vor Caesar eine traumatische Erfahrung mit den Germanen gemacht hatten, die sich tief ins kollektive Gedächtnis des römischen Volkes eingrub und noch Jahrhunderte später in der politischen Diskussion in Rom als Reiz- und Schreckenswort lebendig blieb. Um das Jahr 120 v. Chr. verließen die Stämme der Kimbern und Teutonen aus nicht ganz geklärten Gründen ihre Heimat in Jütland, brachen zu einer langen Wanderung nach Süden auf und brachten dabei römischen Legionen zwei oder drei katastrophale Niederlagen bei, die das Imperium Romanum in seinen Grundfesten erschütterten. Auf dem Höhepunkt der Krise in den Jahren 105 bis 102 v. Chr. war die Panik dermaßen groß, dass die noch heidnischen Römer ein letztes Mal ein (vierfaches) Menschenopfer darbrachten, um ihre Götter gnädig zu stimmen und so die Gefahr abzuwenden. Der *terror Cimbricus,* der Kimbernschrecken, und der *furor Teutonicus*, die Teutonenraserei, wurden sprichwörtlich.

Die Kimbern und Teutonen sprachen offenbar ein archaisches Germanisch, das noch vergleichsweise wenig dialektale Unterschiede aufwies[1]. Doch gibt es Möglichkeiten, sich ein genaueres Bild dieser Sprache und ihrer Grammatik zu verschaffen, obwohl von ihr außer den beiden Stammesnamen kein Wort überliefert ist? Das Interesse an dieser Frage ist umso größer, weil diese beide Namen auf eine

1 Zu dieser Frage siehe unten, Kapitel 1.4.5.

altertümlichere Sprachstufe schließen lassen als jene des „Urgermanischen“ mit seiner Lautverschiebung, wie es bis heute in der wissenschaftlichen Literatur beschrieben wird: Die römischen Autoren berichten ausnahmslos über *Cimbri Teutonique* und nicht etwa über *Chimbri T(h)eudonique*[2], wie es nach der ersten, „germanischen“ Lautverschiebung hätte heißen müssen.

(c) Bibliographisches Institut & F. A. Brockhaus AG, 2001

Dem erratisch erscheinenden Zug der Kimbern und Teutonen haben sich auch keltische Stämme wie die Ambronen angeschlossen. In der nebenstehenden Karte ist das germanische Gebiet für das ausgehende 2. Jahrhundert v. Chr. nach Süden zu etwas zu groß ausgewiesen, es reichte damals noch nicht bis zur Donau. Nach Osten war es hingegen zu dieser Zeit bereits etwas größer als hier dargestellt.

1.1.2. Die wichtigsten Inhalte dieses Buches

Die vorliegende Arbeit hat daher in ihrem linguistischen Teil zwei Zielsetzungen: Zum einen soll ein grammatikalischer Abriss des Protogermanischen in der Zeit vor der ersten Lautverschiebung gegeben werden. Nach herkömmlicher Sicht fand diese Veränderung bald nach der Mitte des ersten Jahrtausends vor Christus statt und markiert zugleich den Beginn des Sprachzustandes, der traditionell überhaupt als „(ur)germanisch“ bezeichnet wird. Für den unmittelbar davor liegenden Sprachzustand fehlt in der Literatur ein einheitlicher Terminus.

2 Die Spirans *þ* (vgl. englisch „thief“) wurde wenigstens im Spätlateinischen mit „th“ wiedergegeben; für die Zeit um 100 v. Chr. fehlen freilich entsprechende Belege.

Ein zweiter Hauptgegenstand dieser Arbeit ist die Datierung der ersten Lautverschiebung (auch bekannt als Grimms Gesetz) sowie die Frage der genauen Abfolge dieses Lautwandels mit dem so genannten Grammatischen Wechsel (Verners Gesetz). Die bisherige, in jüngster Zeit aber zunehmend in Frage gestellte Ansicht lautet, dass zunächst die erste Lautverschiebung (vollständig) stattgefunden habe, darunter jene der Tenues *p, t, k* zu den Spiranten *f, þ* und *χ*, und anschließend die mit dem Begriff „Verners Gesetz" umschriebenen Veränderungen, also die Sonorisierung dieser Spiranten in unbetonter Stellung, erfolgt seien. Schießlich sei in einem dritten Schritt der im indogermanischen noch schwankende Akzent auf die Stammsilbe verlagert worden[3]. In der folgenden Untersuchung wird eine andere Datierung und Reihenfolge dieser Vorgänge vertreten, was um der Klarheit willen bereits im letzten Teil der Einleitung (Kapitel 1.7.) thesenartig kurz dargestellt werden soll. Im Hauptteil des Buches wird dann aufgezeigt, dass die erste Lautverschiebung in Teilen des germanischen Sprachgebietes offenbar selbst im 1. Jahrhundert vor Christus noch nicht abgeschlossen war. Belege dafür sind neben den beiden genannten Stammesnamen weitere, insbesondere bei Caesar überlieferte germanische Stammes-, Fluss- und Personennamen. Diese Spätdatierung wurde schon in den 1920er Jahren, aber auch in jüngerer Zeit mehrfach erörtert. Namentlich Antoine Meillet und T. E. Karsten vertraten die Meinung, die erste Lautverschiebung könne „nicht allzu lange vor Christus durchgeführt worden sein", in neuerer Zeit schlossen sich Schrodt (1976), Voyles (1992) und Rübekeil (2002) dieser Ansicht an[4]. Diese Einschätzung wird auch hier vertreten, und es werden weitere Argumente dafür angeführt.

Die hier vertretenen Ansichten zur Datierung der Lautveränderungen – wiewohl sie in der Germanistik / Indogermanistik keineswegs isoliert dastehen – bleiben womöglich nicht ohne Widerspruch. Allerdings würde eine Zurückweisung dieser Überlegungen den wichtigsten Gegenstand dieser Arbeit nicht berühren: *Der Abriss des Protogermanischen vor der ersten Lautverschiebung* bliebe immer noch gültig. Dieser Sprachzustand wäre dann lediglich über etwas andere Zwischenstufen erreicht worden und er hätte nur bis um die Mitte des 1. Jahrtausends vor Christus bestanden und nicht, wie hier angenommen, zumindest im Westen des germanischen Sprachgebietes auch noch rund 300 bis 400 Jahre später.

3 Siehe diese Theorie noch bei Rooth 1974: 133 und Schaffner 2001: 61.

4 Meillet (1930: 39) datiert die Lautverschiebung auf die letzten Jahrhunderte v. Chr., ähnlich auch bereits Karsten 1928: 186 und 221, genauer Porzig 1954: 82: „frühestens im 4. Jahrh.v. Chr."; weitere ältere Literatur s. bei Tovar 1975: 349. Schrodt (1976: 71f.) denkt aufgrund der keltischen Lehnwörter wie jener aus den südöstlichen Sprachen an das 5. Jahrh.v. Chr. als Beginn der Lautverschiebung. Ramat (1981: 13) veranschlagt den Zeitraum vom 4. bis zum 2. Jahrhundert, und Voyles (1992: 34 – 61) nimmt für die Lautverschiebung im Prg. (zwischen 400 v. und 50 v. Chr., also in der La-Tène-Zeit) mehrere Phasen an, s. dazu Anm. 35. Etwas abweichend Rübekeil 2002: 264, der die Lautverschiebung erst um 100 v. Chr. datiert. Der Zeitraum der althochdeutschen Lautverschiebung lässt sich aufgrund süddeutscher Runeninschriften um 600 n. Chr. (noch mit germ. Lautstand) und ahd. Texte im 8. Jahrhundert zeitlich etwa auf das 7. Jahrhundert festlegen (zu den Inschriften jetzt Nielsen 2000: 180).

Ein dritter Schwerpunkt schließlich betrifft Methodik und Wissenschaftsgeschichte. Dabei werden einige historisch erklärbare Defizite in der Kooperation von Archäologie und Linguistik aufgezeigt. Die um 1890 aufgekommene und maßgeblich von dem deutschen Prähistoriker Gustaf Kossinna durchgesetzte Theorie, wonach sich die germanischsprachigen Stämme ab dem späten 2. Jahrtausend vor Christus von Skandinavien her nach Mitteleuropa ausgebreitet hätten, wird zugunsten der bereits zuvor vertretenen Sichtweise in Frage gestellt.

1.1.3. „Protogermanisch" und „Späturgermanisch"

Im Zuge dieser Darstellung ist eine Ergänzung der üblichen Terminologie erforderlich. Der Sprachzustand nach den hier beschriebenen Veränderungen, aber vor der Aufgliederung des Germanischen in die Einzelsprachen wird in der deutschsprachigen[5] Fachliteratur bis heute traditionell als „urgermanisch" oder einfach germanisch, selten auch als „protogermanisch" bezeichnet[6]. In dieser Untersuchung hingegen wird für diesen Sprachzustand, der um die Zeitenwende gegolten haben dürfte, der Terminus „spät(ur)germanisch", abgekürzt „spg.", verwendet, der als Klammerform für die exakte Wendung „spätestes Urgermanisch" verstanden werden kann. Für den Sprachzustand vor grammatischem Wechsel, erster Lautverschiebung und Akzentverlagerung wird hier hingegen der Begriff „protogermanisch", kurz „prg.", verwendet. Diese Begriffswahl erscheint zweckmäßig, weil damit nicht etwa dem viel verwendeten Terminus „urgermanisch" eine neue Bedeutung gegeben werden müsste. Der neutrale Begriff „protogermanisch" steht zudem in direkter Analogie zu etablierten Termini wie *protokeltisch, protogriechisch* usw. und er reflektiert den Umstand, dass das Germanische vor den beschriebenen Umwälzungen bereits eine sehr lange, offenbar mindestens 1600 Jahre andauernde Zeit der geschlossenen Entwicklung – eben seit seiner Ausgliederung aus der alteuropäisch-indogermanischen Grundsprache – durchlaufen hatte, weswegen Begriffe wie „frühgermanisch" oder gar „vorgermanisch" irreführend wären[7]. Im Sinne dieser Terminologie wird in dieser Arbeit konsequent unterschie-

5 Etwas anders liegen die Dinge in der englischsprachigen wissenschaftlichen Literatur. Dort wird der Begriff „Proto-Germanic" meist im Sinne des Terminus „(ur)germanisch" der deutschsprachigen Forschung verwendet, der davor liegende Zustand hingegen als „pre-Proto-Germanic" oder (häufiger) als „pre-Germanic". Einer der angesehensten germanistischen Archäologen und Prähistoriker, der Brite Malcolm Todd, verwendet den Begriff dagegen genau im Sinne dieser Arbeit, wenn er schreibt: „Was das Protogermanische angeht, so lässt sich bestenfalls feststellen, dass es in Nordeuropa zwischen 2500 und 1000 v. Chr. entstand…", Todd (2002: 19). Zum von Todd vertretenenen Datierungs- und Lokalisierungsansatz, vgl. aber Kapitel 1.2.4. und 1.4.6.

6 Der Begriff „gemeingermanisch" wird – zumindest in der wissenschaftlichen Literatur – dagegen eher für Phänomeine verwendet, die allen germanischen Einzelsprachen gemeinsam sind, ohne sicher auf die Zeitstufe der gemeinsamen Protosprache zurückgeführt werden zu können. König (2005: 43) behauptet dagegen, „gemeingermanisch" sei der übliche Begriff für den Sprachzustand, der hier als (spät)urgermanisch bezeichnet wird.

7 So greifen etwa Krause 1968 und Ringe 2006 mehrfach auf diese Sprachstufe vor der Lautverschiebung mit Rekonstrukten zurück (Krause u.a. bei der Behandlung der Okklusive, S. 126, Ringe z.B. bei den Numeralia und Personalpronomina). Krause nennt diese Stufe aber nicht Proto-, sondern Vorgermanisch, während Ringe keinen eigenen Begriff verwendet. – Eine mit den hier geprägten Begriffen verwandte Terminologie vertritt van Coetsem (1994: 146),

den zwischen dem bis in die La-Tène-Zeit (5. bis 1. Jahrhundert v. Chr.) gesprochenen *Protogermanischen* vor der ersten Lautverschiebung und dem in der Zeit um Christi Geburt gesprochenen *(Spät)urgermanischen* nach der ersten Lautverschiebung[8]. Sofern der herkommliche Terminus *Urgermanisch* dennoch verwendet wird, dann entweder als allgemeiner Oberbegriff für die beiden chronologisch genauer definierten Termini[9] oder aber (in den Anmerkungen) in Anlehnung an zitierte Fachliteratur.

1.2. Der geographische und zeitliche Rahmen

1.2.1. Vorüberlegungen

Vor der intensiven linguistischen Erörterung soll zunächst der geographische und zeitliche Rahmen abgesteckt werden, in dem sich die hier untersuchten sprachlichen Veränderungen vollzogen haben. Im Unterschied zum Rest des Buches zielt dieser Abschnitt nicht darauf ab, neue wissenschaftliche Erkenntnisse zu generieren. Es geht hier vielmehr um eine knappe Zusammenfassung des Forschungsstandes und um einige Überlegungen zur Wissenschaftsgeschichte im Übergangsbereich zwischen Archäologie und Linguistik.

1.2.2. Bronzezeit in Mitteleuropa

Die Bronzezeit begann im südlichen Mitteleuropa nach und nach um 2300 v. Chr., in Nordeuropa erst rund 400 Jahre später, zuvor wurde in Mitteleuropa (bereits seit etwa 4300 v. Chr.) als einziges Nutzmetall Kupfer verwendet. Der archäologische Befund belegt, dass sich die Nutzung der Bronze in einem mehrere Jahrhunderte dauernden Prozess ausgebreitet hat, der mit erheblichen gesellschaftlichen und wirtschaftlichen Veränderungen, insbesondere mit der Zunahme des Fernhandels und dem Rückgang der rein autarken Wirtschaftsweise verbunden war. Dieser Prozess war tiefgreifend, verlief aber für heutige Vorstellungen ausgesprochen langsam. Erst um das 18. Jahrhundert vor Christus hatte sich in Mitteleuropa die Nutzung der Bronze als Standardmetall für Werkzeuge und Bedarfsgegenstände

indem er den Zeitraum von etwa 2000 bis 500 v. Chr. als „Early Proto Germanic" und jenen von 500 v. Chr. bis zum Ende der germanischen Spracheinheit als „Late Proto Germanic" definiert; auch er rechnet die meisten Veränderungen (Akzentverlagerung, *n*-Deklination, Dentalpräteritum) der zweiten Periode zu (1970: 15 – 18). Ganz im Sinne der hier verwendeten Terminologie wird zudem in einem archäologischen Fachbuch im Zusammenhang mit den Wanderungen der Kelten der Begriff „proto- und frühgermanische Gruppen" für germanische Stammesverbände in der La-Tène-Zeit gebraucht, s. Kuckenberg 2000: 144.

8 Im Sinne der englischen Terminologie bedeutet „Protogermanisch" also „Earlier Proto-Germanic" und „Späturgermanisch" „Late Proto-Germanic", vgl. Anm. 5.

9 Dies insbesondere dann, wenn eine Festlegung auf die frühere oder spätere Zeitstufe nicht möglich ist oder ein beschriebener Zustand für beide Perioden galt.

durchgesetzt. Das 17. Jahrhundert v. Chr. markiert in Mitteleuropa zugleich den Übergang von der frühen zur mittleren Bronzezeit. Bereits in der frühen Bronzezeit sind größere Grabhügel nachweisbar, die als Fürstengräber interpretiert werden und erstmalig in Mitteleuropa eine entsprechende gesellschaftliche Schichtung voraussetzen.

Archäologisch fassbar ist außerdem, dass in der frühen Bronzezeit die in West- und Mitteleuropa seit etwa 2600 v. Christus nachweisbare Glockenbecherkultur mit der aus dem Osten eingewanderten Schnurkeramik- oder auch Streitaxt-Kultur verschmolz. Letztere ist in Osteuropa ab etwa 3200 v. Chr., in Mitteleuropa ab etwa 2800 v. Chr. nachweisbar und wird hier mit der Ausbreitung der Bronze in Verbindung gebracht. In der früheren Forschung wurde die südosteuropäische Herkunftsregion der Schnurkeramiker/Streitaxtleute ziemlich direkt mit der Urheimat der Indogermanen identifiziert. Davon ist man schon deswegen abgekommen, weil diese Kulturgruppe alles andere als homogen ist, sondern in ihrem zeitlich und räumlich weit ausgedehnten Verbreitungsgebiet große Unterschiede aufweist. Aber noch immer gelten die Träger dieser Kultur als Sprecher indogermanischer Idiome und zugleich als wichtigste Vorfahren der späteren Kelten, Germanen und Italiker in der Mitte und im Westen, sowie der Balten und Slawen im Osten Europas[10].

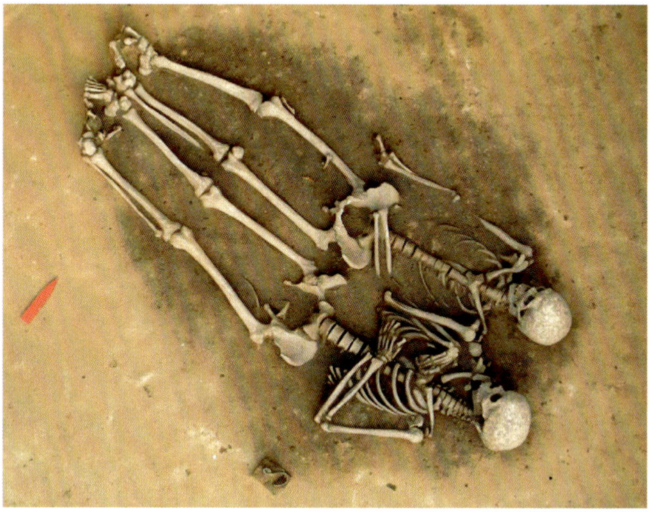

Diese gut erhaltene Doppelbestattung zweier Männer der Aunjetitzer Kultur wurde im Jahre 2004 nordwestlich von Quedlinburg (Sachsen-Anhalt) gefunden. Beide wurden durch Pfeilspitzen getötet. Der Fund wird auf die mittlere Bronzezeit (Mitte des 2. Jahrtausends vor Christus) datiert.

Aus der Verschmelzung dieser beiden Kulturen ging jedenfalls in Mitteleuropa ab etwa 2300/2250 v. Chr. die so genannte Aunjetitzer Kultur hervor. Sie war zunächst im Gebiet von Mähren und Böhmen, der südwestlichen Slowakei, Schlesien,

10 So u.a. eine zentrale Hypothese von Kortlandt (1990a: 136): „...if the speakers of the other satem languages can be assigned to the Yamnaya horizon and the western Indo-Europeans to the Corded Ware horizon“

Niederösterreich sowie in Thüringen, Sachsen-Anhalt und Sachsen heimisch, breitete sich schon bald ins östliche Niedersachen und nach Brandenburg sowie ins südliche Großpolen aus und bestand bis ins 16. Jahrhundert v. Chr., also über 700 Jahre lang. Die Aunjetitzer Kultur unterscheidet sich vor allem durch ihre Bestattungssitten von anderen Kulturen, ihre Träger legten befestigte Höhensiedlungen an, kannten Rad und Wagen sowie – wie bereits die Menschen der Jungsteinzeit – Pferde als Reittiere. Über ihre religiösen Vorstellungen weiß man nicht viel, Menschenopfer sind archäologisch nachweisbar. Die berühmte Himmelsscheibe von Nebra ist zeitlich und geographisch der Spätphase der Aunjetitzer Kultur zuzurechnen, die um diese Zeit offenbar abrupt endete.

Die Ursachen für das Ende dieser Kultur in Mitteldeutschland und verwandter Kulturen in Süddeutschland, Österreich und der Schweiz sind bislang unklar. Diskutiert wird die kriegerische Eroberung durch östliche Nomadenvölker ebenso wie eine Abwanderung oder ein friedliches Aufgehen in der nachfolgenden Hügelgräberkultur der mittleren Bronzezeit.

Diese Kultur bestand von etwa 1600 v. Chr. bis ins 13. Jahrhundert von Ungarn im Osten bis zum Elsass im Westen. In regionalen Varianten erstreckte sie sich über ganz Süd- und Mitteldeutschland sowie die Schweiz, Österreich und die böhmischen Länder. In Norddeutschland existierte zeitgleich die nordische ältere Bronzezeit, deren Träger als frühe Germanen oder – je nach Definition – als direkte Vorfahren der Germanen gelten.

Die Himmelsscheibe von Nebra in Sachsen-Anhalt wurde um 1580 v. Christus vergraben, aber wohl bereits zwischen dem 21. und dem 18. Jh. v. Chr. hergestellt. Der einmalige Fund belegt den hohen Stand von Kunsthandwerk und Astronomie der Aunjetitzer Kultur.

Abgelöst wurde die Hügelgräberkultur im 13. Jahrhundert durch die Urnenfelderkultur der späten Bronzezeit. Sie erstreckte sich von Oberrheingebiet bis zum Balkan, war in Deutschland aber nach Norden hin etwas weniger weit verbreitet als die Hügelgräberkultur, nämlich nur bis zum südlichen Nordrhein-Westfalen im Westen und zu den Gebieten südlich des Thüringer Waldes weiter östlich. Die meisten Prähistoriker gehen davon aus, dass diese Periode ähnlich wie auch in Südosteuropa unruhiger verlief als die vorangegangene mittlere Bronzezeit. Ein besonders typisches Artefakt dieser Epoche sind die so genannten Goldhüte, von denen inzwischen vier bekannt sind. Zwei von ihnen stammen aus Süddeutschland, ein weiterer aus dem östlichen Frankreich, der vierte aus der Schweiz oder Schwaben. Die Goldhüte belegen einen hochentwickelten Sonnenkult, differenzierte astronomische Kenntnisse und nicht zuletzt ein eindrucksvolles Kunsthandwerk. Der älteste und zugleich kleinste, der Schifferstädter Goldhut, stammt wohl aus dem 14. Jahrhundert, die drei anderen, charakteristisch hohen Hüte aus dem 10. und 9. Jahrhundert v. Chr. Sie haben noch längst nicht alle ihre Geheimisse preisgegeben. Sicher sprachen die Träger dieser Kulthüte ein indogermanisches Idiom, angesichts der Fundorte am ehesten eine Vor- oder Frühform des Keltischen. Die Ähnlichkeit der Hüte setzt wie auch immer geartete kulturelle Zusammenhänge voraus, aber schon die elementare Frage, ob die Träger eine gemeinsame religiöse, kulturelle oder ethnische Identität verband, ist – zumindest bisher – nicht zu beantworten.

Der Schifferstädter Goldhut wurde bereits 1835 gefunden, er stammt aus dem 14. Jahrhundert vor Christus und ist damit der mit Abstand älteste (und mit 29,6 cm Höhe zugleich der kleinste) der vier bekannten Hüte dieses Typs. Rechts der 74,5 cm hohe Berliner Goldhut, der vermutlich in Schwaben oder der Schweiz gefunden wurde. Er wird auf das 10. oder 9. Jahrhundert v. Chr. datiert.

1.2.3. Eisenzeit in Mittel- und Nordeuropa

Bald nach 800 vor Christus verbreitete sich in Süddeutschland die Nutzung des Eisens, das im Nahen Osten schon seit mehreren Jahrhunderten verarbeitet worden war. Diese Innovation markiert zugleich den Übergang zur Hallstattperiode, die bruchlos aus der Urnenfelderkultur hervorging und deren Träger offenbar frühe Kelten waren. Einer hohen Blüte im 6. Jahrhundert v. Chr. folgte bald nach 500 v. Chr. ein deutlicher Niedergang, der sich beispielsweise in einer Fundverarmung in den keltischen Fürstensitzen und Oppida in Süddeutschland archäoloisch niederschlägt. Um 475 v. Christus wurde die Hallstattkultur schließlich durch die ebenfalls keltische La-Tène-Kultur abgelöst. Archäologisch ist eine starke Expansion zunächst der Hallstatt-, dann in noch stärkerem Maße der La-Tène-Kultur nachweisbar. Sie wird bestätigt durch die spätere weite Verbreitung der keltischen Sprachen in Europa von der iberischen Halbinsel bis nach Kleinasien (siehe Karte auf Seite 27). Nachdem sich die Wege der Vorfahren der Kelten und Germanen wohl bereits im frühen 2. Jahrtausend vor Christus getrennt hatten, muss es spätestens in dieser Zeit der blühenden Hallstatt- und dann der La-Tène-Zeit Mitte/Ende des 1. Jahrtausends vor Christus wieder intensive germanisch-keltische Kontakte gegeben haben (vgl. S. 25 f.). Sie haben sprachlich deutliche Spuren hinterlassen, die in Kapitel 1.5. dieses Buches ausführlich behandelt werden.

Erst aus dieser Zeit liegen nun auch die ersten schriftlichen Notizen über Mitteleuropa vor: Der römische Historiker Livius berichtet im 1. Jahrhundert vor Christus über keltische Expansionsbewegungen im 6. Jahrhundert v. Chr. nach Italien und in Richtung der deutschen Mittelgebirge, was die archäologisch nachgewiesene keltische Präsenz im süddeutschen Voralpenland bestätigt. Um 440 v. Chr. erwähnt der griechische Historiker Herodot Kelten im Quellgebiet der Donau und nennt den Ort Pyrene, der von Archäologen und Althistorikern mit dem keltischen Oppidum Heuneburg bei Sigmaringen in Verbindung gebracht wird. Nicht allzu lange danach, wohl im Jahre 387 v. Chr., erfolgte der Kriegszug des Semnonenfürsten Brennus aus Gallien nach Italien mit der letztmaligen Eroberung Roms für fast 800 Jahre. Die Römer mussten sich mit einer hohen Tributzahlung freikaufen, wobei das legendäre Wort „vae victis" fiel.

Die gesamte davorliegende Bronze- und frühe Eisenzeit gehört in Mittel- und Nordeuropa also noch der schriftlosen Prähistorie an, während in Ägypten, dem Zweistromland und China zu diesem Zeitpunkt teilweise bereits seit über 2000 Jahren die schriftlich überlieferte Geschichte begonnen hatte. Dagegen beginnt die Überlieferung der ältesten Texte in einer indogermanischen Sprache erst im 17. Jahrhundert v. Chr. mit hettitischen Texten in Kleinasien, es folgen ab dem 14. Jahrhundert v. Chr. die ältesten indo-arischen Texte, während in Europa die schriftliche Überlieferung mit den ältesten lesbaren mykenischen Notizen ab etwa dem 15. Jahrhundert[11] v. Christus in Griechenland einsetzt. In diesen dichter besiedelten und gesellschaftlich weit entwickelteren Regionen begann auch die Nutzung von Bronze und Eisen etliche Jahrhunderte früher als in Mitteleuropa.

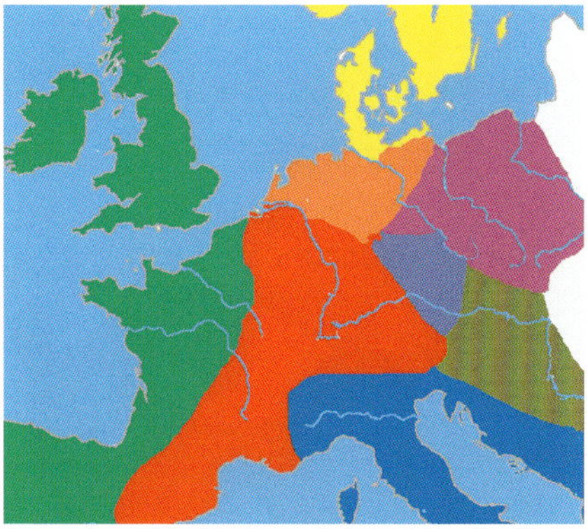

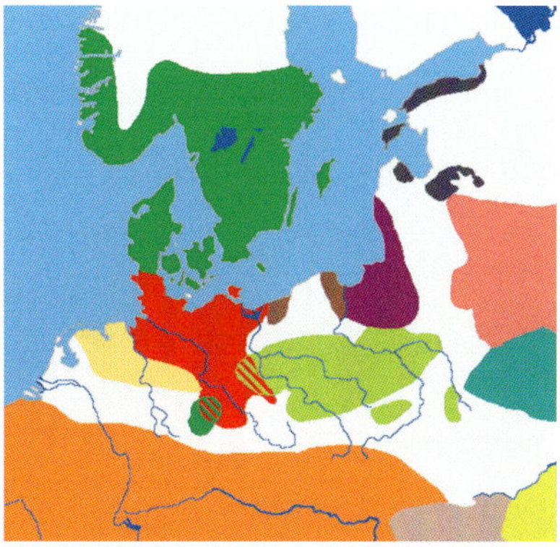

Links die archäologisch fassbaren Kulturräume in Mitteleuropa um 1200 v. Christus. Seit jeher wird die nordische Bronzezeit (gelb) als (proto)germanisch interpretiert, wahrscheinlich gilt Ähnliches aber auch für die nördliche Urnenfelderkultur (orange). Ihre zumindest indogermanische sprachliche Identität gilt heute als gesichert, die der Lausitzer Kultur (pink) als wahrscheinlich. Rechts die Situation 400 bis 500 Jahre später, in der frühen Eisenzeit. Hier erscheint die germanische Jasdorf-Kultur dunkelrot, östlich davon hellgrün die Przworsker Kultur, deren ostgermanische Ethnizität heute als gesichert gilt. Die keltischen Kulturen der frühen Hallstattzeit südlich davon sind orange abgebildet.

Hier endet die Prähistorie eigentlich erst mit dem Zug der Kimbern und Teutonen im späten 2. Jahrhundert vor Christus. Über deren Auswirkungen auf das römische Reich berichten antike Schriftsteller und ermöglichen damit zumindest minimale Rückschlüsse auf Mitteleuropa. Da auch Caesars „Gallischer Krieg" *(De bello Gallico)* nur wenige Randbemerkungen über die Germanen enthält und das monumentale Werk Plinius des Älteren über die Germanenkriege *Bella Germaniae* verloren gegangen ist[12], bekommen wir erst mit der im Jahre 98 n. Chr. veröffentlichten „Germania" *(De Origine et Situ Germanorum)*[13] des P. Cornelius Tacitus ein

11 Um diese Zeit beginnen die in Linear B niedergeschriebenen Notizen in mykenisch-griechischer Sprache. Noch rund 200 Jahre älter, aber erst ansatzweise entziffert, sind die wenigen erhaltenen Notizen in Linear A; sie sind schon deswegen bisher rätselhaft, da sie in der nicht weiter bekannten, nichtindogermanischen minoischen Sprache abgefasst sind. Als älteste Schriftbelege Europas überhaupt gelten hingegen die in Archanes auf Kreta aufgefundenen, bislang ebenfalls unverständlichen minoischen Siegel aus dem 20. oder 19. Jahrhundert vor Christus.

12 Der Verlust dieses monumentalen, aus zwanzig Büchern bestehenden Werkes über die Germanenkriege von den Kimbernzügen bis zur Mitte des 1. Jahrhunderts ist für Historiker und Geschichtswissenschaftler gleichermaßen beklagenswert. Der aus ritterlicher Familie stammende Plinius d. Ä. (23/24 – 79 n. Chr.) war nämlich nicht nur ein glänzender Gelehrter und Autor, sondern auch ein Militärkommendeur, der in den Jahren 47 bis 51 selbst Einheiten in Germanien kommandierte. Allein schon die in dem verlorenen Werk mutmaßlich enthaltenen germanischen Orts-, Stammes- und Personennamen wären für die Linguistik von überragendem Wert.

13 Das Werk ging in der Völkerwanderungszeit oder dem frühen Mittelalter verloren, bis es im Jahre 1451 im Kloster Hersfeld wiederentdeckt wurde. Die Veröffentlichung in den darauffolgenden Jahren ließ erstmals in der Wahrnehmung

einigermaßen klares Bild über die Namen und Siedlungsgebiete der germanischen Stämme. In dieser Zeit war aber die ursprüngliche Einheit der germanischen Sprache wohl bereits soweit zerbrochen, dass östliche und westliche Germanen – also etwa Goten oder Vandalen einerseits und Friesen oder Chatten andererseits – nicht mehr fließend miteinander hätten reden können.

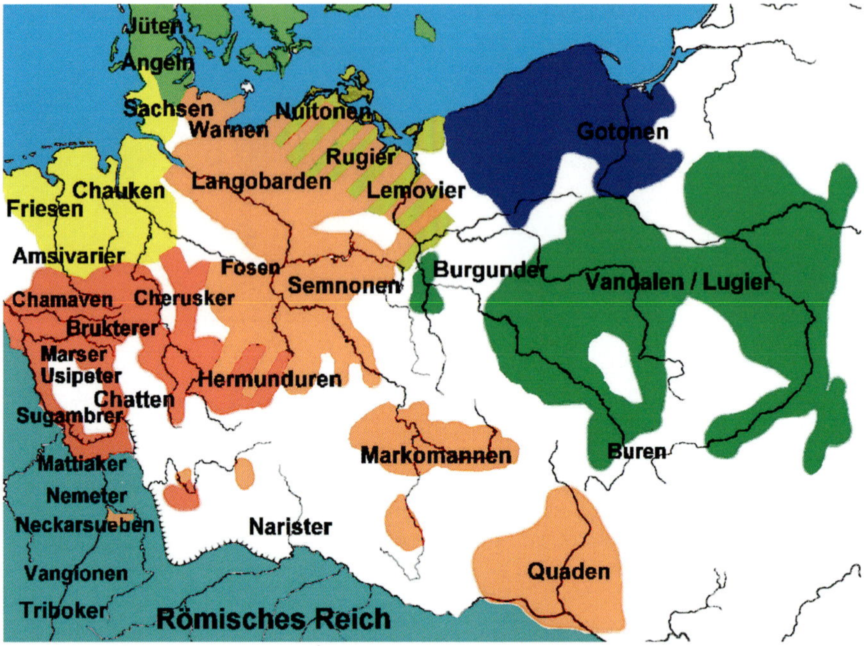

Die germanischen Stämme in Mitteleuropa im 1. Jahrhundert nach Chistus. Erst für diese Zeit wissen wir durch die „Germania" von Tacitus vergleichsweise sicher und detailliert bescheid. Auch hier bleiben aber offene Fragen, wie bereits die schraffierten sowie die weiß gelassenen Gebiete, die keineswegs unbesiedelt waren, deutlich erkennen lassen.

Das Wissen der Archäologen über die Verhältnisse in Mitteleuropa vom Aufkommen der Bronze bis zum Beginn einer nennenswerten schriftlichen Überlieferung ist natürlich viel differenzierter als es diese wenigen Stichworte über eine Periode von rund 2400 Jahren zeigen können. Der Sinn und Zweck dieser Skizze besteht darin, den räumlichen und zeitlichen Rahmen abzustecken, in dem sich die in diesem Buch behandelten linguistischen Entwicklungen vollzogen haben. Sie soll zugleich den Bezugs- und Vergleichspunkt liefern für das Bild, das sich mit rein linguistischen Mitteln über die Ausbreitung, Trennung und Nachbarschaft unterschiedlicher Sprachgruppen in Mitteleuropa zeichnen lässt.

der Deutschen die Germanen aus dem Schatten der Römer treten und beeinflusste beispielsweise das Denken Martin Luthers und Ulrich v. Huttens.

1.2.4. Indogermanen in Mitteleuropa aus linguistischer Sicht

Nicht nur die Archäologie, sondern auch die Linguistik kann nämlich bemerkenswerte Aussagen über die Nachbarschaft ganzer Völker in Mitteleuropa vom späten 3. bis zum ausgehenden 1. Jahrtausend vor Christus machen.

1.2.4.1. Die alteuropäischen Flussnamen

So gelang Hans Krahe um 1950 der Nachweis, dass sich in weiten Teilen Europas von Norwegen bis Mittelitalien Flussnamen mit voreinzelsprachlicher Etymologie nachweisen lassen[14]. Zu diesen Namen gehören Bildungen mit den Stämmen **sal(a)-* (vgl. *Saale*), **al(a)* (vgl. *Elz*), **alb^{h}-* (vgl. *Elbe*), **arg-* (vgl. *Argen*), **drowos* (vgl. *Drau*), **wara* (vgl. *Wörnitz*) sowie **wis-* bzw. **weis-* (vgl. *Weser*). Namen dieses Typs tauchen im Baltikum gehäuft auf, und sie haben überwiegend klare indogermanische Etymologien. Da etliche dieser so genannten alteuropäischen Flussnamen bereits bei antiken Schriftstellern belegt sind und Flussnamen generell zu den stabilsten Elementen im Wortschatz von Sprachen gehören, sowie aufgrund weiterer Überlegungen schloss Krahe, dass die Entstehung dieser Namensschicht mindestens ins 2. Jahrtausend vor Christus zurückreichen müsse. Als namensgebende Träger dieser Kultur vermutete Krahe zunächst indogermanische „Illyrer", was sich als nicht haltbar erwies und später von Krahe selbst korrigiert wurde. Dem enormen Erkenntnisgewinn durch Krahes Forschung tut dies keinen Abbruch, dieser wurde später durch die Arbeiten Wolfgang Paul Schmids sogar noch erweitert. Schmid gelang der Nachweis, dass in dieser ältesten Schicht europäischer Flussnamen lexikalisches Material enthalten ist, das sonst nur noch im östlichen Indogermanisch belegt ist[15]. Die in der frühen Bronzezeit in Mitteleuropa gesprochenen indoeuropäischen Idiome müssen also ein sehr archaisches Gepräge gehabt haben. Vor allem aber bestätigen die Forschungen Krahes und Schmids eindrucksvoll die auch archäologisch belegbare Siedlungskontinuität in Mitteleuropa, andernfalls wären diese Namen nicht allen Wanderungsbewegungen, Bevölkerungsverschiebungen und Eroberungen zum Trotz seit dieser Zeit tradiert worden.

14 Seit 1950 veröffentlichte Krahe Arbeiten über die alteuropäischen Gewässernamen in den neu gegründeten „Beiträgen zur Namenforschung", 1964 erschien kurz vor seinem Tod eine Zusammenfassung von ihm in einer Monographie.

15 Zu erklären ist das gewiss nicht durch die Präsenz östlicher Indogermanen in Mitteleuropa in der frühen Bronzezeit, sondern durch den entsprechend archaischen Stand des westlichen Indgermanischen bzw. Alteuropäischen. Womöglich würde sich vice versa in den Hydronymen Indiens oder des Iran lexikalisches Material nachweisen lassen, das sonst nur in den Idiomen des westlichen Indogermanisch nachweisbar ist. Das östliche Indogermanisch war nämlich nicht per se konservativer, nur begann seine Überlieferung früher.

1.2.4.2. Germanen, Kelten und Italiker

Innerhalb der indogermanischen Sprachen weisen das Germanische, das Keltische und das Italische insbesondere im Wortschatz, aber auch in der Morphologie eine Reihe spezifischer Gemeinsamkeiten auf. Außerdem gibt es jeweils eine begrenzte Zahl besonderer Gemeinsamenkeiten zwischen zwei der genannten Protosprachen gegenüber der jeweils dritten. Ein wichtiger Befund der Linguistik besteht nun darin, dass diese „2:1-Übereinstimmungen" sich systematisch voneinander unterscheiden: Die keltisch-germanischen Übereinstimmungen gegenüber dem Italischen beschränken sich auf den Wortschatz und sind erkennbar jünger als die italisch-keltischen Gemeinsamkeiten gegenüber dem Germanischen und erst recht als die germanisch-italischen Gemeinsamkeiten gegenüber dem Keltischen.

Bevor diese komplexe Dreierkonstellation etwas näher betrachtet wird, soll zunächst abgeschätzt werden, in welchem Zeitraum überhaupt das westliche Indogermanisch vermutlich gesprochen wurde und ab wann es sich in Einzelsprachen aufgegliedert hat. Hierfür liefern die ältesten Belege des Italischen die wichtigsten Hinweise. Da nämlich bereits zwischen dem archaischen Latein (samt dem „Faliskischen") und dem Sabellischen oder Oskisch-Umbrischen auf phonologischem, morphologischem und lexikalischem Gebiet beträchtliche Unterschiede bestehen, muss die protoitalische Spracheinheit mindestens 500, wenn nicht 1000 Jahre vor den ältesten lateinischen und sabellischen Inschriften des 6. Jahrhunderts, also spätestens im ausgehenden 2. Jahrtausend v. Chr. zerbrochen sein. Dies wiederum führt zum Schluss, dass sich das Protoitalische und Protogermanische nicht später als in der ersten Hälfte des 2. Jahrtausends v. Chr. als alteuropäische Dialekte voneinander getrennt haben[16]. Davor muss es eine gemeinsame Phase gegeben haben, weil beide Idiome außer einem bäuerlich-agrarischen Wortschatz (Natur, Pflanzen, Ackerbau, Haustiere) auch Gemeinsamkeiten in der nominalen Stammbildung (neutrische Denominativa, s. dazu Seite 89, Adverbialbildungen) und in der verbalen Stammbildung aufweisen (Präterita der starken Verben, s. dazu Seite 167ff, sowie schwache Verbalstämme)[17]. Allerdings können hierbei keltische Parallelen verlorengegangen sein, denn es gibt auch italisch-keltisch-germanische Entspre-

16 Gemäß Beinhauer (1986: 143) zeigen sich deutliche Verbindungen der prähistorischen Novilara-Kultur Oberitaliens zur Aunjetitzer Kultur in Böhmen. Dagegen nimmt Oettinger (1997: 99) den westdeutschen Raum schlechthin als Urheimat der Italiker im 2. Jtsd. v. Chr. an; gemäß seiner Theorie sei die alteuropäische „nordwestindogermanische" Einheit durch die Abwanderung der Italiker zu Ende gegangen, die Italiker hätten einen ähnlichen Weg wie bis 568 n. Chr. die Langobarden aus der Donautiefebene zurückgelegt. Unter dieser Voraussetzung würde hierzu auch die Annahme von Meier-Brügger (2000: 29) in Einklang stehen, dass die Italiker aus der pannonischen Tiefebene zur Apenninhalbinsel gezogen seien. Abweichend, aber nicht weniger überzeugend dagegen Rix (1994: 24f.), der bereits „gegen Ende des 3. vorchristlichen Jahrtausends im oberen Savetal bis hin zur mittleren Drau eine politisch oder religiös zusammengehaltene Sprachgruppe" vermutet, die sich gegen Norden und Osten zu jener Zeit zunehmend abgrenze und als Vorfahren der Italiker anzusehen sei.

17 Siehe die ital.-germ. Gleichungen bei Krahe (1954: 71 – 79) und Porzig (1954: 106 – 117) sowie jetzt auch bei Euler 2000/01: 35 – 37, zu den Gemeinsamkeiten der nominalen und verbalen Stammbildung s. auch Euler 1997: 106 – 108, speziell zu den starken Präterita Polomé 1964.

chungen im Wortschatz (Natur, Pflanzen, Tiere, Geräte und Waffen, Gesellschaft und Religion) und im morphologischen Bereich (feminine Abstrakta auf *-tūt-*, s. Seite 93)[18]. Die als italisch-germanisch nachweisbaren Gemeinsamkeiten können folglich ebenso wie die italisch-keltisch-germanischen noch der alteuropäisch-westindogermanischen Sprachschicht angehört haben.

Unterstellt man hingegen nicht für alle italisch-germanischen Übereinstimmungen einfach fehlende keltische Belege, dann spricht der Befund doch dafür, dass die Sprecher dieser beiden Protosprachen vor deren endgültiger Trennung noch eine Zeitlang in direkter Nachbarschaft, vielleicht südlich bzw. nördlich des Erzgebirges, siedelten. Während hier direkte Nachbarschaft recht wahrscheinlich ist, waren frühe Germanen und frühe Kelten[19] zu diesem Zeitpunkt angesichts des sprachlichen Befundes offenbar räumlich voneinander getrennt. Ein plausibler zeitlicher Ansatz für diese Situation ist nach dem Gesagten die Wende vom 3. auf das 2. oder aber das frühe 2. Jahrtausend vor Christus.

Somit können die Schöpfer der Himmelsscheibe von Nebra[20] im heutigen Sachsen-Anhalt (s. Seite 18) durchaus direkte Vorfahren der Germanen gewesen sein[21] und waren jedenfalls sehr wahrscheinlich nicht frühe Kelten, weil Kelten hier nie gesiedelt haben. Freilich muss man auch damit rechnen, dass zwischen dem frühen Protogermanischen und seinen alteuropäischen Nachbardialekten mundartliche Zwischenglieder existiert haben, die im weiteren Verlauf verschwunden, genauer: von den nächstgelegenen Dialekten absorbiert worden sind[22]. Mit Sicherheit jedenfalls hatte das Protogermanische zur Zeit des archaischen Lateins seit seiner Ausgliederung aus dem westindogermanischen Dialektkontinuum Alteuropas bereits eine lange Entwicklung durchlaufen. Im Gegensatz zur italisch-germanischen Verwandtschaft besteht zwischen dem Keltischen und Germanischen eine größere Kluft, da es keinerlei spezifisch keltisch-germanische Gemeinsamkeiten auf morphologischem Gebiet gibt, sondern ausschließlich Wortgleichungen. Sie betreffen speziell die Bedeutungsbereiche Umwelt, Religion, Pferdezucht, Hausbau, Gesellschaft und Recht, wobei vor allem letztere jedoch das Ergebnis früher Entlehnungen ins Germanische sind (wie eindeutig das Wort für „König", s. dazu Seite 52, 64 und 111)[23].

18 Siehe die italisch-keltisch-germanischen Gleichungen bei Krahe (1954: 79 – 83) und Porzig (1954: 123 – 127) sowie bei Euler 2000/01: 32 – 34.

19 Die Begriffe „frühe Germanen" und „frühe Kelten" sind für diesen Zeitpunkt etwas gegriffen. Man könnte auch von Prägermanen und Präkelten sprechen, gemeint sind wie dargestellt die Sprecher der jeweiligen Vorläuferidiome, die durchaus keine entsprechende ethnische und/oder kuturelle Identität gehabt haben müssen.

20 Zu diesem Fund s. den von Meller 2004 herausgegebenen Bildband (mit rein archäologischem Inhalt).

21 Näheres zur Problematik der „Urheimat" bzw. zum Raum der Ethnogenese der direkten Vorfahren der Germanen unten in Kapitel 1.4.6. und 1.5. (S. 43 – 50).

22 Meid (1968: 13f.) rechnet im Zusammenhang mit der italisch-keltischen Sprachverwandtschaft „mit verlorenen Nachbarsprachen, geschwundenen Zwischengliedern".

23 Siehe keltisch-germanische Wortgleichungen vor allem bei Krahe 1954: 139 – 141; zur Frage nach frühen Entlehnungen unter den Rechtstermini s. K.H. Schmidt 1986: 236f.

Dieses losere Verhältnis zwischen dem Keltischen und Germanischen bot denn auch Anlass zur Annahme eines sogenannten „Nordwestblocks". Gemäß dieser Theorie, die ab 1959 von Hans Kuhn aufgestellt wurde, siedelte im Raum zwischen Kelten und Germanen, etwa in den heutigen Niederlanden, ein weiterer indogermanischer Volksstamm[24], dessen Sprache dann eine Mittelstellung zwischen Keltisch und Germanisch eingenommen hätte; gestützt wurde diese Hypothese freilich nur auf wenige Wortgleichungen, unter denen die Lexeme dieses Nordwestblocks keine Lautverschiebung aufweisen[25]. Diese umstrittene Theorie hat jedoch keine weitere Relevanz für diese Untersuchung, gilt zumindest in der ursprünglichen Form als überholt[26] und soll hier nicht weiter verfolgt werden.

Sicher ist dagegen, dass das Keltische eine wesentlich engere Beziehung mit der italischen Sprachgruppe gehabt hat. Dies bestätigen nicht nur etliche Wortgleichungen, sondern auch einige morphologische Entsprechungen, wie die Genitive auf *-ī*, die Superlativbildung auf **-isṃmo-*, der Konjunktiv auf *-ā-* usw.[27]. Die Trennung der Vorfahren der Italiker von jenen der Kelten oder ihren nahen Verwandten muss daher später als jene von den frühen Germanen erfolgt sein, etwa im frühen oder mittleren 2. Jahrtausend v. Chr. Die endgültige Herausbildung der Kelten als eigener Stamm bzw. Gruppe von Stämmen kann sich dann aber noch bis zum Beginn des 1. Jahrtausends v. Chr. erstreckt haben[28].

Zusammenfassend kann man sagen: Aufgrund des sprachlichen Befundes ist die westindogermanisch-alteuropäische Gemeinschaft wohl bereits um 2000 vor Christus allmählich auseinandergedriftet, wobei sich zunächst die Vorfahren der Germanen von denen der Italiker und Kelten getrennt haben. Zwischen „Prägermanen" und „Präitalikern" bestand danach noch ein engerer Kontakt als zwischen „Prägermanen" und „Präkelten". Dagegen haben sich die alteuropäischen Vorläufersprachen der späteren Kelten und Italiker vermutlich noch mehrere Jahrhunderte lang gemeinsam entwickelt, wie übereinstimmende morphologische Neuerungen zeigen[29]. Die germanisch-keltischen Übereinstimmungen sind hingegen rein lexikalischer Natur und jüngeren Datums; sie beruhen auf germanischen Entlehnungen aus dem Keltischen Mitte/Ende des 1. Jahrtausends vor Christus.

24 Kuhn selbst nahm 1962 an, dass dort das Venetische oder eine damit verwandte Sprache gesprochen worden sei. Andere Historiker und Altphilologen ordneten den Nordwestblock gar den Illyrern zu. Das Venetische, eine nur fragmentarisch überlieferte indogermanische Sprache, wurde bis ins 1. Jahrhundert n. Chr. im nördlichen Hinterland der Adria, eben in Venetien, gesprochen, wobei das Verbreitungsgebiet dieser Sprache früher womöglich bis nördlich der Alpen gereicht hatte. Zu den Illyrern s.u. Kapitel 1.4.3.

25 Siehe dazu Meid 1986: 190f. und 205 mit mehreren Gleichungen, darunter einem Substratwort nl. *pooien* „saufen" (aus idg. **pōi-*); kritisch-ablehnend Ernst / Fischer 2001: 72.

26 Siehe zum Thema „Nordwestblock" allgemein Meid 1986: 183 – 212 und Udolph 1994: 940.

27 Zu den ital.-kelt. Entsprechungen s. Krahe (1954: 83 98) und Porzig (1954: 98 – 105), skeptisch Watkins 1966, abwägend Bednarczuk 1988; zu den morphologischen Gemeinsamkeiten s. jetzt Euler 1994a: 40 – 51.

28 Siehe Meid 1997: 9, der sogar erst die erste Hälfte des 1. Jahrtausends als Entstehungszeitraum veranschlagt.

29 Meid (1975: 209) rechnet hier „mit verlorenen Nachbarsprachen, geschwundenen Zwischengliedern" und spricht von einem „postindogermanischen Restblock".

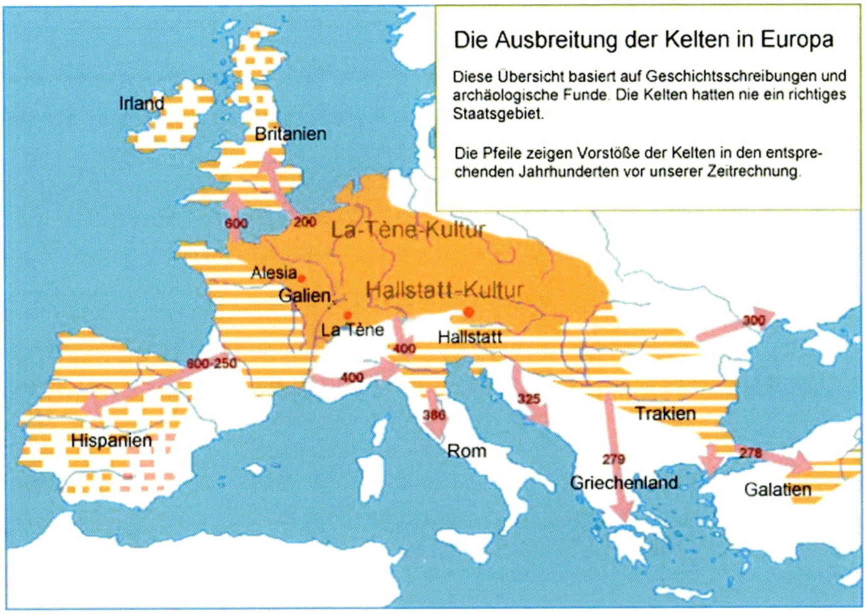

Die Ausbreitung der Kelten im 1. Jahrtausend v. Chr.: Trotz dieser dynamischen Expansion ist fast nichts über überregionale keltische Staaten und militärische Unternehmungen in dieser Zeit überliefert. Nicht nur deswegen gibt es Zweifel an Art und Wesen dieser Expansion. Auch der Befund der Ortsnamen wirft Fragen auf. Die Linguist Jürgen Udolph verweist darauf, dass es beispielsweise in Hessen so gut wie keine gesicherten keltischen Ortsnamen gibt, während von dort eine Fülle keltischer archäologischer Zeugnisse vorliegen, darunter sogar keltische Fürstensitze. Das Spannungsverhältnis zwischen diesem linguistischen und archäologischen Befund ist noch nicht aufgelöst. Womöglich geht die Ausbreitung keltischer und als keltisch verstandener Anlagen und Artefakte aller Art auch auf Handelsaktivitäten und die Ausbreitung keltischer Kulturtechniken, Vorlieben und Bräuche zurück.

1.2.4.3. Germanen und Balten

Neben den germanisch-italischen und germanisch-keltischen Übereinstimmungen lassen sich auch einige germanisch-baltische Gemeinsamkeiten aufzählen. Sie betreffen insbesondere die verbale Stammbildung (ähnlich wie bei den italisch-germanischen Entsprechungen) sowie die Personalpronomina und Numeralia. So können die übereinstimmenden Dualformen der Personalia (s.u. Seiten 129–131) bereits in einer Zeit entstanden sein, als sich das Germanische abgesehen von der am ehesten im Verlauf des 2. Jahrtausend v. Chr. geschehenen baltischen Satemisierung lautlich noch nicht allzu sehr vom Baltischen unterschied, während die Ordinalia für „elfter“ und „zwölfter“ klar voneinander abweichen und demnach unabhängige Neuerungen sein können[30]. Auch einige germanisch-baltisch-slawische Wortgleichungen können aus späterer Zeit stammen; Beispiele dafür sind das Zahlwort für „tausend“ sowie die Gleichungen für „Roggen“, „Gold“ und „Leute“[31]. Im Falle des nahdeiktischen Demonstrativs prg. **ki-* muss man indes von einer frühen, wenn nicht sogar indogermanischen Zeitstufe ausgehen, als die Satemisierung das Baltische noch nicht erfasst hatte, also vielleicht vom Anfang des 2. Jahrtausends v. Chr.[32].

Dieser Sachverhalt setzt jedenfalls eine frühe Trennung des Protogermanischen vom Protobaltischen voraus, was mit der oben aufgezeigten Datierung der Herausbildung des Italischen völlig in Einklang steht, so dass die Ausgliederung des Protogermanischen in der Tat spätestens im frühen 2. Jahrtausend[33] geschehen sein muss[34]. Rechnet man das Baltische der westindogermanisch-alteuropäischen Sprachgruppe zu, wie fast alle Autoren es tun, dann muss deren Aufgliederung spätestens im ausgehenden 3. Jahrtausend v. Chr. eingesetzt haben.

---

30 Siehe zu den germ.-balt. Entsprechungen (wenige im Wortschatz) Porzig 1954: 145 – 148 sowie von Schmid 1989 (Komparativbildung) und Dini/Udolph 2005: 67 – 69 (u.a. Vergleiche der Personalpronomina im Dual und der verbalen Stammbildung.

31 Zu den germ.-balt.-slaw. Entsprechungen s. vor allem Senn 1954: 162 188 und Stang 1972 (zum Wortschatz) sowie in neuerer Zeit Schelesniker 1985: 84 – 87 sowie Dini/Udolph 2005: 60–64. Merksatz für diese Wortgleichungen: „Tausend Leute teilen heute Gold und Roggen.“

32 Im Indoiranischen war die Satemisierung bereits um die Mitte des 2. Jahrtausends vor Chr. vollzogen, was die arischen Fremdwörter in den Mitanni-Texten (um 1380 v. Chr.) und auch früharische Lehnwörter im Finnischen wie *porsas* „Ferkel“ (vgl. khotansak. *pâsa-* „Schwein“, aber auch lat. *porcus* „zahmes Schwein“, ahd. *farh* „Schwein, Ferkel“) bezeugen. Für die Vorstufe des Baltischen muss zu dieser Zeit ebenfalls eine Satemisierung vorausgesetzt werden, sofern finn. *heinä* „Heu“ oder *hammas* „Zahn, Zacke“ im 2. Jahrtausend v. Chr. aus dem Baltischen entlehnt wurden, vgl. dazu lit. *šienas*, ksl. *sěno* „Heu“ und gr. *κοινά· χόρτος* „Gras, Heu“, bzw. lett. *zobs*, aksl. *zǫbъ* „Zahn“ und toch. B *keme* „ds.“, s. dazu Suhonen 1988: 613 bzw. 603.

33 Der sehr vorsichtige Datierungsansatz von Todd (2002:18) für diesen Vorgang „zwischen 2500 und 1000 v. Chr.“ lässt sich sogar von beiden Seiten her bedeutend einengen: Die Ablösung des frühen Protogermanischen vom westlichen Indogermanischen kann nämlich auch nicht viel früher als um 2000 v. Chr. geschehen sein, weil erst ab dem 23. Jahrhundert v. Chr. im nördliche Mitteleuropa die Nutzung der Bronze nachweisbar ist, die für die Sprecher indogermanischer Idiome aber vorausgesetzt werden kann.

34 Siehe zur Chronologie der Herausbildung des Baltischen und Slawischen Pohl 1981: 119f. und 1992: 159f., der ein eigenständiges Präbaltisch und Präslawisch im 3. Jahrtausend, aber auch eine Wiederannäherung zwischen dem Präbaltischen und Präslawischen etwa von 2000 bis 1500 v. Chr. ansetzt.

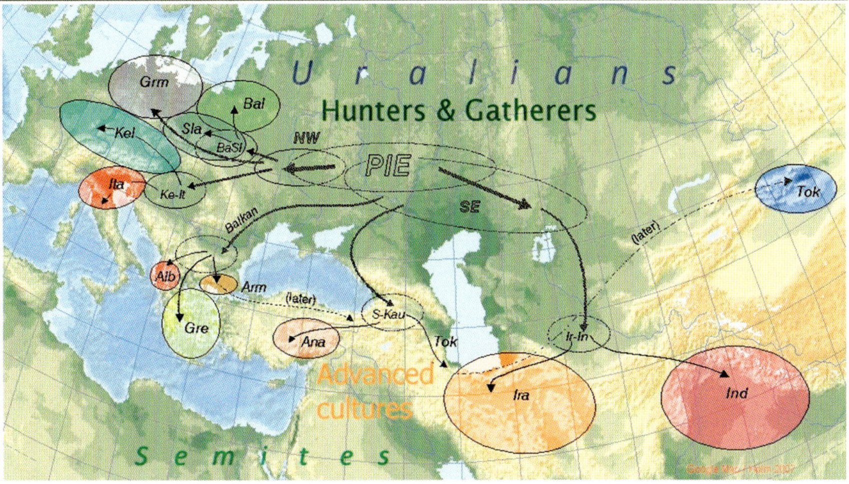

Subgrouping of Main Indo-European Language Branches according to SLRD-Method (Holm 2007), Projected to possible Migration Routes between the 35th and 25th Century B.C.

Mit statistischen Untersuchungen des Wortschatzes der indogermanischen Sprachen, der sogenannten Trennmengenmethode (seperation level recovery method, SLRD) kam Hans J. Holm (Hannover) im Jahre 2007 zu dieser Ausbreitungskarte der frühen Indogermanen. Trotz des ganz unterschiedlichen Ansatzes ist das Ergebnis ähnlich wie das mit der „klassischen“ Komparatistik gewonnene Bild. Zwei Unterschiede zur mehrheitlich (und auch hier) vertretenen Sichtweise sind: 1. Gegen eine so klar gegliederte indogermanische Präsenz in Mitteleuropa bereits vor 2400 v. Chr. spricht der archäologische und auch der sonstige linguistische Befund. 2. Ein italisch-keltisches Ausgangsgebiet im heute ungarischen Raum ohne „Kontaktzone“ zum protogermanischen Gebiet ist unwahrscheinlich wegen der (hier in Kapitel 1.2.4.2 aufgezeigten) spezifisch italisch-germanischen Gemeinsamkeiten.

Nicht viel früher, ab der Mitte des 3. Jahrtausends v. Christus gingen innerhalb des Ostindogermanischen das Indoiranische (Arische) und die Balkansprachen, darunter das Griechische, eigene Wege. Die Zusammenfassung des Indoiranischen mit dem Griechischen zur Gruppe des Ostindogermanischen basiert darauf, dass diese beiden Idiome spezifische Gemeinsamkeiten nicht nur im Wortschatz (besonders in den Bereichen Kriegswesen und Religion), sondern auch unter nominalen Stammklassen und im Verbalsystem (Augment, obligatorische Perfektreduplikation) aufweisen[35]. Diese Ost-West-Gliederung des frühen Indogermanischen hat in der wissenschaftlichen Literatur schon seit mehreren Jahrzehnten die traditionelle Satem-Kentum-Gliederung ersetzt, die außerhalb des wissenschaftlichen Bereichs aber unverändert populär geblieben ist (vgl. Kapitel 1.4.1.). Die Aufspaltung der Protoindogermanischen selber in einen östlichen und westlichen Dialektbereich muss einige Zeit vor den genannten weiteren

35 Zur Sprachstufe des Alteuropäischen und des Ostindogermanischen s. Kriterien jetzt bei Euler 2000/01: 34 – 38 bzw. 18 – 28 mit Literatur. Speziell zum indoiranisch-griechischen Sprachvergleich in der Nominalbildung s. die Monographie von Euler 1979, in der Verbalflexion jene von Birwé 1956 (teilweise veraltet).

Diffenernzierungen im Osten und Westen stattgefunden haben und kann also kaum später als im (ausgehenden?) 4. Jahrtausend v. Chr. begonnen haben[36].

Diese mit rein sprachwissenschaftlichen Mitteln gewonnenen Erkenntnisse über vorgeschichtliche Entwicklungen von Zentralasien bis Mitteleuropa haben natürlich Einfluss auf die Fragestellungen, unter denen das bronzezeitliche archäologische Fundmaterial dieses Raumes zu betrachten und zu analysieren ist – genauer gesagt: Es wäre naheliegend, wenn sie diesen Einfluss hätten.

1.3. Das Zusammenwirken von Archäologie und Linguistik

1.3.1. Von einem Extrem ins Andere

An dieser Stelle stoßen wir, was den deutschen Sprachraum angeht, auf eine eigenartige und gewiss auch fragwürdige wissenschaftsgeschichtliche Entwicklung. Die potenziell sehr ertragreiche und dementsprechend wünschenswerte Kooperation von (Paläo-)Linguistik und Archäologie geschah bis 1933 mit aus heutiger Sicht unzulänglichem methodischen Instrumentarium und auch bereits unter ideologischen Vorzeichen, wurde zwischen 1933 und 1945 politisch missbraucht und deswegen nach 1945 – nicht etwa von ideologischer Vereinnahmung befreit und methodisch vorangebracht, sondern in Deutschland für etliche Jahrzehnte weitgehend eingestellt[37]. Erst in den letzten Jahren ist hier zögernd ein Dialog der beiden Nachbardisziplinen in Gang gekommen, die aufgelaufenen Forschungsdefizite sind aber noch bei weitem nicht aufgearbeitet. Im englischsprachigen Raum hat diese Kooperation dagegen immer existiert, der Nutzen für die Archäologie in Deutschland war aber begrenzt, weil die Archäologie hier überwiegend von ortsansässigen Forschern getragen wurde und wird. Ein – bezeichnenderweise nichtdeutsches – Beispiel für die Integration der Erkenntnisse bilden die Arbeiten der litauischen Archäologin und Sprachwissenschaftlerin Marija Gimbūtas (1921 – 1994), die die Urheimat der Indogermanen im Schwarzmeergebiet lokalisiert und die Kugel-

36 Zum frühen Indogermanischen allgemein s. Euler 2000/01: 42 – 47

37 Ein Beispiel dafür ist das Buch von Ernst Probst „Deutschland in der Bronzezeit" (1996). Es dokumentiert den archäologischen Forschungsstand auf über 550 großformatigen Seiten mit größter Genauigkeit, stellt aber keinerlei Querbezüge zum linguistischen Forschungsstand her. Nur an zwei Stellen finden sich überhaupt lapidare Hinweise auf die Sprache der Urheber der beschriebenen Funde, und nur an einer Stelle, auf S. 211, werden dabei mit einem Satz die Germanen erwähnt: „Die Menschen der nordischen Bronzezeit werden manchmal als ‚Urgermanen' bezeichnet, weil sie Vorfahren der ab der Eisenzeit um 500 v. Chr. nachweisbaren Germanen sein sollen." Tatsächlich ist diese ethnische Kontinuität sowohl aus archäologischen als auch aus linguistischen Gründen gesichert, und zwar unabhängig davon, ob man die betreffenden Völkerschaften des 2. und frühen 1. Jahrtausends v. Chr. nun als Ur-, Vor-, Proto- oder Prägermanen oder aber als westliche Indoeuropäer bezeichnet. Die Aussage im Vorwort Probsts, man wisse „wenig über die Organisation der Stämme, ‚Burgen' und Dorfgemeinschaften, … über die Sprache, Kunst, Musik, Moral, über das Recht … und über die damaligen Gottheiten", ist jedenfalls hinsichtlich der Sprache in keiner Weise haltbar. Dieser Hinweis stellt keine Kritik an dieser eindrucksvollen Arbeit dar, zu der mehr als zwanzig führende Prähistoriker beigetragen haben und die zu den anerkannt besten Darstellungen der Bronzezeit in Deutschland gehört. Er soll nur illustrieren, wie radikal sich die Wege von Archäologen und Linguisten in Deutschland seit 1945 getrennt haben.

amphorenkultur in Norddeutschland und Nordpolen (Ausbreitung um 3000 bis 2800 v. Chr.) als Grundlage des germanischen und baltischen Ethnos und die Aunjetitzer Kultur (Zentrum in Böhmen, Ausbreitung ab 1500 v. Chr. in Richtung Apennin und Balkan) als Basis u.a. der Italiker und Kelten beurteilt[38]. Im deutschsprachigen Raum äußern sich dagegen bislang nur vereinzelt Sprachforscher zu archäologischen Themen und dann regelmäßig auch nur, soweit diese für die Sprachforschung selbst eine Rolle spielen[39].

1.3.2. Gustaf Kossinna und die siedlungsarchäologische Methode

Nicht nur der Missbrauch durch den Nationalsozialismus hat in Deutschland zur Vernachlässigung des Austausches zwischen Linguisten und Archäologen geführt, sondern evidente methodische Schwächen in der Frühphase dieser Kooperation. Sie ist eng verbunden mit der Person des Prähistorikers **Heinz Gustaf Kossinna** (1858–1931; Bild rechts), dessen wissenschaftliche Laufbahn mit der Germanistik begann und der sich später der Archäologie zuwandte. Kossinna gilt als Begründer der so genannten „siedlungsarchäologischen Methode", deren zentrale Prämisse lautete: *„Scharf umgrenzte archäologische Kulturprovinzen decken sich zu allen Zeiten mit ganz bestimmten Völkern oder Völkerstämmen."*[40]

Diese sog. „lex Kossinna", hat nicht nur die Arbeit von nahezu zwei Generationen deutscher Prähistoriker (einschließlich ihrer damals noch enge Zusammenarbeit mit den Linguisten) geprägt, sondern wurde auch von der nationalsozialistischen Ideologie begierig aufgenommen und missbraucht. Die methodischen Probleme dieses Ansatzes wurden inzwischen vielfach herausgearbeitet[41], waren allerdings teilweise bereits zu Lebzeiten Kossinnas Gegenstand intensiver Debatten. Schon damals stellte sich beispielsweise die Frage, ab welchem Grad an Unterschiedlichkeit eine archäologische Kulturprovinz oder -gruppe als „scharf umgrenzt" gelten kann. Archäologische Fundprovinzen sind eben selten so klar voneinander abgegrenzt wie das freie Germanien vom Römischen Reich durch den Limes, und selbst wo dies der Fall ist, müssen kulturelle Grenzen durchaus nicht mit ethnischen und

38 Siehe darunter vor allem die Arbeit von Gimbūtas zur Ethnogenese der Indogermanen Alteuropas (1992: bes. 25 – 27), speziell zur Ethnogenese der Germanen und Balten bereits Gimbūtas 1983: 53 – 55 mit einer Karte auf S. 54, gemäß der das Gebiet der Kugelamphorenkultur von Niedersachsen bis Nordpolen reichte.

39 Siehe etwa die Abhandlung von Meid 1989 über Archäologie und Sprachwissenschaft (allgemein zu Indogermanen und ihrer Sprache).

40 Kossinna (1920: 3). Ähnlich in: Kossina (1927), S. 4 und VII; dort in der Formulierung „Jede scharf ausgeprägte archäologische Kulturgruppe bedeutet ein Volk oder einen Volksstamm".

41 Beispielsweise von dem Prähistoriker Hans Jürgen Eggers (1906 1975), s. dessen Kritik an Kossinna in seiner „Einführung in die Vorgeschichte (1959: 210 – 214); s. das Zitat Kossinnas ebda auf S. 211.

diese wiederum nicht mit sprachlichen Grenzen übereinstimmen. Ein Beispiel dafür hätte Kossinna in seiner eigenen Person finden können: Der im ostpreußischen Tilsit geborene Wissenschaftler war masurischer Herkunft. Als kulturell und sprachlich gründlich „eingedeutschter"[42] Slawe, der zudem im deutsch-baltischen Grenzland geboren wurde, hätte er aus sehr persönlicher Erfahrung und Anschauung dem Gedanken „scharf umgrenzter Kulturprovinzen", die sich „mit ganz bestimmten Völkern und Völkerstämmen" decken, skeptischer gegenüberstehen können. Doch von der entsprechenden Vorsicht im Umgang mit dem archäologischen und linguistischen Material ist bei dieser beherrschenden Persönlichkeit der deutsche Vor- und Frühgeschichte im ersten Drittel des 20. Jahrhunderts nichts zu finden, im Gegenteil. Beispielsweise meinte Kossinna, anhand von Bodenfunden gleich zehn „steinzeitliche Züge der Indogermanen" unterscheiden zu können[43]. Das überrascht in vieler Hinsicht; zunächst einmal wusste Kossinna als Linguist durchaus, dass die Träger der indogermanischen Sprache ein Nutzmetall namens **ayos* kannten, offenbar die Bronze und ursprünglich wohl das Kupfer. Schon dieser Umstand erfordert gewagte Zusatzhypothesen, um in steinzeitlichen Perioden überhaupt von Indogermanen zu sprechen. Zum anderen waren sowohl der damalige archäologische Fundbestand als auch die Möglichkeiten seiner Analyse und vor allem Datierung damals noch so rudimentär, dass die entsprechenden Schlüsse nicht erst aus heutiger Sicht schlicht als Spekulation erscheinen. Der penetrant rassistische Einschlag der Argumentation nicht nur bei Kossinna vergrößert aus heutiger Sicht die Vorbehalte gegen diese damals keineswegs nur in Deutschland weit verbreiteten Vorstellungen[44].

Ein Nebeneffekt des wissenschaftlichen Scheiterns des „naiven" Ansatzes der siedlungsarchäologischen Methode[45] war jedenfalls der weitgehende Zusammenbruch der Kooperation zwischen Linguisten und Archäologen in Deutschland für mehrere Jahrzehnte, wobei man sagen kann, dass das Desinteresse der Prähistoriker an den Arbeitsergebnissen der Linguisten größer war als umgekehrt[46]. Hier wird die Ansicht vertreten, dass diese Konsequenz aus dem Scheitern Kossinnas

42 Kossinna gehörte mehreren völkischen Gruppierungen an, darunter dem „Nordischen Ring", und war schon ab 1928 Förderer der Nationalsozialistischen Gesellschaft für deutsche Kultur.

43 Kossinna (1927), S. 119–158.

44 Todd (2000: 241–249) beschreibt die Entwicklung dieser Vorstellungen sehr anschaulich und resümiert: „Das Dritte Reich erfand weder die Arier noch die Theorie einer nordischen überlegenen Rasse. Beide Vorstellungen hatten sich schon vor 1900 fest etabliert und waren Teil eines orthodoxen Denkens, das die meisten Europäer heute als peinlich und falsch empfinden."

45 Die Siedlungsarchäologie als solche wurde freilich auch in Deutschland zu keinem Zeitpunkt aufgegeben oder grundsätzlich in Frage gestellt, sondern nur die von Kossinna postulierte Identifizierung von Fundprovinzen mit – nachweisbaren oder vermuteten – Ethnien und mit ihr die von ihm und seinen Zeitgenossen noch intensiv betriebene kombinierte Analyse linguistischer und archäologischer Befunde.

46 Aufschlussreich in diesem Zusammenhang ist eine lange Diskussion zwischen dem Prähistoriker Peter Buwen (Saarbrücken) und dem Kieler Linguisten Kurt Oertel, in der ebenso kontrovers wie klar die ganz unterschiedlichen Ansätze der beiden Fachdisziplinen, aber auch die begrenzte Rezeption selbst gesicherter Forschungsergebnissen der Vergleichenden Sprachwissenschaft seitens der Prähistoriker und Archäologen sichtbar werden, vgl. Buwen, Peter / Oertel, Kurt / Langguth, Kurt (1998).

völlig zu Unrecht gezogen wurde, dass aber auch die zentrale Prämisse seiner siedlungsarchäologischen Methode nicht ganz verworfen werden muss. Ohne diese Diskussion hier in der Breite aufnehmen zu können, liegt es doch auf der Hand, dass es archäologisch gut fassbare kulturelle Abgrenzungen gibt, die zugleich ethnische und sprachliche Grenzen markieren[47]. In modifizierter Form kann die „lex Kossinna" weiterhin vertreten werden, etwa in folgender Formulierung: *„Je schärfer archäologische Fundprovinzen von einander abgegrenzt sind, umso wahrscheinlicher decken sie sich mit ethnischen und/oder sprachlichen Grenzen."* In dieser abgeschwächten Form mag diese Regel (die dann auch kein „Gesetz" mehr ist) fast trivial erscheinen; die Wissenschaftsgeschichte der vergangenen Jahrzehnte belegt indes, dass sie nicht trivial ist.

1.3.3. Zwei Desiderate

Je weniger man über eine historische Epoche weiß, umso fragwürdiger wäre es, nicht alle vorhandenen Informationen auszuwerten. Was die mitteleuropäische Vor- und Frühgeschichte angeht, so warten vor allem zwei Potenziale auf ihre volle Erschließung: Zum einen die aufgezeigte, sehr unvollkommene Berücksichtigung der Erkenntnisse der Linguistik und zum anderen – innerhalb der Linguistik – die volle Auswertung des Erkenntnispotenzials der Orts- und Gewässernamen (Onomastik). Forschungen in diesem Bereich sind aufwändig, was der Grund dafür sein kann, warum sie bisher selbst dort erst höchst unvollständig durchgeführt wurden, wo sie besonders große Erkenntnisgewinne versprechen[48].

Was den zweiten Punkt angeht, so sind die unverändert gültigen und anerkannten Forschungen Krahes und Schmids über die alteuropäischen Flussnamen (s.o., Kapitel 1.2.4.1.) ein eindrucksvolles Beispiel, welche Beiträge die Linguistik für die Kenntnis vorgeschichtlicher Perioden liefern kann: Die von Krahe aufgezeigten Übereinstimmungen in den Hydronymen setzen eine in welcher Art und Weise auch immer „kohärente" Bevölkerung in weiten Teile Mitteleuropas ungefähr um die Wende vom 3. zum 2. Jahrtausend vor Christus voraus, über die wir aus anderen Quellen buchstäblich nichts erfahren. Sie setzen weiterhin Wanderungsbewegungen aus den viel weiter östlich gelegenen, noch älteren indogermanischen Siedlungsgebieten nach Europa voraus und schließlich drittens eine auch in vorge-

47 Problemlos sichtbar ist das immer dann, wenn die entsprechenden Kulturen auch Schriftzeugnisse hinterlassen haben. Die Belege dafür sind so evident und so klar, dass sich eine Nennung einzener Beispiele erübrigt.

48 Jürgen Udolph erklärte unlängst hinsichtlich der Erforschung der Gewässernamen wörtlich: „In Ansätzen sind von den indogermanischen Einzelsprachen in diesem Sinne untersucht worden: das Slavische und Germanische, weiteres steht noch aus." (Udolph 2004a). Der Aufwand zur systemmatischen Erforschung der Ortsnamen i.e.S. (Siedlungsnamen) ist dabei angesichts der Materialfülle um einiges größer. Allein das seit 2005 laufende Forschungsprojekt der Akademie der Wissenschaften zu Göttingen „Ortsnamen zwischen Rhein und Elbe / Onomastik im europäischen Raum" ist auf die Veröffentlichung von 56 Bänden angelegt und könnte nach öffentlich geäußerter Einschätzung Udolphs „30, 35 Jahre in Anspruch nehmen".

schichtlicher Zeit zumindest nie ganz unterbrochene Siedlungskontinuität in weiten Teilen Europas seit der frühen Bronzezeit. Alle diese doch sehr grundlegenden Tatsachen wären uns ohne die aus den alteuropäischen Flussnamen gewonnenen Informationen unbekannt.

Die systematische Auswertung von Toponymen und Hydronymen hat in den zurückliegenden Jahren auch in anderen Bereichen zu eindrucksvollen Erfolgen geführt. So gelang es dem Wiener Forscher Georg Holzer in den neunziger Jahren, anhand von nicht viel mehr als einem Dutzend alter slawischer Orts- und Flussnamen sowie einiger weniger weiterer Lehnworte, die überwiegend im 5. und 6. Jahrhundert nach Christus in angrenzende, nichtslawische Sprachen entlehnt wurden, einen bis dahin unbekannten, frühen Lautstand des Protoslawischen aufzuweisen und zu beschreiben. Bis dahin reichte das durch Sprachvergleich gewonnene „Urslawisch" nur bis etwa ins 9. Jahrhundert zurück. Holzer konnte nun nachweisen, dass mehrere tiefgreifende Lautveränderungen im früher Slawischen bei Beginn der großen Expansion des slawischen Sprachgebietes im 5. und 6. Jahrhundert noch nicht wirksam gewesen sein konnten und mithin deutlich später begonnen hatten, als bisher vermutet.

Der auf schmaler, aber offenbar tragfähiger Datenbasis gewonnene Erkenntnisgewinn durch die Arbeiten Holzers ist enorm und reicht weit über die Linguistik hinaus. Man weiß dadurch heute nicht nur viel besser, wie das Slawische um 600 geklungen hat – es ähnelte in phonologischer Hinsicht noch stark dem frühen Baltischen. Der Umstand, dass das damals bereits sehr große slawische Sprachgebiet noch gemeinsame Neuerungen vollzog, setzt entweder einen intensiven Austausch oder eine gemeinsame Oberschicht innerhalb dieses Gebietes voraus. Tatsächlich gibt es entsprechende historische Hinweise, nämlich die Awarenherrschaft über die Südslawen und einen großen Teil der Westslawen. Das in vieler Hinsicht rätselhafte Reich – selbst die Ethnizität der Awaren ist unklar – stieg ab etwa 555 n. Chr. rasch auf und erreichte in der ersten Hälfte des 7. Jahrhunderts, als es die Südslawen und einen großen Teil der Westslawen dominierte, den Höhepunkt seiner Macht. Es ist naheliegend, mit Holzer in der awarische Führungsschicht die Hauptträgerin des um 600 gesprochenen Protoslawischen zu sehen und in ihrer Herrschaft den Katalysator der Ausbreitung der zu dieser Zeit noch nicht vollzogenen phonologischen Veränderungen im frühen Slawischen[49]. Die Arbeiten Holzers haben eine Reihe von Parallelen mit Fragestellung, Ansatz, Methode und Schlussfolgerungen dieser Arbeit, weswegen sie hier etwas ausführlicher gestreift wurden[50].

49 In diesem Sinne argumentieren auch andere Forscher, vgl. Holzer (2002), S. 552.

50 Ein weiterer Grund ist die große Zurückhaltung Holzers, die u.E. dazu geführt hat, dass seine Forschungsleistung noch nicht die ihr zukommende Beachtung gefunden hat. Obwohl der von ihm rekonstruierte Sprachzustand um 600 sich vom literaturüblichen „Urslawisch" des 9. Jahrhunderts kaum weniger unterscheidet als das Althochdeutsche vom Mittelhochdeutschen, spricht Holzer in großem Understatement lediglich von einer von ihm vorgeschlagenen „neuen Notation" des Urslawischen.

Insbesondere bestätigen diese Beiträge das aus der Aufgliederung des spätlateinischen Sprachgebietes in die romanischen Einzelsprachen bekannte Phänomen, dass Expansion und Dialektaufgliederung generell eng zusammenhängen[51]. Auch im Protoslawischen gingen expansive Wanderungen, Lautwandel und Auflösung der Spracheinheit offenbar Hand in Hand[52], genau wie im Falle der romanischen und anscheind auch der germanischen Sprachen. Was die romanischen Sprachen angeht, so stand am Beginn der Aufgliederung weniger eine reine Wanderungsbewegung, als vielmehr die militärische Expansion des Imperium Romanum und dessen späterer Zerfall. Wie heute klar ist, war dabei die gemeinsame Grundlage aller romanischen Sprachen aber nur das Latein des 2. Jahrhunderts n. Chr.[53] und nicht erst jenes des 5. Jahrhunderts oder gar ein rekonstruiertes „Urromanisch“[54].

Für den durch die Analyse von Fluss- und Ortsnamen möglichen Erkenntnisgewinn bieten die Arbeiten des deutschen Onomastikers Jürgen Udolph ein weiteres, nicht weniger eindrucksvolles Beispiel. Er konnte anhand alter Gewässernamen plausibel machen, dass die Urheimat der Slawen – oder genauer: das Gebiet, in dem sich die Vorläuferspreache der slawischen Sprache herausbildete – nördlich oder nordöstlich des Karpatenbogens lag[55]. Damit wird eine alte Ausbreitungshypothese erhärtet, während andere Theorien, wonach die slawische „Urheimat“ beispielsweise auf dem Balkan oder dem Gebiet des heutigen Polens gelegen habe, sehr unwahrscheinlich geworden sind. Eine entscheidende Rolle in Udolphs Argumentation, die hier nicht im Einzelnen nachgezeichnet werden kann, spielt das Vorhandensein von Übergangsformen für die sprachlichen Zwischenstufen in den überlieferten Namen eines Gebietes, weil dies sowohl den frühen Beginn als auch die Kontinuität der Besiedlung durch eine die jeweiligen Sprachformen sprechende, benennende Bevölkerung voraussetzt[56].

Für die vorliegende Arbeit noch bedeutender sind die Beiträge Udolphs zur altgermanischen Onomastik. Er vertritt – wie vor ihm bereits Wolfgang P. Schmid[57] und der Prähistoriker Hermann Ament[58] – aufgrund umfassender Untersuchungen von Orts- und Flussnamen in Skandinavien, Nord- und Mitteldeutschland die These, dass die Herausbildung des Germanischen aus dem westlichen Indogermanischen nicht wie seit dem frühen 20. Jahrhundert fast allgemein angenommon in Südschweden, Dänemark und Norddeutschland geschehen sei, sondern im Gebiet des

51 Zum Protoslawischen s. die in Anm. 429 (S. 209) genannten Arbeiten von Holzer und Euler.

52 Vgl. v.a. die bereits in Kapitel 1 erwähnten Beiträge des Wiener Slawisten Georg Holzer seit 1995.

53 Dies mit Hinblick auf das Rumänische und der dortigen römischen Provinz Dakien ab 107 n. Chr.

54 Siehe zur Problematik eines „Urromanisch“ jetzt Euler 2005a: bes. 43 – 45.

55 Udolph 1979: bes. 619 624

56 Udolph unterscheidet hier im Falle der slawischen Hydronyme vier Schichten: Die jüngste, spezifisch slawische, eine ältere, die dem Baltischen nahe steht, ein dritte zwischen Slawisch und Alteuropäisch und eine vierte, eindeutig voreinzelsprachliche und damit alteuropäische Schicht; vgl. Udolph (1979).

57 Schmid (1986: 167)

58 Ament (1986: 54)

südlichen Niedersachsens, im westlichen Sachsen-Anhalt und Thüringen[59]. Auch hier war der Nachweis von (Übergangs-)Formen für alle Sprachstufen ein entscheidendes Argument.

1.4. Überholtes und Übersehenes

Mehrfach klang bereits an, dass auch solche Erkenntnisse der Paläolinguistik und Komparatistik, die von allgemeinem Interesse für eine größere Öffentlichkeit sind, oft Jahrzehnte benötigen, um nach der entsprechenden Konsensbildung im wissenschaftlichen Bereich den Weg in Lexika, populärwissenschaftliche Veröffentlichungen und Schulbücher zu finden. Dafür seien im Folgenden sechs Beispiele genannt.

1.4.1. Ost-West-Gliederung statt Satem-Kentum-Sprachen

Schon im frühesten Stadium der Vergleichenden Sprachwissenschaft wurden Theorien zur Aufgliederung der indogermanischen Grundsprache entwickelt, am Anfang stehen die Stammbaumtheorie von August Schleicher 1861 (mit teilweise grotesken Bezeichnungen sprachlicher Zwischenstufen wie „Graecoitalokeltisch“ usw.) und die Wellentheorie von Johannes Schmidt, gemäß derer sich Neuerungen wie Wellen über ein Sprachgebiet ausgebreitet hätten. Beide Theorien versuchte August Leskien 1876 miteinander zu kombinieren und in Einklang zu bringen, wobei er mit Wanderungen und allmählicher Ausbreitung eines Sprachgebiets argumentierte. Diese Sichtweise gilt im Kern nach wie vor als zutreffend, wobei die verschiedenen Aufgliederungstheorien hier nicht einzeln beschrieben und diskutiert werden sollen[60].

Eine besondere Rolle für die Indogermanistik spielt bis heute die Aufgliederung in Kentum-Sprachen und Satem-Sprachen, zu letzteren zählen das Indoiranische, Slawische und Baltische sowie das Thrakische und Albanische. In diesen Sprachen wurden die proto-indogermanischen Palatale $\hat{k}$, $\hat{g}$ und $\hat{g}^h$ zu Zischlauten verschoben, im Indoiranischen war diese Entwicklung bereits vor der Mitte des 2. Jahrtausends v. Chr. vollzogen, erst danach wurde auch das Slawische und schließlich das Baltische davon erfasst. Die Satemisierung erfolgte also erst zu einer Zeit, als sich die Einzelsprachen bereits herausgebildet hatten, und somit gibt diese phonologische Veränderung, weil sie eben unabhängig voneinander mehrfach vollzogen wurde, für die Frage nach der Aufgliederung der indogermanischen Grundsprache – anders als man früher meinte und außerhalb des wissenschaftlichen Bereichs teilweise heute noch meint – nichts her.

59 Udolph 1994: 49 (Toponyme), 412f. (Hydronyme) und 923f. (Lokalisierung des ältestens Verbreitungsgebietes der Germanen zwischen Aller, Elbe und Erzgebirge. S.a. Udolph 2005: 697 sowie Kapitel 1.4.6.

60 Siehe eine ausführliche Forschungsgeschichte der frühen Indogermanistik nach wie vor bei Porzig 1954: 18 – 29, jetzt bei Euler 2003: 76 – 84.

Dagegen geben andere phonologische Veränderungen, aber auch Morphologie/Grammatik und Wortschatz früher Einzelsprachen wichtige Aufschlüsse darüber, in welcher Weise sich diese Grundsprache tatsächlich stufenweise in die Einzelsprachen aufgespalten hat. In den letzten Jahrzehnten gewann die nach 1970 aufgekommene und insbesondere von Wolfgang Meid vertretene Theorie, dass sich das frühe Indogermanische im 4. Jahrtausend v. Chr. zunächst in einen östlichen und einen westlichen Zweig aufgegliedert hätte, immer mehr Zustimmung und hat inzwischen breite Anerkennung gefunden. Gemäß dieser haben sich dann im 3. Jahrtausend aus dem östlichen Zweig des Protoindogermanischen das Indoiranische, Griechische und Armenische sowie eine Reihe von Balkansprachen herausgebildet, aus dem westlichen hingegen die „alteuropäischen" Sprachen Germanisch, Keltisch und Italisch, s. dazu Näheres auf Seite 24ff.[61]. Der baltische und slawische Zweig des Indogermanischen hat dabei eine Zwischenstellung eingenommen, wobei über die genaue Stellung diese beiden Sprachfamilien in der Frühzeit des Indogermanischen bis heute keine Einigkeit besteht. Über das Verhältnis zwischen dem Baltischen (das regelmäßig den „alteuropäischen" Sprachen zugerechnet wird) und dem Germanischen siehe die Seiten 28–30.

Freilich argumentierte auch die urspüngliche Satem-Kentum-Theorie mit einer Ost-West-Gliederung, wobei die Kentumsprachen, einschließlich des Griechischen als die „westlichen" angesehen wurden, die Satemsprachen einschließlich des Baltischen und Slawischen hingegen als die östlichen. Nach heutigem, gut gesichertem Forschungsstand gehört jedoch das Griechische – obgleich eine Kentum-Sprache und trotz seiner geographischen Lage – dem *östlichen* Zweig an. Große Zweifel an der Ursprünglichkeit der Satem-Kentum-Gliederung des frühen Indogermanischen kamen bereits nach 1900 infolge der Entdeckung des Hethitischen und den beiden nahe verwandten Sprachen Luwisch und Palaisch sowie des Tocharischen auf. Das im einstigen Ostturkestan, also auf heute chinesischem Gebiet bis in das 12. Jahrhundert n. Chr. gesprochene Tocharisch war nämlich eine Kentum-Sprache – soweit östlich gelegen wie die östlichsten Satem-Idiome. Diese Beobachtung wäre noch durch Wanderungsbewegungen erklärbar, nicht aber weitere Phänomene innerhalb der vermeintlichen „Satem-Sprachen", die die Satemisierung klar als relativ späte und offenbar an mehreren Stellen unabhängig voneinander eingetretene Entwicklung erkennen lassen[62].

Die Entdeckung des Hethitischen um 1900 und der beiden nahe verwandten Sprachen Luwisch und Palaisch hat auch sonst unser Bild vom frühen Indogermanischen erheblich verändert und präzisiert. Ein Beispiel dafür ist die eindrucksvolle Bestätigung der seit 1879 bis zu diesem Zeitpunkt nur durch abstrakte Schlüsse

61 Siehe zur Aufgliederung des Indogermanischen Meid 1975: bes. 213.
62 Frühe Belege dafür nennt Kossinna (1927: 209), der in dieser Frage richtig lag.

postulierten Laryngale[63] (Kehlkopflaute) im frühen Indogermanischen durch das Hethitische. Generell wird heute mehrheitlich eine Vorstufe des Protoindogermanischen im engeren Sinne und des Hethitisch-Anatolischen, das „Indo-Hittite" befürwortet[64].

Für das Germanische spielt diese Thematik der frühesten indogermanischen Sprachaufgliederung freilich nur eine marginale Rolle. Sie wird hier als ein Beispiel dafür angeführt, wie zäh sich im auch im anspruchsvollen populärwissenschaftlichen Bereich[65] wissenschaftlich längst überholte Sichtweisen – hier die Theorie der primären Aufgliederung des frühen Indogermanischen in Satem- und Kentumsprachen – halten können.

1.4.2. Die Substrat-Theorie

Was die germanischen Sprachen selbst angeht, so hat neben der bereits erwähnten „Nordwestblock"-Hypothese eine weitere Theorie über Jahrzehnte hinweg über den wissenschaftlichen Bereich hinaus Verbreitung und Popularität gefunden. Hier führt sie vielfach bis heute ein zähes Leben, obgleich die Gegenargumente inzwischen sehr stark sind.

Gemeint ist die 1932 von Sigmund Feist präsentierte sogenannte germanische Substrattheorie. Sie besagt in groben Zügen, dass das Protogermanische dadurch entstanden wäre, dass in der frühen Bronzezeit indogermanische Stämme aus dem Osten nach Mitteleuropa eingewandert seien und die dort bisher lebende vorindogermanische Bevölkerung nicht etwa völlig verdrängt, sondern unterworfen hätte. Erstgenannte Gruppe identifizierte Feist mit den archäologisch um diese Zeit gut belegten sog. Streitaxtleuten, letztere mit den Trägern der Megalithgräberkultur. Bei der Vermischung dieser beiden Gruppen sei es durch eine Art „Pidginisierung" des Indogermanischen zu vielen Veränderungen in Wortschatz und Phonologie und Grammatik des nachmaligen Germanisch gekommen, insbesondere die Verlagerung des Akzents auf die Stammsilbe und die erste Lautverschiebung erklärte Feist damit. Auch den Wortschatz der Eroberer habe die unterworfenene Vorbevölkerung stark bereichert und dabei insbesondere um Begriffe für solche Dinge er-

63 Ausgangspunkt war eine Arbeit von Ferdinand de Saussure, der 1879 aufgrund bestimmter Unregelmäßigkeiten noch in allgemeiner Form drei Laute postulierte, die in den überlieferten Einzelsprachen nicht mehr vorhanden seien. Wenig später bemerkte man, dass diese Laute sich ähnlich verhielten bzw. auf ihre Umgebung auswirkten wie die Laryngale im Semitischen.

64 Siehe dazu jetzt Euler 2006: 26 – 44 mit Forschungsgeschichte und grammatischen Erörterungen.

65 Beispielsweise heißt es in dem in sehr großer Auflage erschienenen „dtv-Atlas Deutsche Sprache" noch in der 15. Auflage (2005) über die Satem-Kentum-Einteilung lediglich, sie sei „relativiert" worden, und es gebe eine größere Anzahl sprachlicher Phänomene, „die über die Kentum-Satem-Grenze hinweggehen" (S. 39). Unerwähnt bleibt, dass die Theorie gründlich widerlegt ist und es folglich eine solche Grenze innerhalb des früheren Indogermanischen gar nicht gibt. Auf S. 38 dieses Standardwerkes finden sich auch noch wissenschaftsgeschichtliche Fossilien wie „Graeco-Italo-Keltisch" und „Slawo-Germanisch".

gänzt, die den aus dem Binnenland eingedrungenen Indogermanen unbekannt gewesen seien, darunter die Worte „Segel“, „Kiel“, „Mast“, „Strand“, „Ebbe“ und ein altes Wort für „Ruder“ (vgl. englisch *oar*). Auf etwa ein Drittel schätze Feist den aus indogermanischen Wurzeln nicht erklärbaren Anteil im urgermanischen Lexikon, den er der unterworfenen Vorbevölkerung zuschrieb.

Feists Hypothese hat sich gewiss deswegen so rasch durchgesetzt, weil sie mit einem Minimum an – für sich genommen zunächst durchaus plausiblen – Annahmen enorm viel erklären kann. Das macht diese Hypothese nicht nur elegant, sondern auch wissenschaftstheoretisch reizvoll. Und doch gilt sie heute weitgehend als überholt, vor allem, weil sich für einen großen Teil der für Feist unklaren Worte inzwischen indogermanische Etymologien gefunden haben. Bei weiteren Neologismen gibt es zudem nachvollziehbare Gründe, warum Erbworte ersetzt wurden (s.u. Kapitel 5.1 und 5.2.5.). Generell reicht der enorm lange Zeitraum von etwa 1500 bis 1800 Jahren, in denen sich das Protogermanische weitgehend für sich entwickelte, gut und gerne aus, um die belegbaren lexikalischen Innovationen auch ohne Substrate oder andere größere Umwälzungen plausibel erklären zu können. Ein weiteres Gegenargument ist, dass die von Feist angeführten Felder „Bewaffnung“ und „Gesellschaft“ zu denen die unterworfene Urbevölkerung angeblich besonders viele Worte begesteuert hätte, gerade nicht die Bereiche sind, in denen Eroberer üblicherweise Begriffe von Unterworfenen übernehmen. Schließlich hat die Verlagerung des Akzents auf die Stammsilbe – ein zentrales Argument der germanischen Substrattheorie – mit hoher Wahrscheinlichkeit nicht bereits in der frühen Bronzezeit stattgefunden, sondern viel später, in der vorrömischen Eisenzeit.

Aus allen diesen Gründen gilt die Substrattheorie heute als weitgehend überholt, nur wenige Autoren vertreten sie noch – in dann zudem meist modifizierter Form[66]. In etlichen Lexika und anderen Standardwerken wird diese nur auf den ersten Blick so elegante Theorie dem interessierten Leser hingegen vielfach nach wie vor als gesichertes Wissen angedient[67].

1.4.3. Illyrer in Mitteleuropa?

Bis vor einigen wenigen Jahren waren in manchen Enzyklopädien Landkarten zu finden, denen zufolge weite Teile Mitteleuropas in der frühen Bronzezeit von „Illyrern“ besiedelt gewesen seien. In populärwissenschaftlichen Werken hält sich diese Vorstellung teilweise immer noch, obwohl längst gesichert ist, dass dieses ungefähr im 7. Jahrhundert untergegangene indogermanische Volk nie wesentlich über sein angestammtes Siedlungsgebiet im jugoslawischen Raum hinausgekommen ist. Die

66 Zu den verbliebenen Befürwortern gehört John A. Hawkins (Cambridge), vgl. Hawkins (1990).
67 So im erwähnten „dtv-Atlas Deutsche Sprache“, 15. Auflage (2005), S. 43.

Illyrer-Theorie geht wesentlich auf den mehrfach zitierten Hans Krahe zurück, der die von ihm entdeckten voreinzelsprachlichen Gewässernamen mit indogermanischer Etymologie in weiten Teilen Europas 1949 zunächst als „illyrisch" einstufte[68]. Er korrigierte sich in den Jahren darauf selbst (abschließend im Jahre 1964[69]), doch die in die Welt gesetzte Hypothese erwies sich außerhalb des rein wissenschaftlichen Bereichs für weitere rund dreißig Jahre als nicht mehr „rückholbar" und kann insofern als ähnlich zählebige Wissenschaftslegende gelten wie die längst widerlegte Urform der „Satem-Kentum-Theorie". Zu den Varianten der Theorie gehört, dass in den Bewohnern des sogenannten Nordwestblocks Illyrer, Räter („Tyrsener") oder Sprecher vorindogermanischer Sprachen vermutet wurden[70].

1.4.4. Die Stellung des Nordgermanischen zwischen Ost und West

Die germanischen Einzelsprachen lassen sich klar in drei Gruppen einteilen, das Westgermanische bestehend aus Altenglisch, Althochdeutsch und Friesisch, das bereits ab dem 2. Jahrhundert in urnordischen Runeninschriften überlieferte Nordgermanische, aus dem sich die skandinavischen Sprachen entwickelt haben, und schließlich das Ostgermanische, das wir vor allem durch das Gotische kennen, zu dem aber unter anderem auch Burgundisch und Wandalisch gehörten. Doch in welchem Verhältnis stehen diese drei Gruppen untereinander? Diese Frage hat natürlich weitreichende Implikationen für die Aufgliederung des Späturgermanischen ab etwa der Zeitenwende und ähnelt damit durchaus der in Kapitel 1.2.4.2. diskutierten Problematik des ebenfalls dreifach gegliederten westlichen Indogermanischen rund 2000 Jahre zuvor.

In der germanischen Sprachwissenschaft spielte hier lange die sogenannte „gotonordische" Aufgliederungstheorie eine bedeutende Rolle. Demnach soll sich zwischen dem Nord- und Westgermanischen in frühester Zeit eine Dialektgrenze herausgebildet haben, während das Ostgermanische ein Zweig des Nordischen gewesen sei, mit dem es sich länger gemeinsam entwickelt habe. Begründet wurde diese Theorie mit nicht allzu vielen, teilweise nicht einmal zwingenden, meist phonologischen Übereinstimmungen. Doch der größere Teil davon besteht aus gemeinsam bewahrten Altertümlichkeiten des Gotischen und Nordischen; nur wenn das Westgermanische diese Eigenheiten bereits früh verloren hätte, ließe sich daraus etwas für die frühe Aufgliederung des Germanischen ableiten. Da dafür Belege fehlen und die angeblich gemeinsamen „gotonordischen" Neuerungen außerdem zumeist nicht genau miteinander übereinstimmen, hat die Ansicht, das Westgermanische habe zuerst eigene Wege eingeschlagen und sich von der urspünglichen

68 Krahe (1949: 9)
69 Krahe (1964: 210)
70 Vgl. Wikipedia (englisch) „Nordwestblock", Mai 2009.

germanischen Sprachgemeinschaft gelöst, schon seit langem an Unterstützung verloren und gilt im Grunde als überholt.

Vielmehr haben das West- und Nordgermanische weitaus zahlreichere und auch eindeutigere Neuerungen gegenüber dem wesentlich archaischeren Ostgermanischen vollzogen, diese betreffen die Phonologie und vor allem die Morphologie ebenso wie den Wortschatz[71]. Diese Neuerungen haben zu der heute ganz überwiegend vertretenen Ansicht geführt, dass ein „gotonordischer" Sprachzustand nie existiert hat, sondern dass zunächst das Ostgermanische eigene Wege gegangen ist. Die vielen Archaismen im Gotischen sind in diesem Zusammenhang das bei weitem weniger gewichtige Argument, da wir den Sprachzustand des Westgermanischen zur Zeit Wulfilas gar nicht und jenen des Nordgermanischen dieser Zeit nur sehr begrenzt aus kurzen Runeninschriften kennen. Für die zentrale Zielsetzung dieser Arbeit ist auch dieser Umstand nicht von großer Bedeutung, wohl aber stellt das in Nachschlagewerken und populärwissenschaftlichen Werken ausgesprochen zählebige „Gotonordisch" einen weiteren Beleg dafür dar, wie weit der Weg von der linguistischen Forschung bis zur Ebene der Enzyklopädien oft ist[72].

1.4.5. Gab es germanische Dialekte?

Eng verwandt mit der Problematik der Aufgliederung des Germanischen in die Einzelsprachen ist die Frage, ob auch das noch einheitliche frühe Germanisch bereits dialektal gegliedert war. Die Forschung hat das, soweit sie diese Frage aufwarf, aus letztlich drei Gründen traditionell meist nicht angenommen. Zum einen zeigen die ältesten Runeninschriften, und zwar über das südskandinavische Kerngebiet hinaus bis ins heutige Norddeutschland, eine große Homogenität. Falls es in diesem Raum „zwischen Hamburg und Stockholm" in den ersten Jahrhunderten nach Christus bereits dialektale Unterschiede gegeben haben sollte, dann hätten sie sich jedenfalls in diesen Inschriften so gut wie nicht niedergeschlagen. Freilich ist das auch kein zwingendes Gegenargument, da durchaus denkbar ist, dass die womöglich sehr wenigen Schreibkundigen zu einer kompetenten Minderheit gehörten, die eine überregional gültige Verkehrs-, Sakral- oder auch Dichtersprache ritzten.

Das zweite Gegenargument ist die ziemlich große Nähe der germanischen Einzelsprachen zu Beginn ihrer jeweiligen Überlieferung. Altnordisch, Altenglisch, Althochdeutsch und Gotisch sind einander so ähnlich, dass nicht nur der gemeinsame Ausgangszustand gut erschlossen werden kann, sondern dass auch die abgelaufene Zeit von (je nach Sprache) etwa vierhundert bis achthundert Jahren von diesem Zustand bis zum Beginn der Überlieferung der Einzelsprache für die geschehene

71 Siehe die Kriterien der innergermanischen Aufgliederung jetzt bei Euler 2002: 10 – 20.

72 Vgl. in diesem Sinne wieder dtv-Atlas Deutsche Sprache (2005), S. 53.

Veränderung ausreicht. Der sprachliche Ausgangszustand *kann* von daher sehr homogen gewesen sein. Was die Ähnlichkeit der germanischen Sprachen untereinander angeht, so lagen der Verhältnisse ähnlich wie bei den slawischen Sprachen zum Beginn ihrer Überlieferung und ganz anders als bei den italischen Sprachen im 1. Jahrtausend vor Christus (s.o., S. 24).

Dass ein doch relativ großes Gebiet wie das germanischsprachige um Christi Geburt mit seiner Ausdehnung von Norwegen im Nordwesten bis zur oberen Weichsel im Südosten auch beim damaligen Stand der Verkehrs- und Kommunikationsmittel im Prinzip sprachlich vergleichsweise homogen gewesen sein könnte, belegt die Situation bei den frühen Turksprachen in Mittelasien, wo ein noch weit größeres Gebiet sprachlich nicht allzu differenziert war. Dieses dritte Argument gegen ausgeprägte Dialekte im Proto- und Späturgermanischen führt aber schon zu den Gründen *für* eine dialektale Differenzierung dieser Idiome.

Vor allem der historische Befund zu allen Zeiten seit dem Beginn der breiten Überlieferung der germanischen Einzelsprachen spricht für regionale Sprachvarianten. Die schiere Ausdehnung des germanischsprachigen Landes um die Zeitenwende – ungefähr vom heutigen Bergen in Westnorwegen bis zur oberen Weichsel – lässt angesichts langsamer Verkehrsmittel, geringer Heiratsentfernungen und einer fehlenden Zentralmacht Dialekte erwarten. Gebiete dieser Größe waren in alter Zeit – wenn überhaupt – regelmäßig nur dann sprachlich einigermaßen homogen, wenn eine sehr schnelle Ausbreitung des Sprachgebietes erfolgt ist, wie sie etwa für die Expansion des römischen Reiches und die Ausbreitung der Slawen im 5./6. Jahrhundert n. Chr. belegt ist. Im Falle der Germanen verlief die Ausbreitung aber offenbar sehr langsam, wobei manche Fragen – bishin zur Frage der Expansionsrichtung in der Bronzezeit und vorrömischen Eisenzeit – ungeklärt sind. Und während die Nähe der germanischen Einzelsprachen bei Beginn ihrer jeweiligen Überlieferung keine dialektale Gliederung erfordert, um die belegten Unterschiede zu erklären, so schließt sie diese auch nicht aus. Manches (insbesondere lexikalische) Phänomen ließe sich so einfacher erklären.

Das vielleicht stärkste Argument für Dialekte bereits in urgermanischer Zeit ist aber der Hinweis von Tacitus, (Kap. 43, 1): Die Burer und Marsigner seien, was ihre Sprache angeht, den Sweben ähnlich. Genau lautet die Formulierung: „Weiter zurück schließen die Marsigner, Cotiner, Osen und Burer sich im Rücken an die Markomannen und Quaden an. Unter diesen erinnern die Marsigner und Burer in Sprache und Sitten an die Sweben.“[73] Diese kurze Passage ist, ihre inhaltliche Richtigkeit einmal angenommen, aus zwei Gründen recht weitgehend. Zum einen,

73 Im Original: „Retro Marsigni, Cotini, Osi, Buri terga Marcomanorum Quadorumque claudunt, e quibus Marsigni et Buri sermone cultuque Suebos referunt: Cotinos Gallica, Osos Pannonica lingua coarguit non esse Germanos, et quod tributa patiuntur.“ Das ziemlich mehrdeutige „cultuque“ wird auch übersetzt „und Tracht“ oder sogar „und Lebensweise“.

weil Marsigner und Burer den zentral siedelnden Sweben sprachlich offenbar nur *geähnelt* haben, was noch größere mundartliche Unterschiede zwischen den hier ebenfalls genannten Cotinern und Osen, aber wohl auch weiteren Stämmen auf der einen Seite und Marsigner und Burer (respektive Sweben) auf der anderen Seite voraussetzt. Zum anderen aber, weil deren Siedlungsgebiete, wie Tacitus erwähnt, „im Rücken" an das der Markomannen und Quaden, die damals in Böhmen und Mären lebten, anschloss. Vermutlich siedelten sie also im Süden des heutigen Polens oder auch in der Slowakei und damit eher an der Peripherie des germanischen Gebietes; und doch war der mundartliche Unterschied in ihrem Falle laut Tacitus sogar kleiner als der zwischen anderen Stämmen.

Nimmt man alle diese Argumente zusammen, dann kann man bereits in germanischer Zeit gewiss mit mehr oder weniger ausgeprägten Mundarten rechnen. Diese Gliederung war vermutlich im Kerngebiet der alten Runeninschriften von Norddeutschland bis Mittelschweden eher gering, zwischen dem Nordwesten des Gesamtgebietes und dem (Süd-)Osten hingegen größer.

1.4.6. „Urheimat" Skandinavien?

Zu den Ansichten, die über die frühen Germanen am häufigsten und mit geradezu selbstverständlicher Sicherheit verbreitet werden, gehört, dass diese sich vom südskandinavischen Raum aus verbreitet hätten. Als Region, in der aus westlichen Indogermanen frühe Germanen wurden – im englischen Sprachraum wird dafür bis heute das deutsche Wort „Urheimat" verwendet – wird dabei Südschweden, Dänemark, Schleswig-Holstein und Mecklenburg bezeichnet.

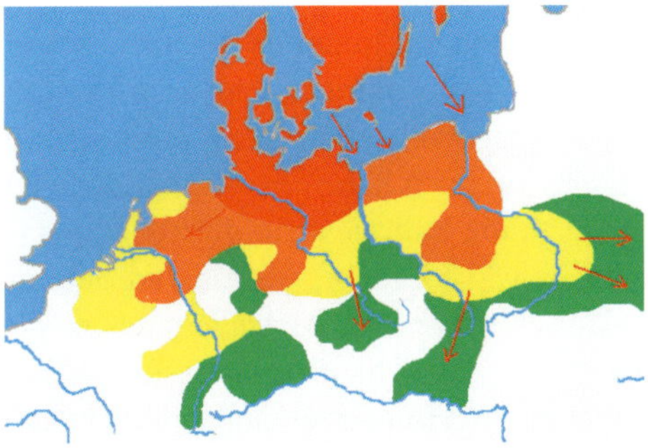

Eine Karte über die angebliche Ausbreitung der Germanen bzw. des germanischen Sprachgebietes, wie sie ähnlich in vielen Lexika und Atlanten zu finden ist. Rot markiert ist das angebliche Kerngebiet um 750 v. Chr. orange das zusätzliche Gebiet um 500, gelb die Expansion bis um 250 v. Chr., der Zuwachs bis um Christi Geburt ist grün markiert. Am ehesten haltbar ist die seit der Mitte des 1. Jahrtausends angenommene Expansion, sehr unwahrscheinlich ist dagegen die Herausbildung der protogermanischen Sprache im äußersten Norden Deutschlands und in Skandinavien (vgl. S. 43–47). Aus der englischen Wikipedia, Stand 2009.

Als Topos erscheint diese Sichtweise bereits in spätantiken Werken über die Goten[74], die von der sagenhaften Insel Gothisscandza über die Ostsee gekommen wären. Dagegen hatte Tacitus die Goten bereits im 1. Jahrhundert n. Chr. offenbar korrekt im Bereich der Weichselmündung verortet, ohne die Frage einer früheren Herkunft aufzuwerfen. Vermutlich wegen dieser vergleichweise tiefen Wurzeln ist heute nahezu in Vergessenheit geraten, dass die Vorstellung einer skandinavischen „Urheimat“ der Germanen als dominierender wissenschaftliche Theorie vergleichsweise jung ist. Noch um 1880 hat kaum ein Prähistoriker oder Sprachwissenschaftler außerhalb Skandinaviens diese Ansicht vertreten. Immerhin hat sich bereits der Universalgelehrte Gottfried Wilhelm Leibniz († 1716) kritisch mit dieser, zu seiner Zeit aber fast nur von skandinavischen Autoren vertretenen Vorstellung auseinandergesetzt[75]. Er lehnte diese Ansicht energisch ab, wobei er – seiner Zeit weit voraus – mit dem Befund der Flussnamen argumentierte.

Tatsächlich wirft die „Skandinavien-Hypothese“ über den Befund der Orts- und Flussnamen hinaus mehrere klare Fragen auf: Ist eine indogermanische Zuwanderung in diesen Raum zu Beginn der Bronzezeit belegbar oder gibt es wenigstens Hinweise dafür? Falls die frühen Germanen aus Skandinavien nach Nord- und Mitteldeutschland kamen, wer lebte in diesen Regionen davor? Ist dort eine Vorbevölkerung nachweisbar, die im Zuge einer allfälligen germanischen Expansion aus dem Norden (für die traditionell meist das späte 2. sowie das erste Jahrtausend v. Chr. genannt wird) verdrängt oder zumindest überlagert worden wäre? Klar ist jedenfalls, dass die indogermanische Eroberung bzw. Zuwanderung des 3. Jahrtausends v. Chr. aus dem (Süd-)Osten nach Europa nicht ohne Not die klimatisch weit günstigeren Regionen in Mitteleuropa „ausgelassen“ hätte, um sich in Südskandinavien anzusiedeln. Eine weitere Ungereimtheit ist, dass die Nutzung der Bronze in Skandinavien erst mehrere Jahrhunderte später als in Mitteleuropa einsetzte, nämlich kaum vor 1800 v. Chr. und zwar beginnend mit Importen. Wenn man also nicht unterstellen will, dass indogermanische Eroberer auf dem Weg nach Skandinavien die Kunst der Bronzeverarbeitung aufgegeben haben sollten, dann müsste diese Zuwanderung entsprechend später stattgefunden haben bevor anschließend – nach Jahrhunderten eines germanischen „nation buildings“ in diesem Raum – wieder eine Bewegung nach Süden eingetreten wäre. Für eine so späte indogermanische Zuwanderung nach Südskandinavien fehlt aber erst recht jeder archäologische Hinweis. Ein weiteres Argument liefert die Linguistik: Wie dargestellt, nahm das frühe Germanische in mancher Hinsicht eine Zwischenstellung zwischen dem Baltischen und Italischen ein. Das schränkt die Möglichkeit einer germanischen Ethnogenese in Südskandinavien zusätzlich ein.

74 So beim römisch-gotischen Historiker Jordanes im 6. Jahrhundert, vermutlich in Anlehnung an Cassiodorus.

75 Leibniz (1710): Dissertatio de origine germanorum, seu Brevis Disquisitio, utros incolarum Germaniae citerioris, aut Scandicae ex alteris initio profectos, verosimilius sit judicandum (in: Opera omnia, Bd. 4, Teil 2, Genevae 1768, S. 198–205).

Allein diese Plausibilitätsüberlegungen machen verständlich, warum bis ins späte 19. Jahrhundert kaum ein nichtskandinavischer Wissenschaftler die Theorie der Ausbreitung der Germanen von Skandnavien aus vertrat. Dabei ist zu berücksichtigen, dass Bronzefunde damals noch bei weitem nicht so genau wie heute datiert werden konnten, so dass ein wichtiges Gegenargument später noch hinzukam. Wie kam es dennoch zum Siegeszug der Skandinavientheorie seit dem späten 19. Jahrhundert?

Das wichtigste Argument neben den genannten, spätantiken Literaturhinweisen waren Bodenfunde. Insbesondere bestimmte Waffentypen, etwa die sogenannten Griffzungenschwerter, schienen sich im späten 2. und in der ersten Hälfte des 1. Jahrtausends vor Christus von Norden nach Süden ausgebreitet zu haben, soweit das mit den Methoden des späten 19. Jahrhunderts bereits datierbar war. Freilich war und ist auch bei korrekter Datierung dieses Argument nicht zwingend, denn ebenso wie Kleidermode und Schmuck, Bestattungssitten und Hausbautechniken kann sich auch die Waffentechnik ohne gewaltsame Expansion und sogar ohne Wanderungen ausbreiten. Selbst wenn es gelingt, die Ausbreitung eines Waffentypus durch bloßen Handel auszuschließen, kann sich immer noch um die schlichte Übernahme der Gebräuche des Nachbarn handeln – umso mehr, wenn die Ausbreitung Generationen und Jahrhunderten dauerte.

Trotz dieser schwachen Datengrundlage setzte sich ab etwa 1890 die „Skandinavientheorie“ durch. Am Anfang steht – es liest sich wie ein Treppenwitz der Wissenschaftsgeschichte, aber es ist wahr – eine Kehrtwende des mehrfach zitierten Prähistorikers Gustaf Kossinna. Der dachte in dieser Frage urspünglich ähnlich wie Leibniz und fast alle zeitgenössischen Forscher und widersprach zunächst den Vorstellungen des Arztes und Rassenhistorikers Ludwig Wilsers, der bereits ab 1885 die Skandinavientheorie vertrat[76]. Den Seitenwechsel vollzog Kossinna in diese Frage spätestens im Jahre 1896 mit dem Aufsatz „Die vorgeschichtliche Ausbreitung der Germanen“ und mit einer Vorlesung über die prähistorischen Ursprünge der Teutonen[77].

Der Prähistoriker Rolf Hachmann (* 1917) hat den Weg der Übernahme der Theorie so beschrieben: „Noch ganz unter dem Einfluß Müllenhoffs[78], hatte Kossinna anfangs nichts von skandinavischer Herkunft der Germanen gehalten.“ Jedoch führten ihn Neufunde zu einem Wechsel seiner Auffassung: „Noch ehe er das ar-

76 Ludwig Wilser: Die Herkunft der Deutschen (1885).

77 G. Kossinna: Die vorgeschichtliche Ausbreitung der Germanen, in: ZfV 6 (1896) 1 14. Wikipedia (engl.) erwähnt außerdem die Vorlesung „The Pre-historical Origins of the Teutons in Germany“ im selben Jahr. Todd (2000: 248) nennt außerdem ein Referat Kossinnas angeblich bereits im Jahre 1885 vor dem Deutschen Anthropoligischen Institut in Kassel, in dem er diese Position ebenfalls bereits vertreten habe. Vermutlich ist der Vorgang bei Todd aber falsch datiert, da der 1858 geborene Kossinna erst 1887 promoviert wurde und er die Skandinavien-Theorie in seinen ersten Jahren als Wissenschaftler noch ablehnte.

78 Karl Viktor Müllenhoff (1818 – 1884) war Philologe und akademischer Lehrer Kossinnas.

chäologische Fundgut Mitteleuropas genau kannte und ehe er sich über Methoden der Auswertung der Bodenfunde recht klar geworden war, konzipierte er ein neues Bild vom Ursprung der Germanen: Sie mußten großenteils aus Skandinavien ausgewandert sein ... Ein wachsender Kreis von im Prinzip nicht unbegabten Schülern war von Kossinna und von den Möglichkeiten, die seine neue ‚Methode' zu bieten schien, fasziniert ... Die Germanistik selbst stand seinen Ansichten anfangs reserviert gegenüber. Aber schließlich überzeugte er auch hier. (...) Das Ergebnis war: Der alte Skandinavien-Topos wurde von der Germanistik erst zögernd, dann willig, schließlich begierig aufgenommen und für wissenschaftliche Wahrheit gehalten."[79]

Zu ergänzen wäre, dass der vorläufige[80] Erfolg dieser Theorie ohne den um das Jahr 1890 herrschenden Zeitgeist im wilhelminischen Deutschen Reich kaum zu erklären wäre. Im Jahr 1887 wurde nach 16 Jahren der Kulturkampf beigelegt, ein politisch-ideologisches Ringen um die Stellung der katholischen Kirche im seinerzeit protestantisch bzw. liberal geprägten Staat, das unter anderem zu einem Attentatsversuch auf Reichskanzler Otto v. Bismarck und zum mehrjährigen Abbruch der diplomatischen Beziehungen mit dem Vatikan geführt hatte. In diesem konfessionellen Tauziehen lebte ein altes politisches Schlagwort aus dem Dreißigjährigen Krieg wieder auf: „Ex septentrione lux". Mit diesem geflügelten Wort, wonach das Licht aus dem Norden und nicht aus dem Osten käme, feierten die Protestanten einst das rettende Eingreifen des schwedischen Königs Gustav Adolf auf dem mitteleuropäischen Kriegsschauplatz im Jahre 1630. In den Befreiungskriegen gegen Napoleon kam es wieder in Mode, als sich 1813 Schweden dem Bündnis gegen Napoleon I. anschloss. Im Kulturkampf, der das Verhältnis der Konfessionen und noch lange prägte und belastete, wurde das Wort bei der Abwehr „ultramontaner" Bestrebungen wieder viel zitiert.

Ein zweiter Faktor war der Regierungsantritt Wilhems II. im Jahre 1888 und die Entlassung Bismarcks als Reichskanzler zwei Jahre später. Anstelle der seit der Reichsgründung von 1871 konsequent defensiven Politik des Preußen Otto v. Bismarck, dem deutscher Nationalismus fremd war, trat bald eine ambitionierte Politik nach innen und außen. Streben nach Kolonien, diskriminierende Gesetze gegen die polnische Volksgruppe im Deutschen Reich und Aufrüstung sind die wichtigsten Stichworte. Begleitet war diese Politik von einem deutschtümelnden Nationalismus, der möglichst tiefe historische Wurzeln suchte und zu dem Germanen aus dem Norden besser zu passen schienen als vermutlich recht heterogene Stammesverbände aus dem Osten, aus dem sich in einem langen und vielschichtigen

79 Zitiert nach Udolph 2004a

80 Nach einer Darstellung Jürgen Schönsteins in der Zeitung „Die Welt" vom 20.7.1995 unter Bezug auf Jürgen Udolph und dessen Monographie von 1994 „Namenskundliche Studien zum Germanenproblem" hat sich die Skandinavientheorie in Deutschland endgültig sogar erst 1926 mit Kossinnas Buch „Ursprung und Verbreitung der Germanen in vor- und frühgeschichtlicher Zeit" (veröffentlicht 1927) durchgesetzt.

Differenzierungsprozess unter anderem die Vorfahren der erst viel später so benannten Germanen herausbildeten.

Bei dem von Hachmann beschriebenen Ergebnis, dass der „alte Skandinavien-Topos“ schließlich „für wissenschaftliche Wahrheit gehalten“ wurde, ist es jedenfalls bis heute geblieben, obwohl die alten Gegenargumente unverändert gelten und neue hinzugekommen sind.

Vor allem die langsam fortschreitende Ortsnamenforschung setzt immer stärkere zusätzliche Fragezeichen hinter die Skandinavientheorie. Udolph betont, dass zwar auch in Skandinavien indogermanische Flussnamen nachweisbar sind, dass aber die kontinuierlichen Übergänge fehlen, was gegen diese Region als Ursprungsheimat der frühen Germanen spricht[81]. Diese Übergangsformen seien dagegen in den Ortsnamen Südniedersachsens, des westlichen Sachsen-Anhalts und Thüringens nachweisbar, und zwar gerade in den von bäuerlichen Siedlern seit jeher bevorzugten Lößgebieten wie der Magdeburger und Hildesheimer Börde. Aus allen diesen Gründen betrachtet Udolph diesen Raum als das Gebiet, in dem in der frühen Bronzezeit aus westlichen Indogermanen frühe Germanen geworden seien.

Diese Sichtweise bedeutet die Rückkehr zu der bis Ende des 19. Jahrhunderts mehrheitlich vertretenen Sicht und zugleich eine Absage an die später vom deutschen Nationalsozialismus so begierig aufgegriffene „Skandinavien-Theorie“.

Betrachtet man heute, ein Menschenalter nach seinem Tode, die Spuren, die Gustav Kossinna im Bereich der deutschen Vor- und Frühgeschichte hinterlassen hat, so kann man sich des Eindrucks der Absurdität kaum erwehren: Die prinzipiell richtige, von Kossinna aber mit unzulänglichen Methoden und deswegen falschen Ergebnissen betriebene Kooperation von Vorgeschichte und Paläolinguistik wurde ruiniert, die prinzipiell meist ebenfalls richtige – von Kossinna aber überspitzte und dann sogar rasseideologisch aufgeladene – Übereinstimmung von archäologischen und ethnisch/sprachlichen Grenzen wurde desavouiert. Dagegen feiert die von Kossinna durchgesetzte und wahrscheinlich ganz falsche Theorie der germanischen „Urheimat“ in Skandinavien trotz ihres massiven Missbrauchs durch das NS-Regime[82] fröhliche Urständ.

81 Udolph 2004a, Zitat: „Wir haben auch in Skandinavien einige alteuropäische, sprich indogermanische Gewässernamen – allerdings wesentlich weniger als auf dem europäischen Festland…. Was aber deutlich anders ist als auf dem germanischen Festland: es fehlt der allmähliche Übergang von indogermanisch-alteuropäischen Gewässer- und Ortsnamen zu germanischen, d.h. es besteht keine Kontinuität in der Entwicklung.“

82 Der Missbrauch hatte viele Facetten und ging von der „bloßen“ Indoktrination bis zur Heranziehung des Skandinavientheorie als Begründung für die militärische Besetzung Dänemarks und Norwegens im Jahre 1940 und als Propagandaargument bei der Freiwilligenwerbung der Waffen-SS in diesen Ländern. An sich hätte eine „deutsche“ Urheimat zur NS-Ideologie natürlich genauso gut gepasst, dennoch unternahm das NS-Regime keine Versuche, zum vermutlich richtigen Stand der Wissenschaft bis ca. 1885 zurückzukehren. Dies bestätigt die tiefe Antiintellektualität dieser Ideologie, die sich auch in vielen anderen Disziplinen nachweisen lässt.

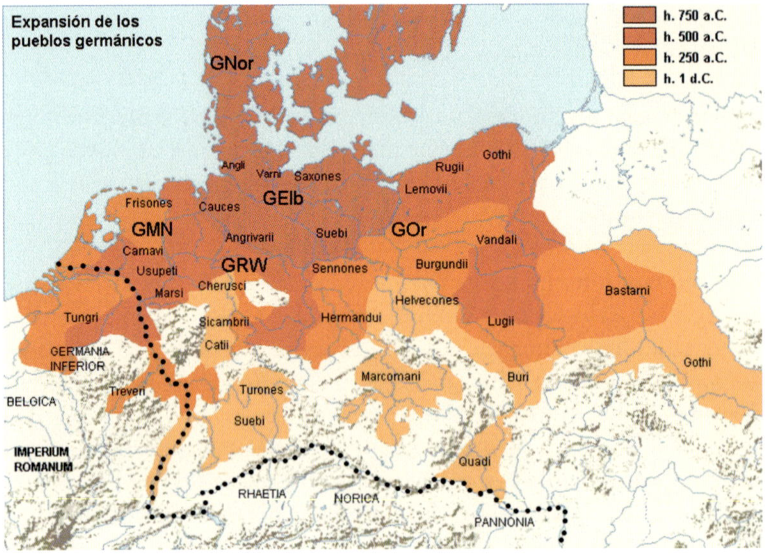

Auch diese spanische Karte aus dem Jahre 2003 über die Ausbreitung der Germanen ab dem Beginn der Eisenzeit im 8. Jahrhundert vor Christus markiert die Gebiete östlich und südöstlich des damals noch kaum besiedelten und deswegen weiß abgebildeten Harzes vermutlich inkorrekt als erst zwischen 750 und 500 v. Chr. von Norden her germanisch(sprachig) geworden. Die gepunktete Grenze des römischen Reiches bezeichnet deren Verlauf in den Jahren 9 bis 73 n. Chr. Die Abkürzungen bedeuten: Nordgermanen (GNor), Nordseegermanen (GMN), Elbgermanen (GElb), Odergermanen (GOr), Rhein-Weser-Germanen (GRW).

1.5. Implikationen der „mitteldeutschen" Theorie

Bei der Diskussion der Frage, wo die Herausbildung der protogermanischen Sprache aus dem westlichen Indogermanischen geschehen sein könnte, wird der Begriff „Urheimat" hier ganz bewusst nicht verwendet. Zwar hat dieser Terminus als deutsches Fremdwort sogar in der englischsprachigen linguistischen Literatur etwa über die geographische Herkunft der Sprecher der indogermanischen Protosprache seit langem einen festen Platz. Allerdings wird er dort ohne die komplexen Konnotationen und historischen Belastungen verwendet, die im Deutschen bei diesem Begriff unvermeidlich mitschwingen.

Unser Wissen um das Selbstverständnis der Menschen der frühen Bronzezeit ist äußerst begrenzt, was allein schon eine vorsichtige Begriffswahl nahelegt. Es geht bei der Herausbildung der protogermanischen Sprache wie gesagt um Prozesse von mehreren Jahrhunderten Dauer, und es geht um die Entwicklung von Gruppen, von denen wir nur sicher wissen, dass sie eine gemeinsame Sprache sowie einige kulturelle und religiöse Gemeinsamkeiten hatten. Schon eine gemeinsame nationale Identität ist nicht gesichert, und soweit sie bestand, dann gewiss weder im Sinne des modernen Nationalismus noch im Sinne neuzeitlich-romantischer Vorstellungen über prähistorische Völker.

Diese Überlegungen vorangestellt, lassen sich doch mehrere bemerkenswert konkrete Aussagen treffen. Folgt man den Überlegungen Udolphs, dass sich die (proto)germanische Sprache ausweislich der Orts- und Flussnamen in einem Gebiet westlich der Elbe, südlich der Aller und nördlich des Erzgebirges herausgebildet hat, und kombiniert man diese mit den hier angestellten Überlegungen, dass dieser Prozess im ausgehenden dritten und frühen zweiten Jahrtausend vor Christus stattgefunden haben muss – eben in der frühen Bronzezeit, dann ist folgender Schluss fast zwingend: In diesem Raum und in dieser Zeit ist eine von den vorangegangenen und benachbarten Kulturen klar unterscheidbare Kultur archäologisch nachweisbar, die bereits erwähnte Aunjetitzer Kultur. Man kann nach dem Gesagten davon ausgehen, dass die Träger dieser Kultur, die auch in Böhmen und Mähren sowie in Niederösterreich gelebt haben, westlich-indoeuropäische Idiome sprachen und dass eine Teilgruppe von ihnen, eben die in dem von Udolph beschriebenen Raum (südöstliches Niedersachsen, große Teile Sachsen-Anhalts und Thüringens sowie westliches Sachsen) lebenden „Aunjetitzer“ im Laufe mehrerer Jahrhunderte genau die sprachlichen Veränderungen durchgeführt haben, die in diesem Buch als Übergang vom Indogermanische zum Protogermanischen beschrieben werden.

Zu dieser Deutung passt durchaus, dass die ältesten Belege der Aunjetitzer Kultur im mitteldeutschen Raum etwas jünger sind als die in Mähren, dem Ausgangsgebiet dieser Gruppe in Europa[83], denn auch die indoeuropäischen Idiome sind – auf welchen Wegen im einzelnen auch immer – letztlich aus dem Osten oder Südosten nach Mitteleuropa gelangt. Ebenfalls passt dazu, dass die Träger dieser Kultur ausweislich der untersuchten Skelette am meisten den (indogermanischen) Schnurkeramikern ähnelten und im Übrigen mit einer durchschnittlichen Körpergröße der Männer von 1,71 und der Frauen von 1,66 Metern hochwüchsiger waren als die vorangegangenen Menschen des mitteleuropäischen Neolithikums[84].

Eine weitere Schlussfolgerung der „mitteldeutschen“ Theorie betrifft die Jastorf-Kultur. Diese norddeutsche Kultur der vorrömischen Eisenzeit, benannt nach einem wichtigen Fundort im Kreis Uelzen, wird archäologisch auf die Zeit von etwa 600 v. Chr. bis um Christi Geburt datiert und gemeinhin als germanisch bezeich-

83 Probst (1996): 44

84 Probst (1996): 44. Probst zitiert hier auch die „Ansicht der meisten Prähistoriker“, dass „die Aunjetitzer in Mitteldeutschland aber nicht etwa geschlossen aus Böhmen und Mähren eingewandert“ seien. „Vielmehr machte sich im wesentlichen die einheimische Bevölkerung die Errungenschaften der Aunjetitzer aus dem Gebiet des heutigen Tschechiens zu eigen“. Abgesehen davon, dass sich eine Sprache auch auf diese Weise ausbreiten kann, steht diese Aussage doch in einem Spannungsverhältnis zu den von Probst a.a.O. ebenfalls beschriebenen physiognomischen Unterschieden zwischen den Aunjetitzern und der neolithischen Vorbevölkerung.

net. Die ältere Jastorf-Kultur reichte nach Süden etwa bis zur Aller, jüngere Funde reichen weiter nach Süden, bis an den Harz, wobei die hier erkennbare Expansionsbewegung traditionell als Teil der allgemeinen „Südexpansion“ der Germanen (letztlich aus Skandinavien) interpretiert wird.

Aus der Sicht dieser Arbeit lässt sich dieses Bild ergänzen: Eine Expansion der Jastorf-Kultur bzw. ihrer Träger nach Süden im Laufe der vorrömischen Eisenzeit kann es durchaus gegeben haben. Dennoch ist anzunehmen, dass diese Kultur ihren (proto-)germanischen Charakter letztlich nicht aus dem Norden, sondern aus dem Süden erhalten hatte. Ein Widerspruch ist das nicht, denn zwischen diesen beiden auf den ersten Blick konträren Vorgängen liegen über 1000 Jahre. In historischen Zeiten haben wechselseitige Beeinflussungen, Eroberungen und Durchdringungen oft in weit kürzeren Perioden stattgefunden, manchmal innerhalb von Jahrzehnten und über weit größere Entfernungen hinweg. In den Jahrhunderten der mittleren und späten Bronzezeit dürfte eben auch in Norddeutschland viel mehr geschehen sein, als wir heute wissen.

Der Grabhügel von Leubingen bei Sömmerda in Thüringen ist eines der bekanntesten Denkmale der Aunjetitzer Kultur in Deutschland. In der Anlage mit heute noch beeindruckenden 8,5 Metern Höhe und 34 Metern Durchmesser wurden um 1940 v. Christus ein Mann und ein etwa zehnjähriges Kind bestattet. Warum der Verstorbene, ein Zeitgenosse von Pharao Sesotris I., des zweiten Herrschers der ägyptischen 12. Dynastie, eine solche Grabanlage erhielt, ist unbekannt. Zweifellos war es eine mächtige Persönlichkeit, auch wenn keine Belege für dynastische Zusammenhänge vorliegen. Ähnliche Grabhügel aus dieser Epoche gibt es bei Helmsdorf und bei Dieskau, dreizehn weitere sind im mitteldeutschen Raum luftbildarchäologisch nachweisbar. Beim polnischen Ort Klein Lenka (Łęki Małe), etwa 70 km südlich von Posen, existiert sogar eine Gruppe mit etwa elf großen Grabhügeln der Aunjetitzer Kultur.

1.6. Kelten und Germanen im 1. Jahrtausend v. Chr.

Machen wir nun einen Sprung vom Beginn der protogermanischen Sprachstufe im frühen 2. Jahrtausend vor Christus zu ihrem Ende im ausgehenden ersten Jahrtausend vor Christus.

Die uns früh überlieferten germanischen Einzelsprachen weisen eine Reihe charakteristischer Gemeinsamkeiten auf dem Gebiet der Phonologie und Morphologie wie auch des Wortschatzes gegenüber allen anderen indogermanischen Sprachen auf und weichen in typologischer Hinsicht noch kaum voneinander ab. Der Zeitpunkt der Aufgliederung des Protogermanischen kann deswegen nicht allzu lange vor dem Beginn der Überlieferung dieser Einzelsprachen gelegen haben, außerdem muss die protogermanische Sprache davor eine sehr lange Zeit eigene Wege gegangen sein, weitgehend unbeeinflusst von ihren Nachbarn.

Erst mit dem bereits erwähnten Zug der Kimbern und Teutonen aus Jütland nach Italien um 120 v. Chr. treten die Germanen in das Licht der Geschichte. Für die Zeit davor basiert unser Wissen über Sprache und Kultur der Germanen allein auf den Ergebnissen der Vergleichenden Sprachforschung und der Archäologie. Was die *Sprache* der Germanen angeht, bleibt es allerdings noch weitere fast 500 Jahre bei einer „Minimalüberlieferung“: Nur kurze Inschriften (ab etwa 200 n. Chr.), von römischen Schriftstellern erwähnte Namen germanischer Stämme, Flüsse, Orte und Personen sowie früh aus dem Germanischen in andere Sprachen gewanderte Lehnwörter sind uns überliefert, bis mit der gotischen Bibelübersetzung um 375 n. Chr. erstmals ein langer Text in einer germanischen Sprache abgefasst wurde, der uns auch in größeren Teilen überliefert ist.

Vor dem Zug der Kimbern und Teutonen lebten die Germanen lange Zeit in einer konfliktreichen Nachbarschaft mit den Kelten, ihren indogermanischen Nachbarn im Süden und Südwesten. Die kurze Notiz bei Herodot einerseits, dass die Donau bei den Kelten entspringe, und die Nachricht des Livius andererseits, dass zur Zeit des Etruskerkönigs Tarquinius Priscus (also noch im 6. Jahrhundert v. Chr.) ein Teil der Gallier unter ihrem Stammesführer Bellovesus genötigt war, nach Italien abzuwandern, ein anderer unter Segovesus die *Hercynei saltus*, also die Mittelgebirge zwischen Alpen und Main in Besitz zu nehmen[85], sind Indizien dafür, dass bereits um 500 v. Chr. der heutige süddeutsche Raum in keltischer Hand war. – Noch stärkere Belege liefert die Archäologie: Keltische Fürstensitze wie die Heuneburg an der oberen Donau oder der Glauberg, ein überregionales Zentrum nordöstlich von Frankfurt am Main, standen in hoher Blüte und zeigen zudem stark mediterrane Einflüsse; im 5. Jahrhundert v. Chr. verlieren diese Befestigungs-

85 Siehe Herodot 4,49 bzw. Livius 5,34,4.

anlagen indes ihre strategische Bedeutung[86]. Während der gesamten späten Eisenzeit (La-Tène-Zeit) standen also die Kelten in politischer und wirtschaftlicher Verbindung mit Griechen und anderen Völkern des Mittelmeerraumes – und zugleich bestimmten sie aufgrund ihrer terrritorialen Ausbreitung sowohl nach Osten zum Balkan hin als auch nach Nordwesten hin die Geschicke in Mitteleuropa, wo sie auch auf die Germanen in den nördlichen Mittelgebirgen politischen und kulturellen Einfluss ausübten[87].

Dass die frühen Germanen von der Nachbarschaft der jahrhundertelang mächtigen Kelten nicht unbeeinflusst blieben, belegt der Hinweis Caesars (Bellum Gallicum 6,24), dass diese die Germanen einstmals lange an Tapferkeit übertroffen und bekriegt hätten und dass die keltischen *Volcae Tectosages* das Gebiet der *Hercynia silva*, das (bewaldete) süddeutsche Mittelgebirge, erobert hätten. Diese Aussage, zu der Caesar leider keine zeitlichen Angaben macht, beschreibt wohl einen letzten Höhepunkt der keltisch-germanischen Konflikte vor der römischen Eroberung Galliens und später auch rechtsrheinischer Gebiete, mit der die Kelten als politischer Faktor in Mitteleuropa verschwanden und die Römer den Germanen als neue und gefährlichere Feinde gegenübertraten.

Ein weiteres Argument für jahrhundertelange Nachbarschaft und Beeinflussung spätestens im Laufe der La-Tène-Zeit ist die Tatsache, dass die Germanen von den Kelten etliche Fremdwörter übernahmen. Mehrere von ihnen bestätigen die damalige, auch archäologisch greifbare kulturelle und technische Überlegenheit der Kelten. Durch ihre Lautentwicklung sind sie zudem von größter Bedeutung für die Rekonstruktion des Protogermanischen.

So vermittelten die Kelten als Nachbarn im Südwesten den Germanen spätestens im Laufe der La-Tène-Zeit mehrere Begriffe der menschlichen Gesellschaft und des Kriegswesens, darunter das Wort für „Eisen", vgl. gall. *isarno-* mit got. *eisarn*, ahd. *īsarn* usw. Zu diesen Lehnwörtern gehört auch das Substantiv **rīgs* „König, Herrscher" (vgl. gall. *-rix* in Fürstennamen, air. *rí*, lat. *rēx*, auch ai. *rājā́*, aus idg **rēĝs*) und dessen Ableitung **rīgion* „Königsherrschaft, Königreich" (vgl. air. *ríge*, auch ai. *rājyám*, aus idg. **rēĝyóm*[88]). Ersteres ist in got. *reiks* „Herrscher" und ahd. **-rīh* (in Königsnamen), letzteres sogar in allen altgermanischen Sprachen bewahrt, vgl. got. *reiki*, ahd. *rīhhi*, ags. *rīce*, an. *ríki* (alle in derselben Bedeutung,

86 Siehe hierzu den Beitrag von Pauli 1980, bes. S. 29, wo er auf die politischen und religiösen Umwälzungen im Mittelmerraum hinweist; auf S. 32 spricht er hierbei von einer tiefen Krise in Mitteleuropa. Zur Heuneburg s. das Buch von Kimmig 1968, zum Glauberg besonders die Beiträge von Baitinger (Fürsten der Hallstattzeit), Frey (Kelten allgemein) und Herrmann (Glauberg als Fürstensitz) in einem dazu eigens 2002 erschienenen Sammelband, zur Bedeutung des Glaubergs dort besonders S. 93f.

87 Siehe zur Ausbreitung der Kelten seit dem 5. Jahrhundert v. Chr. im Sammelband zum Glauberg 2002 die Skizze auf S. 47.

88 Die Betontung ist trotz des ai. Belegs nicht ganz gesichert.

s. dazu auch Seiten 64 und 111f.)[89]. Ein weiteres Beispiel dieser Lehnwortgruppe ist das keltische Wort **ambaktos* (bereits bei Ennius bezeugt, s. dazu Seite 65), vgl. dazu ahd. *ambaht* (daraus nhd. *Amt*) und ags. *ambeht* usw. „Diener; Dienst“ sowie got. *andbahti* „Dienst“ (als remotivierte Bildung). Unter Linguisten besteht weithin Einigkeit, dass diese Begriffe aus dem Staats- und Kriegswesen kaum vor dem 5. Jahrhundert vor Christus, einer Zeit großer Machtenfaltung der Kelten und enger keltisch-germanischer Beziehungen, entlehnt worden sind.

Im Gegensatz zu den Griechen, Römern und auch Kelten, über die wir mehr oder minder gut unterrichtet sind, fehlen uns also Kenntnisse vorgeschichtlicher Ereignisse im Raum der Germanen um 500 v. Chr., ja selbst bis zur Zeit der Abwanderung der Kimbern und Teutonen aus Jütland, vielmehr beruht unser Wissen über Verbreitung und Kultur der Germanen allein auf den Forschungsergebnissen der Archäologie und der linguistischen Paläontologie. Letztere hat – die Archäologie oft bestätigend und noch öfter ergänzend – nicht nur viele Aufschlüsse über die Kultur der Germanen erbracht, sondern zudem ein erstaunlich konkretes und genaues Bild ihrer Sprache. Im Folgenden soll der Weg, den das in sich noch einheitliche Protogermanisch auf lautlichem, morphologischem und lexikalischem Gebiet vom 6. bis zum 1. Jahrhundert v. Chr., letztlich bis zu seiner Aufgliederung zurückgelegt hat, nachgezeichnet werden[90].

Die bronzeitlichen Felsritzungen von Tanum in Südschweden, nahe der Grenze zu Norwegen, gehören seit 1994 zum Weltkulturerbe der Menschheit. Die insgesamt über 10.000 Gravuren werden auf die Zeit von 1800 bis 500 v. Christus datiert. Diese Datierung und der Umstand, dass auf den Abbildungen Männer mit Streitäxten miteinander kämpfen, sind starke Hinweise auf die indogermanische Ethnizität der Schöpfer dieser in ihrer Art einmaligen Abbildungen.

89 Weniger plausibel erscheint die Vermutung Griepentrogs (1995: 365), dass der Herrschertitel und das davon abgeleitete Neutrum unabhängig voneinander entlehnt worden seien – schon aufgrund ihrer formalen und semantischen Affinität zueinander. Eher ist der Titel im West- und Nordgermanischen verlorengegangen, eine Möglichkeit, die auch Griepentrogs (1995: 363) einräumt, s. dazu Seite 112 mit Anm. 235.

90 In Euler (2005/06) wurde dieses Thema unter dem Aspekt der Parallelität mit der Vorgeschichte des Slawischen behandelt (siehe dazu Seite 209 mit Anm. 429); in der vorliegenden Arbeit steht jedoch die Grammatik des Protogermanischen und deren Entwicklung bis zum Zerfall seiner Spracheinheit im Mittelpunkt.

1.7. Vorbemerkungen zum Hauptteil dieses Buches

1.7.1. Zur Datierung des grammatischen Wechsels

Wie bereits in Kapitel 1.1. erwähnt, wird in diesem Buch die von einigen namhaften Sprachwissenschaftlern bereits seit den 1920er Jahren vorgeschlagene sogenannte Frühdatierung von Verners Gesetz ebenfalls vertreten.

Karl Verner fand im Jahre 1875 eine Erklärung für den so genannten grammatischen Wechsel, einer erstmals von Jacob Grimm beschriebenen (vermeintlichen) Unregelmäßigkeit bei der ersten Lautverschiebung. Seit jeher unbestritten ist, dass der grammatische Wechsel, für den die Altgermanisten im 19. Jahrhundert über 50 Jahre lang keine Erklärung fanden, vor der Akzentverlagerung stattgefunden haben muss, da er die alten, indogermanischen Betonungsverhältnisse voraussetzt. Weniger klar ist die Reihenfolge von grammatischem Wechsel und Lautverschiebung. Im Folgenden wird alternativ zur bisherigen Mehrheitsmeinung folgende vierstufige Chronologie der Lautveränderungen vertreten:

1) Zunächst erfolgte eine Aspiration der altererbten Tenues *p, t, k* und des Labiovelars k^w, was als Vorstufe der ersten Lautverschiebung interpretiert werden kann[91].
2) Anschließend erfolgte die mit dem Begriff „Verners Gesetz" verbundene akzentbedingte Verzweigung in der Entwicklung der idg. Tenues: Während die neuen Laute p^h, t^h, k^h und k^{wh} in unbetonter Stellung zu b^h, d^h, g^h und g^{wh} abgeschwächt wurden und so mit den altererbeten Mediae aspiratae zusammenfielen, blieb in betonter Stellung alles beim Alten.
3) Mit Sicherheit erst danach fand die Verschiebung des Akzents auf die Stammsilbe statt.
4) Ebenfalls erst danach – so die hier vertretene Ansicht – entwickelten sich die aspirierten Tenues zu den stimmlosen Frikativen *f, þ, χ* und χ^w weiter, die alten und neuen Mediae aspiratae hingegen zu den stimmhaften Frikativen *ƀ, đ, ǥ* und ǥ^w – eine Veränderung, die als erste Lautverschiebung oder Grimms Gesetz allgemein bekannt ist.

Über die Reihenfolge der Schritte 3 und 4 kann nichts Sicheres ausgesagt werden, sogar Gleichzeitigkeit ist möglich. Traditionell wird die Reihenfolge 1 – 4 – 2 – 3 vertreten, die Frühdatierung von Verners Gesetz impliziert jedoch eine harmonischere und einfachere Abfolge der Lautveränderungen: Die Abschwächung aspirierter Tenues zu aspirierten Mediae in unbetonter Stellung ist phonologisch ein

91 Ähnlich wurden im Urgriechischen die indogermanischen Mediae aspiratae zunächst zu Tenues aspiratae verhärtet und dann in nachklassischer Zeit zu stimmlosen Spiranten verschoben, s. dazu eine Tabelle bei Meier-Brügger 1992: 108 mit Literaturangaben.

winziger Schritt, der zudem näher liegt als die Annahme, dass stimmlose Frikative in unbetonter Stellung sonorisiert worden seien[92].

Die Vereinfachung, die die hier vertretene Ansicht bedeutet, lässt die Abläufe klarer und schlüssiger erscheinen und ist damit auch wissenschaftstheoretisch vorzuziehen, weil nach dem unter dem Namen *Occam's Razor* bekannten Ökonomieprinzip in Zweifelsfällen diejenige Hypothese plausibler ist, die mit weniger oder einfacheren Annahmen auskommt. Sie steht zudem in besserer Übereinstimmung mit dem – leider ausgesprochen dürftigen – aus der Zeit vor Christi Geburt überlieferten germanischen Sprachmaterial. Denn die erste Lautverschiebung war, wie weiter unten ausführlich aufgezeigt werden wird, im 1. Jahrhundert v. Chr. zumindest im Westen des germanischen Sprachgebietes offenbar noch nicht abgeschlossen. Wären Verners Gesetz und die Akzentverlagerung aber erst danach geschehen, dann müsste sich die germanische Sprache in den letzten Jahrzehnten vor Christi Geburt in einem sich geradezu überstürzenden Umbruchprozess befunden haben, was aufgrund der kurzen, dafür dann noch verbleibenden Zeit bis zur Aufgliederung des Germanischen in die germanischen Einzelsprachen Probleme aufwirft[93]. Wendet man den Blick dagegen von diesem Punkt aus in die Vergangenheit, dann steht ein langer Zeitraum zur Verfügung, in dem die phonologischen Veränderungen in der hier vertretenen Reihenfolge geschehen sein können. Namentlich der erwähnte erste Schritt, die Aspiration der Tenues, kann schon zu einem sehr frühen Zeitpunkt erfolgt sein.

1.7.2. Weitere Vorbemerkungen

Einen Anspruch auf Vollständigkeit der Problembehandlung oder der Bibliographie erhebt dieser Abriss nicht, da er eine möglichst verständliche und überschaubare Einführung bieten will. Auch können bei der Rekonstruktion dieser frühen Stufe des Germanischen Anachronismen nicht ausgeschlossen werden, da bereits auf dem Gebiet der Phonologie, wo unser Wissen noch am genauesten ist, die Reihenfolge der Veränderungen nicht immer sicher angegeben werden kann. Beispielsweise ist unklar, ob die Aufhellung von **-m* zu **-n* vor oder nach der Entwicklung der silbischen Liquiden **l̥* und **r̥* sowie die silbischen Nasale **m̥* und **n̥* zu den entsprechenden Diphthongen *ul, ur, um* und *un* vor oder nach der gelegentlichen Reduzierung des Labiovelars *k*^{w} zum Labial *p* erfolgte. Damit bleibt offen, ob sich die Akkusativform idg. **wĺ̥k*^{w}*om* „den Wolf" über die Zwischenstufen **wúlk*^{w}*om* > **wúlk*^{w}*on* zu prg. **wúlpon* entwickelte oder ob dieser Weg über

92 Einzelheiten s. Seite 61f. Dieser Zusammenfall der (aspirierten) Tenues mit den Mediae aspiratae wird bereits von van Coetsem (1970: 63) ansatzweise vertreten.

93 Letzter terminus ante quem für alle diese Entwicklungen ist die Aufgliederung des noch enheitlichen Germanischen in germanische Einzelsprachen, die gewöhnlich mit der Abwanderung der Goten aus Südschweden um Christi Geburt zeitlich fixiert wird.

*$w\c{l}k^w$on > *$wúlk^w$on oder aber über *$wúlk^w$om > *wúlpom führte. Rein rechnerisch gibt es für die Abfolge dieser drei Veränderungen sogar sechs Möglichkeiten, die freilich nicht alle gleich wahrscheinlich sind[94]. Ein extremes Beispiel ist der Wandel von prg. *pulnós* zu spg. *fullaz* „voll“: Für die Reihenfolge der insgesamt fünf Veränderungen in diesem einen Wort gibt es rechnerisch nicht weniger als 120 Möglichkeiten und entsprechend viele Zwischenformen. Obwohl davon etliche Kombinationen ausscheiden oder extrem unwahrscheinlich sind, verbleibt einige Unklarheit über die relative Chronologie mancher phonologischer Veränderungen und dies gilt erst recht für etliche Veränderungen im Bereich der Morphologie.

Zweitens: Die hier verwendete Orthographie des Protogermanischen stimmt weithin mit der des Indogermanischen überein, allerdings wird der helle Halbvokal wie im traditionellen „Urgermanisch“ und in den germanischen Einzelsprachen mit *j* statt *y* wiedergegeben, und die einstigen Palatale (idg. *k̂* und *ĝ*) werden in der Schreibung nicht mehr von den Velaren *k* und *g* unterschieden, zumal deren Opposition ja in allen Kentum-Sprachen aufgehoben ist[95].

Eine dritte Vorbemerkung betrifft die Laryngaltheorie. Nach inzwischen nahezu einhelliger Überzeugung kannte das frühe Indogermanisch des 4. Jahrtausends eine Reihe von Kehlkopflauten (Laryngalen), wie sie heute noch etwa im Arabischen und teilweise im Hebräischen[96] existieren. Für das späte Alteuropäisch-Westindogermanische, also rund 1500 Jahre später[97], sind Laryngale hingegen nicht einmal mehr als konsonantische Allophone gesichert[98]. Im Germanischen treten großenteils ähnlich wie im Lateinischen einstige Laryngale vielmehr entweder als Kurzvokal *a* (wie im Wort für „Vater“, spg. **fađēr*, s. Seite 74) oder indirekt in Form von Vokallängung (im Adjektiv für „süß“, spg. **swōtu-*, s. Seite 123) oder Konsonantengemination (im Verbum für „können“, s. Seite 166) auf oder sie sind geschwunden (im Adjektiv für „voll“, spg. **fulla-* mit Konsonantenassimilation aus **-ln-*, s. Seite 118)[99]. Auch wenn diese Reflexe als Hinweis auf ein nicht allzu frühes Verschwinden der Laryngale gedeutet werden können, werden hier für das Protogermanische durchgehend keine laryngalistischen Ansätze mehr vorgenommen.

94 Die Vokalisierung *l̥* > *ul* geschah angesichts paralleler Entwicklungen in anderen indogermanischen Sprachen vermutlich sehr früh, auch der Wandel von auslautendem *m* > *n* muss vergleichsweise früh geschehen sein (in Kapitel 2.1.2., S. 73f.). Da für die Entwicklung k^w > *p* aber bisher alle Datierungshinweise fehlen, bleiben letztlich alle sechs Varianten (abc, acb, bac, bca cab, cba) möglich.

95 Weitere Hinweise zur Notation in Kapitel 3.1., Seite 81.

96 Nämlich in der Schreibung sowie in der so genannten sephardischen Aussprache, also im Munde von Juden bzw. Israelis aus arabischsprachigen Ländern.

97 Siehe zur Datierung des Endes der alteuropäischen Spracheinheit Näheres auf Seite 20ff.

98 Eine eigene Position vertritt in dieser Frage W. P. Lehmann, der altererbte Laryngale noch mindestens in protogermanischer, wenn nicht späturgermanischer Zeit annimt, s. 2007: Kap. 2.6.1. und 2.10, Zitat: „... phonological developments like Gothic *ddj, ggw* indicate long retention of laryngeals.“

99 Lesenswert auf jeden Fall die 2007 erschienene Monographie von Müller; s. Allgemeines dazu in der Einleitung auf S. 74ff. mit den Beispielen urg. **fađēr, *fulla-* und *arjan* „pflügen“ (letzteres als Beispiel für Laryngalschwund, vgl. gr. *àrotron* „Pflug“).

Viertens sei vorausgeschickt, dass Zitate von außergermanischen Belegen in diesem Buch der Übersichtlichkeit halber auf das Notwendige beschränkt werden: Soweit altindische Formen angeführt werden, sind diese dem Rigveda entnommen. Zu den Belegen der urnordischen Wörter, die ausschließlich in Runeninschriften überliefert sind, sei auf das nach wie vor informative Buch von Wolfgang Krause (1971) verwiesen.

Der sogenannte Tollund-Mann, gefunden 1950 beim zentraldänischen Silkeborg, ist eine der bekanntesten Moorleichen. Der vorzüglich erhaltene Körper, vermutlich ein Menschenopfer, ist mit der C14-Methode auf die Zeit um 350 v. Chr. datierbar. Als dieser Mann noch lebte, sprach er mit an Sicherheit grenzender Wahrscheinlichkeit einen protogermanischen Dialekt.

2. Die Phonologie des Protogermanischen

2.1. Der Konsonantismus

2.1.1. Verschlusslaute

Das Lautsystem des Protogermanischen ist insgesamt recht konservativ, vor allem im Bereich des Vokalismus; bei den Konsonanten kam es zu einem tiefgreifenderen Wandel, der ersten Lautverschiebung, deren Analyse und Datierung hier im Vordergrund steht. Ansonsten konzentriert sich die Analyse der Phonologie des Protogermanischen hier auf diejenigen Teilbereiche, in denen Veränderungen gegenüber anderen indogermanischen Sprachen eingetreten sind, die durch Entlehnungen aus Nachbarsprachen und im Namenmaterial greifbar sind.

Innerhalb des Konsonantensystems hebt sich das Germanische gegenüber den anderen indogermanischen Einzelsprachen vor allem durch die erste Lautverschiebung ab, nämlich die Verschiebung der Verschlusslaute, die gemäß bis heute gängiger Lehrmeinung zu Beginn der Völkerwanderung, also mit der Abwanderung der Goten aus dem südschwedischen Raum in das Gebiet der Weichselmündung im 1. Jahrhundert v. Chr. abgeschlossen war. Dies kann anhand einiger Lehnwörter überprüft werden, die vor der Lautverschiebung ins Germanische übernommen wurden und somit Anhaltspunkte für deren Datierung, zumindest für den terminus post quem, bieten.

Bevor wir solche Beispiele von Lehnwörtern betrachten, sei eine kurze Übersicht über die Verschlusslaute in der indogermanischen Grundsprache angeführt. Vorausgeschickt sei, dass innerhalb der so genannten Kentum-Sprachen[100] bereits früh die Palatale in ihrer Artikulation mit den Velaren oder Gutturalen zusammengefallen sind, während sich dort Labiovelare bis in die Einzelsprachen, darunter im Germanischen, erhalten haben. Übrig blieb somit folgendes „westindogermanische“ System von drei Reihen mit jeweils vier Verschlusslauten:

	Velar	Dental	Labial	Labiovelar
Tenuis	k	t	p	k^w
Media	g	d	b	g^w
Media aspirata	g^h	d^h	b^h	g^{wh}

Diese drei Verschlusslautreihen der indogermanischen Tenues, Mediae und Mediae aspiratae wurden im Germanischen noch vor dessen Aufgliederung in die Einzelsprachen so verschoben, dass sämtliche Reihen bewahrt blieben, also keine

100 Zu diesem in anderen Zusammenhängen überholten Begriff, s.o. Kapitel 1.4.1., S. 36f.

Reihe mit einer anderen zusammenfiel oder auch nur vermischt wurde. Lediglich die bisherigen Tenues in unbetonter Stellung haben sich gemäß Verners Gesetz so entwickelt, dass sie letztlich mit den ursprünglichen Mediae aspiratae zusammengefallen sind. Das germanische System der Verschlusslaute war also:

	Velar	Dental	Labial	Labiovelar
Spirans	*χ*	*þ*	*f*	*χw*
Tenuis	*k*	*t*	*p*	*kw*
Media	*g*	*d*	*b*	*b-, w-; -w-, -g(w)-*[101]

Der Anschaulichkeit halber werden im Folgenden Beispiele für alle indogermanischen Verschlusslaute mit ihren germanischen Fortsetzern im Anlaut wie im Inlaut aufgelistet.

Der indogermanische Palatal und der Velar *k* wurden im Germanischen zunächst aspiriert, weiter zur Spirans und schließlich in den Einzelsprachen zum bloßen Hauchlaut verschoben, vgl. also im Anlaut got. *hund*, ahd. *hunt* usw. mit lat. *centum*, kymr. *cant* „hundert", in den Satem-Sprachen ai. *śatám* usw. „hundert"; im Inlaut got. *faíhu* „Vermögen", ahd. *fihu* „Vieh" mit alat. *pecu*, apr. *pecku* bzw. ai. *páśu* „Vieh". Die Media *g* kehrt im Germanischen als *k* wieder, vgl. im Anlaut got. und ahd. *kniu* mit lat. *genu*, gr. *γόνυ*, ai. *jā́nu* „Knie", im Inlaut got. *aukan* „sich mehren", ahd. *ouhhōn* „hinzufügen", an. *auka* „vermehren" mit lat. *augēre* „vermehren", lit. *áugti* „wachsen". Die einstige Media aspirata g^h im Anlaut liegt vor in ahd. *gans*, an. *gás*, vgl. dazu lat. *(h)anser*, gr. *χήν* „Gans", ai. *haṃsá-* „Schwan", im Inlaut in got. *steigan*, ahd. *stīgan*, ags. *stīgan*, an. *stíga* „steigen", vgl. dazu gr. *στείχειν* „steigen, schreiten", air. *tíagu* „gehe". Die fast ausnahmslose Schreibung *g* täuscht allerdings darüber hinweg, dass zumindest im Inlaut der Guttural eine stimmhafte Spirans ȝ darstellte, was nur noch im Altenglischen direkt erkennbar ist.

Auch die dentale Tenuis *t* wurde im Germanischen aspiriert und zur Spirans *þ* verschoben (im Althochdeutschen weiter zur Media *d*), vgl. im Anlaut das Zahlwort für „drei", got. **þreis*, an. *þrír*, ahd. *drī* mit lat. *trēs*, gr. *τρεῖς*, ai. *tráyaḥ*, im Inlaut got. *waírþan*, ahd. *werdan* „werden" mit lat. *vertere, -ō* „wenden, drehen", ai. *vártate* „dreht sich". Die dentale Media *d* wiederum wird zur Tenuis *t* (und im Althochdeutschen weiter zur Affrikata *z*) verschoben, vgl. als Beispiel mit anlautendem Dental das Zahlwort für „zehn", got. *taíhun*, ahd. *zehan* usw. mit lat. *decem*, gr. *δέκα*, ai. *dáśa* usw., im Inlaut das Substantiv für „Fuß", got. *fōtus*, ahd. *fuoz* mit lat. *pēs, pedis*, gr. *ποῦς, ποδός*, ai. *pā́t, padáḥ*. Die dentale Media aspirata d^h kehrt im Germanischen als Media, im Althochdeutschen als Tenuis wieder, vgl. im Anlaut got. *daúr*, ahd. *tor* „Tor" mit gr. *θύρα* „Tür", lat. *foris* „Tür(flügel)", im Inlaut got. *mid-*

101 Siehe hierzu Anmerkung 103 (Arbeit von Seebold).

jis, ahd. *mitti*, an. *miđr* mit lat. *medius*, ai. *mádhya-* usw. „mittlerer“, hier zeigt das Altnordische noch die Spur der stimmhaften dentalen Spirans.

Ganz analog wurden die Labiale verschoben. Zur Tenuis *p* im Anlaut vgl. das Wort für „Vieh“ (unter den gutturalen Tenues), im Inlaut vgl. ahd. *neuo* „Enkel, Neffe“, an. *nefi* „Neffe, Verwandter“ mit lat. *nepōs* „Enkel“, ai. *nápāt* „Enkel, Abkömmling“. Die labiale Media *b* war im Indogermanischen recht selten, daher gibt es hierzu nur wenige Gleichungen: Der in den Etymologika allgemein verbreitete Vergleich von ahd. *pfuol* „Pfuhl“ mit lit. *balà* und aksl. *blato* „Sumpf“ überzeugt semantisch völlig, formal aber nur unter der Voraussetzung einer Ablautstufe von idg. **bal- / bāl-*; auch ahd. *slaf* „träge“, an. *slápr* „Faulpelz“ wird zu Recht mit aksl. *slabъ* „schwach“, ferner lit. *slãbnas* „ds.“ verglichen unter Ansatz einer Wurzel idg. **slab-*. Die einstige labiale Media aspirata *b*^{h} findet sich als Media im Anlaut wieder im Verbum got. *baíran*, ahd. *beran* „tragen“, vgl. dazu lat. *ferre*, gr. *φέρειν*, ai. *bhárati* „ds.“, im Inlaut in ahd. *nibul* „Nebel“, ags. *neowol* „Dunkel“, an. *nifl-*, vgl. lat. *nebula* „Nebel“, gr. *νεφέλη* „Wolke“, ai. *nábhas-* „Gewölk“. Am genauesten reflektiert das Altenglische mit der Schreibung *w* noch die stimmhafte Spirans *ƀ*.

Die Labiovelare blieben trotz der Lautverschiebung bis in die germanischen Einzelsprachen vor allem im Anlaut als solche erhalten, vgl. also im Anlaut got. *ƕa*, ahd. *hwaz*, an. *hvat* mit ai. *kád*, lat. *quod* „was“ aus idg. **k*^{w}*ód*, im Inlaut indes got. *leiƕan* „leihen“, ahd. *līhan* „(ver)leihen, hergeben“ usw. mit lat. *linquere*, gr. *λεί–πειν* „zurücklassen“, ai. *riṇákti* „lässt, überlässt“ usw. aus idg. **leik*^{w}*- / lik*^{w}*-*. Auch die Media hat als Labiovelar bis in die Einzelsprachen überlebt (im Gegensatz zu anderen indogermanischen Einzelsprachen), vgl. z.B. got. *qiman*, ahd. *queman* „kommen“ mit lat. *venīre* „kommen“, gr. *βαίνειν* „gehen“, ai. *gácchati* „ds.“ usw. aus idg. **g*^{w}*em-*, im Inlaut got. *riqis* , an. *rǫkkr* „Finsternis, Dunkel“ mit gr. *ἔρεβος* „ds.“, ai. *rájas-* „Staub, Düsterkeit“ aus idg. **rég*^{w}*es-*.

Nur die ursprüngliche Media aspirata der Labiovelare **g*^{wh} wurde reduziert, sie zeigt jedoch verschiedene Reflexe: Gleichungen wie got. *warmjan* „wärmen“, ahd. *warm* und an. *varmr* „warm“ = ai. *gharmás* „ds.“, lat. *formus* (erst bei Paulus ex Festo ein paarmal für „calidus“ bezeugt) und got. *bidjan*, ahd. *bitten*, an. *biðja* = air. *guidid* „bittet“, gr. *θέσσομαι*[102] und awest. *jaiδiiemi* „bitte“ lassen sich morphologisch wie semantisch problemlos auf idg. **g*^{wh}*ormós* bzw. **g*^{wh}*éd*^{h}*yeti* (3. Person Sg.) zurückführen. Dabei ist die Reduzierung des Labiovelars zum bloßen Labial (wohl als stimmhafte Spirans wenigstens vor *a* und hellen Vokalen) im Urgermanischen, also die Lautentwicklung von **g*^{wh}*ormós* über **ǥwarmaz* zu **warmaz* bzw. von **g*^{wh}*éd*^{h}*yō* über **ǥwiđjō* zu **ƀiđja* „ich bitte“ anzunehmen. Dagegen überzeugt das Substantiv ags. *gūđ*, an. *gunnr, guðr* „Kampf“ (aus spg. **ǥunđī-*, prg. **g*^{wh}*untí-*) als Beleg für *g* vor dunklen Vokalen aus idg. **g*^{wh} nur aus semanti-

102 Nur in Hesychglosse, Aorist *θέσσασθαι* aber bereits in den homerischen Epen belegt.

schen Gründen, vgl. dazu heth. *kuenzi*, ai. *hánti* „schlägt, tötet" (aus idg. *g^{wh}*énti*), gr. *θείνειν* „töten", air. *gonaid* „verwundet" usw.[103]. Als Beispiel für Media aspirata im Inlaut lassen sich etwa got. *snaiws*, ags. *snāw* = lit. *sniegas*, aksl. *sněgъ* „Schnee" aus idg. **snoig*^{wh}*ós*, vgl. auch gr. *νίφα* (Akk., nur bei Hesiod belegt), lat. *nix, nivis* „Schnee" und air. *snigid* „regnet", anführen; völlig erhalten ist dieser Labiovelar hingegen im Verbum got. *siggwan*, an. *syngva* (= ahd. *singan*), das allgemein mit gr. *ὀμφή* „Stimme" (poet.) auf Grundlage einer Verbalwurzel **seng*^{wh}- etymologisch verbunden wird[104]. Grundsätzlich neigte offensichtlich die labiovelare Media aspirata im Protogermanischen dazu, ihren velaren Bestandteil aufzugeben, dies bestätigen jedenfalls die eben behandelten Lexeme; im Fall von ags. *gūđ*, an. *gunnr, guðr* hingegen kann der labiale Bestandteil vor dem dunklen Vokal dissimilatorisch geschwunden sein.

Bis jetzt blieb die Behandlung der indogermanischen Tenues gemäß Verners Gesetz unberücksichtigt. Für die Altgermanistik im allgemeinen und für diese Arbeit im Besonderen ist die Entdeckung des dänischen Linguisten Karl Verner im Jahre 1875 von größter Bedeutung, dass die Tenues *p, t* und *k* nur im Anlaut und in betonter Inlautstellung letztlich zu stimmlosen Spiranten verschoben wurden, im Anlaut möglicherweise über die Zwischenstufe von Affrikaten (ähnlich wie die germanischen Tenues später im Althochdeutschen im Anlaut zu Affrikaten wurden). In unbetonter Stellung entwickelten sich die Tenues hingegen wie die alten Mediae aspiaratae b^h, d^h, g^h und g^{wh} zunächst zu stimmhaften Spiranten *ƀ, đ, ǥ* und *ǥw* und weiter zu einfachen Mediae *b, d, g* bzw. *w* oder *g*. Diese Regel gibt wichtigen Aufschluss über die Betonungsverhältnisse im Indogermanischen, und für alle vier Artikulationsarten gibt es Beispiele. So spiegelt das Verhältnis von ahd. *swehur* „Schwiegervater" zu *swigar* „Schwiegermutter" genau die indogermanischen Betonung wider, vgl. dazu ai. *śváśura-* „Schwiegervater" bzw. *śvaśrū́-* „Schwiegermutter" und russ. *sv'ókor* bzw. *svekróvъ* aus idg. **swék̑uros* bzw. **swek̑rū́s*[105]. Ein analoges Verhältnis findet sich auch bei der einstigen dentalen Tenuis, vgl. got. *brōþar – fadar*, ahd. *fater – bruoder* am ehesten mit ai. *bhrā́tā* „Bruder" – *pitā́* „Vater". Für die einstige labiale Tenuis lässt sich nur die Alternation ahd. *afur – abur* „abermals, wiederum" heranziehen, vgl. dazu ai. *ápara-* „hinterer, späterere"

103 Siehe zur Entwicklung der labiovelaren Media aspirata im Anlaut im Germ. die Abhandlung von Seebold 1980 (speziell zu den Lexemen für „warm" und „bitten" dort S. 466f. bzw. 479f., zu *gūđ, gunnr* S. 451 457).

104 Es fällt auf, dass im Keltischen die indogermanischen labiovelaren Mediae zu Labialen reduziert wurden, die Mediae aspiratae hingegen ihren velaren Anlaut behielten.

105 Einen Sonderfall stellt das Substantivpaar in an. *úlfr* „Wolf" – *ylgr* „Wölfin" dar, die sicher auf urn. *wulfaR* bzw. *wulgiR* basieren, dieses spiegelt seinerseits zweifellos wie ai. *vŕ̥kas* „Wolf" – *vr̥kī́s* „Wölfin" indogermanische Betonungsverhältnisse wider, setzt also idg. **wĺ̥k*^{w}*os* – **wl̥k*^{w}*ī́s* fort; im Femininum wurde der Labiovelar vor *-i-* spätestens in protogermanischer Zeit zum Velar, im Maskulinum umgekehrt der Labiovelar zum Labial reduziert, s. dazu jetzt Schaffner 2001: 62. Die Abweichung in germ. *p* (vgl. auch lat. *lupus*) gegenüber den meisten anderen indogermanischen Sprachen wird verschieden interpretiert, nach Krause (1968: 126) liegt Ferndissimilation vor, und Bammesberger (1990: 101f.) leitet **wulfaz* aus **wulhwaz* her, doch ist diese Dissimilation gewiss vor der Lautverschiebung erfolgt, wie Schaffner überzeugend postuliert; in ags. *wylf* „Wölfin" wurde offensichtlich das *f* vom Maskulinum übernommen, s.zu *ylgr, wylf* Seite 97.

– *aparám* „später, künftig“[106]. Die frühere labiovelare Tenuis hat demgegenüber in unbetonter Stellung den velaren Bestandteil verloren, so in ahd. *liwum*, Präteritum Plural zu *līhan* „leihen“, vgl. lat. *linquere.* Sofern also jeweils die indogermanisch ererbte Tenuis in Vortonstellung auftritt, wird sie bereits im Protogermanischen wie eine ehemalige Media aspirata behandelt, auch im Fall des Labiovelars, wo *w* ja seinerseits als Fortsetzer von idg. $*g^{wh}$ gesichert ist (s. Seiten 60f.).

Gemäß Verners Gesetz haben sich also die indogermanischen Tenues im Germanischen nur in Tonsilben oder nach betontem Vokal zu stimmlosen, sonst jedoch in unbetonten Silben zu stimmhaften Spiranten weiterentwickelt. In tonschwacher Position wurden sie also wie die (sc. noch unverschobenen) indogermanischen Mediae aspiratae $*b^h$, d^h, g^h behandelt, was vor allem im Präteritum der ablautenden starken Verben – besonders im Althochdeutschen – als „grammatischer Wechsel“ klar in Erscheinung tritt (s. dazu Seite 169f.). Übrigens wurde ursprünglich stimmloses *s* im Germanischen ähnlich im Sinn von Verners Gesetz behandelt wie die spirantisierten Tenues: In unbetonter Stellung wurde der Sibilant zu *-z-* (urn. *-R-*) sonorisiert, dies wird nicht zuletzt bei den starken Verben sichtbar, sofern deren Wurzel mit ursprünglichem *s* ausgelautet hatte.

Hier stoßen wir bereits auf die in der Einleitung angeschnittene Frage, ob die ererbten Tenues nicht zunächst aspiriert worden waren, danach in unbetonter Stellung abgeschwächt wurden und so mit den Mediae aspiratae zusammenfielen, um sich schließlich mit diesen gemeinsam zu stimmhaften Frikativen weiterzuentwickeln. Diese Abfolge setzt – wie bereits dargestellt – einfachere Zwischenstufen voraus als die traditionell angenommene Aspiration der Tenues, die folgende Verschiebung zu stimmlosen Spiranten und schließlich in unbetonter Stellung deren Sonorisierung[107]. Die alternative Abfolge bedeutet auch, dass die Verlagerung des Akzentes auf die Anfangssilben bereits dann erfolgt sein kann, als die Tenues noch nicht spirantisiert waren, also vor der ersten Lautverschiebung. Im Unterschied zur traditionell angenommenen Abfolge setzt bei der hier vertretenen Ansicht also nur noch der Beginn der eben beschriebenen Veränderungsprozesse die alten Akzentverhältnisse voraus. Die Akzentverlagerung kann sogar gleichsam die causa movens für die Spirantisierung gewesen sein eine Spirantisierung bei durchgehender Initialbetonung erscheint jedenfalls näherliegend als eine Spirantisierung ganz unabhängig vom Akzent, wie die bisherige Reihenfolge sie ja voraussetzt.

106 Siehe dieses Beispiel bei Krahe 1966: 87, außerdem jetzt Mayrhofer 1992: 84, der *ápara-* mit got. *afar* „nach“ vergleicht.

107 In der Internetenzyklopädie Wikipedia wurde im Artikel „Verners Gesetz“ im Herbst 2006 die Einschätzung veröffentlicht, wonach entgegen der communis opinio die Akzentverlagerung auf die Anfangssilbe vor der Lautverschiebung erfolgt sei; dies setzt aber voraus, dass die Tenues schon aspiriert ausgesprochen wurden.

Die Tatsache, dass ungeachtet der Lautverschiebung im Germanischen die Reihen von Tenues, Mediae und Mediae aspiratae streng getrennt blieben, setzt voraus, dass die Mediae erst zu Tenues verhärteten, als die ererbten Tenues sich ihrerseits durch Aspiration von den neuen Tenues klar unterschieden[108]. Wie sich diese aspirierten Tenues zu stimmlosen Spiranten weiterentwickeln konnten, dafür bietet das Griechische ein anschauliches und bestätigendes Beispiel: Dort wurden bis in klassische Zeit hinein die indogermanisch ererbten Mediae aspiratae noch als Tenues aspiratae, aber spätestens in nachklassischer Zeit als stimmlose Spiranten artikuliert[109]. Erst nach der Verhärtung der Mediae zu Tenues wurden die Mediae aspiratae im Germanischen zu stimmhaften Reibelauten verschoben und rückten phonetisch (zumindest im Anlaut) in die Nähe der stimmhaften Mediae[110].

Das Verschlusslautsystem des Protogermanischen zu Beginn der Lautverschiebung sähe somit folgendermaßen aus (mit Beispielen):

	Velar	Dental	Labial	Labiovelar
Tenuis (aspirata) in betonter Stellung	k^h	t^h	p^h	k^{wh}
Media	*g*	*d*	*b*	g^w
Media aspirata und ehem. Tenuis in unbetonter Stellung	g^h	d^h	b^h	g^{wh}

Neben dieser Lautverschiebung geschah ein kombinatorischer Lautwandel. Nach Ausweis aller germanischen Einzelsprachen waren noch in urgermanischer Zeit *k* und *p* vor *t* spirantisiert worden. Der erstere Lautwandel tritt in der Gleichung der Präteritalform got. *waúrhta* (zu *waúrkjan*) = ahd. *worhta* = urn. *worahto* (mit Sprossvokal) „wirkte“ auf[111]. Der andere Lautwandel erscheint in ahd. *haft*, ags. *hæft* „gefangen“, die ihrerseits auf einem Etymon **χaftaz* (< **kaptós)* basieren, vgl. dazu lat. *captus* „gefangen“, air. *cacht* „Sklavin“ (aus urkelt. **kaptā*). Hier hat das Germanische eine ähnliche Neuerung vollzogen wie das Keltische, zumal selbst im Gallischen die Ordinalia *seχtametos, oχtumetos* „siebter, achter“[112] überliefert sind. Diese Spirantisierungen können in beiden Sprachen unabhängig voneinander erfolgt sein, denkbar ist jedoch (auch), dass die Lautverschiebung der Tenues von der Stellung vor *t* ihren Ausgang genommen hat. – Dagegen blieben

108 Im Frühgriechischen bestanden die Tenues neben Tenues aspiratae (den ehemaligen Mediae aspiratae), ebenso im Klassisch-Armenischen die bloßen Tenues neben den Tenues aspiratae.

109 Siehe dazu Rix 1976: 85 und Meier-Brügger 1992: 108.

110 Mit der Beibehaltung der Artikulationsreihen der Mediae und Mediae aspiratae trotz der Lautverschiebung unterscheidet sich das Germanische von seinen Nachbarsprachen, sowohl vom Baltischen und Slawischen als auch bedingt vom Keltischen, wo die Mediae aspiratae lediglich ihre Aspiration verloren.

111 Nach dieser Spirantisierung schließlich schwindet ein etwaiger Nasal vor der ohnehin jungen Spirans $\chi + t$ unter Dehnung des vorausgehenden Vokals, etwa in got. *þāhta* , ahd. *dāhta* „dachte“ aus spg. **þaŋχtō*

112 In La Graufesenque, vgl. dazu lat. *septimus, octāvus*.

sämtliche Tenues, denen unmittelbar der Sibilant *s* vorausgeht, unverschoben, vgl. got. *standan*, ahd. *stantan* und an. *standa* „stehen“ mit lat. *stare* „ds.“, außerdem got. *skaban* „schaben, scheren“, ahd. *scaban* „schaben, ausradieren“, ags. *sc(e)afan* „schaben, kratzen“ und an. *skafa* „schaben“ genau mit lat. *scabere-ō* „schaben, kratzen“ sowie an. *speni* „Zitze“ mit lit. *spenŷs* „Zitze, Brustwarze“ und air. *sine* (aus **spen-*) „Zitze“.

2.1.1.1. Die Datierung der Lautverschiebung – der *terminus post quem*

Dass die Spirantisierung der Tenues erst zwischen dem 5. und 2. Jahrhundert v. Chr., also in der La-Tène-Zeit, eingesetzt haben kann, belegen zunächst Entlehnungen aus dem Keltischen sowie keltische Stammes- und Flurnamen. Der verbleibende Zeitraum reicht für einen so tiefgreifenden Sprachwandel wie die Lautverschiebung völlig aus, wie die Geschichte mehrerer germanischer wie nichtgermanischer Sprachen belegt[113]. Andererseits ist klar, dass sich die germanische Sprache im späten ersten Jahrtausend vor Christus in einem zügigen Umbruchprozess befand, was ein Argument für solche Hypothesen darstellt, die diesen Prozess zeitlich entzerren, statt ihn (zusätzlich) zu kompromieren.

Unter den Lehnwörtern aus dem Keltischen finden sich Beispiele für Mediae im Anlaut wie Inlaut, die zur Zeit der Übernahme ins Germanische noch nicht zur Tenuis verschoben waren. Zwei Lehnwörter wurden bereits auf Seite 52f. erwähnt, nämlich **rīgs* „König, Herrscher“ und **rīgion* „Königsherrschaft, Königreich“, von denen ersteres in got. *reiks* „Herrscher“ und ahd. **-rīh* (in Königsnamen) und letzteres in allen altgermanischen Sprachen bewahrt ist, in *reiki*, ahd. *rīhhi*, ags. *rīce*, an. *ríki*. Eine Urverwandtschaft ist ausgeschlossen wegen des charakteristisch keltischen *ī* (aus idg. **ē)*. Ein weiteres Lehnwort mit Media liegt vor in ahd. *zūn* „Zaun, Verschanzung“, ags. *tūn* „Einfriedung, Hof, Siedlung“ (daraus engl. *town* „Kleinstadt“), an. *tún* „Zaun, Hofplatz, Stadt“ aus spg. **tūna-*, letztlich aus gall. **dūnom*, wohl „umzäunte Siedlung“ (in Ortsnamen), vgl. auch air. *dún* „Burg, Festung“.

Für unverschobene Tenues bietet das Germanische mehrere Beispiele in Lehnwörtern keltischen Ursprungs: Ahd. *mar(a)h*, ags. *mearh*, an. *marr* „Pferd“ aus germ. **marχaz*, dieses aus kelt. **markos* (vgl. gall. *Marco-* in Ortsnamen, air. *marc* „Pferd“), und, wie bereits erwähnt, ahd. *ambaht*, ags. *ambeht* usw. „Diener; Dienst“

113 So hat das Angelsächsische nach der normannischen Eroberung im Jahre 1066 n. Chr. innerhalb von drei Jahrhunderten mehr morphologische und damit auch phonologische Umwälzungen erfahren als das Neuenglische von Shakespeare bis heute. Vom Spätlatein eines Marcellus Empiricus bis hin zu den Straßburger Eiden des Jahres 842 n. Chr. vergingen gut 400 Jahre, doch in diesem Zeitraum hat das Galloromanische weitaus tiefergreifende Veränderungen im Laut- und Formensystem durchlaufen als das Lateinische in der nicht längeren Zeitspanne von Caesar bis zur Vulgata des Hieronymus.

sowie got. *andbahti* „Dienst" (remotiviert aus **ambaht-*), die letztlich eine gemeinsame Grundform **ambaχtaz*, älter **ambaktos* voraussetzen, ein Lehnwort aus gall. *ambactus* „Diener" (eig. „umhergetrieben"), das als keltisches Fremdwort schon im Altlateinischen belegt ist[114]. Auch der Stammesname der *Volcae* (mehrfach bei Caesar überliefert) lebt im Germanischen in ahd. *wal(a)h* „Romane" wie in ags. *Wealas* „(britannische) Kelten", *wealh* „fremdländisch" und in an. *Valir* „Kelten (in Frankreich)" weiter. Letztlich setzen sie als germanische Vorformen **Wólkos,* später **Walχaz* (aus kelt. **Wolka-*, mit Tenuis) fort, dieses wurde dann in der Bedeutung „Kelte" (als südlicher Nachbar) verallgemeinert[115].

Einen Sonderfall bilden die Mediae aspiratae: Da diese unter den indogermanischen Einzelsprachen lediglich im Altindischen als solche erhalten sind, im Frühgriechischen als Tenues aspiratae (sc. und später als stimmlose Spiranten) sowie in den italischen Sprachen zu stimmlosen Spiranten verschoben, in den anderen Sprachen, auch dem Keltischen, aber zu Mediae reduziert worden sind, gibt es für deren Verschiebung im Germanischen keine eindeutigen Belege unter den keltischen Lehnwörtern. Ahd. *reita* „Streitwagen", an. *reið* „Wagen; Reise" setzen germ. **raiđō*, älter **roidʰā*[116] fort, das seinerseits auf kelt. **raidā* oder älter **roidā* beruht (= gall. *raeda* „Reisewagen", bei Caesar belegt); etymologisch gehört dieses Substantiv zu einer Verbalwurzel idg. **reidʰ-*, die im Germanischen in ahd. *rītan*, ags. *rīdan* „reiten, fahren" ihren Fortsetzer hat (vgl. dazu auch air. *ríadait* „ds."[117]. Der Name des ostgermanischen Stammes der *Burgundiones*, der sich mehrfach in der *naturalis historia* des Plinius findet, wird in den Etymologika mit jenem der *Brigantes* in Britannien (ein paar Male bei Tacitus belegt) und mit dem Adjektiv ai. *br̥hánt-, -at-* „groß, gewaltig, erhaben" verglichen und auf idg. **bʰr̥ĝʰn̥t-* zurückgeführt. Dieser Stammesname enthält somit eine einstige labiale und gutturale Media aspirata und gleichzeitig eine ursprüngliche Tenuis in Vortonstellung[118].

Weitere Substantive aus der Zeit vor der Lautverschiebung entstammen offenbar einer Sprache südöstlich des Germanischen. Hierzu zählt die Bezeichnung für „Hanf": Die Gleichung ahd. *hanaf* = ags. *hænep* = an. *hampr* lässt sich nur auf eine Vorform spg. **χanapiz* bzw. prg. **kánabis* zurückführen – und diese deckt sich lautlich und formal genau mit κάνναβις „Hanf", das wohl über thrakische Ver-

114 Als Fremdwort im Lateinischen bei Paulus ex Festo p. 4 als „servus" glossiert und bereits für Ennius bezeugt.

115 Siehe dazu ausführlich bereits Krahe 1954: 43f. Scardigli (2002: 578) vermutet das 4. Jahrhundert v. Chr. als frühesten Zeitraum der Entlehnung dieses Stammesnamens, außerdem Rübekeil 2002: 79 und 93f., der diesen wie das kelt. Substantiv **rîgion* als Beleg für die Entlehnung vor der germ. Lautverschiebung anführt.

116 Betonung unklar. Vom Idg. her ist Endbetonung indiziert, die aber für das Keltische nicht mehr belegt ist.

117 Rein formal könnte es sich im Germanischen auch um Verbalsubstantive zu ahd. *rītan* usw. handeln, die semantische Übereinstimmung mit *raeda* weist aber auf Entlehnung hin.

118 Siehe zu dem germ. Stammesnamen Neumann 1981a: 224 – 230, bes. 230, der diesen wie das keltische Ethnonym im Sinn von „hoch gelegen" (aufgrund der Geographie der Insel Bornholm als Heimat der Burgunder) deutet, vgl. zum Ai. Mayrhofer 1996: 232. Zu den drei Verschlusslauten s. Rooth 1974: 135.

mittlung ins Griechische entlehnt wurde und wie die germanische Entlehnung seinen Ursprung letztlich im Skythischen hat, einer nordiranischen Sprache, die wohl im Gebiet der heutigen Ukraine gesprochen wurde. Von Herodot ist der Hinweis überliefert, dass die Skythen Hanf anbauten, den die Thraker ähnlich wie Leinen als Stoff für Kleidung verwandten; somit erscheint es ebenso gut denkbar, dass der Hanf im 5. Jahrhundert v. Chr. auch nach Norden zu den Germanen gelangte – eben vor der Lautverschiebung [119]. Etwa zur selben Zeit wie das Wort für „Hanf" ist wohl eine Kleidungsbezeichnung aus dem Skythischen bis ins Protogermanische gelangt, vgl. gr. *βαίτη* „Hirtenrock" mit got. *paida* „Leibrock", ahd. *pfeit* „Unterkleid" und ags. *pād* „Mantel" sowie finn. *paita* „Hemd" (aus spg. **paiđō* < prg. *baitā́* entlehnt); demnach wäre skyth. (oder balkanidg.?) **baitā*[120] wie **kánabis* um die Mitte des 1. Jahrtausends ins Protogermanische übernommen worden; hier liegen somit gleich zwei Beispiele mit ursprünglicher Media und Tenuis zugleich vor[121].

Die lautliche Entwicklung dieser insgesamt zehn Fremdwörter aus dem Keltischen und Skythischen lässt nur den Schluss zu, dass die germanische Lautverschiebung um 500 v. Chr. noch nicht begonnen hatte.

2.1.1.2. Der *terminus ante quem* und weitere Überlegungen zur Datierung

Aber lässt sich der Zeitraum der Lautverschiebung genauer eingrenzen? Im ersten Jahrhundert nach Christus war der Vorgang mit Sicherheit abgeschlossen, dies belegen sowohl die germanischen Einzelsprachen, die ungefähr seit der Zeitenwende eigene Wege gingen und allesamt die Lautverschiebung vollständig durchgeführt hatten, als auch das in der Germania von Tacitus im ausgehenden 1. Jahrhundert überlieferte Namensmaterial. Doch noch im Jahr 51 v. Chr. nennt Caesar in seinem *Bellum Gallicum* die Stämme *Cimbri Teutonique* mehrfach in einem Atemzug ohne irgendeine Abweichung oder Variante in der archaischen Schreibung. Das ist bemerkenswert, lässt aber doch nicht den Schluss zu, dass die Lautverschiebung erst danach stattfand. Denn hier ist von zwei Volksstämmen die Rede, die bereits 50 Jahre zuvor von den Römern vernichtend geschlagen worden waren und deren Namen im Lateinischen seitdem als feststehende Begriffe unverändert tradiert wurden.

119 Die Bemerkung über *βαίτη* s. bei Herodot 4,74 (im Skythenexkurs). Zur Herkunft von germ. **hanapi-* s. Seebold 1999a: 628f., ferner Voyles 1992: 78, der auf die Stelle bei Herodot verweist. Wahrscheinlich gelangte die Bezeichnung für den Hanf nicht eher zu den Germanen als zu den Griechen, s. Ernst / Fischer 2001: 52. Allgemeines zur Verbreitung des Hanfes in Mitteleuropa in der Eisenzeit (als Narkotikum) s. bei Mallory / Adams 1997: 266f.

120 Betonung unklar

121 Lt. Herodot (4,64) ist *βαίτη* eine Kleidung der Skythen. Zu germ. got. *paida* bzw. dessen Herkunft s. Krause 1968: 34 und Lehmann 1986: 271, die beide thrakische Herkunft erwägen; anders Mallory / Adams 1997: 109f.: Herkunft aus einer nichtidg. Sprache. Die Lautung got. *paida* lässt Endbetonung im Protogermanischen vermuten, auch wenn die griechische Parallele anfangsbetont war.

Bemerkenswerterweise haben sich die beiden Namen mit verschobener Lautform in der Heimat dieser Stämme in den nordjütländischen Gebietsbezeichnungen Himmerland (altdänisch *Himbersysæl)* und Thy (altdänisch *Thytesysæl*) erhalten[122]. Thy ist der Name des westlichen Teils der Nordjütischen Insel (auch bekannt als Vendsyssel-Thy), deren östlicher Teil Vendsyssel heißt. Dieser Name wiederum (um 1231 belegt als *Wændlesysæl*) wird etymologisch mit den Wandalen verbunden[123]. Während die Stammesbezeichnung „Kimbern" etymologisch unklar ist, gehört der Name der Teutonen etymologisch zu got. *þiuda* „Volk", ahd. *diota*, ags. *þēod* „Volk, Leute", an. *þjóð* „Volk" (vgl. außergermanisch auch osk. *touto* „civitas", air. *tūath* „Volk, Stamm", lit. *tautà* usw. „Volk, Land" wie auch np. *tōda* „Volksmasse" usw., alle aus idg. **teutā́*). Der Stammesname der Teutonen taucht ferner in einer offenbar keltischen Steininschrift, die 1878 auf dem Greinberg bei Miltenberg gefunden wurde, nochmals als *Toutonos* auf. Entscheidend für unsere Überlegungen ist, dass diese Schreibung mit den bloßen Tenues im An- und Inlaut in allen lateinischen Quellen konsequent beibehalten ist. Während für die Zeit Caesars daraus keine sicheren Schlüsse mehr für die damals aktuelle Phonologie des Germanischen zu ziehen sind, legt dieser Sachverhalt doch nahe, dass im 2. Jahrhundert v. Chr. wenigstens die Lautverschiebung der Tenues, wenn überhaupt, dann erst in einem südlichen oder östlichen Teilbereich des Protogermanischen begonnen hatte[124].

Den Namen der Waal, eines der beiden großen Mündungsarme des Rheins, schreibt sogar Caesar noch mit unverschobener, aber sicher bereits aspirierter Tenuis k^h im Inlaut: *Vacalus* – wogegen Tacitus sich 150 Jahre später der Schreibung *Vahalem* (Akkusativ) bedient, in der *-h-* offensichtlich schon die velare Spirans χ wiedergibt. Dies ist ein klares Argument für die Spätdatierung der Lautverschiebung zumindest im äußersten Westen der Germania, allerdings wurde die Namensform *Vacalus* auch als keltisierter oder von Kelten weiter vermittelter Name beurteilt[125].

122 Diese Etymologie gilt als gesichert, siehe dazu etwa Krahe 1954. 133, ebenfalls zustimmend Neumann 2000: 493ff., der indes bereits germ. χ für *C* in *Cimbri* voraussetzt, sowie Rübekeil 2002: 432.

123 Wikipedia „Vendsyssel" (englischer und dänischer Artikel, Stand Anfang 2009). Das Bild archaischer Toponyme in dieser Region wird komplettiert durch *Thisted*, den Namen des Hauptortes von Thy, dessen erster Teil etymologisch auf anord. *Týr*, spg. **Tīwaz* zurückgeführt wird. *Týr/*Tīwaz* war bis zu seiner Verdrängung durch Wotan der Hauptgott der Germanen – dies seit über 3000 Jahren, denn spg. **Tīwaz* leitet sich aus prg. und idg. *deiwós,* dem Wort für Gott und zugleich Synonym des Hauptgottes **djēus* $ph_2t\bar{e}r$ der alten Indogermanen ab. Bei Thisted befindet sich der bronzezeitliche Grabhügel von Langdysse. Er ist mit 172 m Länge der größte in ganz Dänemark, seine Errichtung wird ins 18 bis 11. Jahrhundert v. Chr. datiert. Ob zwischen dem außergewöhnlichen Bodendenkmal und dem nicht weniger ungewöhnlichen Ortsnamen ein innerer Zusammenhang besteht, ist unklar. Die Konstellation bestätigt jedoch die Überlegung im einleitenden Kapitel, linguistische und archäologische Befunde sinnvollerweise zusammen in den Blick zu nehmen.

124 Siehe auch Ament 1986: 252 und 255, der darauf hinweist, dass die Römer den Kimbernnamen noch in unverschobener Lautform übernommen haben.

125 Siehe zu *Vacalus* (Caes., Bell. Gall. 4,10) / *Vahalem* (Tac. Ann. 2,6) Rooth 1974: 135 sowie einerseits Ament 1986: 255 A. 8, der *Vacalus* als germanisch (ohne Lautverschiebung) beurteilt, und andererseits Reichert 2006: 30–32 mit Literatur (keltische Lautform). Udolph (1994: 929) wiederum sieht in *Vacalus* einen Beleg für die frühe Anwesenheit von Germanen am Niederrhein (vor der Ersten Lautverschiebung).

Diese späte Datierung der germanischen Lautverschiebung wenigstens der Tenues birgt jedoch wegen des Nebeneinanders der indogermanisch ererbten Tenues, Mediae und Mediae aspiratae auch Probleme. Bemerkenswerterweise taucht bei Caesar (Bellum Gallicum 1,51) der Stammesname *Marcomanni*, eigentlich „Grenzleute" auf, dessen Vorderglied *marco-* allgemein mit ahd. *marc* „Grenze" identifiziert wird, das seinerseits mit lat. *margō* „Rand" etymologisch verglichen wird[126]; demnach muss in *Marcomanni* eine Lautverschiebung von *g* zu *k (c)* vorausgesetzt werden. Entsprechendes gilt für den Stammesnamen *Batavi*, ebenfalls bei Caesar (Bellum Gallicum 4,10) belegt, der etymologisch mit got. *batiza*, ahd. *bezziro* „besser" verbunden wird[127]. Wann auch immer die Verschiebungsprozesse abgelaufen sind, die ererbten Tenues mussten eindeutig vor der Erhärtung der Mediae zu Tenues aspiriert worden sein, das heißt, dass das *c* in *Marcomanni* und das *t* in *Batavi* schwächer artikuliert wurden als die Tenues im Flussnamen *Vacalus* (der ebenso in Bellum Gallicum 4,10 belegt ist) sowie in den Stammesnamen *Cimbri* und *Teutoni*, nämlich nicht aspiriert.

Zumindest die indogermanisch ererbte velare Tenuis *k* wurde im 1. Jahrhundert n. Chr. im Germanischen im Anlaut sogar zur Affrikata *kχ* (wie germ. *k* in Teilen des Alemannischen) verschoben. Verwendeten die Römer für „alte" und „neue" Tenuis dennoch generell die Schreibung *c*, so deutet dies darauf hin, dass sie phonetisch zwischen beiden nicht unterscheiden konnten oder wollten. Wie die weitere Entwicklung der Einzelsprachen sicher beweist, fielen die Mediae aber mit den ursprünglichen Tenues keineswegs zusammen, vielmehr blieben diese rezenten Tenues von den ursprünglichen – eben bereits aspirierten – Tenues im Germanischen streng getrennt (s. Seite 63).

Nun liegt es nahe, noch andere germanische Stammesnamen bei Caesar daraufhin zu untersuchen, ob sie die Lautverschiebung aufweisen oder nicht. So erwähnt Caesar in Bell. Gall. 2,4,10 als linksrheinische Germanen im Gebiet der Maas die *Condrusos, Eburones, Caerosos, Paemanos, qui uno nomine Germani appellantur* „Condrusen, Eburonen, Caerosen und Paemanen, die mit einem Namen Germanen genannt werden". Ungeachtet von Caesars Zuordnung werden jedoch der erste und teilweise auch der dritte Name in der Forschung eher als keltisch angesehen, lediglich der Stammesname *Eburones* gilt unzweideutig als germanisch und wird mit nhd. *Eber* (= lat. *aper*) in Verbindung gebracht; sofern dies zutrifft, wäre in diesem Namen die Lautverschiebung bereits vollzogen[128]. Der vierte Name *Paemani* wird teils auf Grundlage von idg. **poih-* „strotzen" interpretiert, teils mit gr. *ποιμήν*, lit. *piemuõ, -eñs* „Hirte" etymologisch gleichgesetzt und als Substratwort des sog.

126 Siehe zur Deutung dieses Stammesnamens jetzt Kehne 2001: 291.

127 Siehe zur Etymologie von *Batavi* Neumann 1976: 90f. ; der etymologische Anschluss dieses Namens mit offenbar *u*-haltigem Stammauslaut an *batiza* , *bezziro* überzeugt auch in morphologischer Hinsicht, zumal dieser Komparationstypus ja bei *u*-Adjektiven durchaus geläufig war, s. dazu Seite 124.

128 Siehe zu *Eburones* Neumann 1986: 348 – 350.

„Nordwestblocks“ gedeutet[129]. Außer diesen vier linksrheinischen Stämmen nennt Caesar mehrfach in Buch 4 zwei Stämme auf der östlichen Rheinseite, die *Usipeti* (im heutigen Nordrhein-Westfalen) und *Tencteri* (nördlich davon, am Niederrhein). Zumindest der erste Name wird als gallisch interpretiert, während für den zweiten auch germ. **Þenhteraz* als Grundlage erwogen wird[130]. Eindeutig germanische Herkunft wird hingegen für die Stammesnamen der *Ubii* und der *Harudes* angenommen. Die *Ubii* waren für ihre romfreundliche Haltung bekannt und siedelten im Raum von Köln, ihr Name wird (als germ. **Ƀjōz*) mit urn. *ubaR*, an. *úfr* „tückisch“, aber auch mit nhd. *üppig* verglichen[131]. Die *Harudes* waren laut Caesar ein Teilstamm der Sueben, lebten damals im Raum Straßburg und hatten im Jahre 73 v. Chr. unter Ariovist den Rhein in Richtung Gallien überschritten, ein folgenreicher Vorgang, den Caesar einige Jahre später zum Vorwand für sein Eingreifen und schließlich seine Eroberung Galliens nahm. Der Stamm wurde später von Ptolemaios (2, 11, 12) als *Χαροῦδες* erwähnt, und sein Name wird als Ableitung aus spg. **χaruþaz*, vgl. ahd., mhd. *hart* „Wald“ interpretiert, der die Haruden zum Zeitpunkt dieser Benennung als Waldbewohner auswiese[132]. Hinzu kommt bei Caesar der Name *Cherusci* (nur in Bell. Gall. 6, 10), das früher mit got. *haírus*, an. *hjǫrr* „Schwert“, heute aber mit ahd. *hiruz* „Hirsch“ in Verbindung gebracht wird[133].

Zusammenfassend muss man sagen, dass die eindeutig germanischen Stammesnamen bei Caesar, soweit sie etymologisch durchschaubar sind, eher für die bereits vollzogene Lautverschiebung sprechen. Allerdings könnte hier auch in der bisherigen Forschung ein unbewusster Zirkelschluss vorliegen: Nachdem stets vorausgesetzt wurde, dass die erste Lautverschiebung zur Zeit Caesars bereits abgeschlossen gewesen wäre, „konnten“ Namen wie *Vacalus, Condrusos, Caerosos* und *Paemanos* schlechterdings nicht germanisch sein.

Demgegenüber spiegeln, wie mehrfach ausgeführt, die Namen *Cimbri Teutonique* klar einen noch archaischeren Sprachzustand des Germanischen wider und blieben im Lateinischen in dieser Lautform erhalten (zumal beide Stämme ja 102/101 v. Chr. von den Römern vernichtend geschlagen worden waren).

Im weiteren Verlauf lässt sich zumindest die Verschiebung der Tenues anhand der Überlieferung germanischer Namen bei römischen Autoren recht gut verfolgen. Rund 200 Jahre nach der Abwanderung der Kimbern und Teutonen erwähnt Tacitus in den Annalen einerseits einen Führer der Bataver namens *Chariovalda* und

129 Siehe Zimmer 2003: 443f.; daneben ist *Caemanos* überliefert, dessen *C-* aber überzeugend als Verschreibung aufgrund von vorausgehendem *Caeroesos* beurteilt wird.
130 Siehe zu beiden Stammesnamen Zimmer 2006a: 572f.
131 Siehe Zimmer 2006b: 355f.
132 Siehe Neumann 1981b: 375, der auch die dänische Gebietsbezeichnung *Harthesysæl* zum Vergleich heranzieht; außerdem Castritius 1999: 20f., der den nordischen Stammesnamen *Harðar* vergleicht.
133 Siehe Neumann 1981c: 430f.

andererseits einen Markomannen namens *Catualda*[134]. Beide Männer tragen zweifelsohne germanische Namen, diese enthalten außerdem als Hinterglied ein Verbalnomen, das etymologisch zu spg. **waldan* „herrschen" gehört, der erstere Name ist etymologisch mit an. *Haraldr*, eigentlich „Heer-walt" identisch. Der Stammesname der *Chauci*, eines Nachbarstammes der Friesen, den Tacitus ebenfalls erwähnt, würde einen Parallelfall zu *Chariovalda* bilden – sofern dieser Name etymologisch auf dem Adjektiv got. *háuhs*, ahd. *hōh* usw. „hoch, erhaben" basiert und die Schreibung *Chauci* eine schwächere Aspiration von *c* im Inlaut als im Anlaut reflektiert[135]. Einen Sonderfall bildet der Stammesname *Chatti* (bereits bei Plinius Nat. 4,100, mehrfach bei Tacitus), der mit guten Gründen mit dem Namen *Hessen* gleichgesetzt, aber auch mit dem Namen eines britannisch-keltischen Stammes *Cassi* in Verbindung gebracht wird unter Ansatz einer gallischen Lautform **Kaθθo-*. Doch fehlen überzeugende Parallelen mit dieser dentalen Spirans im Inlaut, die eine solche etymologische Verknüpfung des keltischen mit dem germanischen Stammesnamen rechtfertigen würden[136].

Über ein Jahrhundert später findet sich bei Plinius und bei Tacitus je zweimal der Stammesname *Gutones* bzw. *Gotones* „Goten", in dem das *t* offenkundig ebenfalls keine indogermanische Tenuis fortsetzt, sondern eine Media, und in dem das *g* auf einer einstigen Media aspirata basiert, zumal dieser Name kaum anders als mit Hilfe des Verbums got. *giutan*, ahd. *giozan* usw. „gießen" (vgl. lat. *fundere* „ds.") etymologisch erklärt werden kann[137]. Auch dieser Name bestätigt also, dass die alten Mediae aspiratae im Germanischen im Gegensatz zu allen Nachbarsprachen – zum Keltischen wie zum Baltischen und Slawischen – ihre Aspiration erst verloren, nachdem sich die indogermanischen Mediae zu Tenues weiterentwickelt hatten.

Im Gegensatz zu den einstigen Tenues waren die Mediae und Mediae aspiratae im 1. Jahrhundert n. Chr. mit Sicherheit bereits verschoben. So verwendet Plinius ein paar germanische Lexeme, von denen eines (mit *g* statt *gh*) bereits einen verschobenen Verschlusslaut enthält: *ganta* „Gans" (Plin. Nat. 10,53; vgl. dazu mnd. *gante*, mhd. *ganze* „Gänserich", ferner letztlich auch nhd. *Gans* als indogermanisches

134 Diese Namen s. bei Tac. Ann. 2,11 und 2,62; s. im kurzen Artikel über Catualda von Jungandreas 1981: 353 die Bemerkung: „nach gall. *catu-* „Kampf" aus einem germ. **Haþuwalda"*.

135 Siehe diesen Stammesnamen bei Tac., Germ. 35; sprachliche Erläuterungen dazu jetzt Seebold 2000: 55, der als Vorläufer des Frankennamens **Hugones* aufgrund eines Beleges in den Quedlinburger Annalen vermutet. Zur etym. Verbindung mit dem Adjektiv „hoch" s. auch Neumann 1981d: 393, als gemeinsames prg. Etymon wäre also **káukos* anzusetzen.

136 Siehe dazu Rübekeil 2002: 57 – 63, der sogar an die Übernahme eines gallischen Stammesnamens durch die Germanen denkt; den germ. Stammesnamen s. bei britannischen Stammesnamen s. bei Caes. Bell Gall. 5,21; weiterführende Überlegungen bei Udolph 2004b: 196 – 202

137 Siehe *Gotones* bei Tac. Ann. 2,62 und Germ. 44; vgl. auch Plin. Nat. 4,99. Der Stammesname der Goten (wie auch jener der Gauten) wird allgemein mit dem Verbum „gießen" etymologisch in Verbindung gebracht, etwa im Sinn von „die sich Ergießenden, Ausbreitenden" (so jetzt Scardigli 1999; anders Lehmann 1986: 164 und Andersen 1998: 402f.: vgl. *giutan* im Sinn von „Samen ergießen"). Die Schreibungen *Gothones, Γύϑωνες* sind spätantik, bei Tacitus ist noch *Gothones* überliefert.

Erbwort)[138] und *sāpō* „Seife" mit *p* statt *b* (Plin. Nat. 28,191, Färbemittel für Haare; vgl. dazu auch das germanische Lehnwort im Finnischen *saippua* sowie nhd. *Seife*) sind vom Germanischen nach der Lautverschiebung über das Gallische ins Lateinische gelangt. Somit kann schon die *naturalis historia*, die Plinius um 77 n. Chr. abgeschlossen hat, als *terminus ante quem* gelten[139]. Um die Mitte des 1. Jahrhunderts n. Chr. war die Lautverschiebung demnach abgeschlossen.

Auf der anderen Seite gibt es kein einziges direkt aus dem Germanischen überliefertes Sprachdenkmal vor der ersten Lautverschiebung. Der bis heute älteste bekannte germanische Text überhaupt ist die Inschrift auf dem 1811 gefundenen, links abgebildeten Helm B von Negau (Negov, Gemeinde Zenjak, im heutigen Slowenien)[140]. Sie stammt wahrscheinlich aus dem 1. Jahrhundert v. Chr. und wird meistens als *harigasti teiva...* gelesen, vielleicht im Sinn von „Heergast dem (Gott) Teiw [= ahd. *Ziu*]". Einigkeit besteht nur über das erste Wort, den Personennamen *harigasti*, und hier wäre dann die erste Lautverschiebung im Gegensatz zu den Stammesnamen *Cimbri Teutonique* anscheinend schon vollzogen.

Allerdings weist der Fund von Negau gleich mehrere Merkwürdigkeiten auf. So ist der runenbeschriebene Helm, der vermutlich aus dem 4. Jahrhundert v. Chr. stammt, selbst nicht germanisch, sondern etruskisch, und die verwendete Schrift gilt als nordetruskisch. Die ursprünglich 28 Helme wurden offenbar erst um 50 v. Chr., kurz vor der römischen Eroberung der Region, vergraben. Die Inschrift selbst wird meist ins 2. Jahrhundert v. Chr. datiert. Der Fundort Negau liegt nicht weniger als rund 250 Kilometer außerhalb des germanischen Sprach- und Siedlungsgebietes zur mutmaßlichen Entstehungszeit der Inschrift, das seinerzeit ungefähr bis Mittelböhmen reichte. Jede einzelne dieser Merkwürdigkeiten ist gut erklärbar, in der Summe überraschen sie doch, schließlich ist diese berühmte Inschrift gleich um fast ein viertel Jahrtausend älter als die nächstälteren erhaltenen germanischen Sprachdenkmäler, die ersten Runeninschriften.

138 Siehe Kluge / Seebold 1995: 298.

139 Siehe Kluge / Seebold 1995: 754f. mit dem Vergleich von ags. *sīpian*, mhd. *sīfen* „tröpfeln".

140 Der Bronzehelm selber ist etruskischer Herkunft und wird auf etwa 400 v. Chr. datiert, die Inschrift wurde aber erst viel später angebracht, spätestens um 50 v. Chr., als der Helm kurz vor einer Invasion der Römer vergraben wurde. Der Fund steht aus mehreren Gründen isoliert da: Neben dem hohen Alter und der verwendeten Schrift – einem nordetruskischen Alphabet – ist auch die Lage des Fundortes bei Negau (Negova) im heutigen Slowenien ungewöhnlich. Selbst nach dem historisch überlieferten Eintreffen der Markomannen in Böhmen ab dem Jahre 9 v. Chr. (mithin nach der Entstehung dieser Inschrift) trennten immer noch rund 200 Kilometer überwiegend keltisch besiedelten Berglandes das germanische Sprachgebiet vom Fundort des Helmes.

Geht man dennoch von der Echtheit der Inschrift und der Richtigkeit ihrer Datierung aus, so besteht die nächstliegende Erklärung für diesen frühen Beleg einer verschobenen Form darin, dass die Lautverschiebung sich von Süden nach Norden (also ähnlich wie die Zweite oder hochdeutsche Lautverschiebung) oder auch von Südosten nach Nordwesten (und damit ähnlich wie die von Kärnten und der Steiermark ausgehende neuhochdeutsche Diphtongierung) ausgebreitet hat[141].

Diese Entwicklung würde geographisch gut zu dem relativ frühen Beleg des verschobenen Stammesnamens *Marcomanni* (als südliche Elbgermanen in Böhmen) passen. Auch der Umstand, dass der wie der Name *Marcomanni* bei Caesar überlieferte Flussname *Vacalus* „Waal", in den äußersten Westen des germanischen Sprachgebietes zu lokalisieren ist, fügt sich gut in das Bild ein, dass die Lautverschiebung im 2. Jahrhundert v. Chr. am ehesten in südöstlichen Randgebieten der Germania eingesetzt haben kann, die ja auch von den politischen Umwälzungen in Mitteleuropa als erste betroffen waren.

2.1.1.3. Fazit

Die uns überlieferten *unverschobenen* germanischen Lexeme liegen also allesamt im Westen der Germania, einschließlich Jütland. Dagegen weisen die Namen aus dem Zentrum und dem Osten der Germania, die uns bis zur Mitte des 1. Jahrhunderts v. Chr. überliefert sind, bereits den Lautstand nach der Lautverschiebung auf. Auch im Westen gibt es zur Zeit Caesars bereits Belege für verschobene Formen, nämlich *Cherusci* (nur einmal) und *Harudes*. Der letztgenannte Name – wenn korrekt überliefert – ist dabei indes wenig aussagefähig, weil er einen suebischen Stamm bezeichnet, der offenbar nicht lange vor der Nennung bei Caesar aus der angestammten Heimat der Sueben / Semnonen zwischen Elbe und Oder, also aus dem Zentrum der Germania, zugewandert war.

Aus all dem Gesagten muss man jedenfalls schließen, dass die Lautverschiebung im Osten und im Zentrum der Germania offenbar zwischen dem 4. und dem 1. Jahrhundert v. Chr. stattfand, im Westen hingegen erst um die Zeitenwende zum Abschluss gelangte[142]. Durchaus im Sinne dieser Überlegungen bieten auch die

141 Siehe Ament 1986: Anmerkung 8 bzw. 7, der die Harigast-Inschrift als ältestes Sprachdenkmal mit germanischer Lautverschiebung betrachtet; zuletzt zu dieser Inschrift Nedoma 2002: 58 – 61 (mit umfangreicher Literatur), der hier Männernamen im Nominativ vermutet und von „progressiven westgerm. Dialekten" spricht, und Seebold 1999b (mit teilweise anderer Interpretation); allgemein wird diese Inschrift auf das 1. Jahrh. v. Chr. datiert (so Seebold 1999b: 264 und Nedoma 2002: 60). In *hari-* dürfte noch eine velare Spirans wie in etymologisch identischem *Chariovalda* vorliegen, dagegen wurde in *teiva* (aus idg. **deiwo-*) die Media bereits zu einer wohl nicht aspirierten Tenuis verschoben.

142 Voyles (1992: 34 – 61) nimmt für die Lautverschiebung im Prg. (zwischen 400 v. und 50 n. Chr., also gerade in der La-Tène-Zeit) drei Phasen an: Demnach wurden die Tenues zuerst aspiriert, dann spirantisiert, danach die Mediae zu Tenues verschoben, wie in **pōd-* > **phōd-* > **fōt-* „Fuß".

Standwardwerke urgermanische Formen seit jeher nicht mit bloßem Hauchlaut *h*, sondern (etwa angesichts von Namen wie *Chariovalda, Chauci*) mit der Spirans *χ* aus idg. **k*.

2.1.2. Kombinatorischer Lautwandel, Konsonanten im Auslaut

Bei einer weiteren Veränderung im germanischen Konsonantensystem, dem kombinatorischen Lautwandel, wurden verschiedene Konsonanten an benachbarte Liquide und Nasale assimiliert. Offenbar wurde *s* vor Nasal im Inlaut schon im späteren Protogermanischen assimiliert, am ehesten ist der alte Zustand noch in den gotischen pronominalen Dativen *þamma* „dem“ und *ƕamma* „wem“ mit Doppelschreibung des Nasals erkennbar, vgl. dagegen noch umbr. *pusme* „wem“ und apr. *stesmu, kasmu* „dem“ bzw. „wem“ mit erhaltenem Sibilant. Der labiale Reibelaut *w* wurde beispielsweise in got. *kinnus* „Wange“, ahd. *chinni*, an. *kinn* „Kinn“ aus prg. **génwus* und in den Steigerungsformen got. *minniza, minnists* „klein“, „kleinster“ aus prg. **mínwison-, *mínwisto-* vom vorausgehenden Nasal assimiliert, s. dazu Seite 96 bzw. 126). Im Adjektiv got. *fulls*, ahd. *fol*, an. *fullr* „voll“ aus prg. **pulnós* (vgl. noch lit. *pìlnas* „voll“ und ai. *pūrṇá-,* bedingt auch lat. *plēnus*, alle „voll“) und im Substantiv in ahd. *wolla* usw. „Wolle“ aus prg. **wulnā́* (s. Seite 118 bzw. 90) ist umgekehrt der Nasal völlig an die Liquida angeglichen.

Am Wortende kam es zum Schwund von Konsonanten. Dass auslautende dentale Okklusive erst im späten Urgermanisch geschwunden sein können, geben Langvokale und Diphthonge im Auslaut zu erkennen, die ohne Deckung durch einen Konsonanten verkürzt worden wären. So liegt z.B. in der Optativform got. *baírai* „er möge tragen“ einstiges **-t* vor, vgl. dazu genau ai. *bháret*, aber auch gr. *φέροι* mit ebenfalls geschwundenem Dental. In Pronominaladverbia wie got. *hidrē* ist offensichtlich ablativisches idg. **-d* geschwunden, vgl. dazu lat. *citrā* „diesseits“, aber auch alat. *exstrād* „außerhalb“. Möglicherweise wurde die Tenuis in Verbalformen wie jenen des Optativs zunächst zur Media reduziert, bevor sie wie die ursprünglichen Mediae endgültig schwand, so dass für das Protogermanische als Zwischenstufe **b^{h}éroid* rekonstruiert werden kann; dieser Dentalschwund fand eindeutig vor der Ersten Lautverschiebung statt, weil sonst auslautend *-d* wieder zu *-t* geworden wäre. Allenfalls im neutrischen Fragepronomen ahd. *hwaz* und an. *hvat*, einem kurzvokalischen Einsilbler, kann ursprüngliches **-d* noch bewahrt worden sein, s. dazu Seite 138f.

Auslautendes **-m,* beispielsweise im Akkusativ Singular, muss sich schon früh im Protogermanischen zu **-n* gewandelt haben, da jegliche Spuren des labialen Nasals im Auslaut fehlen. Vielmehr bezeugen akkusativische Pronominalformen wie got. *þana*, ahd. *den* „den“ und got. *ƕana*, ahd. *hwenan* „wen“ sowie urn. *minino*

„meinen“ diesen Lautwandel als im Urgermanischen bereits seit längerem vollzogen[143].

Erhalten geblieben ist *s* im Auslaut bis zum Zerfall der germanischen Spracheinheit, in unbetonter Stellung wurde es indes im späteren Urgermanisch wie die stimmlosen Spiranten aus den ursprünglichen Tenues im Sinn von Verners Gesetz sonorisiert (s. dazu Seite 62). Im Altnordischen kehrt dieses **-z* zunächst als Graphem *-R*, später als *-r* wieder, im Westgermanischen besteht es nur in Einsilblern als *-r* fort, ansonsten schwindet es, wogegen es im Gotischen infolge der Auslautverhärtung seine Stimmhaftigkeit wieder verliert, vgl. also etwa das Personalpronomen got. *is* gegenüber ahd. *er*[144].

2.2. Der Vokalismus

Im Gegensatz zum Konsonantismus mit der Lautverschiebung hat der Vokalbestand im Germanischen erheblich weniger Umwälzungen erfahren. Zum großen Teil sind die Kurz- und Langvokale des Indogermanischen unverändert erhalten geblieben. Diese vokalischen Lautveränderungen seien vor einer Analyse ihrer Ursachen und Abfolge zunächst anhand weniger Beispiele aufgeführt, wiederum mit außergermanischen etymologischen Parallelen.

Kurzes *e* war selbst vor Nasal mit Folgekonsonant offenbar noch im Spätgermanischen erhalten, vgl. etwa das finnische Lehnwort *rengas* „Ring“ gegenüber ahd., ags. *hring*, an. *hring* und krimgot. *rinck* „ds.“[145]; zusätzlich bestätigt wird dies durch den noch unverschobenen Stammesnamen *Tencteri* (s. dazu Seite 69 mit Anm. 130). Unter den Kurzvokalen sind idg. **o* und **ə* (Schwa) mit **a* zu *a* (wahrscheinlich einem relativ dumpfen *å*) zusammengefallen, vgl. etwa got. *akrs*, ahd. *ackar*, an. *akr* „Acker, Feld“ mit lat. *ager*, gr. *ἀγρός* „ds.“ und ai. *ájra-* „Ebene, Flur“, das Zahlwort got. *ahtau*, ahd. *ahto* mit lat. *octō*, gr. *ὀκτώ* , ai. *aṣṭā́, aṣṭáu*, und got. *fadar*, ahd. *fater*, an. *faðir* „Vater“ mit lat. *pater*, gr. *πατήρ*, ai. *pitā́* „Vater“ (aus idg. **pə₂tḗr* mit *a*-färbendem Laryngal). Umgekehrt verdumpfte idg. **ā* und fiel dadurch mit idg. **ō* zusammen, etwa in got. *brōþar*, ahd. *bruoder*, an. *bróðir* „Bruder“, vgl. dazu genau lat. *frāter*, ai. *bhrā́tā* „Bruder“, gr. *φράτηρ* „Mitglied einer Phratrie, Brüderschaft“.

143 In südgallischen Inschriften finden sich *-m* und *-n* noch nebeneinander im Begriff dekantem bzw. dekanten „den Zehnten“, *-m* mehrfach auch in der Inschrift von Larzac u.a. in pluralischen Genitiven *bnanom* „der Frauen“ und *eianom* (Personale, s. dazu Seite 134), Lejeune (1985: 135) nimmt an, dass der Lautwandel im 2. Jahrhundert v. Chr. erfolgt sei.

144 Got. *aiz* „Erz“ (= ahd. *ēr*) ist nur in Mark. 6,8 belegt und kann durch Sandhi hervorgerufen sein, s. dazu Krause 1968: 131.

145 Hier liegt nicht etwa eine Senkung von *i* zu *e* vor, s. dazu Ritter 1993: 32 mit Literatur.

Im Sinne des ersten Lautwandels fielen auch die Diphthonge idg. **oi* und **ai* zu *ai* wie **ou* und **au* zu *au* zusammen, vgl. got. *ains*, ahd. *ein*, an. *einn* „einer" mit alat. *oino-* „ds.", gr. *οἴνη* „Eins auf dem Würfel" und das Farbadjektiv got. *rauþs*, an. *rauðr*, ahd. *rōt* mit lat. *rūfus* „lichtrot, fuchsrot", air. *rūad* „rot" und lit. *raũdas* „rotbraun" (aus idg. **róud^h os*). Darüber hinaus wurden lediglich die *e*-haltigen Diphthonge weiter aufgehellt, nämlich idg. **ei* zum Monophthong *ī* und **eu* zu *iu*, vgl. zum *i*-Diphthong got. *steigan*, ahd. *stīgan*, an. *stíga* „steigen" mit gr. *στείχειν* „steigen, schreiten" und air. *tíagu* „gehe" sowie zum *u*-Diphthong got. *kiusan* „wählen, prüfen", ahd. *kiosan*, ags. *cēosan* mit gr. *γεύειν* „kosten lassen". Einen Sonderfall stellt sogenanntes $ē_2$ dar, das im Althochdeutschen nicht wie $ē_1$ zu *ā* geöffnet, sondern zu *ia* gebrochen wird. Es liegt sowohl in Fremdwörtern wie *ziagal* „Ziegel" aus vlat. *tēgula* und *spiagal* „Spiegel" aus *spēculum* als auch in den Präteritalstämmen der ursprünglich reduplizierenden Verben vor, lediglich in got. *hēr*, an. *hér*, ahd. *hiar* „hier" (einem Pronominaladverb zum Demonstrativ zu got. *hi-* usw. „dieser") muss es aus dem Urgermanischen ererbt sein[146].

Auch bei der Entwicklung des Vokalsystems ermöglichen uns Stammes- und Flussnamen sowie Lehnwörter Einblicke in frühere Stadien des Germanischen. Für den zuerst genannten Lautwandel von *o* zu *a* geben mindestens zwei Namen in römischen Texten Anlass, diesen wie die Verschiebung der Tenues relativ spät zu datieren. Zu den Stammesnamen *Volcae* bzw. entlehntes *walh, wealh* usw. sei hier auf Seite 65 verwiesen; ein weiteres Zeugnis bietet der Flussname *Mosa* „Maas" (bei Caesar belegt) gegenüber der althochdeutschen Lautform *Masa*; für den Wandel des Diphthongs *oi* > *ai* lässt sich der Flussname *Moenus* „Main" (bei Tac. Germ. 28) anführen, vgl. dazu den irischen Flussnamen *Maoin*[147]. Wie auch immer einstiges idg. **o* im Protogermanischen genau artikuliert wurde, sehr wahrscheinlich klang dieser Vokal bis zum Beginn der Völkerwanderung noch dunkler als im Frühmittelalter, etwa wie ein dumpfes *å*[148].

Die Verdunklung des Langvokals **ā* zu *ō* kann anhand keltischen Sprachgutes ebenfalls näherungsweise datiert werden. Gall. *brāca* „Hose" taucht als Lehnwort aus dem Gallischen bereits im klassischen Latein auf, Tacitus bewertet es als „barbarische" Bekleidung. In den altgermanischen Sprachen kehrt es in ahd. *bruoh*, ags. *brōc* und an. *brók* „Hose, Beinkleider" wieder, die spg. **brōk-*, älter **brāk-*

146 Zu den Grundlagen von $ē_2$ s. jetzt van Coetsem 1994: 98 – 113, speziell zum Pronominaladverb S. 112. Speziell zu *hēr*, an. *hér*, ahd. *hiar* s. jetzt Kortlandt 2006a: 52, der von einem ursprünglichen Diphthong (wie bei den reduplizierenden Verben) ausgeht und *hia-*, idg. **kio-* ansetzt, auf dem auch der Stamm des Demonstrativs im Baltische, lit. *šia-* basiere (nicht recht überzeugend).

147 Der erstere Flussname ist schon bei Caesar. Bell. Gall. 4,9 belegt, der letztere bei Plinius Nat. 9,45 und Tac. Germ. 28. Zu diesen beiden Flussnamen s. Krahe 1954: 128 bzw. 130.

148 Van Coetsem (1994: 163f.) datiert den Lautwandel **o* > *a* während oder nach der Übernahme des keltischen Stammesnamens *Volcae* durch die Germanen und postuliert allgemein ein offenes *å* im Germanischen, u.a. in germ. **Walχa-*.

fortsetzen, das seinerseits aus dem Keltischen entlehnt ist[149]. Diese Kleiderbezeichnung verrät mit der Tenuis im Inlaut gegenüber dem Stammesnamen *Volcae / Walχōz* zusätzlich, dass der Lautwandel **ā > ō* im Gegensatz zu jenem von **o > a* eindeutig nach der Lautverschiebung erfolgt ist. Außerdem spiegelt sich der Wandel des Vokals **ā* noch im Namen der Donau wider; das Verhältnis der latinisierten Form des keltischen Flussnamens *Dānuvius* zu ahd. *Tuonouwa* bestätigt, dass dieser Lautwandel sehr wahrscheinlich später stattgefunden hat als jener von **o* zu *a*[150]. Die germanische Entlehnung got. *Rumoneis* „Römer“ deutet sogar darauf hin, dass der Wandel des Langvokals noch wirksam war, nachdem die Westgoten mit den Römern in Kontakt gekommen waren, da lat. *ā* noch mit offenem *ō* und geschlossenes lat. *ō* mit *ū* im Germanischen wiedergegeben wurde[151]. Jedenfalls können beide Vokalveränderungen frühestens in der Zeit keltisch-germanischer Nachbarschaft, also in der La-Tène-Zeit eingetreten sein, die letztere begann erst später oder blieb zumindest noch bis in die Zeit der Völkerwanderung wirksam[152]. Zumindest im späteren Urgermanischen waren offenbar idg. **o* und **a* wie **ō* und **ā* ähnlich wie im Protoslawischen nicht mehr streng voneinander geschieden, sondern zu einem offenen *å* als Kurz- bzw. Langvokal zusammengefallen.

Für eine relativ späte Monophthongierung von **ei* zu *ī* gibt es ebenfalls Indizien, wenn auch nicht in Namen und Entlehnungen. Sofern die Inschrift auf dem Helm von Negau mit der Lesung *teiva* = „Gott“ richtig interpretiert ist (s. Seite 71f.), dann würde hier *ei* noch den alten Diphthong wiedergegeben. In einer römischen Weihinschrift aus Xanten aus dem 3. Jahrhundert n. Chr. findet sich der Name einer Göttin im Dativ: *Alateiviae*.[153]. Darüber hinaus enthalten das altenglische und das altdänische Runenalphabet[154] neben der Eibenrune, ags. *éoh, íh*, adän. *ir* mit dem Lautwert *ī* (aus spg. * *īƀa-*), die Eisrune ags. *ís*, adän. *is* (im gotischen Alphabet *iiz*, aus spg. **eisa-*), deren Vokal dem der ersteren Rune zwar nahekommt, aber nicht mit dem Phonem *ī* identisch sein kann, so dass die Eisrune zu Recht als Graphem für den alten *ei*-Diphthong gewertet wird[155].

149 Siehe zu diesem Substantiv Griepentrog 1995: 79 – 90.

150 Zum Flussnamen der Donau s. Schmid 1986: 15, der eine Entlehnung vom Keltischen über das Gotische ins Althochdeutsche (mit Ansatz von got. **Dônawis*) im 1. Jahrhundert v. Chr. annimmt; der Flussname könnte aber eher direkt ins Festlandgermanische entlehnt sein.

151 Zur Verdumpfung von **ā* allgemein wie zu got. *Rumoneis* s. van Coetsem 1994: 164, der auch den Vokal *ō* in got. *Rumoneis* im analogen Sinne wie das dumpfe *å* in germ. **Walχa-*.in interpretiert.

152 Diese beiden vokalischen Lautwandel setzt Voyles (1992: 34 61) ebenfalls im Zeitraum zwischen 400 v. und 50 n. Chr. an; anders Ramat 1981: 12, der für diese beide Lautwandel den Zeitraum des 1. und 2. Jahrhundert n. Chr. annimmt.

153 Inscr. Rhen. Bramb. 197, zum Götternamen mit dem Diphthong s. Krause 1971: 25.

154 Beide Alphabete sind in Handschriften aus dem 10. Jahrhundert überliefert, das altenglische (wie das gotische) in der Salzburger Alkuin-Handschrift, das altdänische in einer St. Gallener Handschrift (letztere ursprünglich aus Fulda), s. dazu Krause 1970: 25f.

155 So von Krause 1970: 35 und Düwel 2001: 6, der auch auf jawest. *aēxa-* n. „Eis, Frost“ verweist (s. zu dieser Gleichung auch Kluge / Seebold 1995: 213).

Der Diphthong aus idg. **eu* liegt im Stammesnamen *Teutoni* noch unverändert vor, erst in den Einzelsprachen wird er zu *iu* (später bei *a*-Umlaut *io*) aufgehellt, vgl. got. *þiuda*, ahd. *diota*, an. *þjóð* (s. zu diesem Substantiv Seite 89f.). Außerdem enthält offenbar auch der Name *Greutingi* (ein zu den Ostgoten gehöriger Volksstamm) diesen Diphthong[156]. Der archaische Diphthong *eu* im Namen *Teutoni* ist dabei ein weiterer Hinweis auf den urtümlichen Sprachzustand in Jütland im ausgehenden 2. Jahrhundert vor Christus.

Das Germanische hebt sich noch durch eine weitere Lautveränderung von den anderen indogermanischen Sprachen ab: Im Gegensatz zu diesen wurden dort die sonantischen Liquide wie auch die Nasale ursprünglich dunkel und daher später mit anlautendem *u* artikuliert. In den Einzelsprachen wurde dieses *u* später teilweise zu *o* aufgehellt, im Gotischen grundsätzlich vor *r*, im West- und Nordgermanischen infolge von *a*-Brechung. Lediglich die silbischen Liquidae entwickelten sich auch im Italischen fast ausnahmslos in dieselbe Richtung, vgl. etwa lat. *cornu* (alat. *cornum*) genau mit got. *horn*, urn. *horna*, ahd. *horn* usw. aus prg. **kúrnon*, aber gall. *καρνον*, alle aus (west)idg. **k̂r̥no-* „Horn“, oder lat. *mortuus*, venet. *murtuvoi* (Dat. Sg.) mit ai. *mr̥tá-* „tot“; dieser Sachverhalt legt den Schluss nahe, dass diese Lautentwicklungen recht früh erfolgt sind. Ein Beispiel mit silbischem Nasal ist das Zahlwort für „hundert“, s. dazu Seite 146. Der Stammesname der *Burgundiones* (mehrfach in der Naturgeschichte des Plinius), vgl. dazu den Namen *Brigantes* in Britannien (vereinzelt bei Tacitus) und das Adjektiv ai. *br̥hánt-, -at-* „groß, gewaltig, erhaben“, aus idg. **bʰr̥ĝʰn̥t-*, ist der früheste Beleg für einen silbischen Liquiden und Nasal gleichzeitig (s. dazu auch Seite 65). Die Dekaden unter den Zahlwörtern wiederum lassen darauf schließen, dass der Lautwandel der silbischen Nasale und wohl auch der Liquidae vor der Lautverschiebung vollzogen worden ist (s. Seite 145f.)[157].

Weithin unberührt von diesen Lautveränderungen im Vokalismus blieben die Ablautverhältnisse. Sowohl der quantitative Ablaut (Nullstufe oder Dehnstufe gegenüber Hochstufe) als auch der qualitative Ablaut (ursprüngliche *o*-Färbung gegenüber *e*-Vokalismus) zeigen insbesondere im Flexionssystem der thematischen (starken) Verben und Präteritopräsentien ein klares System und haben bisweilen auch in anderen indogermanischen Sprachen, darunter dem Griechischen, anschauliche Parallelen, wie in Kapitel 3.5 näher ausgeführt wird. Die einstmals silbischen Nasale und Liquidae in nullstufigen Formen sind unter den Präteritopräsentien der 3. und 4. Klasse durch neue Diphthonge mit *u*-Anlaut vertreten, s. Seite 165f.

156 Naheliegend ist der etymologische Vergleich mit ahd. *grioz* „Sand“, ags. *grēot* „Sand, Kies“, an. *grjót* „Grieß, Geröll“ und somit die Deutung als „Geröll-, Steinbewohner“ im Gegensatz zu den *Tervingi* als „Kiefernbewohner“, s. Krause 1968: 11; andere Deutungen s. bei Lehmann 1986: 160.

157 Unter den lebenden Sprachen bietet das Tschechische ein gutes Beispiel für silbische Liquiden, etwa in Wörtern wie *krk* „Hals“ und *prst* „Finger“.

Die expiratorische Anfangsbetonung im Germanischen hat zu einem Schwund ungedeckter Kurzvokale und zu einer Kürzung von Langvokalen und Diphthonge im Auslaut geführt, am besten sind diese noch im Gotischen und Urnordischen erhalten. Doch selbst im Gotischen sind Kurzvokale (bis auf *u*, wie im Neutrum *faíhu* „Vermögen") geschwunden und Langvokale wie im Urnordischen gekürzt. Unter den Kurzdiphthongen wurde im Gotischen **-ai* (zumindest in den Endungen des Mediopassivs) zu *-a* reduziert[158]. Die wenigen Langdiphthonge idg. **-ēi* und **-ēu* wurden im Gotischen zu *-ai* bzw. *-au* gekürzt (im Dativ Sg. der femininen *i*-Stämme bzw. generell der *u*-Stämme, s. dazu Seite 92 bzw. 94), im West- und Nordgermanischen erscheint einstiges **-ēu* hingegen als *-iu*, vgl. also den Dativ got. *sunau* mit ahd. *fridiu* „dem Frieden" und urn. *kunimudiu* (Eigenname, s. Seite 94), zumindest der lange *u*-Diphthong war offenbar noch im Protogermanischen vorhanden. Ähnlich wie die beiden ebengenannten Diphthonge wurden auch Liquida- und Nasaldiphthonge behandelt, im Gotisch-Ostgermanischen wurde idg. **-ēr* zu *-ar* reduziert, im West- und Nordgermanischen dagegen zu *-er* bzw. *-ir*, etwa in got. *brōþar*, ahd. *bruoder*, an. *bróðir*, der Nasaldiphthong **-ēn* verlor zusätzlich den Auslautnasal, wie in got. *guma* = an. *gumi* „Mann". Doch kann das *a* dieser Endungen im Gotischen ebenso gut auf einstigem **-ō* beruhen, etwa in got. *hana* „Hahn", vgl. dazu ahd. *hano* (s. dazu Seite 117 und 200).

2.3. Die phonologischen Veränderungen im Überblick

Betrachtet man die phonologischen Veränderungen bis zum Spätgermanischen im Überblick, so wird deutlich wie nah insbesondere das Protogermanische der indogermanischen Vorläufersprache noch stand. Das ererbte Vokalsystem war sogar noch fast unverändert erhalten.

1. Konsonanten

Idg.	Prg.	Spg.
p, t, k, k^w	p^h, t^h, k^h, k^{wh} später (unbet.): b^h, d^h, g^h, g^{wh}	betont: *f, þ, χ, χw* unbetont: *ƀ, đ, ǥ, ǥw*
b, d, g, g^w	wie Idg.	*p, t, k, kw*
g^h, d^h, b^h, g^{wh}	wie Idg.	*b, d, g, b (g)*

158 Zum Auslaut *-a* im Got. s. Krahe / Seebold 1967: 39.

s, z	wie Idg.	betont: *s, z* unbetont: *z*
-sm-	wie Idg.	*-mm-*
-nw-	wie Idg.	*-nn-*
-ln-	wie Idg.	*-ll-*
-m	*-n* (früh)	*-n,* später *-/0*
-t	*-d* (vor 1. LV)	*-/0*
m̥, n̥, l̥, r̥	*um, un, ul, ur* (früh)	*um, un, ul, ur*

Unverändert blieben die Konsonanten *m, n, l, r, y (j)* und *w.*

2. Vokale

Hier bestand die einzige Veränderung zwischen Indogermanisch und Protogermanisch im Wandel von *ə* (= vokalischer Laryngal) zu *a.* Vom Protogermanischen zum Spätgermanischen geschahen dann noch folgende Veränderungen:

o	*a* (vor der Ersten Lautverschiebung)
oi	*ai* (wahrscheinlich gleichzeitig mit *o* > *a*)
ou	*au* (wahrscheinlich gleichzeitig mit *o* > *a*)
e	*e*, später teilweise *i*
ei	*ei*, später *ī* (gleichzeitig mit *e* > *i* ?)
eu	*eu*, später *iu* (gleichzeitig mit *ei* > *ī* ?)
ā	*ō* (nach der Ersten Lautverschiebung)

Von indogermanischer bis späturgermanischer Zeit unverändert blieben die Kurzvokale *a, i* und *u,* die Langvokale *ē, ī, ō* und *ū* sowie die Diphthonge *ai* und *au.*

Bei der Aussprache des Protogermanischen ist zu beachten, dass der doppelte Unterschied der Plosive (behaucht/unbehaucht und stimmlos/stimmhaft) einen Bedeutungsunterschied markieren konnte, also phonematisch und nicht nur allophonisch war. Gegenüber dem Indogermanischen bedeutete dies freilich bereits eine Vereinfachung, weil es dort zusätzlich noch eine palatal artikulierte Variante der Laute *k, g* und g^h gab, geschrieben als *k̂, ĝ* und $\hat{g}^h$.

Die Aussprache des Späturgermanischen wäre für deutsche oder englische Muttersprachler wohl ebenfalls nicht ganz einfach: Im Deutschen fehlen die Laute *ƀ, đ, ǥ, ǥw* und *þ,* im Englischen existieren zwar *đ* und *þ,* dafür fehlt zusätzlich der velare Frikativ *χ* (wie in „ach").

Merkwürdigerweise verfügt die spanische Sprache über nicht weniger als fünf Phoneme wie das Späturgermanische, die allesamt im Lateinischen nicht vorhanden waren, nämlich *χ, ƀ, ǥ, đ* und *þ.* Da dieser Zuwachs offenbar im frühen Mittelalter geschah, zur Zeit der Herrschaft der Westgoten über fast die gesamte iberische Halbinsel, kann man ohne weiteres annehmen, dass diese Phoneme auf diesem Weg in das Iberoromanische und später dann das Spanische gekommen sind[159]. Dafür spricht auch, dass mindestens drei dieser fünf Laute (nämlich *χ, đ,* und *þ*) im Ostgotischen gesichert sind.

Diese ostgotische Adlerfibel stammt aus dem 5. Jahrhundert nach Christus. Sie wurde in Domagno bei San Marino/Italien gefunden.Die Motive sind bereits christlich.

159 Man kann sogar präzisieren, dass dieser Import höchstwahrscheinlich durch westgotische Muttersprachler erfolgt ist, dass die Aussprache des heutigen Spanischen *hinsichtlich seines Phonembestandes* also auf ein mit germanischem Akzent gesprochenes Iberoromanisch zurückgeht. Der umgekehrte Weg – die Übernahme mehrerer neuer Phoneme durch spätlateinisch-iberoromanische Muttersprachler – ist dagegen unwahrscheinlich. Diese hätten eher zahlreiche westgotische Fremdwörter in ihren Sprachschatz übernommen als fünf ihnen zuvor nicht geläufige Phoneme. Hinsichtlich Artikulation und Sprachmelodie der Aussprache des Spanischen sind dagegen baskische Einflüsse erkennbar.

3. Abriss des Formensystems

3.1. Methodische Vorbemerkungen

Der folgende grammatische Abriss führt das Formensystem des Protogermanischen im Stadium vor den genannten phonologischen Veränderungen, insbesondere der Lautverschiebung, vor Augen. Nur bei Bedarf werden Formen mit dem Lautstand wie in den bisherigen Lehrbüchern aufgelistet, in diesen Fällen handelt es sich dann um das späte Urgermanisch, wie es noch zu Beginn der Völkerwanderung, also um Christi Geburt, gesprochen wurde.

Im Folgenden werden die Formkategorien des Protogermanischen jeweils in Tabellen zusammen mit den Fortsetzern in den germanischen Einzelsprachen und soweit erforderlich auch mit Kategorien außergermanischer Sprachen aufgelistet. Problematische Formen werden kurz erläutert und kommentiert. Beiseite bleiben Flexionskategorien, die für die Rekonstruktion des Protogermanischen nichts hergeben (beispielsweise die Stämme auf *-ja-* und *-wa-* sowie auf *-jō-* und *-wō-*), auch wenn sie vergleichsweise häufig waren. Andererseits werden in den Einzelsprachen nur gering vertretene Formensysteme ausführlicher behandelt, soweit sie indogermanisch ererbt sind und/oder im Protogermanischen erkennbar noch eine größere Rolle gespielt haben. Dies gilt insbesondere für die Relikte der Wurzelnomina und des Aoristes (einer Verbalkategorie neben der Präsens- und Perfektkategorie, s. dazu Anm. 358 und 365) und für die Präteritopräsentien. Für das Westgermanische werden Altsächsisch und Altenglisch (Angelsächsisch) nur bei Bedarf herangezogen, da das althochdeutsche Formensystem regelmäßig den deutlich älteren Zustand aufweist. Oft sind Vergleiche mit außergermanischen Sprachen unerlässlich, wenn das Material der germanischen Sprachen für die Erschließung des Protogermanischen nicht ausreicht.

Was die Notation angeht, so wird die graphematische Unterscheidung zwischen velaren *k, g* und g^h und palatalen *k̂, ĝ* und $\hat{g}^h$ für das (Gemein-)Indogermanische selbstverständlich beibehalten, für das spätere, westliche Indogermanisch als reiner Kentum-Sprache oder gar das Protogermanische ist sie jedoch nicht mehr begründet. Für den Halbvokal *j* wird im Protogermanischen die Schreibung *j* beibehalten – im Gegensatz zum Indogermanischen mit der heute dafür üblichen Schreibung *y*. Aus Gründen der Übersichtlichkeit werden zudem die indogermanischen Tenues als solche (also ohne protogermanische Aspiration ^{h}) und ebenso der stimmhafte Sibilant wie im Indogermanischen nur mit *s* und nicht – wie an sich exakter – mit *z* wiedergegeben.

Die nachfolgenden Paradigmen, so schlüssig und manchmal fast zwingend viele Formen begründet werden können, sollten freilich nicht über die Probleme hinwegtäuschen, die mit solchen Rekonstruktionen eines mindestens rund 2100 Jahre zurückliegenden Sprachzustandes verbunden sind. Dies betrifft vor allem die Datierung. Mehrere Lautwandel und etliche Formen, ja ganze Formenkategorien können nicht auf ihr absolutes Alter hin festgelegt werden, sondern höchstens in eine relative Chronologie eingeordnet werden. Außerdem sind gewiss etliche Formen aus indogermanischer Zeit erst im Späturgermanischen oder sogar erst in den germanischen Einzelsprachen vor dem Beginn ihrer jeweiligen Überlieferung verloren gegangen, waren also auch im Protogermanisch noch vorhanden. Bei indogermanischen Formen, Kategorien und natürlich Wörtern, die in keiner germanischen Einzelsprache mehr belegt sind, bleibt durchgehend unklar, *wann* der Verlust eingetreten ist.

Im Übrigen werden in diesem Kapitel alle wichtigen spezifisch germanischen Neuerungen gegenüber den anderen indogermanischen Sprachen behandelt. Im phonologischen Bereich sind das die Lautverschiebung und Akzentverlagerung auf die Anfangssilbe, auf morphologischem Gebiet hingegen

- die „schwache“ Deklination des bestimmten Adjektivs (mit Stammerweiterung durch *-n-*),
- die Komparation auf prg. **-ison-*,
- die Dekaden auf *-u-*,
- die Präteritopräsentien,
- das Präteritum des Optativs sowie
- die schwache Präteritalkonjugation mit dentalem Suffix.

Diese ab 1990 gefundenen Gefäße aus dem germanischen Fürstengrab von Gommern bei Magdeburg werden auf etwa 275 n. Chr. datiert. Die späturgermanische Spracheinheit hatte sich zu dieser Zeit bereits aufgelöst.

3.2. Die Flexion der Nomina

3.2.1. Substantiva

Das Germanische hat zu Beginn der Überlieferung der Einzelsprachen im Deklinationssystem von den acht Kasus aus indogermanischer Zeit nur den Ablativ und Lokativ in ihrer Funktion als Kasus verloren. Ersterer schimmert nur noch in Adverbialbildungen auf Langvokal durch, die im Gotischen noch deutlich sichtbar sind, s. Seite 127f. Der Lokativ hingegen hat aber immerhin formal eindeutig bei den Stämmen auf *-i-, -u-* und Konsonant im Singular in lokativischer und dativischer Funktion überlebt (ähnlich wie im Lateinischen als Ablativ in lokativischer und ablativischer Funktion, s. dazu unten die Paradigmen der einzelnen Stämme). Dagegen sind der Instrumental unter den Stämmen auf *-a-* (sc. auch auf *-ja-* und *-wa-*) im Westgermanischen und der Vokativ im Gotischen bei den vokalischen Stämmen noch erhalten.

An Numeri hat das Germanische zu diesem Zeitpunkt den Dual in der Nominalflexion eingebüßt[160], im Verbalsystem ist er noch vorhanden, ebenso bei den Pronomina. Diese Restbestände deuten darauf hin, dass diese Verluste erst relativ spät eingetreten sind, dass also das Protogermanische der La-Tène-Zeit beispielsweise noch durchgehend sechs oder sieben Kasus bei den Nomina und Pronomina und drei Numeri nicht nur bei den Pronomina hatte. Entsprechende Formen ließen sich teilweise durchaus erschließen, hätten aber für das Protogermanische etwas spekulativen Charakter und werden im Folgenden deswegen nicht rekonstruiert. Die verschiedenen Deklinationsklassen werden im Folgenden anhand indogermanisch ererbter Lexeme dargestellt und rekonstruiert, im Anschluss daran werden jeweils weitere Substantive indogermanischer Herkunft angeführt, um dem Leser einen Eindruck zu geben, welche Bedeutung und Produktivität die einzelnen Nominalklassen im Protogermanischen hatten[161].

3.2.1.1. Vokalische Deklination

3.2.1.1.1. Stämme auf **-o-* und **-(i)jo-*

Unter den vokalischen Stammklassen des Nomens ragten die Stämme auf **-o-* bereits in indogermanischer Zeit durch ihre Häufigkeit heraus. Hinzu kommt die

160 Der Verlust ging offenbar von den produktiven Maskulina und Neutra auf spg. **-a-* aus, da deren Dualformen im Späturgermanischen teilweise fast genauso wie die Pluralformen lauteten, dazu ausführlicher Euler in einer noch unveröffentlichten Arbeit.

161 Die Stammklassen können dabei nicht in aller Ausführlichkeit vorgeführt werden; Interessierte seien auf die „Germanische Sprachwissenschaft III. Wortbildungslehre“ von Krahe / Meid 1969 verwiesen und auf die „Morphologie des urgermanischen Nomens“ von Bammesberger 1990, die zu jeder Stammklasse eine reichhaltige Liste zugehöriger Substantive und Adjektive enthält.

Vielzahl an Deklinationsendungen vor allem im Singular der Maskulina (Vokativ!), letzteres trifft auch noch für das Germanische zu. Das Paradigman für prg. **wúlpos* „Wolf" aus idg. **wĺ̥̥k^wos* lautet wie folgt[162]:

Singular	Prg.	Spg.	Got.	Ahd.	Urn.
Nom.	**wúlpos*	**wulfaz*	*wulfs*	*wolf*	*wulfaR*
Gen.	**wulpóso(-éso)163*	**wulfas, -es*	*wulfis*	*wolfes*	*wulfas*
Dat.	**wúlpōi,-oi* (?)	**wulfai*	*wulfa*	*wolfe*	*wulfē*
Akk.	**wúlpon*	**wulfan*	*wulf*	*wolf*	*wulfa*
Instr.	**wúlpō*	**wulfō*	-	*wolfu*	
Vok.	**wúlpe*	**wulfe*	*wulf*	*wolf*	*wulf*
Plural					
Nom.	**wúlpōs*	**wulfōz*	*wulfōs*	*wolfa*	*wulfōR*
Gen.	**wúlpōn*	**wulfōn*	*wulfē*	*wolfo*	*wulfō*
Dat.	**wúlpomis*	**wulfomiz*	*wulfam*	*wolfum*	*wulfumR*
Akk.	**wúlpons*	**wulfanz*	*wulfans*	*wolfa*	**wulfan*
Instr.	**wúlpomis*	**wulfomiz*	-	*wolfum*	

Zum Vergleich hier das Paradigma in anderen indogermanischen Sprachen sowie deren Etymon idg. **wĺ̥̥k^wos*. Da die Flexion im Altindischen und im archaischen Altpreußischen mit jener des Germanischen am genauesten übereinstimmt, werden diese Sprachen zum Vergleich ausgewählt.

Singular	Idg.	Ai. (Ved.)	Altpreuß.
Nom.	**wĺ̥̥k^wos*	*vŕ̥kas*	*wilks*
Gen.	**wĺ̥̥k^weso (-osyo)*	*vŕ̥kasya*	*wilkas*
Dat.	**wĺ̥̥k^woi* (?)	*vŕ̥kāya*	*wilku*
Akk.	**wĺ̥̥k^wom*	*vŕ̥kam*	*wilkan*
Instr.	**wĺ̥̥k^wō*	*vŕ̥kā*	*wilku* (?)
Vok.	**wĺ̥̥k^we*	*vŕ̥ka*	*wilke*
Plural			
Nom.	**wĺ̥̥k^wōs*	*vŕ̥kās*	*(wilkai)*
Gen.	**wĺ̥̥k^wōm*	*vŕ̥kānām*	*wilkan*
Dat.	**wĺ̥̥k^wob^hos, -omos*	*vŕ̥kebhyas*	*wilkamans*
Akk.	**wĺ̥̥k^wons*	*vŕ̥kān*	*wilkans*
Instr.	**wĺ̥̥k^wōis*	*vŕ̥kais*	*wilkais* (?)

162 Zum Labiovelar s.o., Seite 61 mit Anm. 105, sowie Seite 55.

163 Die in diesem Paradigma isolierte Pänultimabetonung erschließt sich aus der an. und ahd. Form.

Als Neutrum sei das Paradigma prg. **jugón* „Joch“ herausgegriffen, das wie lat. *iugum*, ai. *yugám*, gr. *ζυγόν* und heth. *i̯ugan* „ds.“ idg. **yugóm* genau fortsetzt, ein Verbalnomen zu **yug-* (daraus ai. *yunákti* „schirrt, spannt an“, gr. *ζευγνύναι* „anspannen, zusammenjochen“, lat. *iungere* „verbinden“). Hier zeigen das Altindischen und das Lateinische sehr genaue Entsprechungen:

Nom./Akk.	Prg.	Spg.	Gotisch	Latein	Altindisch
Singular	**jugón*	**jukan*	*juk*	*iugum*	*yugám*
Plural	**jugā́*	**jukō*	*juka*	*iuga*	*yugā́*

Im Singular ist der Instrumental durch Formen im Althochdeutschen auf *-u* gesichert, der Vokativ durch endungslose Formen im Gotischen indiziert, vgl. dazu wohl auch die urn. Namen *alawid* und *alugod*. Die Diphthongendung des Dativs findet am ehesten noch eine Bestätigung im Urnordischen mit der Phrase *ana hahai* „auf dem Renner“. Auch das *-a* im Gotischen und das *-ē* in *woduridē* (Personenname) und *walhakurnē* „Welschkorn“ (für Gold), das im Altnordischen durch *-i* fortgesetzt ist, können ebenso wie die Medialform got. *haitada* bzw. urn. *haitē* „ich heiße“ (s. dazu Seite 153) auf einem Diphthong **-ai*, allerdings nicht aus idg. **-ōi*, sondern nur aus **-oi*, also der indogermanischen Lokativendung beruhen[164].

Dass im Genitiv die Endung auf Vokal **-o* auslautete, wird durch die althochdeutsche Form mit *-s* bestätigt, da im Westgermanischen auslautender Sibilant geschwunden ist; vgl. dazu bedingt ai. *vŕ̥kasya* und im Slawischen das Interrogativ *česo* „wessen“ (s. dazu Seite 139); die urnordische Endung *-as* deutet auf eine vielleicht verallgemeinerte Endbetonung **-óso* hin[165]. Im Plural hat die Endung des Instrumentals jene des fast gleichlautenden Dativs verdrängt (im Gegensatz zum Baltischen und Slawischen), s. dazu Einzelnes unter den Pronomina auf Seite 135f.; lediglich der auslautende Sibilant ist durch urn. *gestumR* „den Gästen“ (mit Endung nach den *a*-Stämmen, s. Seite 91f.) gesichert[166]. Aus dem Rahmen fällt die gotische Endung des Genitivs im Plural *-ē*, die auch durchweg in Maskulina und Neutra der anderen Stammklassen wiederkehrt und deren *e*-Stufe möglicherweise

164 Zur Dativendung der. *a*-Stämme im Gotischen s. Bammesberger 1990: 42 (der einen Lokativ annimmt); im Urn. s. Krause 1971: 116, Antonsen 1986: 342 und Nielsen 2000: 86, die diese Endung als konservative Variante zu monophthongiertem *-ē* ansehen; dieses Schwanken zwischen zwei Endungsvarianten findet sich auch in nhd. *am Tage / am Tag* (dort Nullmorphem). Auch im Westgerm. kann *-e* durchaus urg. **-ai* fortsetzen, s. dazu Klingenschmitt 2002: 465. Ramat (1981: 58) setzt bereits urg. **wulfai* an.

165 Zum Genitiv der germ. *a*-Stämme s. den Aufsatz von Bjorvand 1991, der urn. *-as* als Ersatz zur Verdeutlichung gegenüber *-aR* im Nominativ, *-es* im Westgermanischen jedoch als „Neubildung“ beurteilt, s. S.115 bzw. 109; anders zu urn. *-as* Bammesberger 1990: 41, der von Vorformen auf **-óso* ausgeht (ähnlich Krahe 1965: 9).

166 Im Gegensatz zum Gotischen ist im West- und Nordgermanischen idg.**-o-* vor *-m-* zu *u* verdunkelt, s. dazu Nielsen 2000: 215. Klingenschmitt (2002: 465) setzt noch für das Urgermanische neben der einstigen Instrumentalendung **-omiz* auch eine ursprüngliche Dativendung **-omaz* an (weder beweisbar noch widerlegbar). Den Ursprung der Endungen mit *-m-* vermutet Schmid (1994: 353) im pronominalen Dativ Singular Mask./Neutrum.

vom Genitiv Singular beeinflusst ist – oder vom Instrumental, der im Gotischen aber nur noch in Adverbien wie *þē* „dadurch“, *ƕē* „wem; womit“ fortbesteht[167].

Zu den Neutra geben die weiteren germanischen Sprachen nur wenige zusätzliche Aufschlüsse: So hat das Urnordische in *horna* „Horn“ noch die Singularendung bewahrt, vgl. demgegenüber got. *haúrn*, ahd. *horn*, die wie *horna* prg. **kúrnon* fortsetzen, sowie außerhalb des Germanischen lat. *cornu* (alat. *cornum*), gall. *καρ–νον*, alle aus (west)idg. **k̂r̥nom*. Die Pluralendung erscheint noch im Altsächsischen und Altenglischen unter den Kurzsilblern: *fatu* „Fässer“[168]. Zweifellos geht die Pluralendung got. *-a*, as. *-u* auf prg. und idg. **-ā* zurück, eine alte Kollektivendung, auf der letztlich die Feminina auf **-ā* basieren[169].

Bereits im Frühindogermanischen entfalteten die Maskulina und Neutra auf **-o-* eine weitaus höhere Produktivität als alle anderen Stammklassen, was nicht nur im Indoiranischen und Griechischen, sondern schon im Hethitisch-Anatolischen klar erkennbar ist. Es würde hier zu weit führen, die Unterklassen der *o*-Stämme einzeln zu betrachten, ein paar Gleichungen mögen genügen[170]. Auch die indogermanische Bezeichnung für das Pferd **é wos* hat noch im Germanischen Fortsetzer, so in got. *aíƕatundi* („Dornstrauch“, eig. „Pferdezahn“)[171], as. *ehuskalk* „Rossknecht“, ags. *ēoh* „Streitross“, an. *jór* „Pferd“, vgl. vor allem lat. *equus*, aber auch ai. *áśva-* usw. „Pferd“. Das idg. Etymon **ék̂wos*, prg. **ékwos*, hat jedoch in den germanischen Einzelsprachen aufgrund seines geringen Wortkörpers nicht dauerhaft überlebt. Ahd. *farh* n., ags. *fearh* m. „Ferkel“ aus prg. **pórkos* stimmen genau mit lat. *porcus* „zahmes Schwein“, mir. *orc* „junges Schwein“, lit. *paršas* „Ferkel, verschnittenes Schwein“ und khotansak. *pāsa-* „Schwein“ sowie finn. *porsas* „Ferkel“ (wahrscheinlich aus dem frühen Arischen entlehnt) überein, die ihrerseits alle auf idg. **pórk̂os* „Ferkel“ basieren. In an. *-tívar* „Götter“ wie im Götternamen an. *Týr*, ahd. *Ziu*, ags. *Tīw* erscheint noch die indogermanische und zugleich protogermanische Bezeichnung für „Gott“ **deiwós*, vgl. ai. *devá-*, lat. *deus* „Gott“, *dīvus* „göttlich“, keltib. *Teiuo-*, apr. *Deiws*. Dieser Bildung liegt mit *-o-* als Themavokal die indogermanische Bezeichnung des (leuchtenden) Himmels zugrunde, ein Substantiv mit bloßer Wurzel **dyēus* (daraus ai. *dyáu-*, gr. *Ζεύς* usw.). Das Maskulinum got. *snaiws*, ahd. *snēo*, ags. *snāw*, an. *snǽr* „Schnee“ hat in lit. *sniegas*, aksl. *sněgъ*

167 Nach Krause 1968: 151 vom Genitiv Sg. beeinflusst, nach Bammesberger 1990: 44f. vom Instrumental. Weitere Erklärungsversuche s. bei Beekes 1985: 142 (im Anschluss an Kortlandt): Danach sei *-ē* aus **-ei-a* bei den *i*-Stämmen entstanden, das sich dann auf andere Stämme ausgebreitet habe; nicht recht überzeugend.

168 Für das frühe Westgermanische setzt Klein (2004: 249) sicher zu Recht **wordu* „die Worte“ (bei langer Wurzelsilbe) an.

169 Vgl. etwa in den Einzelsprachen lat. *loca* n. pl. „Gelände“ neben *locī* m. pl. „Stellen“, gr. *κύκλα* „Räderwerk“ neben *κύκλοι* „Räder“ und heth. *alpa* „Gewölk“ neben *alpēš* „Wolken“, s. zum Kollektiv in den idg. Sprachen bes. Eichner 1985: 139 – 149, speziell zu *κύκλα* 152f. sowie jetzt Euler 2006: 30f. So bedeutete ursprünglich idg. **ék̂wâ* ursprünglich „Gestüt“ und erst später „Stute“ (wie daraus entstandenes ai. *áÅwâ*, lat. *equa* und lit. *aÃvà*).

170 Siehe allein zu den *o*-Stämmen mit ihren Unterklassen jeweils die Listen einzelner Substantive (insbesondere von Deverbativa) bei Bammesberger 1990: 49 – 98.

171 Schubert (1968: 35) setzt daher zu Recht got. **aíƕs* „Pferd“ an.

formal sehr genaue Entsprechungen, die alle idg. **snoig^{wh}ós* fortsetzen, das im Protogermanischen noch genauso lautete; hier liegt ein thematisches Verbalnomen vor, vgl. got. *sneiwan*, ahd. ags. *snīwan* mit lit. *sniegti*, gr. *νείφειν*, auch lat. *ninguere* „schneien" und air. *snigid* „es regnet". Ebenfalls gemeinindogermanischer Herkunft ist die Körperteilbezeichnung got. *ams* „Schulter", vgl. dazu ai. **áṃsa-*, lat. *umerus* usw. „ds." aus idg. **ómsos*, das seinen Lautstand ebenfalls bis ins Protogermanische beibehielt.

Erwähnenswert sind ein paar Ableitungen mit einem Suffix *-ro-*: Das Substantiv got. *waír*, ahd. *wer* „Mann", an. *verr* „(Ehe)mann", aus prg. **wirós*, vgl. lat. *vir*, air. *fer* „Mann", lit. *výras* „Mann, Gatte" sowie ai. *vīrá-* „Held", aus idg. **wirós* „Mann, Held", ist ein Derivat zu idg. **wī-* „Kraft" (daraus lat. *vī-* „Kraft, Gewalt"). Ferner gibt es zu got. *akrs*, ahd. *ackar*, an. *akr* „Acker, Feld", aus prg. **agrós*, etliche außergermanische Parallelen: lat. *ager*, gr. *ἀγρός* „ds." und ai. *ájra-* „Ebene, Flur"; zugrunde liegt ihnen das indogermanische Etymon **aĝrós172*, ein Verbalnomen zu ai. *ájati* „treibt", gr. *ἄγειν*, lat. *agere* „führen", an. *aka* „fahren" (aus idg. **áĝeti*). Die Tierbezeichnung ahd. *ottar*, an. *otr* „Otter" geht zweifelsohne nicht nur auf prg. **udrós*, sondern auf ein wiederum gleich lautendes indogermanisches Etymon zurück, dessen Fortsetzer aber semantisch voneinander abweichen, vgl. dazu ai. *udrá-* „Otter, Wassertier", gr. *ὕδρος, ὕδρα* „Wasserschlange", und die Feminina lit. *údra*, aksl. *vydra* „Fischotter". Dieses Substantiv enthält aber kein echtes *ro*-Suffix, sondern basiert als Thematisierung auf dem indogermanischen Substantiv für „Wasser" mit heteroklitischem Stammauslaut auf **-r/n-* (s. Seite 107f.).

Unter den Maskulina auf *-no-* sind zwei Substantive erwähnenswert: Ags. *swefen*, an. *svefn* „Schlaf" hat seine genaue Parallele in ai. *svápna-* „Schlaf, Traum", gr. *ὕπνος* und lat. *somnus* „Schlaf" sowie lit. *sā̃pnas* „Traum" und setzt prg. = idg. **swépnos* fort, ein Verbalnomen zu **swep-* (daraus ai. *svápiti* „schläft", ags. *swefa*, an. *sofa* „schlafen", lat. *sōpīre* „einschläfern" usw.). Ebenfalls hierher gehört got. *aþns* „Jahr" = lat. *annus* „ds." aus westidg und prg. **átnos*, vgl. dazu ai. *átati* „wandert".

Darüber hinaus entstammen mehrere indogermanisch ererbte Substantive anderen Deklinationsklassen, darunter das Wort für „Hund", got. *hunds*, ahd. *hunt*, urn. *hundaR* „Hund" aus prg. **kun-tós*, vgl. dazu in mehreren indogermanischen Sprachen das Wurzelnomen, u.a. gr. *κύων* (Gen. *κυνός*), air. *cū* (Gen. *con*), auch ai. *śvā́* (Gen. *śunáḥ*). Die Bezeichnung für „Fisch", got. *fisks*, ahd. *fisk* und an. *fiskr*, alle aus prg. **pískos*, setzt offensichtlich ein alteuropäisch-westindogermanisches

172 Betonung vom Griechischen her wahrscheinlich, Stämme auf **-ro-* meist endbetont.

Wurzelnomen mit Stammablaut **péisk- / pisk-* fort, wie lat. *piscis* und air. *íasc*, Gen. *éisc* (aus protokelt **peisko-*) mit hochstufiger Wurzel zeigen.

An ursprünglichen Neutra wurde bereits das Substantiv für „Joch" mit indogermanischer Grundlage genannt. Weitere sind got. *kaúrn* „Getreide", ahd. *korn, chorn* „Korn, Getreide", urn. *kurnē* (Dativ, s. Seite 84f.) aus prg. **gurnón* (Akzent aber nicht sicher), vgl. lat. *grānum*, air. *grán*, aksl. *zrъno*, russ. *zernó* „Korn" (alle aus idg. **ĝr̥̄nóm, *ĝr̥h*$_2$*nóm*), außerdem got. *waúrd*, ahd. *wort*, an. *orð* „Wort" aus prg. **wúrd*^{h}*on*, vgl. lat. *verbum*, aber als sekundäres Maskulinum apr. *wirds* „Wort", die idg. **wŕ̥d*^{h}*om* fortsetzen. Zweifellos auf verbaler Grundlage beruht ahd. *werk*, an. *verk* „Werk, Arbeit", prg. **wérgon*, vgl. dazu genau gr. *ἔργον* „Werk, Tat" (aus idg. **wérĝom*), bzw. zu got. *waúrkjan*, ahd. *wurken* „wirken, machen" usw. genau awest. *vərəziieiti* „ds." (idg. **wr̥ĝyéti*). Die Metallbezeichnung got. *gulþ*, ahd. *gold*, an. *gull* „Gold" aus prg. **g*^{h}*últon* stimmt zwar mit aksl. *zlato* und lett. *dzelts* „Gold" im Stammauslaut *-to-* überein, weicht aber mit ihrer nullstufigen Wurzel vom Baltischen und Slawischen ab; jedenfalls fußt diese Metallbezeichnung auf der Wurzel idg **ĝ*^{h}*el-* „gelb", die in ai. *hári-* „goldgelb, glänzend, feuerfarben, grünlich" noch unmittelbar erscheint. Got., ahd. *kniu*, ags. *cnēo*, an. *kné* „Knie" und got. *triu* „Holz", ags. *trēo*, an. *tré* „Baum" setzen prg. **gnéwon* bzw. **dréwon* fort, beides sind Thematisierungen zu indogermanischen Neutra auf *-u-*, vgl. dazu heth. *genu* ai. *jā́nu, jñu-*), gr. *γόνυ*, lat. *genu* „Knie" bzw. heth. *taru*, ai. *dā́ru, dru-* Holz", gr. *δόρυ* „Holz, Stamm, Speer" aus idg. **ĝónu, ĝénu, ĝnu-* bzw. **dóru, dru-*, aber auch ebenfalls thematisiertes aksl. *drěvo* „Holz, Stamm, Stock". – Die Liste maskuliner und neutrischer Substantive auf *-o-* mit indogermanischer Herkunft ließe sich verlängern.

Neutra auf *-no-* gab es im Indogermanischen und noch im Altindischen unter den Verbalnomina, besonders produktiv geworden sind diese im Germanischen als Infinitive, sei es mit dem einfachen Formans *-na-* oder der thematisierten Bildung *-ana-*. Auch hier können ebenso gut indogermanische Erbwörter wie unabhängige Parallelbildungen vorliegen, so entsprechen got. *baíran*, ahd. *beran* usw. „tragen" formal dem Verbalsubstantiv ai. *bháraṇam* = „Last, Tracht" und bedingt auch ahd. *stān* „stehen" ai. *sthā́nam* „Standort, Stelle", s. dazu Seite 178.

Die Diminutivbildungen auf *-lo-* haben in mehreren indogermanischen Sprachen eine große Produktivität entfaltet, darunter im Lateinischen, Germanischen und Baltischen. Sicher voreinzelsprachlich ererbte Substantive lassen sich kaum aufzählen, zumal man auch hier allenthalben mit unabhängigen Parallelbildungen rechnen muss. Denkbar wäre für mhd. *verkel* n., lat. *porculus* und lit. *paršelis* (*ja*-Stamm), alle mit der Bedeutung „Ferkel", ein Diminutiv westidg. **porkelom*, zumindest prg. **porkelon* (mit unklarer Betonung); gesichert ist dagegen für die zugrundeliegende Tierbezeichnung lat. *porcus*, ahd. *farh* und lit. *paršas* „Ferkel", idg. **pórk̂os* „Ferkel", s. dazu Seite 86.

Grundsätzlich genauso wie die reinen *o*-Stämme flektierten im Protogermanischen auch die Stämme auf *-*(i)jo*-. Dies zeigen einzelne Nominativbelege im Urnordischen, darunter in den Personennamen *swabaharjaR* und *-holtijaR* (letzteres in der Regel nach Langvokal, aber auch z.B. in *steinawarijaR*)[173]. Im Gotischen hingegen erscheint bei Maskulina auf *-ija-* (ursprünglich bei langvokalischer Wurzelsilbe) im Nominativ Singular die Endung *-eis*, etwa in *haírdeis* „Hirte" gegenüber *harjis* „Heer" (aus spg. *-*ijaz* bzw. *-*jaz* gemäß Sievers Gesetz)[174]. Das letztere Substantiv hat genaue Entsprechungen in urn. *-harjaR*, ahd. *heri* „Heer", mit denen es prg. **kórjos* fortsetzt, außerdem in den gallischen Stammesnamen *Tricorii, Petrocorii* sowie in lit. *kãrias* „Krieg", die auf idg. **kóryos* „Kriegerschar" basieren. Zu einem weiteren Maskulinum auf *-*jo*, ags. *secg*, an. *seggr* „(Gefolgs)mann" besteht in lat. *socius* „Genosse" eine formal genaue Parallele. Für das Spg. wäre **sagjaz* aus Prg. **sokjós* und Indogermanisch **sok^{w}yós* anzusetzen, zumal die etymologische Verwandtschaft mit dem Verbum **sek^{w}-* (ai. *sácate*, gr. *ἕπεσθαι*, lat. *sequī* „folgen") schon aus semantischen Gründen gesichert ist[175].

Zwei neutrische Denominative im Germanischen und Italischen erscheinen lediglich als Hinterglieder in Komposita, vgl. got. *ga-waúrdi* „Gespräch" mit lat. *proverbium* „Sprichwort" (zu *waúrd* bzw. *verbum* „Wort") und *at-aþni* „Jahr" mit lat. *bi-ennium* „Zeitraum von zwei Jahren" (zu lat. *annus* bzw. got. *aþns* „Jahr", vgl. dazu ai. *átati* „wandert"). Im ersteren könnte prg. **wúrd^{h}ijon* (am ehesten mit der Kollektivbedeutung „Rede, Gespräch") und idg. **wŕ̥d^{h}iyom*, im letzteren prg. **átnijon* bzw. idg **átniyom* (in der Bedeutung „viele Jahre, lange Zeit"?) zugrundeliegen, doch sind hier unabhängige Parallelbildungen denkbar. Auf das Keltische und Germanische beschränkt ist das Neutrum got., ahd. *arbi* „das Erbe", vgl. air. *orbe* „ds."; zugrunde liegt prg. **órb^{h}ijon* < westidg. **órb^{h}iyom*, ein Denominativ zu **órb^{h}os* „verwaist" (daraus ai. *árbha-* „klein, schwach", lat. *orbus* „Waise", aksl. *rabъ* „Knecht". Eindeutig aus dem Keltischen entlehnt wurde prg. **rīgijon*, das in got. *reiki*, ahd. *rīhhi*, ags. *rīce*, an. *ríki* „(König)reich, Herrschaft" weiter besteht (s. Seite 52 und 64)[176]; im Gallischen lautete das Neutrum **rīgion*, älter **rīgiom* (vgl. air. *ríge* „Königreich, Königsherrschaft", außerhalb des Keltischen ai. *rājyám* „Herrschaft" aus idg. **rēĝyóm*).

3.2.1.1.2. Stämme auf *-*ā*-

Problemlos erschlossen werden kann die protogermanische Flexion der Feminina auf *-*ā*, obwohl die Endungen innerhalb des Germanischen nur im Gotischen gut erhalten sind, hier das Paradigma für prg. **teutā́* „Volk". Neben dem Gotischen

173 Siehe dazu Krause 1971: 94f. und 117.
174 Siehe zu diesem Lautwandel Krahe / Seebold 1967: 63f.
175 Wie in an. *ylgr* wurde auch hier der Labiovelar vor *-j-* zum Velar reduziert, s. dazu Schaffner 2001: 62
176 Klein (2004: 265) nimmt eine Entwicklung von urg. **rīkijam* über westgerm. **rîkî* an.

bieten das Litauische und im Singular auch das Oskisch-Umbrische recht genaue Parallelen:

Singular	Prg.	Spg.	Gotisch	Litauisch	Umbr. (Osk.)
Nom.	_*teutā́_	_*þeuđō_	_þiuda_	_tautà_	_(touto)_
Gen.	_*teutā́s_	_*þeuđōz_	_þiudōs_	_tautõs_	_totar_
Dat.	_*teutā́i_	_*þeuđōi_	_þiudai_	_táutai_	_tote_
Akk.	_*teutā́n_	_*þeuđōn_	_þiuda_	_táutą_	_totam_
Plural					
Nom.	_*teutā́s_	_*þeuđōz_	_þiudōs_	_táutos_	
Gen.	_*teutṓn_	_*þeuđōn_	_þiudō_	_tautų̨_	
Dat.	_*teutā́mis_	_*þeuđōmiz_	_þiudōm_	_tautóms_	
Akk.	_*teutā́s_	_*þeuđōz_	_þiudōs_	_tautàs_	

In der _ā_-Deklination weist das Protogermanische somit noch den indogermanischen Stand auf. Nahezu alle Kasusformen im Germanischen lassen sich direkt mit den Formen im Litauischen, im Singular auch mit jenen des Oskisch-Umbrischen vergleichen; nur der Dativ Plural setzt wohl wie bei den übrigen Stämmen einen Instrumental fort[177], der Dativ Singular kann demgegenüber ebenso auf einem Dativ wie einem Lokativ beruhen[178].

Ein weiteres _ā_-Femininum findet sich ebenfalls überwiegend im Alteuropäisch-Westindogermanischen, got. _aƕa_ „Fluss, Gewässer“, ahd. _aha_ „Wasser, Fluss“, an. _á_ „Fluss“ = lat. _aqua_ „Wasser“, lett. _aka_ „Quelle“, vgl. auch russ. _Oká_ (Flussname). Für das Protogermanische wie das alteuropäische Indogermanisch wäre hier _*ák^{w}ā_ anzusetzen[179]. Zweifelsohne gemeinindogermanischer Herkunft ist hingegen das feminine Substantiv für „Wolle“, ahd. _wolla_ , an. _ull_ aus spg. _*wullō_ mit assimiliertem _n_ aus prg. _*wulnā́_, mit lat. _lāna_ und ai. _ūrṇā́_ basiert es auf idg. _*wl̥̄nā_, _*wl̥h$_2$neh$_2$_, wahrscheinlich einem alten Kollektivum[180]. Die Verwandtschaftsbezeichnung krimgot. _schnos_ (westgot. _*snusa_), ahd. _snur_, ags. _snoru_ (mit _-u_ wie die _a_-Neutra im Plural, s. Seite 86) und an. _snor_ (_snǫr_) „Schwiegertochter“ beruht auf prg. _*snusā́_. Dieses stimmt formal mit serb.-ksl. _snъcha_ und ai. _*snuṣā́_ „ds.“ überein, wegen gr. _νυός_, arm. _nu, nuoy_ sowie bedingt lat. _nurus_ „ds.“ (letzteres ein _u_-Stamm nach _socrus_ „Schwiegermutter“) lassen sich diese Formen aber nur auf idg. _*snusós_ zurückführen.

177 Siehe Klingenschmitt (2002: 465) mit den Ansätzen _*-ōmiz_ für den Instrumental und _*-ōmaz_ für den Dativ Plural.
178 So Bammesberger 1990: 103f. mit dem Ansatz urg. _*-ōi_ aus idg. _*āi_ (beim Dativ aus _*-eh$_2$ei_), ähnlich auch Ringe 2006: 200 mit dem Ansatz urg. _*-ōi_ aus idg. _*-eh$_2$ei_.
179 Allgemeines zu den Feminina _*teutā́_ und _*ák^{w}â_ s. jetzt bei Beekes 1998: 459ff.
180 Auch heth. _ḫulana-_ „Wolle“ gehört hierher, s. dazu Zeilfelder 2001: 231ff.

Zu anderen germanischen Feminina auf *-ā (mit Stammerweiterungen) bestehen lediglich innerhalb des Westindogermanischen Parallelen, wie zu ahd. *ahsala*, ags. *eaxl*, an. *ǫxl* „Achsel“ aus prg. *ákslā lat. *āla* „Achsel, Flügel“ (dazu das etymologisch durchsichtige Diminutiv *axilla* „Achselhöhle“) sowie im Keltischen kymr. *echel* und bret. *ael* „Achsel“ (aus *aksilā). Zu got. *jūnda* „Jugend“ aus prg. *juwuntā́ vgl. lat. *iuventa* „ds.“ (Denominativ zu *iuvenis* „Jüngling“); zu as. *segisna* „Sense“, ahd. *segansa* „Sense, Sichel“ aus prg. *sakésnā[181] vgl. lat. *sacēna* „Sichel des Priesters“. Wieder andere feminine *ā*-Stämme mit nasalem Suffix haben nur teilweise genaue Entsprechungen im Stammauslaut, so got. *aleina*, ahd. *elina* „Elle“, ags. *eln* „Elle, Vorderarm“, an. *ǫln* „Elle, Unterarm“ aus prg. *ólinā[182] in lat. *ulna* „Unterarm, Ellbogen“ und gr. ὠλένη „Unterarm“, aber vgl. daneben ὠλήν „ds.“ und mir. *uile, -enn* „Ellbogen“ als bloße *n*-Stämme, und got. *faírzna*, ahd. *fers(e)na*, ags. *fiersn* „Ferse“ aus prg. *pérsnā in lat. *perna* „Schenkel, Hinterkeule“ und bedingt in gr. πτέρνα, -ης „Ferse“, aber vgl. dagegen ai. *pā́rṣṇi-* „ds.“ (mit Dehnstufe), hier liegt ein Ablaut idg. *pérsn̥ə, persnā́- (*pérsnh$_2$, persnéh$_2$-) vor. – Dies wären die wichtigsten Beispiele von *ā*-Feminina im Protogermanischen; wie bei den *o*-Stämmen handelt es sich nur um eine kleine Auswahl an Beispielen[183].

3.2.1.1.3. Stämme auf *-i-*

Unter den Substantiven auf *-i-* sind die Maskulina in den germanischen Einzelsprachen, auch dem Gotischen, teilweise beträchtlich von jenen auf *-a-* beeinflusst, schon im Urnordischen findet sich außer dem Nominativ *gastiR* ein Dativ Plural *gestumR* mit erhaltenem Sibilant im Auslaut, aber einer Endung der *a*-Stämme anstelle von *-imR, vgl. got. *gastim* mit regulärem *i*-Stamm[184]. Die Rekonstruktion eines protogermanischen Paradigmas wie *g^{h}óstis „Fremder, Gast“ (= lat. *hostis* „Fremdling, Feind“, aksl. *gostь* „Gastfreund“) ist daher schwieriger als jene von *wúlpos und wird vor allem in den obliquen Kasus nur durch Vergleich mit anderen indogermanischen Sprachen ermöglicht. Formen mit Endungen anderer Stämme sind daher eingeklammert:

Singular	Prg.	Gotisch	Ahd.	An.	Latein	Aksl.
Nom.	*g^{h}óstis	*gasts*	*gast*	*gestr*	*hostis*	*gostь*
Gen.	*g^{h}ósteis, -ois	*(gastis)*	*gastes*	*(gests)*	*(hostis)*	*gosti*
Dat.	*g^{h}óstēi	*(gasta)*	*gaste*	*(gesti)*	*hostī*	*gosti*
Akk.	*g^{h}óstin	*gast*	*gast*	*gest*	*hostem*	*gostь*

181 Die Betonung lag eventuell auch auf der dritten, aber sicher nicht auf der ersten Silbe.
182 Eventuell lag die Betonung auch auf der zweiten Silbe angesichts der griechischen Parallele.
183 Auch zu dieser Stammklasse bietet Bammesberger eine reiche Liste an Substantiven (1990: 106 – 121).
184 Für das Westgerm. setzt Klingenschmitt (2002: 464) neben *-im aus dem Instr. *-imiz auch *-em aus dem Dativ *-imaz an (hypothetisch, aber nicht auszuschließen).

Instr.	?	-	*(gastiu)*	-	-	*gostьmь*
Vok.	**g^{h}óstei*	*(gast)*	*gosti*			
Plural						
Nom.	**g^{h}óstejes*	*gasteis*	*gesti*	*gestir*	*hostēs*	*gosti*
Gen.	**g^{h}óstjōn*	*(gastē)*	*gesteo*	*(gesta)*	*hostium*	*gostii*
Dat.	**g^{h}óstimis*	*gastim*	*gestim*	*(gestum)*	*hostibus*	*gostьmъ*
Akk.	**g^{h}óstins*	*gastins*	*gesti*	*gesti*	*(hostēs)*	*gosti*

Bei den Maskulina haben also nur im Nominativ und Akkusativ beider Numeri sowie im Dativ Plural Endungen indogermanischer Herkunft überlebt, wie ein Vergleich mit dem Lateinischen und Slawischen zeigt, wogegen die Genitivendungen und im Singular die Dativ- und Vokativendung von jenen der *a*-Stämme verdrängt wurden; möglicherweise lautete im Singular der Genitiv von **gastiz* bereits im Späturgermanischen **gastesa* und der Dativ **gastai.*[185]

Immerhin geben bedingt auch Feminina im Gotischen wie *qēns* „Ehefrau" (vgl. dazu genau ai. *jāni-* „Weib, Gattin", aber auch mit Hochstufe, got. *qinō*, ahd. *quena*, an. *kona* „Frau", s. dazu Seite 103) und *ansts* „Gunst" zusätzlichen Aufschluss, da deren Flexion im Singular noch eher mit jener der *i*-Stämme außerhalb des Germanischen übereinstimmt. Hier deshalb ein innergermanischer Vergleich des Singulars; zu ahd. *anst* „Gunst" vgl. got. *ansts* „ds." aus spg. **anstiz*, zu an. *nauþr* „Not" got. *nauþs* „ds." aus spg. **nauþiz*:

Singular	Prg.	Gotisch	Ahd.	An.
Nom.	**g^{w}ḗnis*	*qēns*	*anst*	*nauþ*
Gen.	**g^{w}ḗnois*	*qēnais*	*ensti*	*nauþar*
Dat.	**g^{w}ḗnēi*	*qēnai*	*ensti*	*nauþ*
Akk.	**g^{w}ḗnim*	*qēn*	*anst*	*nauþ*

Genitiv und Dativ von *qēns* weisen also offensichtlich die altererbten Endungen auf, auch im Althochdeutschen und Altnordischen ist die alte *i*-Flexion bewahrt. Allerdings beruht der Dativ *qēnai* wie gr.-dial. *πόλῃι* „der Stadt" (Dativ) auf einem indogermanischen Lokativ mit der Endung **-ēi*, unklar bleibt der Dativ an. *nauþ* [186]. Die Genitivendung in *qēnais* und *nauþar* setzt demgegenüber offenbar **-ois* mit qualitativem Ablaut fort. Diese flexivischen Unterschiede zwischen den Maskulina und Feminina der *i*-Stämme stellen eine germanische Neuerung dar; zwar weichen auch im Indoiranischen (Altindischen), Baltischen (Litauischen)

185 Ramat (1981: 70) setzt **gastiza* bereits für das Urgermanische an.
186 Siehe zu diesen obliquen Kasus der Feminina Bammesberger 1990: 126.

und Slawischen die Feminina von den Maskulina auf *-i-* ab, aber nicht in diesem Ausmaß und zudem in anderen Kasus als im Germanischen[187].

Ein weiteres *i*-Maskulinum erscheint nur noch im Gotischen, ist jedoch indogermanisch ererbt, vgl. got. *brūþ-faþs* „Bräutigam" und *hunda-faþs* „Centurio" aus prg. **pótis* mit ai. *páti-* „Herr, Besitzer, Gatte", gr. *πόσις* „Gatte", lat. *potis* „mächtig, vermögend" und alit. *patìs* „Ehegatte"; auch hier hat das Protogermanische den indogermanischen Lautstand bewahrt. Die Tierbezeichnung, ahd. *ou* (*au*), Pl. *auui* (Dat. *ouuen*) = an. *ǽr* „Mutterschaf" (mit Flexion nach dem Vorbild der Wurzelnomina, s. Seite 98f.), vgl. auch got. *awistr* „Schafstall" mit ahd. *ewist* „ds."[188], setzt prg. **ówis* wohl schon als Femininum fort, das seinerseits auf einem hocharchaischen *i*-Stamm mit genus commune basiert, vgl. bereits luw. *ḫawi-*, ai. *ávi-c.*, lat. *ovis*, lit. *avìs* f. usw., alle aus idg. **(h)ówis* „Schaf". Auch die maskuline Tierbezeichnung got. *waúrms* (*a*-Stamm), ahd. *wurm*, ags. *wyrm* (*i*-Stamm), an. *ormr* „Wurm, Schlange" flektierte im Protogermanischen als *i*-Substantiv **wúrmis*, vgl. dazu genau lat. *vermis* „Wurm" aus westidg. **wŕ̥mis*. Das Substantiv got. *balgs*, ahd. *balg* „Schlauch", an. *belgr* „Balg, Ledersack" aus prg. **b^h ólg^h is* hat in lat. *follis* „Balg, Schlauch" seine genaue etymologische Parallele.

Die germanischen *i*-Feminina stellen – abgesehen von Ausnahmen wie got. *qens* – großenteils Sekundärbildungen mit einem Suffix **-ti-* dar, wie got. *waíhts* „Sache, Ding" = ags. *wiht*, an. *vǽt* „Gewicht" aus spg. **weχtiz*, prg. **wéktis*, vgl. dazu lat. *vectis* m. „Hebebaum, Hebel". Die femininen Verbalabstrakta sind zwar in anderen indogermanischen Sprachen noch produktiver geworden als im Germanischen (im Baltischen und Slawischen sogar als Infinitive), doch gibt es auch dort Beispiele mit außergermanischen Parallelen, etwa got. *mahts*, ahd. *maht*, an. *mátt* „Macht, Kraft" (zu got., ahd. *mag*, an. *má* „kann, vermag") aus prg. **móktis*, vgl. dazu aksl. *moštь* „Macht, Stärke" (zu *mošti, mogǫ* „kann, vermag"). Darüber hinaus existierten im Germanischen Nominalabstrakta mit dem Suffix **-tūti-*, die noch im Gotischen weiterbestanden, wie *ajukdūþs* „Ewigkeit", *mikildūþs* „Größe", *managdūþs* „Überfluss" und *gamaindūþs* „Gemeinsamkeit, Gemeinschaft", vgl. dazu lat. *iuventus* „Jugend" (neben *iuventa* „Jugend, Jugendzeit"), *senectus* „(Greisen) alter", *virtus* „Mannhaftigkeit, Tapferkeit" und *servitus* „Knechtschaft" und im Keltischen air. *bethu* „Leben" = kymr. *bywed* (aus **g^w īwotūts*), *óintu* „Einheit", kymr. *mebyd* „Kindheit" (aus **mak^w otūts*).

187 So lautet im Altindischen die Endung des Instr. Sg. der Maskulina auf *-inā*, der Feminina auf *-yā* aus, ebenso im Aksl. der Instr. Sg. der Maskulina auf *-ьmь*, der Feminina auf *-ijǫ* aus, selbst die Diskrepanzen im Instrumental sind also einzelsprachlicher Herkunft, geschweige denn, dass mit dem ahd. Instrumental auf *-iu* irgendein sprachgeschichtlicher Zusammenhang bestünde; die Maskulina und Feminina auf *-i-* im Litauischen zeigen ohnehin ein uneinheitliches Bild.

188 Schubert (1968: 395f.) setzt daher got. **aus*, Gen. *awais* „Schaf" an. Auch got. *aweþi*, ahd. *ewit* „Schafsherde" aus urg. **awidija-* wäre hier zu nennen, s. dazu Bammesberger 1976: 5 – 7.

Die bereits in der indogermanischen Grundsprache spärlichen Neutra auf *-i* sind im Germanischen in ihrer ursprünglichen Flexion nirgends mehr bewahrt, sondern weisen Stammerweiterungen auf. Einziges Beispiel mit indogermanischer Herkunft ist prg. **móri* „Meer, Haff" (im Sinn eines größeren Binnensees), vgl. dazu noch als reine *i*-Stämme lat. *mare* „Meer" und air. *muir* „Meer"[189]. Im Gotischen ist dieses Substantiv *marei* „Meer" mit *n*-Formans erweitert, im Althochdeutschen wurde es ähnlich wie die Maskulina von den *a*-Stämmen beeinflusst, allenfalls die Dativendung in *meri* kann mit jener der Feminina identisch sein[190].

3.2.1.1.4. Stämme auf **-u-*

Besser als die Kasus der *i*-Stämme lassen sich jene der *u*-Klasse rekonstruieren, darunter das Paradigma für **sunús* „Sohn" mit genauen Entsprechungen im Indoiranischen, Baltischen und Slawischen. Innerhalb der germanischen Sprachen sind die Endungen im Gotischen wieder mit Abstand am besten erhalten:

Singular	Prg.	Gotisch	Litauisch	Kirchenslawest.	Altindisch
Nom.	**sunús*	*sunus*	*sūnùs*	*synъ*	*sūnús*
Gen.	**sunoũs*	*sunaus*	*sūnaũs*	*synu*	*sūnós*
Dat.	**sunḗu*	*sunau*	*(sū́nui)*	*(synovi)*	*(sūnáve)*
Akk.	**sunún*	*sunu*	*sū́nų*	*synъ*	*sūnúm*
Vok.	**sunou*[191]	*sunau, -u*	*sūnaũ*	*synu*	*sūno*
Plural					
Nom.	**sunéwes*	*sunjus*	*sū́nūs*	*synove*	*sūnávas*
Gen.	**sunéwōn*	*suniwē*	*sūnũ*	*synovъ*	*sūnū́nām*
Dat.	**sunúmis*	*sunum*	*sūnùms*	*synъmъ*	*sūnúbhyas*
Akk.	**sunúns*	*sununs*	*sū́nus*	*syny*	*sūnū́n*

Der gotische Vokativ auf *-au* hat genaue Parallelen im Baltischen und Slawischen sowie im Altindischen, im Singular enthalten außer got. *sunaus* ahd. *fridoo* „des Friedens" und urn. *magoR* „des Sohnes" (= got. *magaus*) die alte Gentivendung **-oũs*[192] und außer got. *sunau* ahd. *suniu* und urn. *kunimudiu* (Eigenname) die Dativendung **-ḗu*, die indes auf dem indogermanischen Lokativ basiert – der indogermanische Dativ **sūnéwei* lebt demgegenüber in aksl. *synovi* und ai. *sūnáve* weiter[193].

189 Zu dem alteur. Begriff **móri* s. Krahe / Meid 1970: 57f. sowie Meid 1982: 91 – 96 und 1984: 101 – 103.
190 Dies nimmt Krahe (1959: 28) an, ähnlich auch von Kienle 1969: 145.
191 Betonung unklar, jedoch ist bei Vokativen Initialbetonung häufig (hier ggf. gegen das übrige Paradigma).
192 Das Graphem *oũ* markiert den so genannten Schleifton.
193 Siehe dazu Bammesberger 1990: 153.

Maskulina auf *-u-* mit indogermanischer Grundlage gibt es nur wenige. So hat got. *haírus*, an. *hjǫrr* „Schwert“ (vgl. auch urn. *heru-* in Personennamen) lediglich eine einzige außergermanische Entsprechung: Ai. *śáru-* „Geschoss, Wurfspieß, Speer“; zugrunde liegt diesen Parallelen prg. **kérus* und letztlich idg. **k̂érus*, etwa „Spieß, Speer“. Die Körperteilbezeichnung an. *bógr, -ar* m. „Arm, Schulter, Bug“, vgl. ahd. *buog* „Bug“ (*i*-Stamm), stimmt lautlich und formal genau mit ai. *bāhú-* m. „Arm“, gr. *πῆχυς* m. „Unterarm, Bug“ überein und setzt wie diese idg. *$*b^h\bar{a}\hat{g}^h$ús* fort, das auch noch im Protogermanischen fast gleich lautete. Got. *haidus* „Art, Weise“, an. *heiðr* „Ehre, Rang“ m., vgl. auch ahd. *heit* (*i*-Stamm) „Wesen, Weise“, wird allgemein mit ai. *ketú-* m. „Helligkeit, Licht, Bild, Gestalt“ verglichen, was prg. und idg. **koitús*, etwa „Glanz“ voraussetzt. Dessen nullstufige Wurzel findet sich in ai. *citrá-* „glänzend, strahlend, herrlich“, aber vgl. dazu ahd. *heitar* „glänzend, heiter“, an. *heiðr* „klar, heiter“. Got. *faírhus* „(unbelebte) Welt“ und an. *fiǫrr* m. (eine Baumart) stimmen zwar formal mit lat. *quercus* f. „Eiche“ überein (abgesehen vom durch Assimilation entstandenen Anlaut *qu-*), ersteres lässt sich aber aus semantischen Gründen nicht direkt mit *quercus* auf ein indogermanisches Etymon zurückführen, vielmehr bezeichnet *faírhus* ursprünglich die belebte Welt und steht in einem engeren Zusammenhang mit ahd. *firihhas*, an. *fírar* „Menschen“, die ihrerseits auf einem Abstraktum spg. **ferχwu-*, prg. *$*pérk^w$us* „Leben(skraft)“ basieren – da nun die Eiche in der germanischen Glaubenswelt der Lebensbaum ist, ist die Entstehung der Bedeutung „Welt“ für *faírhus* nachvollziehbar[194]. Für ein alteuropäisch-indogermanischen Etymon *$*pérk^w$us* ist dagegen sicher die Grundbedeutung „Eiche“ (als Lebensbaum) anzunehmen.

Ansonsten handelt es sich innerhalb dieser Stammklasse überwiegend um deverbale Sekundärbildungen auf **-tu-*. Ein Beispiel ist got. *wulþus* „Herrlichkeit“, an. *Ullr* (Name eines stattlichen Gottes) aus prg. **wúltus,* vgl. lat. *vultus* „Antlitz, Ansehen, Gestalt“. Die semantische Vielfalt spricht keineswegs gegen eine gemeinsame Herkunft aus idg. **wl̥tus*, dem ein Verbum idg. **wel-* „sehen“ (daraus kymr. *gwelet* „ds.“) zugrunde liegt. Deutlicher ist die verbale Grundlage bei got. *kustus* m. „Prüfung“, as. *kust* f. „Wahl“ an. *kostr* m. „Wahl, Bedingung“ aus prg. **gústus*, vgl. dazu genau lat. *gustus* „Geschmack“ und air. *gus* „Kraft“ (aus urkelt. **gústus*), einem Deverbativ zu got. got. *kiusan* usw. „wählen, prüfen“, vgl. dazu gr. *γεύειν* „kosten lassen“. Einen Wurzelablaut liegt vor in ahd. *furt* f., ags. *ford* m. „Furt“, an. *fjǫrðr* m. „Bucht, Fjord“ aus prg. **pértus, purtús195*, vgl. dazu lat. *portus* m. „Hafen“, awest. *pərətu-* c. „Durchgang, Brücke“ aus idg. **pr̥tú* „Durchgang, Furt“ sowie das zugrundeliegende Verb in ai. *píparti* „fährt hinüber, setzt über“, got., ahd. *faran* „wandern, ziehen“, an. *fara* „fahren, reisen“.

194 Zweifellos hierher gehört auch das Substantiv *faírguni* n. „Berg“, das nicht nur in an. *fiǫrgyn* f. „Erde, Land“, sondern auch in ahd. *Firgunna* (Erzgebirge) und gall. *Hercynia silva* (deutsche Mittelgebirge) recht genaue Parallelen besitzt, s. zu *faírhus* und *faírguni* Meid 1984: 98 – 101;. Zugrunde liegt im Germanischen jedenfalls eine Ableitung **fergunī*, protogerm. und westidg. **pérkunī, -yā* mit der Bedeutung „Eichwald“.
195 Siehe den Ansatz dieses Wurzelablauts bei Schaffner 2001: 84.

Neben den Maskulina finden sich – ähnlich wie im Lateinischen – nur wenige Feminina auf *-u-*, darunter die Bezeichnung für „Hand“, prg. **kontús*, daraus got. *handus*, ahd. *hant*, an. *hǫnd*, und das Substantiv für „Mühle“, prg. **g*^{w}*érnus*, das in *asiluqaírnus* „Eselsmühle“, ahd. *quirn-stein* „Mühlstein“ und an. *kvern* „Mühle“ fortlebt, vgl. dazu auch lett. *dzirnus* f. „Handmühle“ und aksl. *žrъny* „Mühlstein“ (die außergermanischen Parallelen sind also *u*-Stämme, aber mit nullstufigem Stamm, also aus idg. **g*^{w}*r̥nú-*). Auch das Substantiv got. *kinnus*, an. *kinn* f. „Wange“ setzt ein protogermanisches Femininum fort, **génnus*, älter **génwus* mit beibehaltener *u*-Flexion, vgl. ai. *hánu-* f. „Kinnbacke“, gr. *γένυς* f. „Kinn, Kinnbacke“, air. *giun* m. „Mund“, auch lat. *gena* „Wange“, aus idg. **ĝénus*. Wie bei den Maskulina hat das Gotische die *u*-Flexion noch am genauesten bewahrt, im Gegensatz zu den *i*-Stämmen stimmen Maskulina und Feminina hier in der Deklination miteinander überein.

Als Neutrum hat got. *faíhu* „Vermögen“ wie ahd. *fihu, fehu* „Vieh“ (Pl. *fihiu*) und an. *fé* (Gen. *fiár*) „Vieh, Vermögen, Geld“ die *u*-Flexion beibehalten, zugrunde liegt prg. **péku* „Vieh“ mit lautlich und formal genauen Parallelen in alat. *pecu*, apr. *pecku* und ai. (ved.) *páśu-* n., *paśú-* m. „Vieh“. Got. *qaíru* „Stachel“ kann mit lat. *veru* „Spieß“ und air. *biur* „Spieß“ (beide ebenfalls *u*-Neutra!) auf westidg. und somit auch prg. **g*^{w}*éru* „Stachel“ fußen[196]. Hingegen flektieren ahd. *metu (-o)*, ags. *me(o)du* und an. *mjǫðr* „Met“ zwar als *u*-Stämme, sind aber Maskulina, vgl. dazu auch lit. *mìdus* „Met“ als gotisches Lehnwort und spätlat. *medus* m. „Honigwein“ aus dem Fränkischen, so dass wohl schon im Protogermanischen ein Maskulinum **méd*^{h}*us* existierte, vgl. dazu auch aksl. *medъ, -a* „Honig“, jedoch als Neutra ai. *mádhu* „süßer Trank, Honig“, awest. *maδu* „Wein“, gr. *μέθυ* „Rauschtrank, Wein“, air. *mid, meda* „Met“ und apr. *meddo* „Honig“, alle aus idg. **méd*^{h}*u*[197].

3.2.1.1.5. Feminina auf **-ī-/-jā-*, **-ī-* und **-ū-*

Außer den Feminina auf **-ā-* gab es im Altgermanischen wie bereits im Indogermanischen solche auf **-ī-/-jā-*, die im Gotischen noch am besten erhalten sind und nur im Nominativ Singular den bloßen *ī*-Stamm erhalten haben, darunter got. *mawi* (Gen. *maujōs*), aber vgl. an. *mǽr* mit *-r* aus urn. *-iR*, Gen. *meyjar* „Mädchen“ aus **magwī* als Motionsfemininum zu *magus* „Knabe, Sohn“ (= urn. *magu-*, vgl. auch air. *maug* „Sklave“). Freilich finden sich hier nahezu keine etymologischen Gleichungen mit außergermanischen Parallelen, sondern lediglich vergleichbare Stammbildungen. Wie die *ā*-Feminina als Motionsbildungen zu den *o*-Maskulina (vor allem bei den Adjektiven, s. Seiten 116ff.) dienten die *-ī-/-yā*-Feminina als Motionsbildungen zu allen anderen Stammklassen, insbesondere zu Stämmen auf

196 Siehe diese Gleichung bereits bei Pokorny 1959: 479.
197 Siehe zu diesem einstigen Neutrum jetzt Euler 2000a: 91f.

-u- oder Konsonanten. So verhalten sich im substantivierten Partizip got. *frijōnds* „Freund“ zu *frijōndi* (Gen. *frijōndjōs*) „Freundin“ ganz genau wie ai. *váhant-* m. zu *váhantī* (Gen. *váhantyās*) f. „fahrend“, lit. *vežąs* (Akk. *vežantį*) m. zu *vežantì* (Gen. *vèžančios*) f. „befördernd“ usw. In den eigentlichen Partizipien des Präsens sind die Feminina jedoch wie die Maskulina und Neutra mit *-n-* erweitert, s. dazu die Seiten 105 und 124.

Daneben findet sich im Altnordischen noch ein Femininum mit durchgängigem *ī*-Stamm, nämlich die archaische Tierbezeichnung *ylgr* „Wölfin“ aus spg. **wulgiz*, prg. **wulkī́s*, älter **wulkʷī́s* mit dissimilatorischem Schwund des labialen Elements im Labiovelar vor *i* (s. dazu Seite 61 mit Anm. 105). Diese hat in ai. *vr̥kī́s* „Wölfin“ zwar ihre genauen Entsprechungen und setzt idg. **wl̥kʷī́s* fort, vgl. auch den Akk. Sg. *vr̥kíyam* mit *ylgi* aus idg. **wl̥kʷī́m*, doch hat *ylgr* auch Formen auf **-yā-* übernommen, wie der Genitiv Singular und Plural *ylgjar* (aus spg. **wulgjōz*, prg. **wulkʷjā́s*) verraten, auch ags. *wylf* „Wölfin“ gehört als *jō*-Stamm zweifellos hierher, wenngleich hier das *f* offenbar vom Maskulinum *wolf* her übernommen ist. In der übrigen Indogermania taucht dieses Femininum nur in abgewandelter Form auf, so in lit. *vìlkė* als *ē*-Stamm und erweitert im Slawischen in russ. *volčíca* usw. Umgekehrt fehlt in *nipt* „Schwestertochter“ die Nominativendung *-r*, sonst flektiert es wie *ylgr* (mit dem Akk. Sg. *nipti*), vgl. hierzu im Germanischen ahd., ags. *nift* „Enkelin“, in der übrigen Indogermania ai. *naptī́s* „Tochter, Enkelin“ (ausschließlich mit *ī*-Stamm), awest. *naptī-*, lat. *neptis* und lit. *neptė* „Enkelin“; ai. *naptī́-* lässt hier wie lit. *neptė* auf ein zweites Beispiel mit *vr̥kī́*-Flexion schließen, so dass für das Indogermanische wie Protogermanische **neptī́s* rekonstruierbar ist[198]. Allerdings steht hier kein *o*-Stamm, sondern ein Konsonantstamm als Maskulinum zur Seite, vgl. dazu an. *nefi* „Schwestersohn“ mit ahd. *neuo* „Enkel“ sowie ai. *nápāt* „Enkel, Sprössling“, ap. *napā*, lat. *nepōs* und lit. *nepuotìs* „Enkel“ (s. Seite 102).

Im Gegensatz zu den indogermanischen Feminina auf **-ī-* haben jene auf **-ū-* in den germanischen Sprachen keine direkten Spuren hinterlassen. Als einziges Paradigma hat die Bezeichnung für „Schwiegermutter“ überlebt, wenn auch nicht als *ū*-Stamm: Got. *swaíhro* flektiert als *ōn*-Stamm (ebenso wie *swaíhra* „Schwiegervater“ als *n*-Stamm nach dem Muster der bestimmten Adjektive), vgl. dazu genau an. *sværa*, ahd. *swigar* „Schwiegermutter“ jedoch wie *swehur* „Schwiegervater“ als *r*-Stamm nach dem Muster anderer Verwandtschaftsbezeichnungen, dagegen setzen ai. *śvaśrū́-* „Schwiegermutter“ und aksl. *svekry* genau und lat. *socrus* bedingt den idg. *ū*-Stamm **swekrū́s* fort; vgl. auch zum Maskulinum got. *swaíhra*, ahd. *swehur* ai. *śváśura-*, lat. *socer* usw. aus idg. **swéḱuros*.

---

198 Zu diesen Feminina des sog. *vr̥kī*-Typus s. jetzt die Arbeit von Euler 1999, speziell im Germanischen dort S. 19f. Im Baltischen lebt dieser Typus in den Feminina auf *-ė-* weiter, vgl. lit. *vìlkė* bzw. *neptė*, s. Euler 1999: 24.

3.2.1.1.6. Wurzelnomina auf Langvokal und Diphthong

Die wenigen indogermanisch ererbten Wurzelnomina auf Langvokal und Langdiphthong unterschieden sich ursprünglich in der Flexion nicht von jenen auf Konsonant. Allerdings sind im Gotischen keine solchen Wurzelnomina überliefert, und so stützen sich unsere Kenntnisse allein auf das West- und Nordgermanische[199]. Das Altnordische hat je ein Substantiv mit Langvokal- und mit Diphthongwurzel bewahrt, beide sind Bezeichnungen weiblicher Haustiere, für die Kuh und für das Schwein (ebenso wie jenes für „Schaf", ein einstiger *i*-Stamm, s. Seite 93); diese Substantive werden in der umfangreichen Monographie über Wurzelnomina von Griepentrog (1995) ausführlich behandelt. Der Stamm auf *-ū-* findet sich auch im Althochdeutschen wieder, nämlich die Bezeichnung für „Schwein", die in mehreren indogermanischen Sprachen vorhanden ist und im Germanischen (analog zur Bezeichnung für „Schaf") auf die Femininbedeutung „Sau" eingeschränkt wurde; hier eine Auswahl der Formen:

Singular	Prg.	Spg.	Ahd.	An.	Lat.
Nom.	**sūs*	**sūs*	*sū*	*sýr*	*sūs*
Gen.	**súwes*	**sūs*	*sū*	*sýr*	*suis*
Dat.	**súwi*	**sūwi*	*sū*	*sú*	*suī*
Akk.	**sūn*	**sūn*	*sū*	*sú*	*suem*
Plural					
Nom.	**súwes*	**sūwez*	*sūi*	*sýr*	*suēs*
Gen.	**súwōn*	**sūwōn*	*sūo*	*súa*	*suum*
Dat.	**sūmís*	**sūmiz*	*sūim*	*súm*	*sūbus*
Akk.	**súwuns* (?)	**sūwez*	*sūi*	*sýr*	*suēs*

Im Altnordischen erscheint noch der bloße Stamm, der Umlaut zu *ý* ist durch das *-r* (aus urn. *-R*) hervorgerufen; im Althochdeutschen flektiert das Substantiv hingegen nach dem Vorbild von *ou* „Schaf" wie ein femininer *i*-Stamm (ähnlich auch im Lateinischen)[200]. Ein weiteres Substantiv ist im Altnordischen naheliegenderweise unter Einfluss von *sýr* umgebildet worden: *kýr* „Kuh", dessen Parallelen im Westgermanischen, ahd. *chuo*, as. *kō* zwar wie *sū* als *i*-Stämme flektieren (mit Plural auf *-i*), aber wie auch ags. *cū* (aus **kwō*) germ. **-ō-* aus einem einstigen Langdiphthong **-ōu-* verallgemeinert haben, vgl. air. *bō* f. „Kuh", lat. *bōs, bovis*, gr. *βοῦς, βοός*, ai. *gáu-* c. „Rind", alle aus idg. **g^{w}ṓus*. Möglicherweise wurde bereits im Späturgermanischen der dehnstufige Stamm **k^{w}ō-* verallgemeinert, doch kann im Protogermanischen noch wie im Indogermanischen ein Wurzelablaut vorgelegen

199 Für das Gotische setzt Schubert (1968: 57f.) **sūs* als etym. Entsprechung zu ahd. *sū* und an. *sýr* an.
200 Siehe diese Tierbezeichnung bei Griepentrog 1995: 381 – 392 mit einem urg. Paradigma auf S. 391.

haben mit dem Nom. Sg. *g^w*ōs*, Pl. *g^w*ówes*[201]. Isoliert steht an. *nór* m. „Schiff" (poet.) mit dem Kompositum *naust* „Bootsschuppen", vgl. dazu ai. *náu-* „Schiff, Kahn", gr. *ναῦς* (ion. *νηῦς*), lat. *nāvis* und ir. *nāu* „Schiff", die im Gegensatz zu *nór* durchweg feminines Genus haben und noch eindeutig den indogermanischen Langdiphthong aufweisen, der im Altnordischen nur noch indirekt erkennbar ist; für das Protogermanische wäre wie für das Indogermanische demnach **nā́us* in der Bedeutung „Boot, Schiff" als Etymon anzusetzen (spg. **nōz*).

Das sogenannte Nydam-Schiff wurde 1863 im Nydam-Moor in Nordschleswig ausgegraben. Das Ruderboot wurde dendrochronologisch auf 315 ± 5 n. Chr. datiert; um 355 n. Chr.wurde es als Opfergabe im Moor versenkt, womöglich nach einer siegreichen Schlacht. Das knapp 23 Meter lange Schiff konnte bis zu 45 Mann, davon 36 Ruderer, aufnehmen.

201 Griepentrog (1995) behandelt das Substantiv für „Rind, Kuh" auf S. 233 – 256 und bietet auf S. 250 sogar das spg. Paradigma mit durchgeführter *ō*-Stufe wie auch dessen Vorstufe mit Wurzelablaut, aber beides mit germ. Lautverschiebung. Ringe (2006: 198) leitet an. **kú-* aus prg. **gū-*, idg. **g^wuw-* her. Zum Anlaut von germ. **k-* aus idg. **å-* s. Peeters 1974: 135.

3.2.1.2. Konsonantische Deklination

3.2.1.2.1. Maskulina und Neutra auf **-en-/-on-*

Unter den konsonantischen Stämmen nehmen jene auf *-n-* im Germanischen einen breiteren Raum ein als in allen anderen indogermanischen Sprachen. Dennoch gibt es unter den Substantiven des Grundwortschatzes Beispiele von *n*-Stämmen aller drei Genera mit genauen indogermanischen Entsprechungen. Unter den Maskulina bietet sich das Paradigma für „Mensch, Mann" an, das in got. *guma* „Mann", ahd. *gomo* und an. *gumi* „Mensch, Mann" weiterlebt und als prg. **g^h^umṓ* zu rekonstruieren wäre, zumal außergermanische Entsprechungen in lat. *homō, -inis* und lit. *žmuõ* „Mensch" (mit anderem Stammauslaut im Singular) vorliegen, die ihrerseits etymologisch zu lat. *humus* bzw. lit. *žemė* „Erde" gehören und von Haus aus „Irdischer" bedeuten; die Bedeutung „Mann" im Germanischen ist jedenfalls sekundär[202].

Singular	Prg.	Gotisch	Althochdeutsch	Altnordisch	Latein
Nom.	**g^h^umṓ*	*guma*	*gomo*	*gumi*	*homō*
Gen.	**g^h^umenés*	*gumins*	*gomen*	*guma*	*hominis*
Dat.	**g^h^umení*	*gumin*	*gomen*	*guma*	*hominī*
Akk.	**g^h^umónun*	*guman*	*goman*	*guma*	*hominem*
Plural					
Nom.	**g^h^umónes*	*gumans*	*gomon*	*gum(n)ar*	*hominēs*
Gen.	**g^h^umnṓn*	*gumanē*	*gomōno*	*gum(n)a*	*hominum*
Dat.	**g^h^umnmís*	*gumam*	*gomōm*	*gum(n)om*	*hominibus*
Akk.	**g^h^umenúns*	*gumans*	*gomon*	*gum(n)a*	*hominēs*

Die Akkusativform des Singulars und die Nominativform des Plurals mit dem *a*-Ablaut im Gotischen werden zusätzlich durch alat. *homōnem* bzw. osk. *humuns* „homines" (Nom. Pl.) bestätigt[203]. Die Dativform des Singulars got. *gumin* beruht auch hier offenbar auf einem alten Lokativ **g^h^umení*; eine ähnliche Entwicklung fand im Lateinischen statt, wo derselbe alte Lokativ zur Ablativform *homine* führte. Im Plural ist in den obliquen Kasus Genitiv und Dativ im Gotischen der *a*-Vokalismus verallgemeinert, vgl. aber auch noch den Gen. Pl. *áuhsne* „Ochsen" mit dem Stamm der obliquen Kasus wie in ai. *ukṣṇ-* zu *ukṣā́* „Stier, Bulle". In den Akkusativformen beider Numeri ist zu erwartendes **-un, -uns* bei den Konsonantstämmen nach Wurzel mit mehreren Silben oder Langvokal lautgesetzlich geschwunden (bei den *u*-Stämmen hingegen analog beibehalten worden)[204]. In den anderen ger-

202 Zur Sekundärbedeutung „Mann" s. Meid 1976: 68.

203 Siehe zur Flexion von *guma* Benediktsson 1968: 12; zu den italischen Parallelen Leumann 1977: 364.

204 Siehe dazu Krause 1968: 94; anders Bammesberger 1990: 170, der im Akk. Pl. mit einer Übertragung der Nominativform rechnet.

manischen Sprachen sind die Endungen bei weitem nicht mehr so durchsichtig wie im Gotischen. Im Althochdeutschen kehren immerhin dieselben Ablautstufen in der gleichen Verteilung im Singular wie im Gotischen wieder, die Endung des Genitiv Plural wurde von den Feminina auf *-ōn-* übernommen. Im Altnordischen setzt der Nominativ Singular nicht **-ōn*, sondern ablautendes **-ēn* fort, vgl. etwa gr. *ποιμήν* gegenüber lit. *piemuõ, -eñs* „Hirte", während sich in den übrigen Kasus des Singulars der *a*-Vokalismus durchgesetzt hat[205]. Im Plural stehen im Paradigma von *gumi* neben den lautgesetzlichen Formen auf *-n-* (ausgehend vom Genitiv *gumna*) solche ohne *-n-*, der Nominativ *gumar* wurde sicher von den *a*-Stämmen übernommen, wogegen die übrigen Kasus lautgesetzlich erklärt werden können.

Nicht wesentlich anders flektieren die Neutra auf *-n-*, deren ursprüngliche Formen im Nominativ / Akkusativ allerdings für das Protogermanische nicht ohne weiteres erschlossen werden können. Got. *namō* „Name" setzt zwar ein indogermanisches Neutrum auf *-n-* fort, aber innerhalb der anderen germanischen Sprachen hat ahd. *namo* maskulines Genus angenommen, und an. *nafn* flektiert als *a*-Stamm. Somit kann also lediglich das gotische Neutrum mit seinen Parallelen in der übrigen Indogermania verglichen werden, hier seien nur der Nominativ / Akkusativ Singular und Plural aufgelistet, aber auch der Genitiv Plural, da das Gotische im Neutrum eine archaische Form mit nullstufigem Stammauslaut bietet:

	Idg.	Prg.	Got.	Latein	Altindisch
Nom. Sg.	**nómn̥*	**nómun*	*namō*	*nōmen*	*nā́ma*
Nom. Pl.	**nómōn*	**nómōn*	*namōna*	*(nōmina)*	*nā́māni*
Gen. Pl.	**nomnṓn*	**nomnṓn*	*namnē*	*(nōminum)*	*nā́mnām*

Im Plural liegen zweifellos Analogiebildungen vor, im Singular muss hingegen mit einer alten Kollektivform gerechnet werden (ähnlich wie beim Heteroklitikon got. *watō* „Wasser", s. Seite 107)[206]: Got. *namō* „Name" würde demnach formal dem Plural ai. *nā́māni*, genauer noch awest. *nāmąm* entsprechen; für den Plural wäre somit prg. **nómōn*, für den Singular wohl **nómun* (= ai. *nā́ma*, lat. *nōmen* usw., aus idg. **nómn̥*) anzusetzen. Im Genitiv Plural stimmt got. *namnē* mit ai. *nā́mnām* im Stammauslaut genau überein.

Diese Neutra sind im Germanischen sonst am genauesten unter Körperteilbezeichnungen erhalten, die indes Erweiterungen indogermanischer Wurzelnomina darstellen, darunter jene für „Herz", vgl. dazu vor allem lat. *cor, cordis*, heth. *kardi-*,

205 Dieser Nominativ auf **-ēn* liegt auch in den urnordischen Runeninschriften vor trotz der Schreibung *-A* (wie in *farawisa* „der Gefährliches Wissende", s. dazu Nedoma 2005: 172f., der zwischen idg. **-ēn*, urg. **-ǣn* und an. *-i, -e* „geregelte Kontinuitätsbeziehungen" annimmt; ähnlich auch Harðarson 2005: 227f., der **-ǣn* für das Urnordische und Gotische ansetzt. Zur Verallgemeinerung des Stammes auf *-an-* in den obliquen Kasus des Singulars s. Kortlandt 2006b: 6, vgl. auch urn. *witada-hlaiban* „dem Brotwart"

206 Dies wird heute weitgehend angenommen, s. auch Bammesberger 1990:169.

aber auch gr. (ep.) κῆρ und κραδίη, ferner lit. *širdìs* usw., alle aus idg. *k̂ērd, k̂erd-*, doch wurde der Stamm dieser Körperteilbezeichnung um einen Nasal erweitert. Hier die Formen des Nominativs (und Akkusativs), aber auch des Genitivs, da an. *hjartna* wie got. *namnē* seinerseits nullstufigen Stammauslaut aufweist:

	Prg.	Spg.	Gotisch	Ahd.	Altnordisch
Nom. Sg.	**kérdun*	**χertōn*	*haírtō*	*herza*	*hjarta*
Nom. Pl.	**kérdōn*	**χertōnā*	*haírtōna*	*herzun*	*hjǫrtu*
Gen. Pl.	**kérdnōn*	**χert(a)nōn*	*haírtanē*	*herzōno*	*hjartna*

Außer den Bezeichnungen für „Mann“ und „Ochse“ hat das Germanische kaum ursprüngliche maskuline *n*-Stämme aus der indogermanischen Grundsprache bewahrt. Das Substantiv got. *mēna*, ahd. *māno*, an. *máni* m. „Mond“ kann zwar durchaus ein spg. oder prg. **mḗnō* mit dem Stamm **mēnen-* „Mond“ fortsetzen. Daneben steht aber das ursprünglichere got. *mēnōþs*, ahd. *mānod*, an. *mánaðr* m. „Monat“, das auf einem Dentalstamm prg. **mḗnōts* basiert, der seinerseits mit lit. *mėnuo* (Gen. *mėnesio*) „Mond, Monat“ recht genau übereinstimmt, während der indogermanische *s*-Stamm, wie er in ai. *mā́ḥ, mās-* „Mond, Monat“, gr.-ion. μείς / att. μήν, lat. *mēnsis* usw. „Monat“ vorliegt, im Germanischen nicht mehr greifbar ist[207]. Ebenso kann ahd. *neuo* „Enkel“, an. *nefi* „Schwestersohn“ auf einen sekundären *n*-Stamm spg. **néfō, -in-*, prg. **népō(s), -en-* zurückgehen (eine Entsprechung im Gotischen ist nicht überliefert), der seinerseits auf idg. **népōt* beruht, vgl. dazu ai. *nápāt* (mit dem Obliquusstamm *naptr-*) „Enkel, Sprössling“, ap. *napā*, lat. *nepōs, -ōtis* und lit. *nepuotìs* „Enkel“[208].

Weitere *n*-Maskulina waren ursprünglich Neutra, darunter ahd. *ancho* „Butter“ aus prg. **óngʷen-*, vgl. dazu lat. *unguen* n. „Fett, Salbe“ (zu *unguere* „salben“ gehörig) und apr. *anc-tan* „Butter“, alle aus idg. **ongʷen-*, während air. *imb* „Butter“ ursprünglich nullstufigen Stamm (aus **n̥gʷen-*) hat. Auch die einstigen Verbalnomina auf **-men-*, die in den älteren indogermanischen Sprachen noch durchweg Neutra sind, haben im Germanischen maskulines Genus angenommen, vgl. etwa got. *hliuma* „Gehör“, Pl. „Ohren“ mit awest. *sraoman-* „Gehör, Hörvermögen“ (und als Derivate ai. *śromata-* n. „Erhörung, Segen“ mit ahd. *(h)liumunt* m. „Kunde, Ruhm, Ruf“, zu ai. *śru-*, idg. *k̂lu* „hören“) sowie ahd. *sāmo* „Same“ mit lat. *sēmen*, apr. *semen*, aksl. *sěmę* „ds.“ (zu ahd. *sāen*, got. *saian* aus idg. **sē-* „säen“); somit lässt sich das Genus von prg. **kléumen-* bzw. **sḗmen-* nicht sicher bestimmen. – Lediglich die Bezeichnungen der beiden wichtigsten Sinnesorgane Auge und Ohr beruhen wie jene für das Herz auf urgermanischen Neutra, wenngleich sie ihrerseits

207 Siehe zum Vergleich von *mēnōþs* mit *mėnuo* Stang 1966: 224 und Griepentrog 1995: 165. Die Alternation von *t*-Stamm im Nominativ des Maskulinums und *s*-Stamm findet sich aber unter den gotischen Reliktbildungen des einstigen Partizip Perfekt Aktiv, s. dazu Seite 113. Zum Verhältnis von *n*- und *t*-Stamm s. Bammesberger 1990: 186.
208 Siehe zur germ. und idg. Vorform von *neuo* und *nefi* Bammesberger 1990: 186f.; Griepentrog (1995: 165) setzt urg. **nefō* anstelle von älterem **nefōz* an, das analog zu **mēnōz* zu den Nasalstämmen übergewechselt sei.

Erweiterungen indogermanischer Wurzelnomina mit *n*-Formans darstellen, vgl. also got. *ausō*, ahd. *ōra*, an. *eyra* „Ohr“ (mit Umlaut aufgrund von *r* aus*R, urn. *auRōn*) aus prg. **aus\u0301ōn* gegenüber lat. *auris*, lit. *ausìs* usw. wie got. *augō*, ahd. *ouga*, an. *auga* „Auge“ aus prg. **o(u)k^{w}ṓn* mit jüngerem Diphthong gegenüber lat. *oculus*, lit. *akìs* usw, vgl. Seiten 195 und 197.

3.2.1.2.2. Feminina auf **-ōn-* und **-īn-*, Ausbreitung der *n*-Flexion

Eine gewisse Eigenständigkeit weisen die Feminina auf *-ōn-* und *-īn-* auf, von denen zumindest letztere im Gegensatz zu den maskulinen und neutrischen *n*-Stämmen eine germanische Neuschöpfung darstellen. Die Flexionsendungen der Feminina stimmen mit jenen der Maskulina überein, der Vokalismus im Stammauslaut weist indes keinerlei Ablaut auf. Der Nominativ got. *tuggō* kann im Verhältnis zum Maskulinum *guma* auf einer Analogie zum Artikel *sō : sa* beruhen[209]; nur im Genitiv Plural mit der zweifellos älteren Endung *-ōnō* weichen die Feminina auf *-ōn-* und *-īn-* von den Maskulina und Neutra ab.

Die femininen Substantive auf *-ōn-* basieren großenteils auf indogermanischen Etyma mit dem Stammauslaut **-ā-*. Dies setzt voraus, dass **-ā-* im Proto- oder Späturgermanischen bereits zumindest als offener Langvokal *å* artikuliert wurde, allzu früh kann diese Verdumpfung also nicht eingetreten sein[210], vgl. S. 75f. So setzt auch das Substantiv für „Zunge“ (got. *tuggō*, ahd. *zunga*, an. *tunga*) wohl spg. **tungōn* (genauer *tungån* mit langem, offenen *å*) und letztlich ein *ā*-Femininum, idg. **dn̥ĝ^{h}wā́* und vielleicht noch prg. **dung^h(w)ā́* (als bloßes *ā*-Femininum) fort, vgl. alat. *dingua*, daraus lat. *lingua*, sowie toch. B *kantwo*.

	Spg.	Gotisch	Ahd.	Altnordisch
Nom. Sg.	**tungōn*	*tuggō*	*zunga*	*tunga*
Gen.	**tungōnes*	*tuggōns*	*zungūn*	*tungu*
Gen. Pl.	**tungōnōn*	*tuggōnō*	*zungōno*	*tungna*

Ebenso wie das germanische Substantiv für „Zunge“ basiert auch jenes für „Witwe“ auf einem indogermanischen *ā*-Femininum, vgl. got. *widuwō*, ahd. *wituwa* aus spg. **wiđuwōn* mit ai. *vidhávā*, lat. *vidua*, apr. *widdewū* und aksl. *vьdova* (aus idg. und prg. **widhéwā*). Das Substantiv für „Frau“, got. *qinō*, ahd. *quena*, an. *kona* und *kvinna* setzt zweifellos spg. **kwenōn* mit einem nullstufigen Obliquusstamm *kunōn-* fort, der in den altnordische Dublette *kona* noch durchschimmert. Der hochstufige Stamm ist wie im Gotischen und Westgermanischen auch in apr. *genna*

209 Siehe zu dieser möglichen Analogie Bammesberger 1990: 168.

210 Harðarson (1989: 84) setzt sogar direkt eine Erweiterung von **-ō-* zu **-ōn-* voraus, den Ansatz eines germ. Paradigmas dieser Stammklasse s. dort auf S. 85.

und aksl. *žena* verallgemeinert, die nullstufige Wurzel hingegen in gr. *γυνή* (böot. *βανά*) aus *$^*g^w n\bar{a}$́*, während in ai. *jáni-* mit Obliquusstamm *gnā-* und air. *ben* mit dem Obliquusstamm *mná-* ebenfalls beide Ablautstufen vorliegen; für das Indogermanische wird daher allgemein **g^wénā, g^wén(e)ə2* angesetzt, und im Protogermanischen muss das Substantiv **g^wénā* gelautet haben[211]. Das Substantiv mit dehnstufiger Wurzel got. *qēns* „Ehefrau, Gattin", ags. *cwēn* „Gattin, Gemahlin", an. *kván* „Frau, Ehefrau" gehört etymologisch ebenso mit *qinō*, *quena*, *kvinna* zusammen, wie ai. *jāni-* „Weib, Gattin" mit *jáni-*. Diese dehnstufigen Bildungen gehen auf prg. = idg. **g^wēnis* zurück, das offenbar bereits in indogermanischer Zeit die Bedeutungsnuance „Ehefrau" besaß[212].

Demgegenüber lautete der Stamm in got. *raþjō* „Abrechnung" (zu *raþjan* „rechnen" gehörig) und ahd. *redia* „Rede" ebenso wie im etymologisch identischen lat. *ratiō* „Rechnung, Berechnung" (zu *rērī*, Part. Perf. *ratus* gehörig) von Anfang an auf **-ōn-* aus, so dass auch für das Protogermanische **ratjōn213* (spg.**raþjōn*) angesetzt werden kann. In dieser femininen Stammklasse sind also einstige Feminina auf *-ā-* mit solchen auf indogermanischem **-ōn-* vereinigt. Ein weiteres Paradigma auf **-tjōn-* bleibt für das Germanische zu vermissen, während das Keltische ein paar etymologische Parallelen zu dieser im Lateinischen sehr produktiven Nominalklasse bietet, vgl. lat. *mentiō* „Erwähnung, Erinnerung" mit air. *toimtiu* „Meinung" (aus **-m̥ntyōn-*).

Die Feminina auf *-īn-* im Germanischen stellen durchweg Sekundärbildungen dar, vorwiegend von Adjektiven, vgl. etwa got. *háuhei, -eins* mit ahd. *hōhī, -īn* „Höhe" (zu *háuhs* bzw. *hōh*) und ahd. *altī* mit an. *elli* „Alter". Diese Femininbildungen können nicht über das Spätur- oder Protogermanische hinaus weiterverfolgt werden, erst recht fehlen zu diesen Ableitungen Parallelen außerhalb des Germanischen[214]. Nur das erstere Adjektivabstraktum kann auf prg. **káukīn* zurückgeführt werden, vgl. dazu den etymologisch hierher gehörigen Stammesnamen *Chauci* (s. Seite 70).

Ihren besonderen Rang haben die *n*-Stämme im Germanischen dadurch erlangt, dass sie im Gegensatz zu anderen indogermanischen Sprachen nicht auf einzelne Individualbildungen beschränkt blieben, wie sie in lat. *Varrō* zu *vārus* „krummbeinig", *Catō* zu *catus* „scharfsinnig" und *Lentō* zu *lentus* „langsam" oder in gr. *γλύκων* zu *γλυκύς* „süß" und *στράβων* zu *στραβός* „schielend" (beide Derivate je einmal in der Komödie belegt), aber auch in got. *weiha* „Priester" zu *weihs*

211 Zum an. Paradigma für „Frau" s. Harðarson 1989: 86 – 93, der auf S. 87 sowohl hochstufiges **kwenōn* wie nullstufiges **kunōn-* für das Urgermanische ansetzt und auf S. 89f. die Doppelkonsonanz in *kvinna* auf den Gen. Pl. von den Neutra her zurückführt und *kvinna* durch Synkope aus urg. **kwenanō* herleitet. Für das Indogermanische wurde auch **g^wén(e)ə²* angesetzt, so bes. von Hamp 1979: 2f.

212 Zum Verhältnis von got. *qēns* zu *qinō* wie *jâni-* zu *jáni-* s. Meid 1976: 70f.

213 Betonung unklar

214 Einzelnes zu den Feminina auf *-īn-* s. bei Bammesberger 1990: 180f.

„heilig“ und ahd. *wīzzago* „Prophet“, *wīzzaga* „Prophetin“ zu *wīzzag* „weise“ (= ags. *wītaga* „Prophet, Prophetin“) vorliegen. Vielmehr übernahmen diese Nasalstämme der Adjektive eine völlig neue Funktion als Bestimmtheitsformen.

Die Feminina auf *-*ōn*- wiederum sind als ursprüngliche *ā*-Stämme wie das Lexem für „Zunge“ lediglich um den Nasal erweitert worden und stellen folglich innergermanische Neuerungen dar. Unter den aktivischen Präsenspartizipien wurden analog auch die ererbten Motionsfeminina auf *-*ī*- mit -*n*- erweitert, vgl. also got. *baírandei-n-* „die Tragende“ formal genau mit ai. *bhárantī* „ds.“, und auch die Feminina der Komparative werden im Gotischen und Nordischen mit -*īn*- gebildet. Im Westgermanischen können demgegenüber die Präsenspartizipien stark (mit einer Stammerweiterung durch -*ja-/-jō-*) und schwach (mit Stammauslaut -*jan-/ -jōn-*) flektieren, die altertümliche Stammbildung auf -*īn*- ist dort also durch jene auf -*jōn*- verdrängt worden (s. dazu auch Seite 124). Aus dem dargestellten Sachverhalt ergibt sich, dass diese Bestimmtheitsflexion der Adjektive und Partizipien jedenfalls erst nach der Nasalerweiterung der femininen Substantive auf *-*ā*- entstanden sein kann. Dass diese Adjektivflexion in späturgermanischer Zeit vollends ausgebaut war, ist kaum zu bestreiten, fraglich bleibt der Zeitpunkt der Entstehung in protogermanischer Zeit.

3.2.1.2.3. Verwandtschaftsbezeichnungen auf *-*(t)er*-

Die weiteren konsonantischen Stammklassen spielen im Germanischen nur noch eine marginale Rolle. Die Stämme auf -*r*- finden sich in den germanischen Einzelsprachen durchweg unter den Verwandtschaftsbezeichnungen, wiederum hat das Gotische die Flexion noch am besten bewahrt; auch im Altnordischen schimmern noch alte Endungen der Konsonantstämme durch, so dass sich das Paradigma von **patḗr* „Vater“ gut rekonstruieren lässt. Da im Gotischen nur der Nominativ *fadar* belegt ist, wird ersatzweise das Paradigma *brōþar* „Bruder“ herangezogen; im Althochdeutschen hingegen das für *muoter* „Mutter“, da die Maskulina in den obliquen Kasus des Singular Endungen der *a*-Stämme angenommen haben[215]:

Singular	Prg.	Gotisch	Ahd.	An.	Ai.	Gr.
Nom.	**patḗr*	*brōþar*	*muoter*	*faðir*	*pitā́*	πατήρ
Gen.	**pat(u)rós*	*brōþrs*	*muoter*	*fǫður*	*pitúr*	πατρός
Dat.	**patrí*	*brōþr*	*muoter*	*feðr*	*pitré*	πατρί
Akk.	**patérun*	*brōþar*	*muoter*	*fǫður*	*pitáram*	πατέρα

215 Got. *fadar* taucht nur einmal (Gal. 4,6) als Übersetzung für hebräisch *abba* auf, s. dazu Sen 2005: 255 – 259.

Plural						
Nom.	**patrés*	*brōþrjus*	*muoter*	*feðr*	*pitáras*	πατέρες
Gen.	**patrṓn*	*brōþrē*	*muotero*	*feðra*	*pitr̥̄ṇā́m*	πατέρων
Dat.	**paturmís*	*brōþrum*	*muoterum*	*feðrum*	*pitŕ̥bhyas*	πατράσι(ν)
Akk.	**patrúns*	*brōþruns*	*muoter*	*feðr*	*pitr̥̄́n*	πατέρας

Der Akkusativ Singular kann in allen germanischen Sprachen nur eine hochstufige Form fortsetzen, auch an. *fǫður* aus spg. **fađarun*. Der oblique Stamm mit nullstufigem Auslaut bleibt ebenso auf die obliquen Kasus beschränkt wie im Altindischen, an. *fǫður* kann auf prg. **paturós* zurückgehen[216], *feðr* zeigt mit dem *i*-Umlaut den Reflex der einstigen Dativendung **-i*, vgl. auch ags. *mēder*, Dat. zu *mōdor* „Mutter". Dagegen hat sich im Gotischen unter den Endungen im Plural offenbar vom Akkusativ her die *u*-Flexion ausgebreitet, da die Endung *-uns* ebenso idg. **-uns* wie **-n̥s* fortsetzt (in *sununs* bzw. *broþruns* „Brüder", letzteres aus prg. **b^hrā́tr̥uns*, idg. **b^hrā́trn̥s*); auch die Dativform des Plurals wurde analog von den *u*-Stämmen her gebildet[217]. Demgegenüber ist im Urnordischen noch der Nominativ Plural *dohtriR* „Töchter" (mit nullstufigem Stammauslaut) überliefert, der dann auf den Akkusativ übertragen wurde, vgl. auch *feþr* aus **feþriR*[218]. Im Althochdeutschen wiederum hat sich das hochstufige Suffix *-ter-* durchgesetzt. Teilweise hypothetisch bleibt die Akzentuierung, nach Ausweis des Altindischen und Griechischen wechselte sie sicher auch im Indogermanischen zwischen Suffix und Endung. Diese Hysterokinese müsste gemäß Verners Gesetz im Germanischen noch anhand der Konsonantenalternation erkennbar sein, es müssten also in den einzelnen Kasus im Gotischen *þ* mit *d* und im Althochdeutschen *d* mit *t* alternieren. Stattdessen ist aber ein Ausgleich in den gesamten Paradigmen erfolgt. Im Nominativ Singular ist die indogermanische Betonung der einzelnen Paradigmen aber noch erkennbar: Got. *fadar*, ahd. *fater* können nur spg. **fađḗr*, prg. **patḗr* fortsetzen, vgl. ai. *pitā́*, gr. πατήρ, ebenso ahd. *muoter* und ags. *mōdor* (mit sekundärem *o*) nur spg. **mōđḗr*, prg. und idg. **mātḗr*, vgl. ai. *mātā́* (gegenüber gr. μήτηρ), während got. *brōþar*, ahd. *bruoder* auf spg. **brā́þēr*, prg. und idg. **b^hrā́tēr* zurückgehen, vgl. ai. *bhrā́tā* „Bruder" und gr. φράτηρ (Mitglied einer Bruderschaft). Im Altnordischen wurde der Reibelaut *ð* in *faðir, móðir, bróðir* verallgemeinert.

Got. *swistar*, urn. *swester*, ahd. *swester* „Schwester" wurde offensichtlich vom Obliquusstamm *swestr-* mit sekundärem Sprosskonsonant *t* her nach dem Muster der *ter*-Stämme umgebildet, so dass das Wort spg. und vielleicht schon prg. **swestēr* lautete, vgl. ebenso aksl. *sestra* (sekundärer *a*-Stamm), aber ai. *svásā* (Gen. *svá-*

216 Siehe Bammesberger 1983: 114 und 1990: 207 mit dem Ansatz einer germ. Genitivform **brōđuraz*.

217 Der Dat. Pl. lautete demnach spg. **fađrumiz* (so der Ansatz von Ramat 1981: 74, ähnlich Ringe 2006: 280); im Protogermanischen kann noch der alte Konsonantstamm **paturmís* vorgelegen haben, s. dazu Bammesberger 1983: 113 und 1990: 207 mit dem Ansatz urg. **fađurmiz-*

218 Zu den *r*-Stämmen im Germanischen s. den Aufsatz von Bammesberger 1983; speziell Rekonstrukte für das Urnordische s. bei Ranke / Hofmann 1967: 50.

sur), lat. *soror*, lit. *sesuõ* (Gen. *sesers*) „Schwester" aus idg. **swésōr*. Got. *daúhtar*, ahd. *tohter* und an. *dóttir* (urn. Pl. *dontriR*) gehen auf spg. **duχtēr*, prg. **d^h^uktḗr* zurück, vgl. gall. *duχtir*, lit. *duktė̃* sowie mit archaischem Schwa in der Mittelsilbe ai. *duhitā́*, gr. *θυγτάηρ* usw. aus idg. **d^h^ug(ə₂)tḗr*. Ahd. *zeihhur* und ags. *tācor* „Mannesbruder, Schwager" sind aus spg. **taikēr*, prg. **daig(w)ḗr* entstanden, vgl. ai. *devā́,-ár-*, gr. *δαήρ, -έρος*, lat. *lēvir* (mit *l-* aus *d-* wie in *lingua* und sekundärer *o*-Flexion), lit. *dieverìs* (sekundärer *i*-Stamm) und russ.-ksl. *děverъ* „Mannesbruder, Schwager" aus idg. **daiwḗr219*.

3.2.1.2.4. Heteroklitika

An dieser Stelle blieben zusätzlich die einstmaligen neutrischen Heteroklitika auf Liquida im Nominativ / Akkusativ und Nasal im Obliquus zu erörtern, die in den älteren indogermanischen Sprachen noch häufig sind (im Griechischen mit *t*-Erweiterung), im Germanischen jedoch nur bedingt überlebt haben. Das wichtigste Paradigma stellt jenes für „Wasser" dar, hierzu taucht der *r*-Stamm nur noch im Westgermanischen auf als ahd. *wazzer*, ags. *wæter*, der *n*-Stamm liegt hingegen in got. *watō*, Gen. *watins*, und an. *vatn* vor, wobei das Gotische im Nominativ / Akkusativ wie bei den Neutra auf *-n-* mit einer Form auf *-ō* aufwartet (vgl. auch gr. *ὕδω-ρ*), die sich indes im Paradigma für „Wasser" semantisch gut als altes Kollektiv interpretieren ließe, und an. *vatn* in die *a*-Neutra übernommen wurde. Im Protogermanischen würde dieses Substantiv somit folgendermaßen flektieren:

	Prg.	Ahd./Got.	Hethitisch	Umbrisch	Griechisch
Nom./Akk.	**wóder*	*wazzer*	*watar*	*utur*	*ὕδωρ*
Gen.	**wodenés*	*watins*	*wetenaš*		*ὕδατος*
Dat.	**wodení*	*watin*	*weteni*	*une*	*ὕδατι*

Die hochstufige Endung *-er* findet sich außer im Westgermanischen auch in lat. *iter, itineris* „Weg" und *ūber, -eris* „Euter" (= mhd. *ūter*, ags. *ūder* sowie ai. *ū́dhar, -nás*, gr. *οὖθαρ, -ατος* „Euter") wieder und wurde deshalb zu Recht als westindogermanisch ererbt angesehen[220]; das letztere Neutrum stammt seinerseits aus der indogermanischen Grundsprache. Auch das Substantiv für „Feuer", got. *fōn*, Gen. *funins* = an. *funi* „Feuer, Flamme" (*n*-, Stamm, poet.) mit dem *r*-Stamm in ahd. *fiur*, ags. *fyr, fīr* setzt ein heteroklitisches Neutrum, spg. **fe(w)ur-* (im Nominativ und Akkusativ) / *fun-* oder **fwen-* (in den obliquen Kasus) aus prg. **péur- / pun-, pwen-* und idg. **peh₂ur- / pun-, pwen-* fort, vgl. heth. *paḫḫur, paḫḫun-* „Feuer", aber gr. *πῦρ*, arm. *howr*, umbr. *pir* usw. mit verallgemeinertem *r*-Stamm. Der

219 Der Guttural in **taikēr* / **daig(w)ḗr* beruht vielleicht auf Kreuzung mit einer germ. Entsprechung zu lit. *láigonas* „Bruder der Frau", s. Pokorny 1959: 179.

220 Zur Endung *-er* im Italischen und Germanischen s. Oettinger 1994: 83, der sogar deren gemeinsame Herkunft im 2. Jahrtausend v. Chr. vermutet.

Stamm *funin-* im Gotischen (und Altnordischen) kann am ehesten als Kreuzung von **fun-* mit **fwen-* gedeutet werden[221].

Zum Heteroklitikon für „Sonne" dagegen finden sich im Gotischen noch beide Stämme auf *-l-* und auf *-n-*, nämlich im Neutrum *sauil* und in *sunnō*, das als Neutrum mit dem sekundären Obliquusstamm auf *-in-* und auch als Femininum auf *-ōn-* flektiert. Im Altnordischen bildet das Femininum *sól* die grundsprachliche Bezeichnung für „Sonne", der *n*-Stamm *sunna* ist auf die Dichtersprache beschränkt; im Westgermanischen ist umgekehrt lediglich der *n*-Stamm (ahd. *sunna* f.) erhalten. Das Heteroklitikon als solches findet sich nur noch in awest. *huuarə*, (Nominativ/Akkusativ, = ai.-ved. *svàr*) und *x^{v}əŋg* (Genitiv) aus indoiran. **suvar* bzw. *suvans*[222]. Die Tatsache, dass jeweils beide Stämme der behandelten Heteroklitika auf die germanischen Einzelsprachen verteilt sind, setzt voraus, dass die ursprünglichen Paradigmen im Protogermanischen durchaus noch vorhanden waren. Der gemeingermanische Stamm *sunn-* mit doppeltem Nasal findet am ehesten eine Erklärung in einer Kreuzung des nullstufigen Stammes **sun-* mit dem Stamm **swen-*, der im Iranischen wiederkehrt, über eine Zwischenstufe **sun-en-*[223]; für das Protogermanische wären demnach also im Nominativ und Akkusativ **sáwel-* und in den übrigen Kasus **sun-, *swen-* anzusetzen.

3.2.1.2.5. Konsonantische Wurzelnomina

Ähnlich wie die *r*-Stämme flektieren im Gotischen auch Substantive weiterer konsonantischer Stammklassen, wie die Wurzelnomina, unter denen jenes für „Nacht" mit seiner gemeinindogermanischen Grundlage die besten Vergleichsmöglichkeiten und Belege für die einst konsonantische Flexion bietet; doch auch ahd. *naht* und an. *nótt* zeigen im Plural deutliche Spuren der einstigen konsonantischen Flexion:

Singular	Prg.	Gotisch	Ahd.	An.	Latein	Griech.
Nom.	**nókts*	*nahts*	*naht*	*nótt*	*nox*	*νύξ*
Gen.	**noktés*	*nahts*	*naht*	*nǿtr*	*noctis*	*νυκτός*
Dat.	**noktí*	*naht*	*naht*	*nótt*	*noctī*	*νυκτί*
Akk.	**nóktun*	*naht*	*naht*	*nótt*	*noctem*	*νύκτα*

221 Siehe diese Erklärung zu *funin-* bei Bammesberger 1990: 205. Anders jetzt Müller 2007: 258f., der als älteste Ablautstufen hochstufiges got. *fōn* auf Grundlage von älterem **fōr* aus idg. **peh2wr-* und *fun-* aus **fuwen-* ansetzt, nicht recht überzeugend ebda. die Deutung von ahd. *fiur* als Metathese aus **fuwer-*.

222 Zu dem Heteroklitikon für „Sonne" im Germ. s. jetzt Euler 2000b: 71 – 76.

223 Siehe diese Erklärung einer Hybridbildung bei Bammesberger 1990: 180.

Plural						
Nom.	**nóktes*	*nahts*	*naht*	*nǽtr*	*noctēs*	νύκτε
Gen.	**noktṓn*	*nahtē*	*nahto*	*nótta*	*noctium*	νυκτῶν
Dat.	**noktumís*	*nahtam*	*nahtum*	*nóttum*	*noctibus*	νυξί(ν)
Akk.	**nóktuns*	*nahts*	*naht*	*nǽtr*	*noctēs*	νύκτας

Im Gotischen ist im Dativ Plural die Endung der *a*-Stämme eingedrungen, mit Gewissheit von *dagam* „den Tagen" her[224]; dass in einer Reliktklasse wie den Wurzelnomina Unregelmäßigkeiten überhand nehmen, dafür liefert nicht allein das Gotische wie in diesem Fall überzeugende Beweise. Eindeutig ererbte Formen der konsonantischen Stammklasse sind im Singular wie im Nominativ Plural noch erhalten, während im Akkusativ Plural die Nominativendung übernommen worden ist. Im Akkusativ Singular kann Einfluss der *i*-Stämme vorliegen oder *-*u* nach langer Wurzelsilbe geschwunden sein[225]. Doch zeigen auch das Althochdeutsche wie Altnordische nicht nur im endungslosen Nominativ Singular, sondern indirekt auch im Dativ Plural im *u*-Stamm, der zweifellos auf einstigem silbischen Nasal basiert wie bei den *r*-Stämmen, Reflexe der konsonantischen Flexion. Wie in anderen indogermanischen Sprachen ist im Germanischen die *o*-Stufe der Wurzel verallgemeinert, vgl. auch den altindischen Akkusativ *náktam* und lit. *naktìs*, dort verrät noch der Genitiv Plural *naktų* die einstige konsonantische Flexion dieses Substantivs. – Daneben taucht vereinzelt aber auch die Nullstufe auf: Da nicht nur got. *ūhtwō* „Morgendämmerung", sondern ebenso ai. *aktú-* „Ende der Nacht" sicher idg. **n̥ktú-* fortsetzt, kann allerdings im Protogermanischen auch in den obliquen Kasus von **nókts* der nullstufige Stamm **unktú-* vorgelegen haben. Im Gotischen ist im Akkusativ Singular nach langer Wurzelsilbe die Endung wie bei den *n*-Stämmen geschwunden (s. Seite 100) und im Plural die Endung des Nominativs übernommen worden.

Fast genauso wie *nahts* flektiert das Substantiv *baúrgs* „Burg, Stadt", nur im Dat. Pl. *baúrgim* liegt Einfluss der *i*-Stämme vor; im Althochdeutschen ist *burg* bereits ein femininer *i*-Stamm und ähnliches gilt für an. *borg* „Anhöhe, Wall, Burg", alle setzen jedenfalls ein Wurzelnomen, prg. **b*^{h}*urg*^{h}*-* fort. Außerhalb des Germanischen stimmt air. *brí* „Hügel, Berg" am genauesten mit den germanischen Parallelen überein (aus **b*^{h}*r̥g*^{h}*-*, vgl. auch kymr. *bre* „Hügel" und festlandkelt. *-briga* in Ortsnamen), zweifelsohne liegt hier ein Adjektiv zugrunde, vgl. awest. *bərəz-* „hoch" wie auch die Erweiterung ai. *br̥hát-* „groß, hoch, stark", im Kelt. *Brigantes* und im Germ. *Burgundiones* (beides Stammesnamen, s. dazu auch Seite 65 mit Anm. 118)[226].

224 Diesen Einfluss nimmt Krause (1968: 170) an, innerhalb des Gegensatzpaares naheliegend.
225 Beide Möglichkeiten von Krahe / Seebold 1967: 92 erwogen.
226 Siehe zu dieser Gleichung Griepentrog 1995: 91 – 116, auf S. 107 – 110 Vergleich mit dem Keltischen, auf S. 112 ein urg. Paradigma.

Andere ehemalige Wurzelnomina des Gotischen haben ausgehend von den Akkusativendungen **-un*, Plural **-unz* (aus idg. **-m̥* bzw. **-n̥s*) vollends die *u*-Flexion durchgeführt, etwa *fōtus* „Fuß“ – im Gegensatz zu ags. *fōt* und an. *fótr* mit dem Plural der Konsonantstämme ags. *fēt* und an. *føtr* (aus spg. **fōtiz*, prg. **pṓdes* = gr. *πόδες*); im Angelsächsischen entstammen die obliquen Kasusendungen sogar den *a*-Stämmen[227]. Analoge Stammklassenwechsel haben auch andere indogermanische Sprachen vollzogen: Im Lateinischen, Baltischen und Slawischen herrscht dabei der Einfluss der *i*-Substantive vor wie jener der *u-*[228]Stämme im Gotischen, da in diesen Sprachen silbisches **-m̥* im Akkusativ Singular ursprünglich hell artikuliert wurde, vgl. etwa lat. *aurem* mit lit. *aũsį* „Ohr“ aus idg. **áusm̥*, lat. *nārem* „Nasenloch, Nase“ mit lit. *nósį* „Nase“ aus idg. **nā́sm̥*, oder lat. *noctem* mit lit. *nàktį* „Nacht“.

Die Beispiele einstmals konsonantischer Wurzelnomina ließen sich vermehren: So bieten das Altenglische wie Altnordische wiederum zwei Tierbezeichnungen mit archaischen Formen des Nominativ / Akkusativ Plural: ags. *gōs* (Pl. *gēs)* = an. *gás* aus prg. **gʰáns-es* „die Gänse“, vgl. lit. *žąsìs* „ds.“ (Akk. *žąsį*, ostlit. Gen. *žąsès*), ferner lat. *hanser* „ds.“, ai. *haṃsá-* „Schwan“ usw.[229], und ags. *mūs* = an. *mús* „Maus“ mit Pl. *mȳs* = an. *mýs* aus prg. **mū́s-es* „die Mäuse“, vgl. lat. *mūs*, gr. *μῦς* usw. „Maus“[230]. Das Substantiv ahd. *turi* f. (Dat. *turun*), an. *dyrr* f.pl. „Tür“ basiert auf einem Pluraletantum und setzt spg. **duriz*, prg. **dʰúres* und letztlich idg. *dʰúre* (Dual) in der ursprünglichen Bedeutung „beide Türflügel“ fort, vgl. dazu genau lat. *forēs*, lit. *dùrys*, beides Plurale in derselben Bedeutung[231].

Etwas aus dem Rahmen fällt das Maskulinum got. *manna* (Gen. *mans*), ahd. *man*, an. *maðr* „Mensch, Mann“. Diesen Parallelen liegt zwar ein einsilbiger Stamm prg. **man-* zugrunde, in den Einzelsprachen wurde der Stammauslaut aber in verschiedener Weise verändert:

Singular	Prg.	Spg.	Gotisch	Althochdeutsch	Altnordisch
Nom.	**mans*	**manz*	*manna*	*man*	*maðr*
Gen.	**manés*	**maniz*	*mans*	*man, mannes*	*manz*
Dat.	**manwí*	**manni*	*mann*	*man, manne*	*manni*
Akk.	**mánun*	**mann*	*mannan*	*man*	*mann*

227 Siehe zu dieser Körperteilbezeichnung Griepentrog 1995: 153 – 183.

228 Siehe zu den *i*-Substantiven als Fortsetzern einstiger Konsonantstämme Eckert 1983, speziell zu indogermanischen Gleichungen 23 – 80, zu baltisch-slawischen Gleichungen 80 – 173.

229 Siehe zum Substantiv für „Gans“ im Germanischen Griepentrog 1995: 211 – 232, mit Ansatz eines germ. Paradigmas auf S. 232 sowie Vergleich zur litauischen Parallele auf S. 225.

230 Bemerkenswerterweise haben diese bereits in protogermanischer Zeit archaischen Pluralformen in der an sich so formenarmen englischen Sprache als unregelmäßige Plurale *geese* und *mice* bis heute überlebt.

231 Siehe zu diesem Pluraletantum Griepentrog 1995: 117 – 152 mit einem urg. und westgerm. Paradigma auf S. 127.

Plural					
Nom.	*mánes	*maniz	mans	man	menn
Gen.	*manwṓn	*mannōn	mannē	manno	manna
Dat.	*manumís	*mannomiz	mannam	mannum	mǫnnum
Akk.	*manúns	*manz	mans	man	menn

Die obliquen Formen des Plurals lassen sich leicht als Einflüsse der *a*-Maskulina erklären, die Formen mit einfachem *-n-* im Auslaut auf der Basis der Wurzel **man-*, dagegen werden die Formen mit *-nn-* als Ergebnis einer Assimilation aus **-nw-* erklärt (ähnlich wie beim Substantiv got. *kinnus* usw., s. Seite 73 und 96), zumal *Mannus* als Name für den Stammvater der Menschen in der Religion der Germanen bezeugt ist und ai. *mánu-* „Mensch" im Rigveda als Name des Stammvaters der Menschen dient[232]. Dennoch können für das Protogermanische nicht alle Kasusformen sicher erschlossen werden, vielmehr ist man auch auf den Vergleich mit anderen Wurzelnomina angewiesen.

Auch der Herrschertitel got. *reiks* „Herrscher", ahd. **-rīh* (in Königsnamen) zählt zu den Wurzelnomina, ungeachtet seiner Herkunft als prg. **rīgs* aus dem Keltischen, vgl. dazu gall. *-rix* in Fürstennamen, air. *rí* aus urkelt. **rīgs* „König, Herrscher", das mit lat. *rēx* und ai. *rāj-ā́* „König" (*rāj-* als Hinterglied in Komposita) idg. **rēĝs* fortsetzt. Wie sehr die konsonantische Flexion des Germanischen noch mit der des Keltischen und selbst des Lateinischen übereinstimmt, führt dieses Paradigma deutlich vor Augen:

Singular	Prg.	Gotisch	Urkeltisch	Altirisch	Lateinisch
Nom.	*rīgs	reiks	*rīgs	rí	rēx
Gen.	*rīgés	reikis	*rīgos	ríg	rēgis
Dat.	*rīgí	reik	*rīg(e)i	ríg	(rēgī)
Akk.	*rī́gun	*reik	*rīgan	ríg n-	rēgem
Plural					
Nom.	*rī́ges	reiks	*rīges	ríg	rēgēs
Gen.	*rīgṓn	reikē	*rīgon	ríg n-	rēgum
Dat.	*rīgumís	reikam	*rīgbis	rígaib	(rēgibus)
Akk.	*rīgúns	*reiks	*rīgans	ríga	rēgēs

Die Übereinstimmungen zwischen protogermanischer und urkeltischer, ja selbst noch lateinischer und keltischer Flexion, die im Gallischen noch weitgehend bei-

232 Siehe den Beleg von *Mannus* bei Tac. Germ. 2. Zum Vergleich von ai. *mánu-* mit *Mannus* und got. *manna* s. Meid 1976: 67f., der als ursprüngliche Bedeutung für das germanische Etymon „Mensch" postuliert. Eine andere Erklärung zu got. *manna* bietet Bammesberger 1990: 201 und 2000: 10, indem er einen sekundären *n*-Stamm urg. **man-an-* postuliert; Griepentrog 1995:

behalten ist, sind evident[233]. Die Betonung kann bei diesem Wurzelnomen ursprünglich entsprechend verteilt gewesen sein wie im Substantiv für „Zahn“ mit dem Wurzelablaut (s.u., Seite 112f.). Im Gotischen macht sich in den obliquen Kasus indes wiederum der Einfluss der maskulinen *a*-Stämme bemerkbar – bis auf den Dativ Singular. Im Akkusativ Singular kann *u* nach langer Wurzelsilbe geschwunden sein, und der Akk. Pl. **reiks* lässt sich zumindest nach (semantisch nahestehendem!) *mans* als Sekundärbildung erschließen, sonst hätte sich **reikuns* ergeben und das gesamte Paradigma wäre wie die Maskulina *fotus* und *tunþus* (s. unten) zum *u*-Stamm umgebaut worden. Im West- und Nordgermanischen fehlt dieser entlehnte Herrschertitel, wo stattdessen das germanische Erbwort ahd. *chuning*, an. *konungr* bewahrt ist, vgl. auch finn. *kuningas* „König“, das aus dem Späturgermanischen entlehnt wurde[234]; doch kann das keltische Lehnwort dort auch verlorengegangen sein, zumal die literarische Überlieferung im Gotischen ja wesentlich früher einsetzt als in den anderen germanischen Sprachen[235].

Unter den Wurzelnomina fällt jenes für „Zahn“ aus dem Rahmen, das etymologisch eine alte Partizipialbildung zu idg. **ed-* „essen“ darstellt, die freilich schon im Indogermanischen vom Verbum isoliert war: Im Gotischen ist die nullstufige Wurzel verallgemeinert worden, in den anderen altgermanischen Sprachen dagegen die hochstufige Wurzel mit ursprünglichem *o*-Ablaut, vgl. also ahd. *zand*, ags. *tōþ* und an. *tǫnn* (alle aus **tanþ-*) gegenüber got. *tunþus* genau mit ai. *dánt(a)-* bzw. obliquem *dat-* „Zahn“. Für das Urgermanische muss also mit beiden Stämmen **tanþ-* und **tunþ-* nebeneinander gerechnet werden, während in anderen indogermanischen Sprachen jeweils eine Ablautstufe durchgeführt worden ist, so der *o*-Ablaut in gr. *ὀδούς*, Gen. *ὀδόντος*, und lit. *dantìs*[236]. Das Substantiv kann im Protogermanischen also wie folgt flektiert worden sein:

Singular	Prg.	Spg.	Gotisch	Altindisch
Nom.	**dónts*	**tán(þ)z*	*tunþus*	*dán*
Gen.	**duntés*	**tunþis*	*tunþaus*	**datáḥ*
Dat.	**duntí*	**tunþi*	*tunþau*	**daté*
Akk.	**dóntun*	**tánþu*	*tunþu*	*dántam*

233 Siehe bei Pokorny (1969: 40f.) die „ursprünglichen“ (indogermanischen Endungen für das Paradigma air. *rí*.
234 Finn. *kuningas* ist mit hoher Wahrscheinlichkeit aus spg. **kuningaz* entlehnt, s. dazu Ritter 1993: 143.
235 Siehe zu diesem entlehnten Wurzelnomen Griepentrog 1995: 353 – 366, speziell zum Nebeneinander des ererbten Titels mit dem keltischen Lehnwort S. 362f., wo Griepentrog einen Verlust außerhalb des Gotischen in Erwägung zieht, aber auch eine Entlehnung im 2. Jahrhundert v. Chr. ins Ostgermanische für möglich hält (weniger glaubhaft). Umgekehrt kann auch ein got. **kunings* verloren gegangen sein, s. Ritter 1993: 166f.
236 Siehe zum Substantiv für „Zahn“ Griepentrog 1995: 479 – 485 mit urg. Paradigma mit beiden Stämmen **tanþ-* und *tunþ-* auf S. 483 und idg. Paradigma auf S. 485; eher glaubhaft Schaffner 2001: 625, der auch für das späte Urgermanisch noch ein Paradigma mit Wurzelablaut ansetzt.

Plural				
Nom.	**dóntes*	**tánþez*	*tunþjus*	**dántaḥ*
Gen.	**duntṓn*	**tunþōn*	*tunþiwē*	**datā́m*
Dat.	**duntumís*	**tunþumis*	*tunþum*	**dadbhíḥ* (Instr.)
Akk.	**duntúns*	**tunþuns*	*tunþuns*	*datáḥ*

3.2.1.2.6. Mehrsilbige Stämme auf Verschlusslaut

Auch die mehrsilbigen Stämme auf *-nt-* im Germanischen, im allgemeinen substantivierte Partizipialformen, haben im Gotischen ihre konsonantische Flexion zumindest unter den Substantivierungen noch weithin bewahrt, wenngleich sich auch hier in den obliquen Kasus der Einfluss der *a*-Maskulina stärker bemerkbar macht als in den Wurzelnomina, darunter im Paradigma *frijōnds* „Freund" (= ahd. *friunt*), ursprünglich Partizip zu *frijōn* „lieben" (= aksl. *prijati* „beistehen, begünstigen", ai. *priyā-yáte* „freundet sich an"). Entsprechendes gilt für got. *fijands* „Feind" (= ahd. *fijant*, Partizip zu *fijan* „hassen", vgl. ai. *pī́yati* „hasst, schmäht" mit Partizip *pī́yant-* „Schmäher, Frevler"). – Zu den eigentlichen aktivischen Präsenspartizipia auf *-nt-* s. Seite 124.

An dieser Stelle sind zwei gotische Substantive aufschlussreich, die letztlich einstige Partizipien der indogermanischen Perfektopräsentien und Perfektkategorie fortsetzen, nämlich *weitwōþs, weitwōd-* in der Bedeutung „Zeuge", das in gr. *εἰδώς* (Partizip zu *οἶδα* „ich weiß") mit dem Obliquusstamm *εἰδότ-* sehr genau, bedingt aber auch mit ai. *vidvā́n* mit Obliquusstamm *vidúṣ-* übereinstimmt (s. dazu Seite 164f.)[237], und *bērusjōs* „Eltern", ursprünglich ein Plural zu **bērusi* „Gebärerin", also aktives Präteritalpartizip zu *baíran*. Dieses einstige Partizip flektiert aufgrund seiner Bedeutung wie ein *a*-Stamm und hat als einstiges Femininum in ai. *vidúṣī* und gr. *εἰδυῖα* seine flexivischen Entsprechungen (s. zu den aktiven Präteritalpartizipien auch Seite 167f.)[238]. Vor allem der Vergleich mit dem Griechischen zeigt, dass nicht nur in der indogermanischen Grundsprache, sondern noch im Protogermanischen eine Heteroklisie von *t*-Stamm im Nominativ und *s*-Stamm in den obliquen Kasus bestand; zumindest für das Maskulinum lässt sich prg. **weidwṓ(t)s* „wissend" ansetzen.

Im Gegensatz zum Indoiranischen und Griechischen, aber auch zum Baltischen und Slawischen (dort als Präteritalpartizip) hat das aktive Partizip des Perfekts im Germanischen als Verbalkategorie wahrscheinlich nicht bis zuletzt überlebt. Im frühen Protogermanischen kann diese Partizipialbildung aber selbst noch bei einem starken Präteritum wie zum Allerweltsverb „essen", also **ḗda* (s. Seite 171), als

237 Zu den germ. und idg. Grundlagen von *weitwōþs* s. Bammesberger 1990: 216.
238 Siehe zu *bērusjōs* Bammesberger 1990: 212.

**ēdwṓ(t)s*, *ēdús-* im Sinne von „gegessen habend" existiert haben, zumal sowohl lit. *ėdęs*, Fem. *ėdusi* als auch aksl. *jadъ*, Fem. *jadъši* (aus protoslaw. **ēdus-*) als Präteritalpartizipien jeweils formal wie semantisch mit prg. **ēdús-* genau übereinstimmen.

Im Germanischen gab es außerdem mehrsilbige Substantive indogermanischer Herkunft mit Stammauslaut auf bloßen Okklusiv, darunter jenes für „Monat" und ursprünglich vielleicht auch für „Enkel" (s. Seite 102). Seit jeher zu den Wurzelnomina gehörte die Bezeichnung für „Ente", ahd. *anut (anit)*, ags. *ened*, an. *ǫnd* f. „Ente" aus spg. **anuđi-*, prg. **anutí-* (älter **anut-*[239]), vgl. dazu auch lat. *anas, -atis* „ds.", aber lit. *ántis*, ai. *ātí-* (ein Wasservogel) und gr. *νῆσσα* (dor. *νᾶσσα*) „Ente" mit *i*-haltigem Stammauslaut; dies setzt im Indogermanischen ein Wurzelnomen mit Laryngal **$h_2$énh$_2$t-, h_2n̥h$_2$t-* voraus, das im Alteuropäisch-Westindogermanischen wohl **anət-* lautete (daraus lat. *anat-*) und im Protogermanischen zu **anut-* umgebildet wurde[240]. Das Femininum got. *miluks*, ahd. *miluh*, an. *mjolk* „Milch" basiert auf spg. **meluk-*, dieses wurde überzeugend als Kreuzung aus **melk-* und schwundstufigem **mulk-* (aus idg. **$h_2$melĝ-* „abgestreifte Milch") interpretiert, zumal dieses Substantiv vom Verbum ahd. *melkan*, ags. *melcan* „melken" etymologisch nicht getrennt werden kann[241]. Es handelt sich also nicht um ein altererbtes Wurzelnomen.

Die Bezeichnung für „Haupt", an. *hofuð* deckt sich lautlich genau mit lat. *caput, capitis* „ds.", vgl. auch ai. *kapúcchala-* „Haarschopf". Dieses Substantiv ist in allen germanischen Sprachen thematisiert, doch spricht dies keineswegs gegen einen Ansatz von prg. **kapút-*; allerdings hat der Diphthong in got. *haubiþ*, ahd. *houbit* und ags. *hēafod* „ds." keine befriedigende Erklärung gefunden, möglicherweise stellt er einen Einfluss vom Adjektiv für „hoch", got. *háuhs*, ahd. *hōh* usw. dar. Wahrscheinlich gehörte auch got. *miliþ* „Honig" hierzu, das in heth. *milit*, gr. *μέλι, -ιτος*, alb. *mjaltë* „Honig" seine Parallelen hat, allerdings verrät der Dental im Auslaut von *miliþ* eine thematisierte Bildung aus spg. **meliþa*, prg. **méliton* (also wie alb. *mjaltë* aus frühem uralb. **méliton*).

3.2.1.2.7. Stämme auf Sibilant

Die einstigen *s*-Neutra sind im Gotischen wie im Altnordischen mit dem Stammauslaut *-is-/-iz-* bzw. *-r-* thematisiert und damit völlig den Neutra auf *-a-* angeglichen

239 Betonung mangels klarer Vergleiche etwa im Ai. unsicher.

240 Siehe Erklärungsversuche zur Umbildung von *anut* bei Hamp 1978: 29 – 31, außerdem bei Bammesberger 1984: 94f. (ähnlich wie für *miluh*) und Griepentrog 1995: 299 mit Literatur sowie Müller 2007: 75f., der *-u-* nicht als Fortsetzer des Laryngals ansieht.

241 Siehe zum Lexem für „Milch" Bammesberger 1984: 94f und Griepentrog 1995: 287 – 304 (dort das urg. Paradigma auf S. 296, zu den formalen Grundlagen S. 300).

worden, vgl. z.B. got. *riqis, -izis* „Finsternis“, an. *rǫkkr, -rs* „Dunkel“ mit ai. *rájas-* „Nebel, Düsterkeit; Schmutz“ und gr. ἔρεβος „Dunkel (der Unterwelt)“; im Protogermanischen lautete dieses Substantiv noch genauso wie im Indogermanischen: **rég*^{w}*es-242*. Dagegen ist im Westgermanischen auslautender Sibilant ja geschwunden, so dass der Stammauslaut auf *-r-* dort nur im Plural erhalten blieb, im Singular aber zumeist schwand, wie in ahd. *lamb*, Pl. *lembir*, *kalb*, Pl. *kelbir* und *hrind*, Pl. *hrindir* (dort auch noch Gen. Sg. *hrindires*), also zumeist bei Bezeichnungen junger Tiere)[243]. Andere Neutra sind dagegen zu den *u*-Stämmen gewechselt, wie ahd. *sigu* gegenüber got. *sigis*, an. *sigr* „Sieg“ und dem altgermanischen Namen *Segismundus* aus spg. **segiz-*, prg. **ség*^{h}*es-*, vgl. dazu ai. *sáhas-* „Kraft, Macht, Sieg“ (zu *sáhati* „überwältigt, besiegt“). Auch unter den Stämmen auf Sibilant finden sich solche mit guter indogermanischer Etymologie, vgl. folgende Auswahl der formal auffälligsten Beispiele[244]:

- An. *setr* „Wohnsitz“ aus spg. **setiz*, prg. **sédes-* „(Wohn)sitz“ mit ai. *sádas* und gr. ἕδος „Sitz, Wohnsitz“.
- Got. *agis* „Furcht“ aus prg. **ag*^{h}*es-* mit gr. ἄχος „Trauer, Schmerz“.
- Got. *ahs*, ahd. *ahar* „Ähre“, aus spg. **axiz (*axez?)*, prg. **ákes* – mit lat. *acus* „Granne, Spreu“.
- Ahd. *demar* „Dunkelheit“ aus spg. **þémaz-*, prg. **témos* mit ai. *támas-* „Finsternis, Dunkelheit“, lat. *tenebrae* „ds.“ (= ai. *támisrā-* „dunkle Nacht“).
- Got. *aiz*, ahd. *ēr* „Erz, Bronze“ aus spg. **aiza-*, prg. **ais-* mit lat. *aes* „ds.“, ai. *áyas-* „Nutzmetall; Eisen“ (ursprünglich „Kupfer“)[245].
- An. *ljós* aus spg. **leuχes-*, prg. **léukes-* mit awest. *raocah-* „Licht, Leuchte“.

Der Kessel von Gundestrup wurde 1891 im nordjütländischen Himmerland gefunden. Mit fast 70 Zentimetern Durchmesser ist er der größte Silberfund aus der europäischen Eisenzeit. Der Kessel stammt aus der La-Tène-Periode und zeigt vermutlich keltische Motive. Andere Forscher deuten die Darstellungen als Motive aus der thrakischen oder auch der einheimisch-germanischen Mythologie. Am ehesten wurde der aus 97% reinem Silber gefertigte Kessel für Opferritaule verwendet.

242 Der Nom./Akk. Sg. ist als **rég*^{w}*es* oder **rég*^{w}*os* erschließbar, weswegen hier der Stamm mit Bindestrich angegeben wird. Auch im Folgenden wird diese Notation verwendet, wenn die Endung im Nominativ unklar ist.

243 Zur Stammbildung und Flexion der *s*-Stämme s. Schlerath 1995: 254 – 258.

244 Eine Liste der *s*-Stämme im Germ. mit idg. Herkunft s. bei Schlerath 1995: 259f.

245 Siehe desn Ansatz **aiza-* bei Bammesberger 1990: 210

3.2.2. Adjektive und Partizipien

3.2.2.1. Adjektive

3.2.2.1.1. Stammbildungen auf **-o-/-ā-*

Wie unter den Maskulina und Neutra die Stammklassen auf *-o-* und unter den Feminina jene auf *-ā-* schon in indogermanischer Zeit eine hohe Produktivität entfaltet haben, so traf dies auch für Adjektiva mit dem Stammauslaut *-o-* im Maskulinum und Neutrum und *-ā-* im Femininum zu. Als beliebtes Beispiel hierfür wird immer wieder das Adjektiv für „neu" angeführt mit der Gleichung ai. *návas, návā, návam* = gr. *νέος, νέα, νέον* = lat. *novus, nova, novum* = aksl. *novъ, nova, novo* – das aber im Germanischen keine genau übereinstimmende Entsprechung hat (s. zum germanischen Adjektiv für „neu" Seite 120). Es gibt aber genügend andere Beispiele, die die Produktivität dieser Adjektive auf *-o-/-ā-* bezeugen, und so wird in den Grammatiken der germanischen Einzelsprachen als Paradigma dieser Stammklasse oft got. *blinds, -a, -ata*, ahd. *blinter, -iu, -az* „blind", neben – mangels direkter Parallele zum vorstehenden Adjektiv – an. *spakr, spǫk, spakt* „klug" angeführt. Ein geeigneteres Paradigma mit genauen innergermanischen Parallelen und zudem Entsprechungen in den westindogermanischen Sprachen ist dagegen got. *laggs*, ahd. *lang*, an. *langr* „lang" aus spg. **langaz, -ō, -a(tō)*, prg. **lóngʰos, -ā, -on* und idg. **lóŋgʰos, -ā, -on* anführen, vgl. dazu lat. *longus* „ds." und im Keltischen den gallischen Stammesnamen *Longostaletes* und lusitanischen Ortsnamen *Longobriga*. Es wird daher im Folgenden verwendet.

Im Gegensatz zu den meisten indogermanischen Einzelsprachen flektieren die Adjektive im Germanischen in den obliquen Kasus sehr genau nach dem Muster der Pronomina, besonders im Gotischen, sofern nicht dort noch archaischere Endungen auftauchen, wie im Femininum mit der Endung *-aizō* (Gen. Pl., vgl. dazu an. *þeira* gegenüber got. *þizō*, s. Seite 136), ebenso im Westgermanischen und Nordischen (dort erscheint lediglich im Neutrum anstelle des Dativs die alte Instrumentalendung *-u*, vgl. dazu auch das Pronomen *því*, s. Seite 136). Lediglich im Baltischen finden sich im Singular maskuline Dativformen mit pronominalen Endungen, wie apr. *wargasmu*, Dat. zu *wargs* „böse", vgl. dieses genau mit dem Dativ Sg. m., n., got. *laggamma*, ahd. *langemu* (aus späturg. **langazmō/langezmō* mit entsprechender Endung wie bei den Pronomina, s. S. 132). Die Ausbreitung der Pronominalflexion in den obliquen Kasus der Adjektive war deswegen offenbar eine germanische Neuerung, wobei die Parallelen im Baltischen auf eine relativ frühe Einführung der Pronominalendungen schließen lassen.[246]

246 Siehe eine Tabelle mit der starken Adjektivflexion der germ. Sprachen bei Krahe 1965: 75f., Ramat 1981: 77 (allerdings ohne Kennzeichnung von Langvokalen) und Bammesberger 1990: 223; zur archaischen Femininendung s. Krahe / Seebold 1967: 108 und Bammesberger ebda. Den germ.-balt. Vergleich des pronominalen maskulinen Dativs im Adjektiv s. bei Schmid 1994: 353.

Neben dieser „starken“ Flexion des unbestimmten Adjektivs stand sicher schon im Protogermanischen wie gesagt die „schwache“ Flexion des bestimmten Adjektivs mit der Nasalerweiterung am vokalischen Stammauslaut. Demnach flektiert das Adjektiv got. *lagga, laggō*, *laggō* „der, die, das Lange“ völlig nach dem Muster von *hana*, *tuggō* bzw. *haírtō* und ebenso ahd. *lango* m., *langa* f., *langa* n. wie *hano*, *zunga* bzw. *herza*, im Singular auch an. *langi, -a, -a* wie *hani*, *tunga* bzw. *hjarta*, doch hat sich dort in Nominativ, Genitiv und Akkusativ des Plurals eine Einheitsform auf *-o* durchgesetzt; als gemeinsame Grundlage kann somit zumindest spg. **langō, langōn*, *langōn* angesetzt werden. Für das Protogermanische lässt sich diese Bestimmtheitsflexion jedoch ebenso wenig nachweisen wie die Stammerweiterung der indogermanischen *ā*-Feminina mit Nasal, auf keinen Fall kann diese Adjektivflexion vor der Entstehung der *ōn*-Feminina aufgebaut worden sein (s. dazu Seite 103, zu den Grundlagen dieser Bestimmtheitsflexion allgemein Seite 105).

Die Stammklasse der Adjektive auf prg. **-o-/-ā-* ist zwar auch im Germanischen produktiv geworden, tatsächlich gibt es aber nicht allzu viele Beispiele von Adjektiven mit primärer Stammbildung (auf bloßen Themavokal). Das Farbadjektiv got. *rauþs*, an. *rauðr*, ahd. *rōt* setzt spg. **rauđaz*, prg. **róud^{h}os* fort und steht mit lat. *rūfus* „lichtrot, fuchsrot“ und *rōbus* „rot(braun)“ sowie air. *rūad* „rot“ und lit. *raūdas* „rotbraun“ (aus idg. **róud^{h}os*) formal völlig in Einklang[247]. Das folgende Adjektiv ist nur im Angelsächsischen erhalten, vgl. ags. *sēar* „trocken“ aus spg. **sauza-*, prg. und idg. **sausós* mit lit. *saũsas*, aksl. *suchъ* „ds.“ sowie ai. *śoṣa-* „trocknend, ausdörrend“ (episch), gr. *αὖος* (att. *αὗος*) „trocken, dürr“; ihm liegt ein Verbum idg. **sus-* zugrunde, das noch in ai. *śuṣyati* „trocknet aus, wird dürr“ und lett. *sust* „heiß werden“ fortbesteht. Got. *háihs* „einäugig“ hat mit lat. *caecus* „blind“ und air. *caech* „einäugig, schielend“ nur innerhalb des Westeuropäischen genaue etymologische Parallelen und setzt prg. und westidg. **káikos* „einäugig, blind“ fort.

Zum größten Teil sind Adjektive mit indogermanischer Herkunft jedoch über die verschiedenen Unterklassen der *o*-Stämme verstreut, im Allgemeinen handelt es sich um Sekundärbildungen. Hier wird eine Auswahl dieser Adjektive mit genauen außergermanischen Parallelen angeführt.

Innerhalb der Stämme auf *-mo-* ragt ein deverbales Adjektiv heraus, das in der Indogermania weit verbreitet ist, vgl. ahd. *war(a)m*, an. *varmr* „warm“, zu dem nicht belegtes got. **warms* aufgrund von *warmjan* „wärmen“ (= ahd. *wermen*

247 Daneben existierte ein Synonym mit derselben nullstufigen Wurzel in gr. *ἐρυϑρός* als auch lat. *ruber* und ai. *rudhirá-* „blutigrot“ (nur AV 5,29,10) sowie den Substantivierungen ai. *rudhirám* n. „Blut“ und an. *roðra* f., ebenfalls „Blut“; dieses Adjektiv auf *-ro-* diente also ursprünglich zur Bezeichnung für das Blut, das andere Synonym dagegen für rötlich-braune Tierhäute, etw *rôbus* für Stiere (nur bei Juvenal, Satire 8,155 belegt) und *raũdas* für Pferde, s. dazu jetzt Euler 2004: 77f.

„ds.") problemlos erschlossen werden kann[248], mit ai. *gharmás* „ds." und lat. *formus* (erst bei Paulus ex Festo ein paarmal für „calidus" bezeugt) sowie mit *e*-Hochstufe im Stamm gr. *θερμός*, arm. *ǰerm* „warm". Für das späteste Urgermanisch kann man **warmaz* als Etymon ansetzen, im Protogermanischen war jedoch der Labiovelar wohl noch erhalten, und das Adjektiv dürfte wie im Indogermanischen **g^{wh}ormós* gelautet haben. Zugrunde liegt ein Verbum idg. **g^{wh}er-* (daraus gr. *θέρεσθαι* „warm werden, sich wärmen", air. *fo-geir* „erwärmt, erhitzt" und aksl. *gorěti* „brennen").

Wesentlich produktiver sind bereits in der indogermanischen Grundsprache Adjektivbildungen auf *-no-* geworden, insbesondere als Partizipien, vgl. etwa got. *fulls*, ahd. *fol*, an. *fullr* „voll" aus spg. **z*, vielleicht noch prg. *pulnós*, mit lit. *pìlnas*, aber auch ai. *pūrṇá-* und lat. *plēnus* „voll" aus idg. **pl̥nó-*, *pl̥h$_1$nó-*, eine isolierte Partizipialbildung zur Verbalwurzel idg. **pl̥h$_1$-* (daraus ai. *píparti* „füllt, sättigt", gr. *πιμπλάναι*, lat. *plēre* „füllen"). Die produktiven Präteritalpartizipien auf *-no-* sind im Germanischen an die athematischen Verben, jene auf *-ono-* an die starken Verben gebunden. Auch hierunter können einzelne Partizipien in voreinzelsprachliche Zeit zurückreichen, vgl. ahd. *gitān* „getan" als Präteritalpartizip zu *tōn* mit aksl. *danъ* „gegeben" zu *dati* „geben" (seinerseits ein athematisches Verb), ahd. *gi-wegan* zu *giwegan* „bewegen" etymologisch mit aksl. *vezenъ* zu *vezti* „fahren" (thematisches Verb), aber auch got. *waúrdans*, ahd. *giwortan* zu *waírþan* bzw. *werdan* mit ai. *vávr̥tāna-* (Partizip von *vártate* „dreht sich"), siehe dazu auch Seite 177.

Auch unter Nominalableitungen auf *-na-* stammen einige Bildungen im Germanischen aus voreinzelsprachlicher Zeit, so etwa ahd. *ahorn* „Ahorn", vgl. dazu lat. *acernus* „aus Ahorn", abgeleitet von *acer* „Ahorn" (vgl. dazu adän. *ær*), denkbar ist hier ein Adjektiv prg. **ákurnos* das später substantiviert wurde. Ein erweitertes Suffix *-īna-* findet sich in Derivaten von Tierbezeichnungen wie got. *gaiteins*, ags. *gǣten* „Ziegen-" zu got. *gaits* (nur Neh. 5,18), ags. *gāt* (= ahd. *geiz*, an. *geitr* „Ziege"), vgl. dazu genau lat. *haedīnus* „vom Bock" zu *haedus* „Ziegenbock" aus westidg. **g^{h}aidīnos*, das im Protogermanischen nicht anders lautete. Auch die Substantivierung got. *swein*, ahd. *swīn*, an. *svín* n. „Schwein" zu ahd. *sū*, an. *sýr* „Sau" gehört hierher, vgl. dazu lat. *suīnus* „vom Schwein" zu *sūs* aus westidg. **su(w)īnos*; im Germanischen wurde dann **su(w)īno-* substantiviert, so dass wenigstens spg. **swīna-* als Neutrum postuliert werden kann. Für beide Ableitungen lässt sich die ursprüngliche Betonung nicht bestimmen.

Wie unter den Substantiven gibt es auch unter den Adjektiven einige Bildungen auf *-ro-*, darunter ahd. *wār*, ags. *wǣr* „wahr" aus prg. **wēros* (Betonung unklar) = lat. *vērus* und air. *fīr* aus westidg. **wēros*, älter *wesro-*, einem Deverbativ zu **wes-*

248 Siehe den Ansatz **warms* bei Schubert 1968: 75.

„sein" (daraus ai. *vásati* „lebt, wohnt", got. *wisan*, ahd. *wesan*, an. *vesa* „sein, leben"). Weitere Beispiele sind ahd. *magar*, an. *magr* „mager" aus prg. **makrós*, vgl. lat. *macer* „mager", gr. *μακρός* „lang" aus idg. **mə₂krós* sowie ahd. *lungar* „schnell", ags. *lungre* „schnell, rasch" (Adverb) aus spg. **lungraz*, prg. **lung^{h}rós*, vgl. dazu gr. *ἐλαφρός* „leicht, schnell" aus idg. **(h₁)ln̥g^{wh}ró-*. Auch komparativartige Ableitungen auf *-ero-* zu Lokalpartikeln stammen aus indogermanischer Zeit, nämlich ahd. *untaro* „der untere" und *obaro* „der obere", s. dazu Seite 127.

Vereinzelt steht das Denominativ mit Gutturalsuffix got. *juggs*, ahd. *jung* „jung" aus spg. **jungaz*, prg. **jūnkós* oder (älter) **juwunkós*, vgl. dazu lat. *iuvencus* „jung" (von Menschen und vom Rind) und ai. *yuvaśa-* „jung; Jüngling" aus idg. **yuwn̥ ó-*; in beiden außergermanischen Sprachen existiert noch das zugrundeliegende Substantiv: lat. *iuvenis* bzw. ai. *yúvā, yúvan-* „Jüngling, junger Mann".

Die adjektivischen Stämme auf *-to-* haben im Indogermanischen eine reiche Produktivität entfaltet, insbesondere als präteritale Partizipien, die später im Germanischen auf die schwachen Verben und Präteritopräsentien beschränkt wurden, siehe Einzelnes dazu auf Seite 177. Eine archaische Partizipialbildung liegt vor in got. *himina-kunds*, ags. *heofoncund* „von himmlischer Abkunft" und urn. *ragina-kudo* „von den (ratenden) Göttern stammend" (Femininum) sowie im Simplex an. *kundr* „Sohn, Verwandter", das spg. **kundaz*, prg. **guntós* gelautet hat. Diese Formen vergleichen sich mit gall. *nate* „Sohn" (Vokativ) und *gnatha* „Tochter" sowie mit den Personennamen *Cintugnatus, Devognata*, alat. *gnātus* „geboren" (Partizip zu *nāscī* „geboren werden") und ai. *jātá-* „geboren" (Partizip zu *jan-* „gebären, zeugen") samt Komposita wie *devá-jāta-* „von Göttern geboren", *mánujāta-* „von Manu geboren", die letztlich alle idg. **ĝn̥̄tó-, *ĝn̥h₁tó-*, Partizip zu **ĝenh₁-* „gebären, zeugen", fortsetzen. Die Komposita *ragina-kudo*, *Devognata* und *devá-jāta-* lassen auf idg. **deiwó-ĝn̥h₁to-* „von Göttern entsprossen" schließen. Verselbständigt vom Verbum *al-* (got. *alan* „wachsen") hat sich das ursprüngliche Partizip ahd. *alt* mit der Grundbedeutung „erwachsen", vgl. lat. *altus* „hoch", ebenfalls von *alere* „nähren, ernähren" losgelöst. Hier lautete das Partizip prg. **altós* noch genauso wie im Alteuropäisch-Indogermanischen. Auch ahd. *haft*, ags. *hæft* „gefangen" aus spg.**χaftaz*, prg. **kaptós* sind längst vom etymologisch dazugehörigen Verbum (got. *hafjan*, an. *hefja* „heben" aus prg. **kápjō*) abgekoppelt, vgl. die Substantivierung air. *cacht* „Sklavin" aus urkelt. **káptā*, aber auch lat. *captus* „gefangen", das noch im Paradigma von *capere, -iō* „fangen" verankert ist.

Sicher indogermanisch ererbt ist das ursprünglich passivische Partizip zum Präteritopräsens für „wissen" (s. dieses Verbum auf Seite 164f.), auch wenn selbst hier die Partizipialbildung nicht mehr eng an das zugrundeliegende Verb gebunden ist, vgl. also ags. *(ge)wiss* „gewiss", ahd. *giwis* „gewiss, bestimmt" aus spg. **wissaz*, prg. **wissós* mit ai. *vittá-* „bekannt" und gr. *ἄιστος* „ungesehen, ungekannt" sowie lat. *vīsus* (alat. **vissus*, s. dazu Seite 177). Unter den schwachen Verben können ebenso einige Präteritalpartizipien zumindest bereits aus der westindogermanischen Stufe stammen, etwa ahd. *gi-halōt* „geholt" und lat. *calātus* „ausgerufen" wie ahd. *gi-eiscōt* „erheischt" und lit. *ieškótas* „gesucht", s. dazu Seite 177.

Ebenso wenig wie die Substantive auf **-jo-* und **-wo-* spielten auch die Adjektive mit diesen Stammauslauten unter den *o*-Stämmen eine besondere Rolle. Neben dem schon erwähnten Adjektiv für „neu" (s. Seite 116) gab es im Indogermanischen eine Ableitung auf **-yo-*, die im Germanischen fortbestand, vgl. got. *niujis*, ahd. *niuwi*, an. *nýr* aus prg. **néwjos* mit ai. *návya-* (dort neben *náva-*), gall. *novios* im Ortsnamen *Noviodunum* und lit. *naũjas*, alle in derselben Bedeutung „neu", aus idg. **néwyos* „ds.". Auch das Adjektiv mit der Bedeutung „mittlerer" ist in der Indogermania weit verbreitet, vgl. got. *midjis*, ahd. *mitti* und an. *miðr* aus spg. **međjaz*, prg./idg. **méd*^{h}*jos*/**méd*^{h}*yos* genau mit ai. *mádhya-*, lat. *medius* usw. Ein weiteres Adjektiv, got. *freis*, ahd. *frī* „frei" aus spg. **frijaz*, prg. / idg. **prijós*/**priyós* stimmt zwar lautlich und formal, nicht aber semantisch mit ai. *priyá-* „lieb, erwünscht" überein, eine gemeinsame Bedeutung wird vielmehr im dazugehörigen Verbum got. *frijōn* „lieben" = aksl. *prija-ti* „beistehen, begünstigen" = ai. *priyāyáte* „freundet sich an" erkennbar.

Unter den Adjektiven auf *-wo-* mit indogermanischer Grundlage befinden sich fast durchweg Farbbezeichnungen, meist mit etymologischer Parallele im Lateinischen. Ahd. *gelo* und ags. *geolo* „gelb" aus spg. **gelwaz*, prg. und westidg. **g*^{h}*élwos* vergleichen sich mit lat. *helvus* und gallolat. *gilvus* (seit Varro Men. 358 belegt). Ein weiteres Farbadjektiv ahd. *grāo*, ags. *grǣg, grēg*, an. *grár* „grau" wird allgemein mit lat. *rāvus* (selten, aber seit Plautus belegt) verglichen, auch wenn im Lateinischen *g-* als Anlaut fehlt; die germanischen Parallelen setzen prg. **g*^{h}*rḗwos* fort, das somit auch im Wurzelvokal vom Lateinischen abweicht, dennoch ist die Gleichung in den Etymologika anerkannt. Eine ganz entsprechende Diskrepanz findet sich in ahd. *blāo* und an. *blár* wie ags. *blǣhwen* „blau" (mit einer Stammerweiterung nach dem Adjektiv *hǣwen*, „blau, purpurfarben") aus spg. **blāwaz*, prg. **b*^{h}*lḗwos*, ebenso in katalan. *blau* und frz. *bleu* als Entlehnungen aus dem Fränkischen. Dieses germanische Farbadjektiv könnte indes allenfalls mit lat. *flāvus* „goldgelb, blond" und kymr. *blawr* „grau" ein voreinzelsprachliches Adjektiv fortsetzen, wobei es jedoch nicht nur einen anderen Wurzelvokalismus (aus **b*^{h}*lḗwos*) aufweist und zu *flāvus* in einem entsprechenden Verhältnis steht wie ahd. *blāen* zu lat. *flāre* „blasen", sondern auch in der Bedeutung von *flāvus* stark divergiert; kymr. *blawr* wiederum passt zwar semantisch eher zum Germanischen, zeigt aber einen Stammauslaut mit zusätzlichem *r*. Dennoch wird zumindest der germanisch-lateinische Vergleich in den Etymologika kaum angezweifelt, die Bedeutungsdiskrepanz ließe sich mit Hilfe einer Allgemeinbedeutung „glänzend“ überbrücken (etwa bei Augen, die blau oder braun sein können)[249].

3.2.2.1.2. Stammbildungen auf **-u-* und **-i-*

Außer den Adjektiven auf *-o-/-ā-* gab es in der indogermanischen Grundsprache bereits einige auf *-u-* mit Motionsfeminina auf **-wī-, -wyā-*, vgl. darunter z.B. ai. *pr̥thús, pr̥thvī́, pr̥thú* mit gr. *πλατύς, πλατεῖα, πλατύ* und lit. *platùs, platì, platù* „weit, breit“. Auch im Germanischen haben sich ein paar *u*-Adjektive erhalten, am ehesten im Gotischen, darunter *hardus* „hart“; allerdings ist im Nominativ Singular die Femininform durch jene des Maskulinums ersetzt worden, und analog zu den übrigen Formen des Femininums auf *-jō-* haben sich im Maskulinum und Neutrum solche auf *-ja-* durchgesetzt bis auf den Nominativ und den Genitiv des Singulars, wie allein das gotische Paradigma *hardus* „hart“ zeigt. Im Westgermanischen sind die *u*-Adjektive zumeist in die Gruppe der *ja*-Adjektive übernommen worden, und auch im Altnordischen bestehen diese nicht mehr als eigenständige Gruppe, vgl. also zu *hardus* ahd. *hart, herti* sowie an. *harðr* „hart, stark“.

Einen ähnlichen Befund wie das Gotische weist im Baltischen das Litauische auf, auch dort sind die *u*-Formen abgesehen vom Nominativ und Genitiv Singular des Maskulinums und dem Neutrum auf *-ù* von solchen auf *-ja-* verdrängt worden; demnach ließen sich also got. *hardus, hardu*, Gen. *hardaus* formal recht genau mit lit. *kartùs, kartù* „bitter“, Gen. *kartaũs* vergleichen. Inwieweit hier eine unabhängige Neuerung oder gegenseitige Beeinflussung vorliegt und aus welcher Zeit diese stammt, kann schlecht beurteilt werden, zumal sich unter den *u*-Adjektiven kaum etymologische germanisch-baltische Gleichungen finden. Ein Vergleich von *hardus* mit *kartùs* und der Ansatz eines Etymons **kortús* erscheint lautlich problemlos, wenngleich sich die Ausbreitung der *-ja-/-jō*-Flexion im Urgermanischen zeitlich nicht festlegen lässt. Die baltische Parallelentwicklung spricht für höheres Alter, kann aber auch unabhängig erfolgt sein. Semantisch ist der Vergleich mit *kartùs* aber kaum gerechtfertigt, und gr. *κρατύς* „stark, mächtig“ scheidet angesichts lautlicher und semantischer Diskrepanzen als etymolgische Entsprechung zu *hardus* und *kartús* aus[250].

249 Siehe zum germ. Adjektiv für „blau“ jetzt Euler 2004: 83 mit Literatur.

250 Positiv zu dieser Gleichung Kluge / Seebold 1995: 358; de Vries (1977: 211) und Lehmann (1986: 177) vergleichen es nur mit gr. *κρατύς*; dagegen s. bereits Einwände von Strunk 1976: 169f.

Diese germanischen Waffen aus dem 2. Jahrhundert n. Chr. wurden im Jahre 2003 von einem Hobbysammler bei Sperbersdorf (Hradecna) nahe Komotau (Chomutov) in Nordböhmen gefunden. Vermutlich hängt der Fund mit den Markomannenkriegen der Jahre 166 bis 180 n. Chr. zusammen.

Auf dieser sekundären *-ja-/-jō*-Flexion basiert außerdem die Bestimmtheitsflexion in got. *hardja, hardjō, hardjō*, die also ganz nach dem Muster der Adjektive auf *-ja-/-jō-* gebildet wurde, aber natürlich erst dann für die *u*-Adjektive in Gebrauch kommen konnte, als der Stamm auf *-ja-/-jō-* sich in der starken Flexion der *u*-Adjektive ausgebreitet hatte. Die Bestimmtheitsflexion der *u*-Adjektive kann demnach wie jene der *a*-Adjektive erst im späten Urgermanisch entstanden sein.

Zwei weitere *u*-Adjektive sind im Gotischen nur vereinzelt belegt, zu ihnen gibt es aber gesicherte etymologische Parallelen außerhalb des Germanischen, vgl. got. *aggwus* samt ahd. *engi* und an. *ǫngr* „eng“ aus spg. **ang(w)us,* prg. **ang*^{h}*ús* mit ai. *aṃhú-* und aksl. *ǫzъkъ* „eng“ (letzteres mit *ko*-Suffix erweitert), die idg. **aŋĝ*^{h}*ú-* fortsetzen. Ebenso stimmen got. *þaúrsus* „dürr“, ahd. *durri* „trocken, dürr“ mit awest. *taršu-* „trocken, fest“, formal auch mit ai. *tr̥ṣú-* „gierig, heftig“ überein und basieren auf prg. **tursús* aus idg. **tr̥sú-*. Got. **kaúrus* „schwer, lästig“ ist nur als Femininum im Plural, *kaúrjos* belegt, vgl. dazu ai. *gurú-* „schwer, heftig“, gr. *βαρύς* „schwer“ aus idg. **g*^{w}*r̥rú-*, im Protogermanischen **gurú-* (> spg. **kurus*) ist vor der dunkel gefärbten Liquida der Labiovelar zu **g-* reduziert worden[251].

251 Siehe zur Reduktion des Labiovelars Snædal 2002a: 35f.: „Delabialisierung“.

Andere *u*-Adjektive haben nur im West- und Nordgermanischen überlebt, vgl. zu ahd. *suozi*, ags. *swēte* und an. *sœtr* „süß“ ai. *svādú-*, gr. ἡδύς und lat. *suāvis* (vom Dativ auf *-ī* her mit *-i-* erweitert) „süß, lieblich“, alle aus idg. und prg. **svādú-*; für das spätere Urgermanisch und das Gotische wäre **swōtus* zu rekonstruieren. In ahd. *dunni* „dünn“ und an. *þunnr* ist die Doppelkonsonanz durch Assimilation aus *-*nw-* entstanden (ähnlich wie in got. *kinnus*, ahd. *chinni*, an. *kinnr*), vgl. dazu ai. *tanú-* „dünn, lang“, gr. τανύ–γλωσσος „mit langgestreckter Zunge“, lat. *tenuis* „dünn, fein, zart“ und aksl. *tьnъkъ* „fein, zart“, alle aus idg. **tn̥nú-*; für das Gotische und Späturgermanische wäre **þunnus*, für das Protogermanische **tunwús* anzusetzen. Neben ahd. *murgi* „kurz“ kann mit Hilfe von got. *gamaúrgjan* „verkürzen“ ein Adjektiv got. **maúrgus* und somit auch spg. **murgus* erschlossen werden, das in awest. *mərəzu-*, gr. βραχύς und (mit anderer Ablautstufe) lat. *brevis* „kurz“ sehr genaue Parallelen besitzt und somit idg. **mr̥ǵʰú-* fortsetzt; als prg. Form ist **murgʰús* anzusetzen. Mhd. *türre* „kühn, verwegen“ lässt sich über ahd. **turri*, auf spg. **durzu-* zurückführen; es hat in ai. *dhr̥ṣṇú-* „kühn, mutig, stark“ (mit sekundärem Nasal von *dhr̥ṣṇóti* „ist kühn, wagt“), gr. θρασύς „kühn, dreist“ sowie lit. *drąsùs* „mutig, keck“ (mit hochstufiger Wurzel) recht gute Entsprechungen und kann nur idg. **dʰr̥sú-* , prg. **dʰursús* fortsetzen; mit dem Präteritopräsens got. *ga-dars*, ahd. *gitar* „wage“ ist hier die verbale Grundlage auch im Germanischen noch vorhanden, s. dazu Seite 165.

Eine ähnliche Tendenz wie die *u*-Adjektive zeigen im Gotischen jene auf *-i-*, auch dort werden bis auf den Nominativ Singular und den Genitiv des Maskulinums und Neutrums sämtliche Formen mit dem Stammauslaut *-ja-*, Fem. *-jō-* gebildet; im Westgermanischen hat sich diese Stammerweiterung vollends durchgesetzt[252]. Auch hier wurde folglich die schwache Flexion des bestimmten Flexion nach dem Muster der Adjektive auf *-ja-/-jō-* erst in späturgermanischer Zeit geschaffen. Allerdings gibt es hier kaum Beispiele mit Parallelen außerhalb des Germanischen, zu nennen wäre die Gleichung got. *gamains*, Ntr. *gamain* „gemein“ (ahd. *gimeini*, ags. *gemǽne* „gemeinsam“) aus spg. **ga-máiniz*, prg. **ko(m)-móinis* = lat. *commūnis*, Ntr. *commūne* „gemeinsam“ (alat. *comoinem*; aus westidg. **kommóinis*, Ntr. **kommóini*)[253]. Demgegenüber kann an. *vitr* „klug, verständig“ mit der *a*-Flexion sekundär aus spg. **witriz*, prg. **widris254* umgebildet worden sein, das dann formal genau mit gr. ἴδρις „kundig, geschickt“ übereinstimmen würde, in diesem Fall läge ein deverbales Adjektiv zur Wurzel idg. **wid-* „wissen“ vor. Weder lautliche noch semantische Gründe sprechen gegen diese Etymologie, die deshalb auch allgemein anerkannt ist.

---

252 Als Vorform für das Femininum in got. *hrains* „rein“ setzt Snædal (2002b: 259 – 262) **hraini* und **hrainī* an (letzteres als Ausgang für einen Stamm auf *-*jō-*).

253 Diese Gleichung germ. *ga-* = lat. *com-* setzt natürlich voraus, dass in *ga-* gemäß Verners Gesetz idg **k-* im vortonigen Anlaut wie in unbetonter Stellung sonorisiert wurde, s. dazu Krause 1968: 71.

254 Die Betonung ist unklar.

3.2.2.2. Partizipien mit ursprünglich konsonantischem Stammauslaut

Die eigentlichen Präsenspartizipien, ursprünglich mit Stämmen auf **-nt-* im Maskulinum und Neutrum und auf **-ntī-/-ntyā-* im Femininum (ähnlich wie die *u*-Adjektive) flektieren schon im Gotischen wie im Nordischen nur wie die schwachen Adjektiva als *n*-Stämme, im Femininum indes auf Grundlage des ererbten Stammes auf **-ntī-* (s. dazu auch Seite 105). Im Gotischen lauten die Nominativformen des Partizips zu *niman* also *nimanda, nimandei, nimandō* „der, die, das Nehmende". Im Westgermanischen hat sich dort dagegen (ähnlich wie im Baltischen und Slawischen) wohl ausgehend vom Femininum auf *-ntī-/-ntyō-* wiederum wie bei den *u*-Adjektiva die Stammerweiterung mit *-ja-* ausgebreitet, und so stehen im Althochdeutschen die starken Formen *nemanter, nemantiu, nemantaz* „nehmender, -e, -es" neben *nemanto, nemanta, nemanta* „der, die, das nehmende". Für das Protogermanische kann man somit wie in den älteren indogermanischen Sprachen (Altindisch und Griechisch) den ursprünglichen Stammauslaut **-nt-* annehmen.

Das aktive Partizip des Perfekts hat als Kategorie hingegen nicht bis in die Zeit der germanischen Einzelsprachen überlebt, während es im Indoiranischen, Griechischen, Baltischen und Slawischen als Präteritalpartizip lebendig geblieben ist. Zu den zwei substantivischen Reliktformen im Gotischen, *weitwōþs* m. „Zeuge" und *bērusjōs* „Eltern" (ursprünglich **bērusi* „Gebärerin"), s.o. Seite 113; ersteres wird zudem unter den Präteritopräsentien, letzteres unter dem Paradigma von **b^hérō* auf Seite 164f. bzw. Seite 167 besprochen. Diese beiden Relikte legen nahe, dass das alte Patizip Perfekt aktiv im Germanischen noch lange lebendig war, womöglich bis in späturgermanische Zeit; auf den Ansatz entsprechender Rekonstrukte, der angesichts der zahlreichen Vergleichsformen durchaus möglich wäre, soll aber verzichtet werden.

3.2.2.3. Komparation

Auf dem Gebiet der Komparation hat das Germanische indogermanisches Sprachgut fast in ähnlich hohem Maße beibehalten wie das Indoiranische und Griechische. In diesen Sprachen wurden vor allem zu Adjektiva auf *-u-* Komparative mit ursprünglichem *s*-Suffix gebildet. Dabei gleichen z.B. der ai. Komparativ *svā́dīyas-* und der Superlativ *svā́diṣṭha-* zu *svādú-* „süß, angenehm" so genau gr. ἡδίων (Pl. ἡδίους) und ἥδιστος zum Adjektiv ἡδύς „ds.", dass an den zumindest ostindogermanischen Steigerungsformen **swā́diyos-* und **swā́disto-* (zu **swādú-*) kaum ein Zweifel besteht, selbst der lateinische Komparativ *suāvior*, Ntr. *suāvius* steht hiermit in Einklang.

Im Germanischen beruht die Komparativbildung nicht auf hochstufigem idg. **-yos-*, sondern auf nullstufigem **-is-* + Bestimmtheitssuffix **-on-*, die Superlativbildung stimmt aber mit der indogermanischen Stammbildung **-isto-* überein. Die Steigerungsformen zu der etymologischen Entsprechung des Adjektivs für „süß", ahd. *suozi*, lauten dementsprechend *suoziro* und *suozisto*, im Gotischen findet sich die Komparativform zu dem anderen *u*-Adjektiv *hardus*, nämlich *hardiza*, und somit ist der Ansatz von prg. **swā́dison-, *swā́disto-* durchaus gerechtfertigt. Auch Adjektive anderer Stammklassen im Germanischen bilden ihre Steigerungsformen auf diese Weise, darunter die einstigen *o*-Stämme, etwa ahd. *lang* die Formen *lengiro, lengisto* wie an. *langr* die Formen *lengri, lengstr*, vgl. zu diesem Adjektiv lat. *longus* „lang" mit den Steigerungsformen *longior*, Superlativ *longissimus* (mit *m*-haltigem Suffix wie in den keltischen Sprachen). Somit kommt als Komparativ zu **lónghos* protogermanisch **lónghison-* und westindogermanisch **lóŋghiyos-* in Betracht, und der Superlativ kann im Protogermanischen nur **lónghistos* gelautet haben.

Daneben hat das Germanische speziell zu den Adjektiven auf **-o-* Komparativsuffixe mit **-ō-* entwickelt, wie etwa got. *frōdōza* zu *frōþs* „klug, verständig" und ahd. *frōtōro* zu *frōt* „klug, weise" (Hildebrandslied V. 8) zeigen. Hier kann durchaus schon im Protogermanischen eine Komparativform **prā́tōson-* zu **prā́tos* (vgl. lit. *prõtas* „Verstand") vorgelegen haben. Die Superlative lassen sich anhand von Belegen anderer Adjektive problemlos als got. **frōdōsta*, ahd. **frōtōsto* und somit prg. **prā́tōsto-* erschließen, vgl. dazu eine urnordische Form *arjosteR* „die Vornehmsten" sowie an. *spakari, spakastr* „klüger, klügster". Außerhalb des Germanischen fehlen solche Komparativbildungen mit Langvokal.

Wie in den älteren indogermanischen Sprachen herrscht bei der Steigerung der so genannten Allerweltsadjektive mit zwei Gegensatzpaaren Suppletivismus vor, wobei Komparativ- und Superlativform im allgemein jeweils vom selben Stamm gebildet sind. Diese basieren im Germanischen im Gegensatz zum dazugehörigen Positiv sogar mehrfach auf indogermanischen Etyma; zumindest für das Protogermanische lassen sich aber auch die meisten Stämme der Positive rekonstruieren, wie im Folgenden gezeigt wird. Als Adverbien zu den Steigerungsformen dienten im Germanischen wie auch in anderen indogermanischen Sprachen neutrische Formen.

Die Bezeichnung für „groß" in got. *mikils*, ahd. *mihhil*, an. *mikill* (Adjektiv auf *-a-*) wird allgemein mit dem Obliquusstamm gr. *μεγάλο-, -η-* „groß" verglichen und kann somit nicht nur prg. **mégelos*, sondern sogar eine indogermanische Grundform fortsetzen. Freilich liegen im Griechischen noch die archaischen Formen *μέγας, -αν* für den Nominativ bzw. Akkusativ Singular Maskulinum sowie *μέγα* für das Neutrum vor, das seinerseits fast genau mit dem Neutrum ai. *máhi-* übereinstimmt; auch an. *miǫk* „viel" wird zu Recht hierhergestellt. Der Komparativ got. *maiza*, ahd. *mēro* und an. *meiri* wird demgegenüber mit den sabellischen Formen osk. *mais* „mehr" und umr. *mestru* (= lat. *magistra*) in Verbindung gebracht. Eine eigentümliche Abweichung erscheint nun im altnordischen Adverb *miǫk* „viel", das wohl aus urn. **méku* nach synonymem spg. **félu* entstanden ist (daraus got. und ahd. *filu* „viel", auch im got. Gen. *filaus* bei Komparativen belegt). Zu diesem Adverb lauten die Steigerungsformen *fleiri, flestr* „mehr", „meist", die formal und semantisch recht genau mit gr. *πλείων, πλεῖστος* (trotz *o*-Ablaut im Germanischen) und bedingt mit lat. *plūs, plūrimus* (alat. noch *ploirume*!) übereinstimmen, so dass man als protogermanische Formen ohne Bedenken **plóison-, plóistos* ansetzen kann[255].

Das germanische Adjektiv für „klein", got. *leitils*, an. *lítill*, aber mit abweichendem Wurzelvokal im Westgermanischen ahd. *luzzil*, ags. *lŷtel* lässt sich hingegen bestenfalls auf spg. **lītelos* zurückführen, denn etymologische Entsprechungen außerhalb des Germanischen fehlen. Andererseits steht die Verwandtschaft der Steigerungsformen got. *minniza, minnists*, ahd. *minniro, minnisto* „kleiner, geringer", Superlativ „kleinster, geringster" und an. *minne, minztr* „kleiner" bzw. „kleinster" mit lat. *minor, min-imus* „ds." wie aksl. *mьnijь* „weniger" außer Zweifel. Die Doppelkonsonanz in prg. **mínnison-, *mínnisto-* wird als Assimilation aus **mínw-is-* erklärt, vgl. dazu lat. *minuere* „vermindern" und gr. *μείων*, Ntr. *μεῖον* „kleiner" (myk. *me-u-jo*)[256].

Ebenso auf das Germanische beschränkt ist das Adjektiv für „gut", got. *gōþs*, ahd. *guot*, an. *gōðr*, für das zumindest spg. **gōþaz* als Etymon gesichert ist. Als Adverb dient eine völlig andere Partikel, got. *waíla*, ahd. *wela*, an. *vel*. Sie wird etymologisch gewiss zu Recht mit dem Verbum für „wollen" verbunden, als Adjektivadverb ist diese Partikel aber auf das Germanische beschränkt. Die Steigerungsformen got. *batiza, batists*, ahd. *bezziro, bezzisto* und an. *betri, beztr* wurden von Germanisten früher mit ai. *bhadrá-* „glänzend, schön, trefflich" verglichen, dessen Superlativ jedoch hochstufige Wurzel enthält: *bhándiṣṭha-*. Doch dieser Zusammenhang ist unwahrscheinlich, da *batiza* kaum je ein *n* in der Wurzelsilbe haben konnte.

Keine außergermanische Etymologie gibt es für das Adjektiv mit entgegengesetzter Bedeutung, got. *ubils*, ahd. *ubil*, ags. *yfel* „schlecht, böse", das allenfalls auf prg. **úbhelos* basieren kann. Für die Steigerungsformen got. *waírsiza*, ahd. *wirsiro*, an. *verre* (Superlativ zu letzteren *wirsisto* bzw. *verstr*) ließe sich ebenso nur prg. **wérsison-, *wérsisto-* ansetzen, wiewohl dieser Komparativ von germanisti-

255 Siehe einen urg. Ansatz **flaiz-* bei Widmer 2004: 166f. und den Vergleich mit alat. *Ploirume* ebda. S. 170, einen laryngalistischen Ansatz **plóh*$_1$*is-* s. bei Müller 2007: 255.
256 Siehe zu *minn-* < **minw-* Lehmann 1986: 256f. und Bammesberger 1990: 235f.

scher Seite aufgrund der lautlichen und formalen Übereinstimmung gerne mit ai. *várṣīyas-, várṣiṣṭha-* „höher, höchster“ verglichen wurde – trotz der krassen Bedeutungsdiskrepanz[257].

Darüber hinaus stammen nicht nur etliche Lokalpartikeln aus indogermanischer Zeit, sondern auch ein paar Steigerungsformen zu diesen. Ahd. *untaro* „der untere“ und auch got. *undarō* „unter“ (Präposition) aus prg. **únd^{h}ero-* stimmen formal sehr genau mit ai. *ádhara-* „der niedrigere“, awest. *aδara-* „der untere“, lat. *inferus* „der untere, unterweltlich“ sowie gall. *anderon* „der Unterweltsgötter“ (Inschrift von Chamelières, Gen. Pl.)[258] aus idg. **ń̥d^{h}ero-* überein. Dasselbe gilt für ahd. *obaro* „der obere“, got. *ufarō* „darüber, über“ aus prg., idg. **úpero-*, vgl. dazu awest. *upara-* „der obere, höhere“ (aber ai. *úpara-* „der untere, hintere“!), lat. *s-uperus* „der obere, oberweltlich“; diese Komparativbildung steht formal auch der Lokalpartikel got. *ufar* „über“, ahd. *ubar* „über“, an. *yfir* „über, oben“ = ai. *upári* „über, hinter“, gr. *ὑπέρ* „über; für“, lat. *super* „über, oben auf“ und air. *for* „über, auf“ aus prg., idg. **upér(i)* sehr nahe.

3.2.2.4. Bildung von Adverbien

Für die indogermanische Grundsprache lässt sich keine einheitliche Adverbialendung ermitteln, jedoch konnten die neutrischen Formen offensichtlich schon damals adverbiale Funktion übernehmen. Im Germanischen hat das Adverb für „viel“ als archaische Reliktform, got., ahd. *filu* „viel“ aus prg. **pélu-* überlebt, vgl. dazu noch das Adjektiv ai. *purú-*, gr. *πολύς* „viel“ mit schwundstufiger Wurzel und dazu *purú* und *πολύ* „sehr“ als Adverb. Auch im Altnordischen finden sich vereinzelt neutrische Formen in dieser Funktion, beispielsweise *lítt* „ein wenig“ zu *lítill* und *langt* „weit“ zu *langr*. Außerdem dienten neutrische Formen als Adverbia von Superlativen, wie got. *maist*, ahd. *meist*, an. *mest* „am meisten“, im Althochdeutschen allerdings nur mit dem Suffix *-ōst*, also in *langōst* „am längsten“ zu *lengisto*.

Dagegen kennen alle altgermanischen Sprachen zu Adjektiven Adverbialformen auf ursprünglichen Langvokal, die wenigstens protogermanische Grundformen fortsetzen können. So setzen got. *galeikō*, ahd. *gilīhho* und auch an. *glíka* „gleich“ (zum Adjektiv *galeiks / gilīh / glíkr*) im Protogermanischen eine Endung mit konsonantischem Auslaut voraus, wahrscheinlich **-ōd*, die genau der altlateinischen Ablativendung der *o*-Stämme entspräche; in ags. *gelīce* liegt demgegenüber eine

257 Theoretisch wäre dieser Bedeutungswechsel durch spöttischen oder ironischen Sprachgebrauch erklärbar; dieser wäre indes eher bei Positiv oder Superlativ zu erwarten als beim Komparativ.

258 Die Form *anderon* wird allgemein als Gen. Pl. im Sinn von „der unterirdischen Götter“ interpretiert und auch mit lat. *inferi* etymologisch gleichgesetzt, speziell zur Inschrift von Chamelières s. K.H. Schmidt 1980/81: 261 (zu *anderon*); s. auch Lambert 1995: 53.

ablautende Endung vor, die ihrerseits in der lateinischen Adverbialendung *-ē* (alat. *-ēd* noch in der Superlativform *facillumed* „ganz leicht") eine genaue Entsprechung besäße[259].

Oben: Das „Jernalderhus", ein rekonstruiertes germanisches Langhaus (um 400 n. Chr.) im Moesgaard-Museum bei Århus (Dänemark). Über die germanischen Hausformen wissen wir fast nur aus archäologischen Befunden bescheid.

Unten: Minitaturmodell eines germanischen Bauernhofes mit zentralem Langhaus. Man kann davon ausgehen, dass im Prinzip alle landwirtschaftlich nutzbaren Flächen während der längsten Zeit der Geschichte auch besiedelt waren. Die von antiken Schriftstellern überlieferte Vorstellung großer, kaum besiedelter urbarer Gebiete gilt heute als weitgehend überholt.

259 Siehe zu den germ. Adverbialbildungen Krahe 1965: 83f.

3.3. Die Flexion der Pronomina

3.3.1. Das ungeschlechtige Personalpronomen und Possessivum

Das Germanische hat im Nominativ der Personalpronomina der 1. und 2. Person Singular und Plural indogermanische Formen am besten bewahrt, während in den obliquen Kasus die Herkunft der Endungen vielfach unklar bleibt. Hier wird neben den germanischen Sprachen das Altindische angeführt, da es die meisten Parallelen bietet. Wo im Dual althochdeutsche Formen fehlen, wird ersatzweise die altsächsische Form in Klammern aufgeführt:

1. Person	Prg.	Got.	Ahd. (As.)	An.	Ai.	Lit.
Singular						
Nom.	**egó(n)*[260]	*ik*	*ih(ha)*	*ek*	*ahám*	*àš*
Gen.	**méinā*	*meina*	*mīn*	*mín*	*máma*	*màno*
Dat.	**mes*	*mis*	*mir*	*mér*	*máhyam*	*mán*
Akk.	**mégo* (?)	*mik*	*mih*	*mik*	*mā́m*	*manè*
Dual						
Nom.	**wédu*	*wit*	*(wit)*	*vit*	*āvā́m*	*vèdu*
Gen.	**úng*^{w}*erā*	**ugqara*	*unker*	*okkar*	*āváyos*	*vèdums*
Dat.	**úng*^{w}*es* (?)	*ugqis*	*(unk)*	*okr*	*āvā́bhyām*	*vèdum*
Akk.	**úng*^{w}*es* (?)	*ugqis*	*(unk)*	*okr*	*āvā́m*	*vèdu*
Plural						
Nom.	**wéj(e)s*	*weis*	*wir*	*vér*	*vayám*	*mes*
Gen.	**únserā*	*unsara*	*unser*	*vár*	*asmā́kam*	*mū́sų*
Dat.	**únses*	*uns(is)*	*uns*	*oss*	*asmábhyam*	*mùms*
Akk.	**uns*	*uns(is)*	*unsih*	*oss*	*asmā́n*	*mùs*

2. Person	Prg.	Got.	Ahd.	An.	Ai.	
Singular						
Nom.	**tū*	*þu*	*du*	*þú*	*tvám*	*tù*
Gen.	**téinā*	*þeina*	*dīn*	*þín*	*táva*	*tàvo*
Dat.	**tes (tus)*	*þus*	*dir*	*þér*	*túbhyam*	*táu*
Akk.	**tégo*	*þuk*	*dih*	*þik*	*tvā́m*	*tavè*
Dual						
Nom.	**júdu*	**jut*	*(git)*	*it*	*yuvā́m*	*jùdu*
Gen.	**éng*^{w}*erā*	*igqara*	**inker*	*ykkar*	*yuváyos*	*jùdums*
Dat.	**éng*^{w}*es* (?)	*igqis*	*(ink)*	*ykr*	*yuvā́bhyām*	*jùdum*
Akk.	**éng*^{w}*es* (?)	*igqis*	*(ink)*	*ykr*	*yuvā́m*	*jùdu*

260 Endbetonung wie im Altindischen nicht gesichert.

Plural						
Nom.	**jūs*	*jūs*	*ir*	*ér*	*yūyám*	*jū*
Gen.	**ézwerā*	*izwara*	*iuwer*	*yþwar*	*yuṣmā́kam*	*jū́sų*
Dat.	**ézwes*	*izwis*	*iu*	*yþr*	*yuṣmábhyam*	*jùms*
Akk.	**ézwes*	*izwis*	*iuwih*	*yþr*	*yuṣmā́n*	*jùs*

Reflexiv	Prg.	Got.	Ahd.	An.	Ai.	
Gen.	**séinā*	*seina*	*sīn*	*sín*	-	*sàvo*
Dat.	**ses*	*sis*	-	*sér*	-	*sáu*
Akk.	**ségo*	*sik*	*sih*	*sik*	-	*savè*

Die Nominative bedürfen kaum einer Erklärung, im Urnordischen ist ein paar Mal die Form *eka* als Enklitikon belegt und mit der vorausgehenden Verbalform univerbiert, hier kann dieselbe Partikel wie in ai. *ahám* vorliegen (aus idg. **-om* gegenüber **-ō* in lat. *egō* und gr. *ἐγώ*)[261]. Im Akkusativ Singular käme als außergermanische Parallele für got. *mik* usw. bestenfalls venet. *mego* in Betracht, das zwar (wie der Nominativ *ego*) oft überliefert ist, aber auch auf unabhängiger Parallelentwicklung basieren kann (vgl. dazu heth. *ammuk* „mich" zu *uk*)[262]. Die weiteren Akkusativendungen im Gotischen und Altnordischen auf *-k* wie im Althochdeutschen auf *-h* (dort auch im Plural) sind ohne Zweifel Analogien zum Nominaitv *ih*, ebenso der Stamm *þu-* in allen Kasus im Gotischen. Keine befriedigende Erklärung hat die Dativendung auf Sibilant gefunden (spg. **-z*, im Urnordischen noch in *meR* belegt); am überzeugendsten erscheint die Annahme einer Übertragung vom Plural (*unsis*) her, s. dazu Anm. 269. Ebenfalls neu geschaffen wurden die Genitivformen, der Stamm ist wie vielfach in anderen indogermanischen Sprachen mit dem des jeweiligen Possessivums identisch; die Endung *-a* in den gotischen Genitiven stellt eine erstarrte Kasusform dar (vielleicht Nom./Akk. Pl. Ntr.)[263]. Die Possessivpronomina selber, got. *meins, þeins, seins* setzen wie deren Parallelen in den anderen altgermanischen Sprachen Sekundärbildungen voraus, die in den einschlägigen Grammatiken und Handbüchern des Germanischen gerne auf Grundlage von Lokativen **mei, tei, sei* mit dem Suffix **-no-* erklärt werden, wogegen in indogermanistischen Monographien germ. **meina-* jedoch als Hybridbildung zwischen älterem **meyo-* (daraus lat. *meus*) und **meno-* (vgl. dazu am ehesten den slawischen Genitiv *mene*) interpretiert wird; ganz unklar ist das Alter dieser Neubildungen, Ausgangspunkt dürfte das Possessiv der 1. Person sein[264].

261 Siehe zum Stammauslaut in *-eka* Seebold 1984: 22; nicht hierher gehört ahd. *ihha* mit einer sekundären Verstärkungspartikel. Im Lat. und Gr. liegt nach Seebold (1984: 98) ein „morphologischer Ersatz" für **-om* vor (wohl gemäß der Verbalform des Präsens Aktiv).

262 Diese Parallele wurde gerne als ererbt interpretiert; kritisch zum venet.-germ. Vergleich Euler 1993a: 101

263 Siehe diese Erklärung von *-a* bei Krahe / Seebold 1967: 96.

264 Siehe zur letzteren (indogermanistischen) Theorie etwa G. Schmidt 1978a: 83f. und Szemerényi 1989: 231 (germ. **meinē* aus **menē*); anders Seebold 1984: 49 – 51: **mei-ne-* anstelle von **me-ne-* zur Verdeutlichung.

Die Dualformen werfen auch hier Fragen auf: Zu got. *wit* und **jut* samt ihren germanischen Parallelbildungen ags. *wit, git* und an. *vit, it* drängen sich die litauischen Formen *vèdu* und *jùdu* „wir beide" bzw. „ihr beide" (Komposita mit dem Zahlwort für „zwei") zum Vergleich auf, so dass man mit gutem Grund auch für das Protogermanische zumindest Formen wie **wédu, júdu* ansetzen kann; wenigstens in der 1. Person werden auch aksl. *vě* und ai. *āvā́m* zum Vergleich herangezogen[265]. Während im Litauischen diese Dualformen (Fem. *vèdvi* und *jùdvi*) sogar wie das Numerale dekliniert werden, liegen im Germanischen noch eigene Stämme für die obliquen Kasus vor. Der Stamm *unq-* dürfte allenfalls in ai. *náu* „uns beide" (Enklitikon) und gr. *νώ́* „wir beide" eine entfernte etymologische Entsprechung haben, wobei der Stammauslaut *-q-* unklar bleibt. In der 2. Person stellt der Stamm *igq-* wahrscheinlich eine Hybridbildung aus *unk-* und dem Plural *izw-* dar; denkbar ist die Herleitung von got. *ugq-* aus idg. **n̥ə₃wé* und prg. **ungwé*[266]. Innerhalb des Westgermanischen sind die Dualformen lediglich im Altenglischen vollständig belegt, im Althochdeutschen findet sich nur noch die Genitivform *unker* (in der Formel *unker zweio* bei Otfrid 3,22,32, vgl. dazu ags. *uncer twēga* in Bewulf 2532!). Zumindest regional muss es lange mehr Formen gegeben haben, selbst im heutigen Bairisch sind noch die Formen der 2. Person *es*, Obliquus *enk* lebendig, wobei beide Formen erst seit dem 13. Jahrhundert und schon damals mit pluralischer Bedeutung belegt sind; im Sylter Friesisch hat der Dual bis ins 20. Jahrhundert überlebt[267].

In der 1. und 2. Person Plural stimmen die Nominativformen recht genau mit dem Altindischen überein. Got. *weis* stellt offenbar eine Hybridform aus **wei* mit pronominaler und **wes* mit nominaler Endung dar, vgl. zu ersterem ai. *vayám* und zu letzterem ahd. *wir*, an. *vér*[268]; die Form der 2. Person Plural ist ähnlich wie jene des Duals außerhalb des Gotischen von jener der 1. Person beeinflusst worden. Im Obliquus liegt eine nullstufige Wurzel vor, die wie der altindische Obliquusstamm *asm-* und auch wie griechisch-äolische Formen *ἄμμες* „wir", Akk. *ἄμμε* einen indogermanischen Stamm **n̥s-* voraussetzt, vgl. mit anderen Ablautstufen ai. *nas* „uns" (Enklitikon), lat. *nōs* „wir" und aksl. *nasъ* „unser" (Gen., Akk.). Keine rechte Erklärung hat bisher der Dativ got. *uns-is* gefunden, der Vergleich mit dem hethitischen Dativ *anzāš* „uns" überzeugt nicht ganz, noch weniger die Erklärung mittels *s*-haltiger Obliquusendun-

265 Seebold (1984: 25f.) vermutet in *vèdu* eine „modernisierte" Form, die letztlich wie got. *wit* auf **we-de* zurückgehe (*de* vergleicht er mit heth. *da-* „zwei"), etwas anders Dini/Udolph (2005: 67) und Ringe (2006: 209) mit den Ansätzen **wé-dwō* bzw. **wé-dwo*; den Ansatz **veh1* für *vě* s. bei Klingenschmitt 2002: 473; zum Ai. s. Wackernagel / Debrunner 1930: 465f. Der Vokalismus in *git, it* ist von *wit, vit* her beeinflusst. Für die 2. Person Dual setzt Klingenschmitt (ebda.) urg. **jut* an, das er mit lit. *jùdu* auf **yu(h₁)d(w)o* zurückführt; ähnlich Dini/Udolph (2005: 67) mit dem Ansatz **jú-dwō*.

266 Siehe diese Erklärungen zu den germ. Dualformen bei G. Schmidt 1978a: 182 und 227; speziell zu *ugq-* s. Seebold 1984: 37f., der als Vorformen für *ugq-* idg. **n̥gw-* aus **n̥gwé* ansetzt, sowie Ringe (2006: 92) mit den Vorformen idg. **n̥g₃wé* und **ungwé* – in der hier verwendeten Terminologie eine protogermanische Form. Müller (2007: 119) rechnet sogar mit einer Entwicklung von **w* zu **g* vor der Lautverschiebung, nicht völlig überzeugend.

267 Siehe zu den deutschen Dualformen Braune / Reiffenstein 2004: 234 und 241 sowie von Kienle 1969: 181f.

268 Siehe zum Nom. Pl. Seebold 1984: 27 29, ähnlich auch Klingenschmitt (2002: 473), der die Formen auf *-s* als „Verdeutlichung der Pluralfunktion" wertet.

gen im Indogermanischen[269]. Auch für den Stamm der 2. Person Plural gibt es bis heute keine allgemein anerkannte Erklärung, weder die Herleitung von got. *izw-*, an. *yþw-* aus **wizwiz* (mit dissimilatorischem Schwund) noch aus **e-zwiz* (im Vergleich mit kymr. *chwichwi* „ihr" (redupliziertes unabhängiges Pronomen) können überzeugen; nur der Schwund des germanischen Reibelautes in ahd. *iuw-* wird allgemein angenommen[270]. Die pluralischen Possessiva endigen auf ein ähnliches Polarisierungssuffix *-ero-* wie lat. *noster* und *voster* sowie gr. *ἡμέτερος, ὑμέτερος* „unser, euer", gelten aber aufgrund des Stammes als germanische Neubildungen.

3.3.2. Die geschlechtigen Pronomina

3.3.2.1. Das Personalpronomen **i-*

Für die 3. Person gab es noch im Urgermanischen und selbst im Gotischen ebenso wenig ein Pronomen wie in den älteren indogermanischen Einzelsprachen. Jedoch war in den alteuropäischen Sprachen einschließlich dem Slawischen ein Pronomen mit schwach nahdeiktischer anaphorischer Funktion und dem geringen Lautkörper **i- / e-* gleichsam dafür prädestiniert, später die Funktion des Personale einzunehmen: Am besten zum Vergleich von got. *is* „er, der" samt seinen innergermanischen Parallelen eignen sich in der Indogermania ai. *ayám* „dieser, der" und aksl. *i* (nur Akkusativ) sowie im Italischen außer lat. *is* „er, der" auch sabellische (oskisch-umbrische) Formen; beiseite bleiben dagegen die ostbaltischen Parallelen, da lit. *jìs* „er", Fem. *jì* in den obliquen Kasus den Stamm *ja-* bzw. *jo-* verallgemeinert hat. Zunächst der innergermanische Vergleich mit Ansatz der proto- und späturgermanischen Formen:

Mask.Sg.	Prg.	Spg.	Got.	Ahd.
Nom.	**is*	**is*	*is*	*er*
Gen.	**esó*	**esa*	*is*	*es* (Ntr.)
Dat.	**esmṓ(i?)*	**ezmō*	*imma*	*imu*
Akk.	**ín(ōn)*	**inōn*	*ina*	*in(an)*
Plural				
Nom.	**éjes*	**ejez*	*eis*	*sie*
Gen.	**e(i)sṓn*	**izōn*	*izē*	*iro*
Dat.	**imós, -is*	**imiz*	*im*	*im*
Akk.	**ins*	**inz*	*ins*	*sie*

269 Erklärungsversuche zu den Dativformen auf Sibilant s. bei G. Schmidt 1978a: 135 (Singular) und 194f. (Plural) sowie Seebold 1984: 39f. mit Vergleich mit heth. *anzāš*, nicht jedoch mit umbr. *seso* (nur einmal belegt!) sowie 45, wo er **þuz* als alt und **þiz* als enklitische Nebenform beurteilt (in den anderen obliquen Kasus herrscht jedoch *i*-Vokalismus vor). Zuletzt Shields 1999: 28, der Einfluss der idg. Gen.-Abl.-Endung **-e/os* und der pluralischen Lok.-Endung **-su* annimmt.

270 Siehe eine ausführliche Besprechung zum Obliquus der 2. Person bei G. Schmidt 1978a: 222 – 225 und Seebold 1984: 41ff. (ohne letztlich überzeugende Erklärung).

Ntr. Akk.				
Sg.	**íd(ō)*	**idō*	*ita*	*iz*
Pl.	**íjā*	**ijō*	*ija*	*siu*
Fem.Sg.				
Nom.	**(s)ī*	**sī*	*si*	*si(u)*
Gen.	**esjā́s*	**ezōz*	*izōs*	*ira*
Dat.	**esjā́i*	**ezāi*	*izai*	*iru*
Akk.	**éjān*	**ejōn*	*ija*	*sia*
Plural				
Nom.	**éjās*	**ejōz*	*ijōs*	*sio*
Gen.	**e(i)sṓn*	**izōn*	*izō*	*iro*
Dat.	**(e)imós, -is*	**imiz*	*im*	*im*
Akk.	**éjās*	**ejōz*	*ijōs*	*sio*

Hier der Vergleich mit anderen indogermanischen Sprachen:

Mask.Sg.	Idg.	Ai.	Aksl.	Alat.	Sabell.
Nom.	**is, ei*	*ayám*	*(onъ)*	*is*	osk. *izic*
Gen.	**es(y)ó*	*asyá*	*jego*	*ei(i)us*	osk. *eíseís*
Dat.	**esmṓi*	*asmái*	*jemu*	*eī*	umbr. *esmik*
Akk.	**im*	*imám*	*i*	*em*	osk. *ionc*
Plural					
Nom.	**éyes*	*imé*	*(oni)*	*iī*	osk. *íussu*
Gen.	**eisṓm*	*eṣā́m*	*ichъ*	*eōrum*	osk. *eisunk*
Dat.	*$*eib^h$ós*	*ebhyás*	*imъ*	*ībus*	osk. *eisois*
Akk.	**ins*	*imā́n*	*ję*	*eōs*	
Ntr. Akk.					
Sg.	**id*	*idám*	*je*	*id*	osk. *ídík*
Pl.	**éyā* (?)	*imā́ni*	*ja*	*ea*	umbr. *eu*
Fem.Sg.					
Nom.	**(s)ī*	*iyám*	*(ona)*	*ea*	osk. *iiuk*
Gen.	**esyā́s*	*asyā́s*	*jeję*	*ei(i)us*	umbr. *erar*
Dat.	**esyā́i*	*asyái*	*jei*	*eī*	osk. *exeic*
Akk.	**éyān*	*imā́m*	*jǫ*	*eam*	osk. *íak*
Plural					
Nom.	**éyās*	*imā́s*	*(ony)*	*eae*	
Gen.	**e(i)sṓm*	*āsā́m*	*ichъ*	*eārum*	o. *eizazunk*
Dat.	*$*eib^h$ós*	*ābhyás*	*imъ*	*eābus*	o. *eizasc*
Akk.	**éyās*	*imā́s*	*ję*	*eās*	umbr. *eaf*

Ein Pronomen mit derart kurzem und tonschwachem Stamm ist verschiedensten Einflüssen ausgesetzt, was folglich morphologische Probleme aufwirft. Allgemein kann man sagen, dass in den älteren indogermanischen Sprachen in den Casus recti der Stamm *i-*, im Obliquus *e-* vorherrscht. Die gotischen Formen können ohne weiteres *e-* fortsetzen, die althochdeutschen hingegen eher analoge *i*-Bildungen (neben *imu* ist selten auch *emu* überliefert), der Gen. Sg. Ntr. *es* basiert wiederum eindeutig auf **esó*[271]. Einmal mehr zeigt sich hier, wie sehr außergermanische Sprachen zur Rekonstruktion des Protogermansichen beitragen, wenn die germanischen Sprachen aufgrund von Neuerungen keine Rückschlüsse zulassen. Der Stamm *ijō-* findet in lat. *eā-* wie auch in den gallischen femininen Formen *eianom* und *eiabi* (Genitiv bzw. wohl Instrumental Pl.) am ehesten seine etymologische Entsprechungen, so dass wenigstens für das Alteuropäisch-Indogermanische zusätzlich ein thematischer Stamm **eyo-, eyā-* vorausgesetzt werden kann[272]. Zumindest im Dativ Plural hat sich im Gotischen wie im Althochdeutschen (und im Slawischen) für alle Genera eine Einheitsform durchgesetzt. Eine Sonderstellung nimmt die feminine Nominativform *si* ein, doch gibt es zu diesem Suppletivismus *is, si, ita* im Altirischen eine recht gute Parallele: *(h)é, sí, (h)ed*, das absolute Personalpronomen; die althochdeutschen Formen *siu, sia* usw. sind offenkundig den femininen Formen von *der* nachgebildet[273]. Zum Auslautvokal in *ina, ita*, dessen Existenz auch im West- und Späturgermanischen durch den Auslaut in *in, iz* postuliert werden muss, s. unter dem Demonstrativ *sa* auf Seite 135. Im Altnordischen ist dieses Personale von einer Neubildung *hann*, Fem. *hon* sowie im Neutrum und im gesamten Plural von *þat* verdrängt worden, ähnlich wie im Altpreußischen *tāns, tenna* und das Neutrum *sta* als Personalpronomina dienen.

3.3.2.2. Demonstrativpronomina

3.3.2.2.1. Das Demonstrativum **so, to-*

Ebenso häufig wie das eben behandelte Pronomen war in der indogermanischen Grundsprache ein Demonstrativum mit stärkerer Deixis, das in den meisten älteren Einzelsprachen weiterbestand. Allerdings verblasste es in seiner Funktion schon im klassischen Griechisch ebenso wie im Albanischen und in den altgermanischen Sprachen allmählich zum bestimmten Artikel hin, lediglich ai. *sá(s)*, lit. *tàs* und aksl. *tъ* haben die reine Demonstrativbedeutung „dieser“ beibehalten. In der folgenden Tabelle wird dieses Pronomen in allen Sprachen aufgelistet, die für das Germa-

271 Siehe zu diesen Obliquusformen Seebold 1984: 70 – 72, anders Ringe (2006: 56) mit dem Ansatz idg. **ésyo.*

272 Zum Vergleich von *ijô-* mit *eâ-* s. Krahe / Seebold 1967: 98f., zu *eianom, eiabi* s. Lejeune 1985: 143 und 157. Anders G. Schmidt 1978a: 38f., der diesen Stamm im Gotischen mit dem Fem. ai. *iyám* und dem thematichen Obliquusstamm im Baltischen lit. *jo-* verbinden möchte.

273 Die etymologische Gleichung got. *si* = air. *sí* ist auch in den keltischen Grammatiken allgemein anerkannt, s. vor allem Pedersen 1913: 170, zum Germanischen selber s. Seebold 1984: 64.

nische relevant sind; das Griechische und Litauische fehlen, da sich in beiden Sprachen in den obliquen Kasus die Nominalflexion weitestgehend durchgesetzt hat:

	Prg.	Got.	Ahd.	Ags.	An.	Ai.	Altpreuß.
Mask. Sg.							
Nom.	**so*	*sa*	*der*	*se*	*sá(s)*	*sá*	*stas*
Gen.	**téso*	*þis*	*des*	*þæs*	*þes*	*tásya*	*stesse*
Dat.	**té/ósmō(i ?)*	*þamma*	*demu*	*þām*	*þeim*	*tásmai*	*stesmu*
Akk.	**tón(ōn)*	*þana*	*den*	*þone*	*þann*	*tám*	*stan*
Instr.	**tō (?)*	-	*diu*	-	-	*téna*	-
Mask. Plural							
Nom.	**tói*	*þai*	*dē*	*þā*	*þeir*	*té*	*stai*
Gen.	**tóisōn*	*þizē*	*dero*	*þāra*	*þeira*	*téṣām*	*steison*
Dat.	**tóimis*	*þaim*	*dēn*	*þǣm*	*þeim*	*tébhyas*	*steimans*
Akk.	**tons*	*þans*	*dea*	*þā*	*þá*	*tā́n*	*stans*
Ntr. Sg.							
Nom./Akk.		**tód(ō)*	*þata*	*daz*	*þæt*	*þat*	*tád sta*
Instr.	**tē, tō*	*þē*	*diu*	*þy*	*því*	*téna*	*stu (?)*
Plural	**tā (?)*	*þō*	*diu*	*þā*	*þau*	*tā́ni*	-
Fem. Sg.							
Nom.	**sā*	*sō*	*diu*	*sēo*	*sú*	*sā́*	*sta*
Gen.	**tésjās*	*þizōs*	*dera*	*þǣre*	*þeirar*	*tásyās*	*stessies*
Dat.	**tésjāi*	*þizai*	*deru*	*þǣre*	*þeire*	*tásyai*	*steisei*
Akk.	**tān*	*þō*	*dia*	*þā*	*þá*	*tā́m*	*stan*
Fem. Plural							
Nom.	**tās*	*þōs*	*dio*	*þā*	*þǽr*	*tā́s*	*stai*
Gen.	**tóisōn(?)*	*þizō*	*dero*	*þāra*	*þeira*	*tā́sām*	*steison*
Dat.	**tóimis*	*þaim*	*dēm*	*þǣm*	*þeim*	*tā́bhyas*	*steimans*
Akk.	**tās*	*þōs*	*dio*	*þā*	*þǽr*	*tā́s*	*stans*

Altererbt ist auch der Suppletivismus mit dem auf *s-* anlautenden Stamm im Nominativ Singular, der außer in den angeführten Sprachen auch in toch. B *se, sā – te* und (als Reflex) in alb. *i, e – të* wiederkehrt; im Baltischen und Slawischen hat sich der Stamm mit Okklusivanlaut wie im Althochdeutschen durchgesetzt, im Altlatein und Keltischen sind umgekehrt Formen mit sigmatischem Anlaut auch in anderen Kasus überliefert. Aufschlussreich ist die Form des Dativ Plural im Altenglischen *þǣm*, deren Umlaut die einstige Existenz eines *i* in der Endung verrät und somit als ehemaliger Instrumental gelten muss, also prg. **tóimis* voraussetzt, zumal im Baltischen und Slawischen die Instrumentalformen des Plurals auf *-mis* bzw. *-mi* endigen[274]. Dass diese Endung auch im Germanischen auf *-s* auslautete, zeigt die Nominalform urn. *gestumR* „den Gästen" (von einem *i*-Substantiv mit Endung der *a*-Flexion, s. Seite 85 und 91). Im Genitiv Plural hat allein das Altnordische indogermanisch ererbte Formen beibehalten, wie ein Vergleich mit dem Altpreußischen und Altindischen zeigt – während umgekehrt im Altnordischen die femininen Obliquusendungen im Singular sekundär vom Plural her übertragen wurden. Wie im Altpreußischen und Slawischen hat sich offensichtlich auch im Germanischen in den obliquen Pluralformen die maskuline Form durchgesetzt. Ins Auge fallen außerdem die Instrumentalformen; für die westgermanischen Sprachen ebenso wie für das Altindische sind sie auch im Maskulinum gesichert, da dieser Kasus dort noch lebendig ist.

Dagegen wird got. *þē* adverbial im Sinn von „dadurch, um so" und an. *því* „denn, um so" ähnlicherweise für Sachverhalte verwendet; got. *þē* setzt prg. **tḗ* voraus (vgl. gr. τῇ „da, hier!" in lokativer Bedeutung), wogegen an. *því* nach dem Interrogativ *hví* umgebildet wurde (s. Seite 139). Die althochdeutsche Form *diu* wiederum basiert wie der litauische Instrumental *tuõ* letztlich auf idg. **tṓ* – sofern die gängige Erklärung auch für die femininen Formen *diu, dia, dio* mit Hilfe eines Pronomen **tyó-* (= ai. *syá, tyá-* „dieser, der") zutrifft[275]. Über den Dativ und Akkusativ geben die Formen *þammēh* und *þanōh* (zu *sah* „eben dieser") Aufschluss, im Dativ wird allgemein eine Instrumentalendung wie im Adverb *þē* angenommen, doch könnte in got. *þamma* auch ein alter Lokativ auf **-ai* wie bei den Substantiven und in ahd. *demu* auch ein alter Dativ auf **-ōi* vorliegen. Im Akkusativ und analog dazu im Neutrum liegt wohl eine Stützpartikel prg. **-ō(n)* vor, etwa in Analogie zur femininen Akkusativendung **-ān*, jedenfalls belegt die Form, dass der Lautwandel von idg. **-m* zu **-n* im Protogermanischen vor der Suffigierung dieser Partikel erfolgt sein muss[276]. Die Nominativform *der* im Althochdeutschen ist offensichtlich nach dem Personalpronomen *er* im Vokal angeglichen worden, die Akkusativform dann analog zu den anderen Kasus. Der Akkusativ *þann* im Altnordischen hat seine Doppelkonsonanz mit Gewissheit vom Personalpronomen *hann* „er, ihn" her bezogen; weniger klar ist die Herkunft von an. *þau*, hier können die Zahlwörter *tvau* und *siau* auf das Pronomen eingewirkt haben[277].

274 Diese *m*-Endungen sind zumindest im Instrumental wie auch im Balt. und Slaw. voreinzelsprachlich ererbt, die dann nach Matzinger in allen drei Sprachen vom Instrumental her beim Dativ die Endungen mit *bh* verdrängt hätten, so dass für den Dativ idg. **tóibhos* , für den Instrumental idg. **tóimis* anzusetzen seien, s. dazu Matzinger 2001: 189 – 194. Plausibler dagegen Ringe (2006: 272) mit den Ansätzen **-maz* für den Dativ Plural und **-miz* für den Instrumental (vgl. dazu apr. *-mans* als Endung des Dativ Plural); diese Formen sind in hiesiger Terminologie wiederum späturgermanisch.

275 Siehe zum Instr. Ntr. Krahe 1965: 62, zum Instr. Mask. Krahe 1965: 61 (mit Erklärung von ahd. *diu, dia* usw; allgemein zu den *i*-haltigen Formen auch von Kienle 1969: 189. Anders Klingenschmitt 1987: 184, der diese Formen als Analogie zum Personalpronomen beurteilt.

276 Zur Akkusativpartikel s. Krause 1968: 195f.

277 Dies vermutet Hiersche 1980: 203; nicht glaubhaft ist die Gleichsetzung von *þau* mit dem Dual ai. *táu* bzw. die frühere Herleitung aus idg. **tṓu*.

3.3.2.2.2. Das nahdeiktische Demonstrativum **ki-*

Nur in den nordindogermanischen Sprachen Germanisch, Baltisch und Slawisch ist ein Pronomen mit stark nahdeiktischem Charakter erhalten, das in seiner Flexion offenbar weitgehend mit dem Pronomen **is* übereinstimmt[278].

	Prg.	Got.	Urn.	Ahd.	Altpreuß.	Lit.	Aksl.
Akk.Mask.	**kín(ōn)*	*hina*	*hinō*	-	*schan*	*šį*	*sъ*
Dat.	**késmōi*	*himma*		-	*schismu*	*šiám*	*semu*
Instr.	**kíjō*			*hiu-*	-	*šiuõ*	*simъ*
Akk. Ntr.	**kíd(ō)*	*hita*		-	-	-	*se*

In anderen indogermanischen Sprachen ist dieses Pronomen entweder verloren gegangen oder völlig umgestaltet worden, im Lateinischen finden sich nur Adverbialformen *cis* und *citrā* „diesseits", von denen letzteres mit *ultrā* „jenseits" ein Gegensatzpaar bildet, wobei *ultrā* vom ferndeiktischen Pronomen *ille* etymologisch nicht zu trennen ist. Als ganzes Paradigma existierte dieses Pronomen noch im Gotischen und im Urnordischen, wo es freilich nur einmal in der Akkusativphrase *hino hali* „diesen Stein" gesichert ist; sonst hat es bis heute bloß in den ostbaltischen Sprachen und im Ukrainischen überlebt[279]. Im Deutschen und in den meisten slawischen Sprachen hat dieses Pronomen später nur noch als Vorderglied in univerbierten Zeitadverbien überdauert, im Althochdeutschen im petrifizierten Instrumental *hiutu* „heute", vgl. in derselben Bedeutung lit. *šiañdien* und russ. *segódn'a*. Ahd. *hiutu* kann gemäß Klingenschmitts Interpretation prg. **kíjō* fortsetzen, zumal sich *hiu-tu* (aus **hiu-tagu*) lautlich mit lit. *šiuõ* deckt[280]. Für das Germanische liegt die Ursache des Verlustes von *hi-* offen zutage: Im Westgermanischen und im Nordischen diente ein zusammengesetztes Pronomen für die Nahdeixis, nämlich ahd. *deser* und altnord. *siá* (auch schon späturn. *sasi*).

3.3.2.2.3. Das ferndeiktische Demonstrativum **eno-*

Ein Pronomen der Ferndeixis lässt sich für das Protogermanische nur bedingt rekonstruieren. Got. *jains* und ahd. *(j)ener* „jener" lassen sich nicht auf eine gemeinsame Vorform zurückführen, wohl aber letzteres mit an. *inn* (auch *enn*, bestimmter Artikel) auf prg. **énos*, das seinerseits mit lit. *anàs* und aksl. *onъ* „jener" (das in den heutigen Slavinen im Nomativ als Personalpronomen dient) und mit den altindischen Suppletivformen für *ayám* im Instr. Sg., *anéna* und *anáyā* übereinstimmt,

278 Zu diesem Pronomen und seinen idg. Grundlagen s. jetzt den Artikel von Euler 1993b, speziell zu den germ. Formen dort S. 22f. sowie Klingenschmitt 1987: 173.

279 Dagegen basiert an. *hinn* „jener" auf einem kombinierten Stamm aus **hi-* + *ina-*, s. dazu Klingenschmitt 1987: 177.

280 Siehe den Ansatz **kiyō dagō* bei Klingenschmitt 1987: 173.

wenngleich die baltisch-slawischen Parallelen *_onòs_ (ablautend zu *_enos_) voraussetzen[281]. Dekliniert wurde *_énos_ wie das ohnehin schon stark pronominal beeinflusste unbestimmte Adjektiv.

3.3.2.3. Das Identitätspronomen

Für das Identitätspronomen got. _silba_ (nur mit _n_-Flexion), ahd. _selb_, an. _sialfr_ „selbst" ist zwar der Ansatz von prg. *_sélb_^{h}_os_[282] berechtigt (vielleicht auf der Basis von *_sel zb_^{h}_ei_ „sich selbst"). Unabhängig davon wurde dieses Pronomen mit dem einmal belegten venet. _SSELBOISSELBOI_ (Dativ Mask.) verglichen, zumal die reduplizierte ahd. Bildung _selbselbo_ immerhin zweimal bei Notker (Interlinearglosse zu Psalm 77,54 und 4,9) bezeugt ist. Somit kann dieses Reflexivpronomen durchaus auf ein (west)indogermanisches Etymon *_selb_^{h}_os_ zurückgeführt werden[283].

3.3.2.4. Interrogativpronomina

Auch im Fragepronomen hat das Germanische archaische Formen bewahrt, wenngleich in wesentlich geringerer Zahl. Durchgesetzt hat sich hier jedoch wie im Baltischen und Slawischen – und deswegen wohl schon in voreinzelsprachlicher Zeit – der indogermanische Stamm *_k_^{w}_o-_ anstelle von *_k_^{w}_i-_ in den casus recti, der noch in lat. _quis, quid_ wie in heth. _kuiš, kuit_ und gr. _τίς, τί_ „wer, was" vorliegt. Dass zu diesen alten _i_-Formen wie auch in späteren, ja bis in die heutigen Sprachen kein Femininum existiert, ist offensichtlich ein Relikt aus der Zeit der frühen indogermanischen Grundsprache, in der es nur ein Genus commune und Genus neutrum gab[284]. Folgende Formen sind für die Rekonstruktion eines protogermanischen Paradigmas von Bedeutung (sc. nur im Singular):

Mask.	Prg.	Got.	Ahd.	An.	Ai.	Altpreuß.	Aksl.
Nom.	*_k_^{w}_os_	_ƕas_	_hwer_	-	_kás_	_kas_	_kъto_
Gen.	*_k_^{w}_éso_	_ƕis_	_hwes_	_hves_	_kásya_	_?_	_kogo_
Dat.	*_k_^{w}_é/ósmōi_	_ƕamma_	_hwemu_	_hveim_	_kásmai_	_kasmu_	_komu_
Akk.	*_k_^{w}_on_	_ƕana_	_hwenan_	-	_kám_	_kan_	_kogo_

281 Siehe zu germ. *_eno-_ bes. Klingenschmitt 1987: 174 – 182, zum Verhältnis mit lit. _anàs_ usw. 176 Anm. 20; zu _ener_ und _enn_ Seebold 1984: 173.

282 Die Anfangsbetonung ist nicht gesichert.

283 Siehe zur Etymologie des Identitätspronomens G. Schmidt 1978a: 162f., der den Genitiv des heth Reflexivs _Ãêl_ zum Vergleich heranzieht; zum Vergleich des reduplizierten Identitätspronomens s. besonders Krahe 1954: 121 und Porzig 1954: 128, zustimmend auch Ernst / Fischer 2001: 91; kritisch zum Vergleich mit dem Venet. Euler 1993b: 101.

284 Siehe zum „Fehlen" des Femininums beim Interrogativ Euler 1991: 44f.

Neutrum

Nom.	*k^{w}od	*ƕa*	*hwaz*	*hvat*	*kím*	*ka*	*čьto*
Gen.	*k^{w}éso	*ƕis*	*hwes*	*hves*	*kásya*	*?*	*česo*
Instr.	*k^{w}ē	*ƕē*	*hwiu*	*hví* (Dat.)	*kéna*	*ku (?)*	*čimь*

Femininum

Nom.	*k^{w}ā (?)	*ƕō*	-	-	*kā́*	-	-
Dat.	**k^{w}ésjāi	*ƕizai*	-	-	*kásyai*	-	-

Das Germanische steht also mit dem Altindischen und Altpreußischen in Einklang, und so lässt sich das protogermanische Paradigma leicht rekonstruieren. Aus dem Rahmen fällt nur got. *ƕa* gegenüber den Neutra anderer Pronomina wie *ita* und *þata*; sofern ahd. *hwaz* und an. *hvat* wie (adjektivisches) lat. *quod* ein idg. *k^{w}ód fortsetzen, also das Protogermanische in Einsilblern den Dental im Auslaut beibehalten hat, müsste got. *ƕa* auf endungslosem *k^{w}ó basieren[285]. Der Genitivansatz *k^{w}éso wird durch aksl. *česo* (nur Neutrum) und awest. *čahiiā* „wessen" (mit ursprünglichem Palatal vor hellem Vokal) bestätigt. Etwas undurchschaubar ist die Form an. *hví*, ursprünglich wohl wie ags. *hwŷ* eine Lokativform mit Instrumentalfunktion (aus idg. *k^{w}ei)[286].

Mit Sicherheit ebenfalls aus dem Indogermanischen ererbt ist ein abgeleitetes Interrogativum, got. *ƕaþar*, ahd. *hwedar*, an. *hvaþarr* „wer, welcher von beiden", vgl. ai. *katará-*, gr. *πότερος*, lat. *uter*, lit. *katràs* in ähnlicher Bedeutung und aksl. *kotoryjь* „welcher". Im Protogermanische lautete es zweifellos wie im Indogermanischen *k^{w}óteros.

Ein weiteres Interrogativum reicht wahrscheinlich mindestens in protogermanische Zeit zurück, nämlich got. *ƕarjis* „wer", an. *hverr* „wer; irgendeiner", das wohl ebenso auf dem Pronominaladverb got. *ƕar*, an. *hvar* „wo" basiert wie lit. *kuris* „welcher" auf *kur* „wo". Eine indogermanische Grundlage bestand jedoch eher für die Gleichung *ƕar, hvar = kur* als für die abgeleiteten Pronomina, die aber durchaus eine protogermanische Junktur *k^{w}ór is „wo er" oder *k^{w}órjos fortsetzen können[287].

Die beiden miteinander korrespondierenden Pronominaladjektive got. *ƕaleiks / swaleiks* = ahd. *hwelih / sulih* = ags. *hwilc / swilc*, vgl. auch an. *hvílikr / slíkr* mit der Grundbedeutung „wie gestaltet / so gestaltet" kehren in allen altgermanischen Sprachen wieder. Sie beruhen als Komposita auf einem Substantiv, das in got. *leik*, ags. *līc*, an. *lík* „Leib, Körper, Leichnam" sowie ahd. *līh* „ds., Gestalt" vorliegt. Da

285 So Krahe 1965: 70 und von Kienle 1969: 199; anders Krause 1968: 200, der got. *ƕa* auf *k^{w}ód zurückführt, ähnlich Ringe (2006: 290) mit dem Ansatz [spg.] **hwat*.
286 Siehe Krahe 1965: 70.
287 Siehe diesen Bedeutungsansatz bei Krause 1968: 200. Krahe / Seebold 1967: 104 gehen von einer *ja*-Ableitung aus und setzen **χwarijaz* an.

dieses weder formal noch semantisch eine genaue etymologische Parallele außerhalb des Germanischen hat, schreibt man auch den Pronominalia kein besonders hohes Alter zu, ein protogermanisches Etymon **k^{w}ó-līgos* kann aber existiert haben.

3.3.2.5. Indefinitpronomina

Das Indefinitpronomen got. *sums*, ahd. *sum*, an. *sumr* „irgendein" ist durch mehrere germanische Belege und außerdem zumindest durch ai. *sama-* „irgendein, jeder" (Enklitikon) als *a*-Adjektiv gesichert, so dass auch prg. **sumos* gesichert ist. Anerkannt ist außerdem die etymologische Verbindung mit dem Zahlwort für „eins", idg. **sem-*, s. dieses auf Seite 141. Daneben gab es im Germanischen noch weitere Indefinitpronomina indogermanischer Herkunft, vgl. got. *aljis* „ein anderer" aus prg./idg. **áljos/ályos* mit lat. *alius* und gr. *ἄλλος* usw. „ds.", sowie ahd. *fōhe* „wenige" aus prg./idg. **páukoi* mit lat. *paucī* „ds.".

Die mit Abstand wichtigste einzelne Quelle für die Erschließung der germanischen Sprache in ihren frühen Stufen ist die ostgotische Bibelübersetzung von Bischof Wulfila aus der Zeit um 375 n. Chr. Leider ist von der einst fast vollständigen Übersetzung – nur das ihm zu militant erscheinende Buch der Könige wollte Wulfila seinen Goten lieber vorenthalten – nur ein geringer Teil überliefert. Im Bild der Auschnitt Lukas 1, 3–5 aus dem um 500 n. Chr. geschriebenen „Codex Argenteus". Von den einst mindestens 335 Blättern des Pergamnentkodex (der bereits ursprünglich bei weitem nicht die gesamten von Wulfila übersetzten Teile der Bibel enthielt) haben nur 187 Blatt die Jahrhunderte überdauert, ein weiteres, 188. Blatt wurde 1970 überraschend in einem Reliquienschrein im Speyerer Dom wiederentdeckt. Wären größere Teile der Wulfila-Bibel überliefert, dann täten wir uns nicht zuletzt mir der Rekonstrution des germanischen Wortschatzes in vielen Bereichen leichter (s. Seiten 193ff.) – In der Abbildung oben sind übrigens die Farben kräftig aufgefrischt worden; die erhaltenen Blätter des Codex erscheinen heute grau mit violettem Schimmer, siehe Seite 185.

3.4. Die Numeralia

3.4.1. Kardinalia

Die Zahlwörter gehören in vielen Sprachen zum innersten Kern des Grundwortschatzes und lassen sich deswegen für frühe Zeiten erschließen. Im Germanischen bereitet eigentlich nur die Rekonstruktion der Dekaden von 70 bis 90 gewisse Schwierigkeiten, doch soll diese Problematik hier nicht vertieft werden. Die Literatur hierzu ist umfangreich, vor allem sei auf die Arbeiten von Gernot Schmidt (1970), Rosemarie Lühr (1977) und Onofrio Carruba (2004) verwiesen, zum indogermanischen Sprachvergleich auf die Monographie von Oswald Szemerényi (1960).

Das Zahlwort für „eins", got. *ains*, ahd. *ein*, an. *einn*, hat in lat. *ūnus* (alat. noch *oinos*) und air. *óen* usw. genaue etymologische Parallelen, vgl. auch im Griechischen die Substantivierung *οἴνη* „Eins auf dem Würfel"; dieses Numerale lautete im Protogermanischen wie im Indogermanischen **oinos*. Ein anderes idg. Wort für „eins" hat sich dagegen nur in östlichen Sprachen durchgesetzt, vgl. gr. *εἷς*, Fem. *μία*, Ntr. *ἕν* (myk. Dativ *e-me*; aus **sems, smih₂, sem*), arm. *mi;* es ist auch in lat. *simplex* „einfach" und den Zahladverbien lat. *semel* „einmal" und got. *simlē* „einstmals" enthalten, war also auch im Protogermanischen noch bedingt vorhanden.

Das Numerale für „zwei" flektiert im Indoiranischen und im Slawischen wie das Demonstrativ mit *t*-Anlaut im Dual; selbst im Lateinischen hat sich der Dual in den Formen *duō* (Mask., Ntr.), Dat./Abl. *duōbus, duābus* bedingt gehalten, ebenso im Baltischen in Reliktformen.

Mask.	Prg.	Got.	Ahd.	An.	Ai.	Lit.
Nom.	**dwói*	*twai*	*zwēne*	*tveir*	*dvā́*	*dù*
Gen.	**dwó(i)jōn*	*twaddjē*	*zweio*	*tveggja*	*dváyōs*	*dviejų*
Dat.	**dwóimis*	*twaim*	*zweim*	*tveim(r)*	*dvā́bhyām*	*dvíem*
Akk.	**dwons*	*twans*	*zwēne*	*tvá*	*dvā́*	*dù*
Ntr.	**dvā*	*twa*	*zwei*	*tvau*	*dvé*	-
Fem.						
Nom.	**dvās*	*twōs*	*zwā,zwō*	*tvǽr*	*dvé*	*dvì*
Gen.	**dwó(i)jōn*	-	*zweio*	*tveggja*	*dváyōs*	*dviejų*
Dat.	**dwóimis*	*twaim*	*zweim*	*tveim(r)*	*dvā́bhyām*	*dvíem*
Akk.	**dvās*	*twōs*	*zwā,zwō*	*tvǽr*	*dvé*	*dvì*

Im Germanischen hingegen sind die Dualendungen fast völlig von denen des Plurals verdrängt worden, und das Numerale flektiert überwiegend wie ein unbestimmtes Adjektiv. Die genusunabhängige Flexion in den obliquen Kasus ist offenbar ererbt, wie die nichtgermanischen Sprachen erkennen lassen. Eine Ausnahme bildet der Genitiv, der in ahd. *zweio* genauer bewahrt ist als in got. *twaddjē* und an. *tveggja* mit der Gemination des Reibelautes. Hier stimmt das Germanische wie auch in der Dativform mit dem Baltischen überein, genauer mit lit. *dviejų* bzw. *dvíem*, die ihrerseits auf protobalt. **dvaijōn* bzw. **dvaijmV* zurückgehen. Der Genitiv prg. **dwó(i)yōn* wurde noch aus einer echten Dualform umgebaut, wie die Parallelen ai. *dváyoḥ* und aksl. *dъvoju* deutlich zeigen – sofern man eine Monophthongierung von ** ō* aus ***au* voraussetzt, ähnlich wie bei der Präsensendung des Duals der 1. Person, s. Seite 152 mit Anm. 315. Nicht recht durchsichtig sind die Neutra, ahd. *zwei* könnte zwar wie ai. *dvé* idg. **dwói* fortsetzen, fraglich bleibt aber für an. *tvau* der Ansatz von idg. **dvṓu* (wie **tṓu* für den Ntr. Pl. *þau*, s. Seite 135f.).

Das Zahlwort für „drei" flektiert in den älteren indogermanischen Sprachen und ursprünglich auch im Germanischen wie ein *i*-Substantiv. Da die Formen der obliquen Kasus hier wieder in allen Genera gleich sind, werden sie nur je einmal angeführt.

Mask.	Prg.	Got.	Ahd.	An.	Lat.	Lit.
Nom.	**tréjes*	**þreis*	*drī*	*þrír*	*trēs*	*trys*
Gen.	**tríjōn*	*þrijē*	*drīo*	*þriggja*	*trium*	*trijų*
Dat.	**trimís*	*þrim*	*drim*	*þrim(r)*	*tribus*	*trìms*
Akk.	**trins*	*þrins*	*drī*	*þriá*	*trēs*	*trìs*
Ntr.	**tríjā*	*þrija*	*driu*	*þriú*	*tria*	-
Fem.						
Nom.	**tréjes*	**þreis*	*drīo*	*þriár*	*trēs*	*trys*
Akk.	**trins*	*þrins*	*drīo*	*þriár*	*trēs*	*trìs*

Im Dativ liegt zweifellos eine voreinzelsprachlich ererbte Form vor, bedingt auch in den Genitivformen *þrijē, drīo, þriggja*. Im Altnordischen macht sich bei *þriá, þriár, þriú* der Einfluss der starken Adjektive mit *-a-/-ō*-Flexion bemerkbar, vgl. urnord Akk. Pl. Fem. *þrijōR*, ebenso im Althochdeutschen[288].

Das Zahlwort für „vier" wurde in der indogermanischen Grundsprache wie die *r*-Stämme dekliniert, was im Altindischen und Griechischen noch klar zutage tritt, hier wird wegen seines archaischen Gepräges nur ersteres angeführt[289]:

288 Zu ahd. *drīo* s. Eichner 1987: bes. 199.
289 Zum Zahlwort „vier" siehe die Arbeit von Stiles 1985 (bes. zum Nordischen und Westgermanischen), 1986a und 1986b (zum Urgermanischen).

Mask.	Prg.	Got.	Ahd.	An.	Ai.
Nom.	**petwṓres*	*fidwōr*	*fiori*	*fiórer*	*catvā́ras*
Gen.	**peturṓn*	"	*fiorio*	*fiǫgorra*	*caturṇā́m*
Dat.	**petur(u)mís*	"	*fiorim*	*fiórom*	*catúrbhyas*
Akk.	**peturúns*	"	*fiori*	*fióra*	*catúras*
Ntr.	**petwṓrā*	"	*fioriu*	*fiǫgur*	*catvā́ri*

Der Anlaut kann auf einem Einfluss des Zahlwortes für „fünf" oder auf einer dissimilatorischen Reduktion des Labiovelars vor den Folgekonsonanten **-tw-* basieren, später ist außerhalb des Ostgermanischen auch der inlautende Dental geschwunden oder **-đw-* zu **-ww-* assimiliert worden [290]. Die Femininformen lauten auch hier genau wie jene des Maskulinums. Dagegen weicht das Altindische mit der archaischen Femininbildung *cátasras* ab, die in air. *cethéoir* (neben *ceth(a)ir* m.) eine recht genaue Entsprechung hat. Die protogermanischen Rekonstrukte selber sind etwas spekulativ. Der labiale Anlaut lässt sich leicht als Ferndissimilation erklären oder als Einfluss des Zahlwortes für „fünf". Im Germanischen bleibt got. *fidwōr* unflektiert, während ahd. *fiori*, Ntr. *fioriu* nach dem Vorbild von *drī* flektiert wird, und für an. *fiórer, fiórar, fiǫgur* gilt Ähnliches wie für *þrír*. Nicht zuletzt wegen des Befundes in anderen indogermanischen Sprachen kann man auch für das Germanische eine Flexion und deren Verlust im Gotischen annehmen. Dies wiederum setzt im West- und Nordgermanischen etliche Umbildungen der Kasusendungen voraus, wobei die belegten Formen deutlich voneinander abweichen und daher auch kaum aus dem Protogermanischen stammen können. Fraglich bleibt, ob im Protogermanischen noch Stammablaut wie im Altindischen vorgelegen hat, oder ob sich der Stamm der Casus recti **petwṓr-* durchgesetzt hat[291].

Die weiteren Zahlwörter sind wie in den meisten anderen indogermanischen Sprachen indeklinabel. Im Zahlwort für „fünf", got., ahd. *fimf*, an. *fif* wurde der indogermanisch ererbte Labiovelar ähnlich wie im Substantiv für „Wolf" (s. Anm. 105) zum Labial reduziert[292]. Die Konsonanten wurden wie im Zahlwort für „vier", aber in umgekehrter Richtung wie in lat. *quinque* und air. *cóic*, assimiliert, vgl. *ai. páñca*, lit. *penkì*, aus idg. **pénkʷe*; im (späteren) Protogermanischen müsste das Numerale **pémpe* gelautet haben.

Das Numerale für „sechs" bietet im Gegensatz zu den meisten anderen indogermanischen Sprachen im Germanischen ebenso wenig wie lat. *sex* Anlautprobleme, got. *saíhs*, ahd. *sehs* und an. *sex* setzen jedenfalls alle prg. **seks* fort. Dagegen er-

290 Zur Dissimilation des Anlautkonsonanten s. bereits Krause 1968: 126, jetzt Stiles 1985: 89; zum Dentalschwund s. ders. 92, der Assimilation von **-đw-* zu **-ww-* annimmt (aber vgl. noch krimgot. *fyder*).

291 Stiles (1986a: 18f.) setzt sogar für das Spg. nach der Lautverschiebung Stammablaut an (mit den Rekonstrukten **feðwōr – feðurōn, feðurimz*).

292 Siehe Krahe 1966: 84 und Krause 1968: 126 mit dem Vergleich des Substantivs für „Wolf".

fordern gr.-myken. *we-pe-za* (= *hwespeza*) „aus sechs Füßen bestehend“ und das gallische Ordinale *suexos* eindeutig den Ansatz idg. **sweḱs*[293].

Beim Zahlwort für „sieben“ weicht das Germanische mit einer Metathese von allen anderen indogermanischen Sprachen ab, vgl. got., ahd. *sibun* (sc. und an. *siau*) mit ai. *saptá*, lat. *septem* usw. Idg. **septḿ̥* wurde im Protogermanischen folglich über **septún* zu **sepúnt* umgebildet, das erhaltene *-n* setzt diesen Auslaut jedenfalls voraus[294].

In den älteren indogermanischen Sprachen zeigt das Zahlwort für „acht“ jeweils eine Dualendung wie jenes für „zwei“, so ai. *aṣṭā́, aṣṭáu*, gr. *ὀκτώ*, lat. *octō* usw. Auch in got. *ahtau*, ahd. *ahto* und an. *átta* kann deren Existenz kaum bestritten werden, und so wird für das Protogermanische ebenfalls **oktṓu* angesetzt.

Wie das Numerale für „sieben“ endigten auch jene für „neun“ und „zehn“ im Protogermanischen mit einem Verschlusslaut, da in got., ahd. *niun* wie in got. *taíhun* und ahd. *zehan* das *-n* nicht geschwunden ist, also gedeckt war. Somit stünden prg. **néwunt* und **dékunt* mit lit. *dešimt* und aks. *devętь, desętь* in Einklang gegenüber ai. *náva, dáśa*, lat. *novem, decem* usw. aus idg. **néwn̥, *déḱm̥*. Hier hat das Protogermanische mit dem *t*-Auslaut in **néwunt, dékunt* offensichtlich gegenüber dem Indogermanischen geneuert. Ahd. *zehan* weist im Gegensatz zu *taíhun* und auch an. *tío* Hochstufe in der zweiten Silbe wie in den Zahlwörtern für „vierzehn, fünfzehn“ usw. auf.

Die Zahlwörter für „elf“ und „zwölf“ werden gerne als Paradebeispiel für die germanisch-baltischen Gleichungen genannt. Im Germanischen sind diese Zahlwörter nicht mit jenem für „zehn“ im Hinterglied, sondern mit einer nullstufigen Form der Verbalwurzel idg. **likʷ-* (daraus got. *leihvan* „leihen“, lit. *liekti, -ù* „zurückbleiben“ usw.) univerbiert. Diese Wurzel ist noch in got. *ainlif, twalif* (mit *-b-* im Dativ *ainlibim, twalibim*) und ahd. *einlif, zwelif* deutlich erkennbar (die in beiden Sprachen als *i*-Stämme flektieren), weniger in an. *ellefo, tolf.* Innerhalb des Baltischen setzt sich diese Zählweise im Litauischen bis „neunzehn“ fort: *vienúolika, dvýlika, trýlika, keturiólika* usw. Diese Bildungsweisen sind zweifellos durch Einflüsse aus dem Süden infolge des Handels entstanden. Allerdings weichen selbst *vienúolika* und *dvýlika* formal derartig von den germanischen Parallelen ab, dass man die litauischen Zahlwörter allenfalls als Einflüsse aus dem Protogermanischen, nicht aber als gemeinsam ererbt ansehen kann. Diese protogermanischen Rekonstrukte, nach Ausweis der gotischen Formen **oin(o)lipí-*, **dwolipí-* mit reduziertem Labio-

293 Siehe zum idg. Numerale für „sechs“ Meier-Brügger 2000: 217 mit Literatur.

294 Ringe (2006: 87) nimmt folgende andere Entwicklung an: Idg. **septḿ̥* > **septún* > **seftún* > **seftúnt* > **sefúnt*. Letzteres müsste freilich **sebúnt* gelautet haben, unter der traditionellen Annahme der Spätdatierung von Verners Gesetz.

velar[295], haben ihrerseits indogermanisch ererbte Bildungen verdrängt, zumindest aus ai. *dvā́daśa*, gr. *δώδεκα* und lat. *duōdecim* lässt sich ohne Schwierigkeit ein Etymon idg. **d(u)wṓdeḱm̥* erschließen.

Die weiteren Zahlen werden in den germanischen Sprachen ähnlich wie im Lateinischen gebildet; so z.B. got. *fidwōrtaíhun, fimftaíhun*, ahd. *fiorzehan, finfzehan*, an. *fiórtán, fimtán* wie lat. *quattuordecim, quindecim*. Eine indogermanische Herkunft ist damit noch nicht gesichert, wohl aber können hier protogermanisch ererbte Zahlwörter vorliegen wie **petwṓrdekunt, pémpedekunt* – oder mit hochstufiger Endsilbe **petwṓrdekont, pémpedekont*, ahd. *-zehan* und an. *-tán* setzen zumindest spg. **-teχant* bzw. rezenteres **-tēχant* voraus[296].

Scheinbar isoliert innerhalb der Indogermania stehen auch die germanischen flektierbaren Dekadenbildungen für „zwanzig" bis „sechzig" da, die im Gotischen noch am genauesten bewahrt sind: *twai tigjus, fidwor tigjus* usw., vgl. auch an. *þrír tigir, fjórir tiger*, wogegen im Westgermanischen die Parallelen ags. *twēntig, þrītig, fēowertig* und ahd. *zweinzug, drīzzug, fiorzug* (mit *u* wie an. *tuttugu* „zwanzig", aus **twō-tugu*?) usw. nicht flektieren[297]. Zugrunde liegt der Stamm des Numerale für „zehn" mit besonderem Auslaut, spg. **tegu-*, prg. **dekú-*, das aber wahrscheinlich vom Akkusativ **dekún(t)uns* oder einfach von **dekún(t)-* her zum *u*-Stamm umgestaltet wurde, ähnlich wie manche Substantive auf *-u-* als einstige Wurzelnomina[298]. Da diese Zahlwörter im Gotischen noch nicht einmal univerbiert sind, möchte man die Entstehung dieser Dekadenbildungen keinesfalls in voreinzelsprachliche Zeit datieren, während die dabei verwendeten *u*-Stämme mit Sicherheit zwar nach der Diphthongierung der sonantischen Nasale (hier von **n̥* zu *un*), aber noch vor der germanischen Lautverschiebung und Akzentverlagerung (s. S. 54f. und 61ff.) entstanden sind, da die Dekaden gemäß Verners Gesetz schon im Protogermanischen **dwói dekéwes, tréyes dekéwes* usw. gelautet haben müssen. Hier hat das Germanische eine analoge Neuerung wie das Slawische und Baltische vollzogen, vgl. aksl. *dъva desęti, tri desęte, četyre desętъ*, ebenfalls noch Junkturen, aber im Baltischen (lit. *dvìdešimt, trìsdešimt, keturiasdešimt*) bereits indeklinable Univerbierungen, die undurchschaubar gewordene ältere Bildungen ersetzt haben.

Unter den älteren indogermanischen Sprachen stimmen vor allem die Dekaden ai. *viṃśatí-, triṃśát-* „zwanzig, dreißig" und *pañcāśát-* „fünfzig" formal derartig gut mit lat. *vīgintī, trīgintā* bzw. *quinquāgintā* überein, vgl. auch gr.-äol. *Ϝικατι* „zwanzig" (aber att. *εἴκοσι, τριάκοντα, πεντήκοντα*), dass sich diese Zahlwör-

295 Siehe zur Reduktion des Labiovelars Schaffner 2001: 62.

296 Die Rekonstrukte **-teχunt, *-tēχant* s. bei Krahe 1965: 89.

297 Siehe auch hierzu Rekonstrukte bei Krahe 1965: 89.

298 So Szemerényi 1960: 27 – 44, der auf S. 41 – 44 den Akk. als Ausgang für den Stamm **deku-* erklärt; weniger überzeugend G. Schmidt 1970: 124 und 132, der vom Dativ-Instrumental **teγund-miz* ausgeht, wieder anders Carruba 2004: 31, der **dekun(t)-* als Ausgangsbasis für den *u*-Stamm ansieht.

ter ohne Probleme auf indogermanische Grundformen zurückführen lassen, nämlich für „zwanzig“ auf **wīk̑m̥tí-*, älter **(d)wih*$_1$*(d)k̑m̥tíh*$_1$*-* (mit alter Dualendung, also = „2 x 10“), für „dreißig“ auf **trī ḿ̥ta*, **trih*$_1$*(d)k̑m̥th*$_2$ und für „fünfzig“ auf **penk*^{w}*ēk̑ḿ̥ta* oder **penk*^{w}*eh*$_1$*k̑ḿ̥th*$_2$[299]. Natürlich gab es bereits in der indogermanischen Grundsprache Numeralia für „vierzig“, „sechzig“ usw., nur erschweren lautliche Unstimmigkeiten und Diskrepanzen zwischen den Einzelsprachen deren Rekonstruktion; ab „sechzig“ dienen im Altindischen Abstrakta mit *ti*-Suffix als Dekaden, vgl. also also ai. *ṣaṣṭí-, saptatí-* usw. gegenüber lat. *sexāgintā, septuāgintā*, gr. *ἑξήκοντα, ἑβδομήκοντα.*

Eine besondere Einheit bilden die weiteren gotischen Dekaden, *sibuntēhund, ahtautēhund, niuntēhund* und sogar für „hundert“ *taíhuntēhund*. Über ihre Grundlagen gehen die Meinungen bis heute auseinander, zumal auch ahd. *sibunzo, ahtozo* und auch *zehanzo* aus dem Rahmen fallen. Am ansprechendsten erscheint der Vergleich mit den Dekaden anderer indogermanischer Sprachen aufgrund des Langvokals in der Kompositionsfuge, wie in lat. *septuāgintā, octōgintā, nōnāgintā* oder gr. *ἑβδομήκοντα, ὀγδοήκοντα, ἐνηνήκοντα.* Setzt man mit Szemerényi die Übernahme der Numeralia von „sieben“ bis „zehn“ mit zusätzlichem *-t-* im Germanischen voraus, ließen sich die Dekaden wenigstens von „siebzig“ bis „neunzig“, got. *sibuntē-hund* wie ahd. *sibunzo* und *niuntē-hund* / **niunzo* – sofern die althochdeutschen Numeralia Kurzformen darstellen – durchaus als Formen mit partitivem Genitiv Plural im Sinn von „10 Siebener, 10 Neuner“ interpretieren und können dann für das Protogermanische als **sepuntṓkunt, oktṓ(u)kunt, newuntṓkunt* rekonstruiert werden. Diese Formen setzen zwar nicht geradlinig indogermanische Grundformen fort, lassen sich aber als deren Umbildungen erklären[300]. Wie für die Numeralia für „11“ und „12“ werden im Falle des Zahleneinschnittes bei 60 Kultureinflüsse aus dem Orient als Ursache betrachtet; jedenfalls kann ein Zusammenhang zwischen der duodezimalen Zählweise und dem Bruch nach 60 (= 12 x 5) kaum bestritten werden[301].

Das indogermanische Zahlwort für „hundert“ ist in got. *hund*, ahd. *hunt* wie auch in an. *hund-rað* bewahrt, im Protogermanischen müsste es noch **kuntón* gelautet haben, wobei diese Form wie die Entsprechungen in den älteren außergermani-

299 Siehe idg. Rekonstrukte der Dekaden bei Szemerényi 1960: 24f. und jetzt (auf laryngalistischer Basis) bei Meier-Brügger 2000: 218; in lat. *quinquāgintā* ist das *ā* wohl von *quadrāgintā* her (aus **k*^{w}*turh*$_2$*k̑m̥t-*) übernommen worden, s. dazu Meiser 1998: 173.

300 Diese Theorie vertritt Szemerényi (1960: 30 – 36 und 1989: 238f.), der das Verhältnis von *sibuntēhund* zu *sibunzo* analog zu den Endungen des Gen. Pl. got. *-ē* zu ahd. *-o* ansieht und auf S. 33f. urgermanische Rekonstrukte bietet. Lühr (1977: 64) vergleicht dagegen *tē* etymologisch mit der Präposition ags. *tō*, ahd. *zuo* und interpretiert *sibuntēhund* im Sinn von „sieben zur Hundert“, ähnlich Carruba 2004: 32, der aber *tē* mit lat. *dē* in *duōdēvigintī, ūndēvigintī* „18, 19“ vergleicht (beides weniger überzeugend); anders Shields 1992: 93f., der in *tē* eine Instrumentalbildung vermutet. Allgemeines zum Einschnitt zwischen den Zahlwörtern „60“ und „70“ s. bei Schuppener 1998: 301 – 313 (auch zu den gr. Zahlwörtern, von denen die drei oben genannten auffälligerweise von den Ordinalia gebildet sind im Gegensatz zu den kleineren Dekaden).

301 Siehe dazu Einzelnes bei Schuppener 1998: 300.

schen Einzelprachen aus idg. **k̑m̥tóm* stammt. Allerdings haben die Numeralia in den altgermanischen Sprachen die Bedeutung „120“ angenommen, für „100“ wird im Gotischen das Kompositum *taíhuntēhund* und im Althochdeutschen *zehanzug* verwendet, während im Altnordischen *hund* mit einem Nominalstamm erweitert ist; wiederum tritt der Einfluss eines Duodezimalsystems hervor[302].

Das germanische Zahlwort für „tausend“ gehört zu den wenigen germanisch-baltisch-slawischen Gleichungen: Sowohl got. *þūsundi* (das als Neutrum auf *-ja-* wie ein Femininum auf *-jō-* flektiert), ahd. *dūsunt* und an. *þúsund* im Germanischen als auch apr. *tūsimtons* (Akk.) und aksl. *tysęšti* setzen offensichtlich ein Etymon **tū́s(k̑)m̥ti-o-, -ā-* fort, das im Protogermanischen **tū́suntī* lautete[303].

3.4.2. Die Ordinalia

Die Ordinalzahlen für „dritter“ bis „zehnter“ im Germanischen basieren weitgehend auf indogermanischen Grundlagen. Lediglich jene für „erster“ und „zweiter“ werden in den Einzelsprachen wie auch außerhalb des Germanischen immer wieder ausgetauscht und ersetzt. Allein für die Ordinalzahl „erster“ stehen in den germanischen Sprachen drei Bezeichnungen nebeneinander: got. *fruma* = ags. *forma*, ahd. *furisto* = an. *fyrstr* und ahd. *ēristo* = ags. *ǣrista*. Die letztere Gleichung muss kaum über die Zeit des Westgermanischen hinausreichen, auch für die zweite Entsprechung mit dem Superlativsuffix lässt sich protogermanische Herkunft nicht beweisen, die erste Gleichung dagegen hat im Baltischen in apr. *pirmas* (*pirmois*) = lit. *pìrmas* = lett. *pirmais* eine genaue und in lat. *prīmus* eine annähernde Parallele, so dass man sogar ein westidg. **pŕ̥mos* rekonstruiert hat, zumindest spricht nichts gegen einen Ansatz von prg. **púrmos*[304].

Auch im Fall des nächsten Zahlwortes haben das Germanische und das Baltische einen gemeinsamen Weg beschritten, vgl. got. *anþar*, ahd. *ander-er*, ags. *ōþer*, an. *annarr*, die alle prg. **ánteros* fortsetzen, mit apr. *anters*, lit. *añtras*, lett. *otrais*, aber auch mit ai. *ántara-* in der Bedeutung „verschieden“, das seinerseits eine Ableitung zu *anyá-* „anderer“ darstellt – das Ordinale lautete im Altindischen von Anfang an *dvitī́ya-*.

Für die Zahl „dritter“ sind die Ordinalia zwar in allen Sprachen vom Kardinale *tri-* abgeleitet, im Stammauslaut weichen die einzelsprachlichen Bildungen aber teilweise voneinander ab. Im Germanischen setzen got. *þridja*, ahd. *dritto* und an.

302 Angeblich basiert *-rað* auf *raða* „Zahl“ (s. Carruba 2004: 31), das aber nirgends belegt ist; vgl. eher an. *ráð* „Rat, Entschluss“ (s. dazu de Vries 1977: 430f.).

303 Zu diesem Zahlwort s. Lühr 1993: 117 – 136 sowie Pijnenburg 1989: 99 – 106, der auf S. 104 für das Germanische als Vorformen **tūsTm̥ti-* > **tûssundi-* ansetzt.

304 Siehe Szemerényi 1989: 242 mit den Rekonstukten **pr̥̄mos* und **púrmo-*.

þriði eine bestimmte Form spg. _þriđjan-_, prg. _*tritjó-_ fort, die wie lat. _tertius_ ebenso wie mit lit. _trečias_ (lett. _trešais_) und aksl. _tretьjь_ letztlich auf westidg. _*trityós_ zurückgehen, vgl. jedoch dazu ai. _tr̥tī́ya-_ und sogar im Baltischen apr. _tīrts_ aus _*tr̥tyo-_ sowie gr. _τρίτος_.

Alle weiteren Ordinalia bis zu „zwölfter“ sind im Germanischen durchweg mit den Formen der Kardinalia + Dentalsuffix aus idg. _*-tó-_ gebildet, wobei die Kardinalia weitgehend erhalten blieben (vgl. im Gotischen lediglich _ahtu-da_ gegenüber _ahtau_). Doch selbst hier hat das Germanische geneuert: Got. _fimfta_ und ahd. _fimfto_ aus prg. _*pemptó-_ können bestenfalls mit apr. _penckts_, lit. _peñktas_ im Baltischen sowie gr. _πέμπτος_ und lat. _quintus_ auf idg. _*penk_^{w}_tós_ zurückgeführt werden (vgl. auch gall. _pinpetos_). Auch für got. _saíhsta_, ahd. _sehsto_ aus prg. _*sekstó-_ könnte wie für lat. _sextus_ westidg. _*sek̂stós_ angesetzt werden, wenn man einmal von den Anlautproblemen dieses Zahlwortes absieht. Beim Numerale für „vierter“ ist das Dentalsuffix in den älteren indogermanischen Sprachen an den nullstufigen Stamm des Kardinale angefügt, nämlich in ai. _caturthá-_, gr. _τέταρτος_ (also aus idg. _*k_^{w}_etr̥tó-_); im Germanischen setzen hingegen ahd. _feordo_ und an. _fiōrþi_ (sicher auch got. _*fidwōrda_) eine gemeinsame Vorform prg. _*petwōrtó-_ (oder _*peturtó-_) fort[305].

Die Ordinalia ab „fünfter“ werden im Altindischen wie im Lateinischen nicht mit _to-_, sondern im Gegensatz zum Germanischen vorwiegend mit _mo_-Suffix gebildet. Weitere gotische, westgermanische und altnordische Ordinalia lassen sich problemlos auf protogermanische Etyma zurückführen, nämlich auf _*sepuntó-, neuntó-, dekuntó-_ und sogar _*oinliptó-, dwoliptó-_. Lediglich das Ordinale für „achter“ weicht in der Stammbildung ab, got. _ahtuda_ und ahd. _ahtodo_ setzen wahrscheinlich eine _u_-haltige Bildung spg. _*aχtuđan-_, prg. _*oktutó-_ fort[306]. Die Ordinalia got. _taíhunda_, ahd. _zehanto_ beruhen offensichtlich auf spg. _*teχundan-_ mit _χ_ vom Kardinale her, da prg. _*dekuntó-_ zu spg. _*teḡunda-_ geführt hätte[307]. Da bei den Zahlen Analogien und Ausgleichsbildungen stets Tür und Tor offensteht, muss man naturgemäß auch mit unabhängigen Parallelentwicklungen rechnen.

Darüber hinaus wurden die Ordinalzahlen im Germanischen ursprünglich wie im Lateinischen mit Hilfe von Asyndeta gebildet, in got. _fimfta taíhunda_ „der 15.“ ebenso wie in lat. _quintus decimus_, die univerbierte Dativform _fimftataíhundin_ (nur mit dekliniertem Hinterglied) ist eindeutig eine jüngere Bildung. Im Althochdeutschen haben sich diese Komposita dann durchgesetzt, u.a. auch in _finftazehanto._ Im Altnordischen sind schließlich diese Ordinalia direkt von den Kardinalia abgeleitet wie in _fimtándi._ – Die Ordinalia der Dekaden werden in den germa-

305 Siehe zu diesem Ordinale den Ansatz „pre-Germanic“ _*k_^{w}_e(t)úrto-_ bei Stiles 1986b: 11.

306 Siehe hierzu den Ansatz _*aχtuwa-_ bei Szemerényi 1960: 89 A. 100, aber _*oktṓuto-_ bei Stiles 1986b: 11.

307 Siehe Stiles 1986b: 9.

nischen Einzelsprachen so verschieden gebildet, dass man kaum protogermanische Grundformen erschließen kann, zumal hier gotische Belege fehlen; vgl. etwa ahd. *zweinzugōsto* (Suffix wie im Superlativ) mit ags. *twentigoþa* und an. *tottogondi*[308].

3.4.3. Sonstige Numeralia

Neben der Kardinalzahl für „zwei" gab es im Germanischen wie in anderen indogermanischen Sprachen eine Bezeichnung für „beide", die sich aber anhand der einzelsprachlichen Fortsetzer nicht genau rekonstruieren lässt: Got. *bai* (mit dem Dativ *baim*, Akk. *bans* und Neutrum *ba*) und ags. *bā*, die genauso wie das Kardinale *twai* bzw. *twā* pluralisch flektieren, stehen formal im entsprechenden Verhältnis wie dessen etymologische Parallelen außerhalb des Germanischen zu dem jeweiligen Numerale für „zwei", vgl. also mit got. *bai* / ags. *bā* ai. *ubháu* neben *dváu*, gr. *ἄμφω* neben *δύω* und lat. *ambō* neben *duō* sowie lit. *abù* (aber Pluralform apr. *abbai*) und aksl. *oba*. Die Vorsilben im Griechischen und Lateinischen werden zu Recht als Einfluss der Präposition gr. *ἀμφί* „rings um" bzw. lat. *amb-* (in Komposita) erklärt, während ai. *u-*, balt. *a-* und slaw. *o-* keine Vergleichsmöglichkeiten bieten. Ansonsten liegen in den germanischen Einzelsprachen Sekundärbildungen vor, sei es in urn. *baijoR* (nur einmal belegt)[309] oder in got. *bajoþs* (mit dem Dativ *bajoþum*), ahd. *beide* und as. *bēde*.

Das Zahladjektiv an. *tvennr* „zweifach, zweiteilig" schließlich hat im Lateinischen lat. *bīnī* pl. „je zwei" eine genaue Parallele und geht aus prg. bzw. alat. und zugleich westidg. **dwisno-* hervor. Zugrunde liegt hier ein Zahladverb lat. *bis* aus alat. *duis*, vgl. dazu genau gr. *δίς* und ai. *dvíḥ* „zweimal".

Germanische Fibeln, rekonstruiert anhand ausgegrabener Stücke.

308 Siehe diese einzelsprachlichen Dekadenbildungen im Germanischen bei Bammesberger 1986a: 4f.
309 Erklärungsversuche für *baijoR* s. bei Krause 1971: 33f.

3.5. Flexion und Stammbildung der Verben

3.5.1. Das Präsenssystem

3.5.1.1. Die starken Verben

Im Gegensatz zu den nominalen Stammklassen haben die älteren indogermanischen Sprachen ihren Bestand an verbalen Stammklassen wesentlich stärker verändert, insbesondere im Bereich ihrer nichtpräsentischen Kategorien. Dies trifft auch für das Germanische zu, das mit dem Nebeneinander von so genannten starken und schwachen Präterita eine völlig eigene Neuerung vollzogen hat. Auch hier hat das Germanische bis zum Beginn der Überlieferung der Einzelsprachen den Bestand an Kategorien aus indogermanischer Zeit reduziert: Dualformen tauchen nur noch im Gotischen und auch dort nur in der 1. und 2. Person auf, mediopassivische Kategorien existieren nur noch im Präsenssystem, und der alte Konjunktiv ist völlig aufgegeben worden. Vom Aoristsystem, das in der indogermanischen Grundsprache neben dem Präsens- und Perfektsystem existierte und zur Wiedergabe abgeschlossener oder punktueller Ereignisse diente, sind in den germanischen Einzelsprachen nur noch wenige Reste belegt.

Im folgenden sollen zunächst die Präsentien der Verbalklassen mit ihren Flexionsendungen untersucht werden, im Vordergrund stehen hierbei die starken oder thematischen Verben (deren Stamm mit einem kurzen Themavokal auslautet), da diese aufgrund ihrer Produktivität bereits in der indogermanischen Grundsprache eine wichtige Rolle gespielt haben und vor allem im Lateinischen etymologische Parallelen zu Paradigmen sämtlicher starken Stammklassen existieren (siehe dazu Seiten 153–155). Als Paradigma wird das Verbum für „tragen“ verwendet, da dessen Präsenssystem in mehreren älteren indogermanischen Einzelsprachen wiederkehrt. Im Folgenden werden die Formen des Aktivs mit Indikativ, Optativ, Imperativ sowie Partizip und Infinitiv vorgeführt; letzterer wurde im Germanischen mit dem Präsensstamm gebildet und war ursprünglich ein Verbalsubstantiv (s. dazu Seite 178):

Indikativ	Prg.	Gotisch	Ahd.	Griech.	Ai.
1.Sg.	**b^{h}érō*	*baíra*	*biru*	*φέρω*	*bhárāmi*
2.	**b^{h}éresi*	*baíris*	*biris*	*φέρεις*	*bhárasi*
3.	**b^{h}éreti*	*baíriþ*	*birit*	*φέρει*	*bhárati*
1.Du.	**b^{h}érowes*	*baírōs*	-	–	*bhárāvas*
2.	**b^{h}éretes*	*baírats*	-	*φέρετον*	*bhárathas*
3.	**b^{h}éret-?*	-	-	*φέρετον*	*bháratas*

1.Pl.	*b^hérome (-o?)	baíram	beramēs	φέρομεν	*bhárāmas
2.	*b^hérete	baíriþ	beret	φέρετε	bháratha
3.	*b^héronti	baírand	berant	φέρουσι(ν)	bháranti
Optativ					
1.Sg.	*b^hérojun	baírau	berē	φέροιμι	bháreyam
2.	*b^hérois	baírais	berēs	φέροις	bháres
3.	*b^héroid	baírai	berē	φέροι	bháret
1.Du.	*b^héroiwo	baíraiwa	-	–	bhářeva
2.	*b^héroite(s)	baíraits	-	φέροιτον	bháretam
3.	?	-	-	φεροίτην	bháretām
1.Pl.	*b^héroime, -o	baíraima	berēm	φέροιμεν	bhárema
2.	*b^héroite	baíraiþ	berēt	φέροιτε	bháreta
3.	*b^héroine	baíraina	berēn	φέροιεν	bháreyur
Imperativ					
2.Sg.	*b^hére	baír	bir	φέρε	bhára
3.	*b^héretu, -ō	baíradau	-	φερέτω	bháratu
2.Du.	*b^héretos	baírats	-	φέρετον	bháratam
3.	?	-	-	φερέτων	bháratām
2.Pl.	*b^hérete	baíriþ	beret	φέρετε	bhárata
3.	*b^hérontu, -ō	baírandau	-	φερόντων	bhárantu
Partizip	*b^héront-s	baírands	beranti	φέρων	bháran
Infinitiv	*b^héronon	baíran	beran	-	bháraṇam

Abermals veranschaulichen das Gotische und das Althochdeutsche, wie sehr die germanische Flexion mit der älterer Sprachen harmoniert; der einstige Stammauslaut *-i* im Aktiv, der außer im Indoiranischen und Griechischen auch im Keltiberischen noch vorhanden ist und ursprünglich die Präsensfunktion markiert, ist im Germanischen durch die erhaltenen Auslautkonsonanten gesichert[310]. Im Imperativ hat das Gotische lediglich in der 3. Person mit den Endungen *-dau, -ndau* geneuert, am plausibelsten erscheint eine Hybridbildung der Formen mit der Partikel *-u*, die im Altindischen den Imperativ markiert[311]. Innerhalb des Optativs weichen die Formen der 1. Person Singular zwischen dem Althochdeutschen und dem Gotischen voneinander ab, der Ansatz von *b^hérojun* stützt sich wesentlich auf das Altindische[312]. Im Plural muss die protogermanische Optativform der 2. Person wie die Indikativform eine vokalischen Auslaut gehabt haben, wie das Gotische und das Althochdeutsche zeigen; wiedereingeführt ist hingegen im Westgermanischen das

310 Bammesberger (1986b: 92) setzt die urg. Indikativendungen **-ezi, -edi* und **-ondi* ausdrücklich an.
311 Siehe dazu Ringe (2006: 181) mit der Herleitung von got. *baírandau* aus idg. **bherontow.*
312 Siehe zur 1.Sg. Optativ jetzt Benediktsson 1983: 37 – 41.

auslautende *-s* der 2. Person Singular in Analogie zu den einsilbigen, also betonten Formen athematischer Verben her (wie *sīs* „du seist")[313], in der 3. Person Singular wurde die auslautende Tenuis **-t* zu **-d* abgeschwächt, bevor sie endgültig schwand[314] (s. dazu Seite 73). Nicht sehr durchschaubar sind die ohnehin wenig gebräuchlichen Dualformen, die innerhalb des Germanischen nur im Gotischen überlebt haben und am ehesten mit den altindischen Formen verglichen werden können; stattdessen treten im Baltischen und Slawischen die indogermanisch ererbten Dualendungen wesentlich deutlicher zutage, vgl. ai. *bhárāvas, bhárathas* mit lit. *vedava, vedata* bzw. aksl. *vedevě, vedeta* „wir (beide) führen, ihr (beide) führt". Dagegen müsste man für die Indikativform *baírōs* als Vorstufen spg. **baíraus*, prg. *b^h*érowos (-wes)* voraussetzen, zumal im Optativ das *-w-* in der 1. Person erhalten ist; in der 2. Person ist die Endung, wie sie in got. *-ts* vorliegt, verallgemeinert worden, dessen *-t-* statt **-þ-* wahrscheinlich einen Einfluss des Personalpronomens **jut* (als Subjekt) darstellt[315]. Allerdings kann natürlich auch hier nicht ausgeschlossen werden, dass in protogermanischer Zeit noch mehr Dualformen existiert haben; dies ist sogar wahrscheinlich angesichts des nicht geringen Bestandes im Gotischen. – Das Partizip stammt zweifellos aus indogermanischer Zeit, wird aber im Germanischen wie ein schwaches Adjektiv dekliniert, s. dazu Seite 124; zur Bildung des Infinitivs s. Seite 88 und 178.

Da unter den germanischen Sprachen wiederum nur das Gotische das Medio-Passiv als Formkategorie bewahrt hat, ergeben sich erwartungsgemäß mehr Probleme als beim Aktivum; Dual- und Imperativformen fehlen hier ganz:

Indikativ	Prg.	Gotisch	Griech.	Ai.
1.Sg.	*b^h*érai*	*baírada*	φέρομαι	*bháre*
2.	*b^h*éresoi*	*baíraza*	φέρῃ	*bhárase*
3.	*b^h*éretoi*	*baírada*	φέρεται	*bhárate*
1.Pl.	*b^h*éromed*^{h}*a*	*baíranda*	φερόμεθα	*bhárāmahe*
2.	*b^h*éred*^{h}*we*	*baíranda*	φέρεσθε	*bháradhve*
3.	*b^h*érontoi*	*baíranda*	φέρονται	*bhárante*

Optativ				
1.Sg.	*b^h*éroj-* (?)	*baíraidau*	φεροίμην	*bháreya*
2.	*b^h*éroiso*	*baíraizau*	φέροιο	*bhárethās*

313 Siehe von Kienle 1969: 91, der hier von Verallgemeinerung spricht.

314 Siehe den Ansatz idg. **bhéroid* bei Ringe (2006: 142).

315 Siehe zur Dualendung der 1. Person *-ōs* Ramat 1981: 168 und Bammesberger 1986b: 98f ., die sie aus **-aus* < **-awiz*) herleiten, sowie jetzt Shields 1994: 37, der als Vorform **-owos* ansetzt; anders Ringe 2006: 136, der den Schwund von *-w-* schon früher ansetzt. Die Dualendung des Optativs *-wa* wird allgemein mit aksl. *-vě* verglichen. Zur Endung der 2. Person *-ats* Bammesberger 1984: 100f. mit Ansatz urg. **-adiz* aus **-otes* und Shields 1980: 221, der ebenso ai. *-thas* und got. *-ts* aus idg. **-te/os* herleitet, in einem späteren Aufsatz (2001: 120) das *t* (statt *þ* oder *d*) als Einfluss von der Singularendung *-t* im Präteritum wertet; möglicherweise liegt aber Einfluss des Personalpronomens **jut* vor.

3.	**b^{h}éroito*	*baíraidau*	φέροιτο	*bháreta*
1.Pl.	**b^{h}éroimed^{h}a*	*baíraindau*	φεροίμεθα	*bháremahi*
2.	**b^{h}éroid^{h}we*	*baíraindau*	φέροισθε	*bháredhvam*
3.	**b^{h}érointo*	*baíraindau*	φέροιντο	*bháreran*

Im Gotischen hat sich im Plural von der 3. Person her eine Einheitsform durchgesetzt, die wahrscheinlich zunächst die 1. Person erfasste, bei einer Synkope aus **baíramida* wäre diese Form ohnehin mit jener der 3. Person zusammengefallen. Außerdem ist im Indikativ der *a*-Vokalismus im Stammauslaut im Sinne einer „Vokalharmonisierung" verallgemeinert worden; die Auslaute *-a* werden allgemein mit ai. *-e* und bedingt gr. *-αι* unter Annahme eines spezifischen Lautwandel **-ai* zu *-a* verglichen[316]. In der 1. Person Singular hat freilich das Gotische geneuert, stattdessen stimmen die relikthaften Medialformen urn. *haitē* und ags. *hātte* usw. „ich heiße" recht gut mit ai. *bháre* überein. Die Optativformen basieren eindeutig auf Analogien, unbefriedigend bleibt die Erklärung des Auslautes *-au* vom Imperativ Aktiv her[317].

Insgesamt gibt es im Germanischen sieben Klassen der starken Verben, zumeist Verben mit einfachem Themavokal im Präsenssystem, die sich voneinander durch ihre Wurzelstruktur im Präsens- und vor allem im Präteritalsystem unterscheiden: Während das starke Präteritum letztlich aus dem indogermanischen Perfektsystem hervorgegangen ist, stellt das schwache Präteritalsystem wie gesagt eine germanische Neubildung dar (s. zum Präteritalsystem der starken Verben Seiten 167ff.). Hier seien jeweils ein paar Beispiele dieser Klassen indogermanischer Herkunft samt protogermanischem Rekonstrukt angeführt[318]:

1) Typus *TeiT*: Got. *beidan* „warten", ahd. *bītan* „warten, hoffen", ags. *bīdan* „warten", an. *bíða* „warten, erdulden", vgl. dazu lat. *fīdere, -ō* „vertrauen" und gr. *πείθω* „überrede, überzeuge", Medium *πείθομαι* „lasse mich überreden, gehorche", idg. und prg. **b^{h}éid^{h}ō* (1. Sg. Präsens); got. *ga-teihan* „anzeigen, verkündigen", ahd. *zīhan* „bezichtigen, beschuldigen", vgl. lat. *dīcere, -ō* „sagen", auch gr. *δεικνύναι* „zeigen" (mit sekundärem Formans *-νυ-*) und nullstufiges ai. *diśáti* „ds.", westidg. und prg. **déikō*; got. *leihvan* „leihen", ahd. *līhan* „(ver)leihen, hergeben", vgl. genau gr. *λείπειν* „zurücklassen", mit Nasalinfix lat. *(re)linquere, -ō* „loslassen, hingeben", auch athematisches ai. *riṇákti* „überlässt, gibt auf"), idg. und prg. **léik^{w}ō*, daneben auch idg. **linék^{w}mi*; got. *beitan* „beißen", ahd. *bīzzan* „beißen, stechen, quälen", vgl. dazu gr. *φείδομαι* „spare" (Medium, eig. „schneide knauserig ab, verwende nur einen abgespalte-

316 Zu den gotischen Medialformen s. vor allem die Arbeit von Lühr 1978, zu den Pluralformen dort S. 113f., zur Vokalharmonisierung S. 111, zu den außergotischen Formen S. 109f.

317 Zu den Optativformen s. Lühr 1978: 114f. mit Literatur.

318 Siehe Erläuterungen zu lat.-germ. Gleichungen jetzt bei Euler 2005b: 76 – 80. An einschlägigen Handbüchern seien jenes von Meid 1971 und Bammesberger 1986b genannt.

nen Teil"[319]) sowie an Nasalpräsentien wiederum lat. *findere, -ō* „spalten" und athematisches ai. *bhinátti* „spaltet"; got. *weihan*, ahd. *wīhan* (daneben *wīgan* mit verallgemeinertem *g* vom Präteritum her) „kämpfen" aus prg. **wéikō*, vgl. dazu air. *fichid* „kämpft", aber auch mit Nasalinfix lat. *vincere, -ō* „(be)siegen"; got. *steigan* „steigen", ahd. *stīgan*, an. *stíga* „steigen", vgl. dazu gr. *στείχειν* „steigen, schreiten", air. *tíagu* „gehe", aus idg. und prg. **stéig^{h}ō*.

2) Typus *TeuT*: Got. *kiusan* „wählen, prüfen", ahd. *kiosan*, ags. *cēosan* „wählen, auswählen", an. *kjósa* „wählen, wünschen", vgl. gr. *γεύεσθαι* „kosten", mit Nullstufe ai. *juṣáte* „ hat gern, findet Gefallen", aus idg. **ĝéusō* und prg. **géusō*; got. *tiuhan*, ahd. *ziohan* „ziehen", vgl. lat. *dūcere* „führen", aus westidg. und prg. **déukō*; got. *ana-biudan* „befehlen", ahd. *biotan* „(an)bieten, verkündigen", an. *bjóða* „bieten", vgl. dazu ai. *bódhati* „wacht, beachtet, versteht", aksl. *bľusti*, 1. Sg. *bľudǫ* „wahren, behüten", mit Nasalinfix gr. *πυνθάνεσθαι* und poet. *πεύθεσθαι* „erfahren, erkunden", aus idg. und prg. **b^{h}éud^{h}ō*, etwa „wach, aufmerksam werden"[320].

3) Typus *TeLT, TeNT, TeKT*: Got. *waírþan*, ahd. *werdan* „werden", vgl. lat. *vertere, -ō* „wenden, drehen", ai. *vártate* „dreht sich", aus idg. und prg. **wértō*; ahd. *melkan*, ags. *melcan* „melken", aus prg. **mélgō*, vgl. gr. *ἀμέλγειν* , mit *ja*-Präsens lit. *mélžti*, Iterativ lat. *mulgēre* ds.", aus idg. **(h$_2$)mélĝō*; got. *bindan*, ahd. *bintan*, an. *binda* „binden", vgl. ai. *badhnā́ti* und ep. *bandhati* „bindet", aus idg. und prg. **b^{h}énd^{h}ō*; außerdem ahd. *flehtan* „flechten" = lat. *plectere, -ō* „ds.", aus westidg. und prg. **pléktō*, vgl. dagegen gr. *πλέκειν* „ds." ohne dentalen Stammauslaut.

4) Typus *TeL, TeN*: Got. *baíran*, ahd. *beran*, an. *bera* „tragen", = lat. *ferre, -ō*, gr. *φέρειν*, ai. *bhárati* „ds.", aus idg. und prg. **b^{h}érō*; got. *niman*, ahd. *neman* „nehmen", an. *nema* „nehmen, lernen", vgl. dazu genau lett. *ņemt, -u*, mit entgegengesetzter Bedeutung gr. *νέμειν* „zuteilen", aus idg. und prg. **némō* „zuteilen" (die ursprüngliche Bedeutung ist für die prg. Zeit nicht mehr gesichert, der Bedeutungswechsel erfolgte offenbar über das Medium „sich zuteilen lassen"); aber ohne außergermanische Parallelen mit Themavokal got. *qiman*, ahd. *queman* „kommen", an. *koma*, vgl. dazu lat. *venīre* „kommen", gr. *βαίνειν* „gehen" mit *i*-haltigem Stammauslaut und ai. *gácchati* „ds." mit Iterativsuffix usw., aus prg. und idg. **g^{w}em-*.

5) Typus *TeT*: Got. *itan*, ahd. *ezzan*, an. *eta* „essen" = lat. *edere, -ō* „essen", prg. **édō*, aber vgl. noch die athematische Bildung in ai. *ádmi*, heth. *etmi* „esse" sowie alat. *com-ēs, -ēst* (Präsens) und Konjunktiv *edim*, idg. **(h$_1$)édmi*; ahd.

319 Zu *φείδομαι* s. Frisk 1973: 1000, ebenfalls positiv hierzu Rix 1998: 56.
320 Siehe diesen Bedeutungsansatz bei Rix 1998: 66.

giwegan „bewegen“, ags. *wegan* „bewegen, bringen“ = ai. *váhati* „fährt“, lat. *vehere, -ō*, lit. *vèžti, -ù* und aksl. *vesti, vezǫ*, alle „fahren“, aus prg. **wég*^{h}*ō* und idg. **wéĝ*^{h}*ō*; got. *wisan*, ahd. *wesan*, an. *vesa* „sein, leben“ = ai. *vásati* „lebt, wohnt“, aus idg. und prg. **wésō*.

6) **Typus *TaT*** (mit Wurzelvokal aus idg. **a*, **o* und *ə*[321]): Got. *skaban* „schaben, scheren“, ahd. *scaban* „schaben, ausradieren“, ags. *sc(e)afan* „schaben, kratzen“ und an. *skafa* „schaben“ = lat. *scabere, -ō* „schaben, kratzen“, aus prg. und westidg. **skáb*^{h}*ō*; an. *aka* „fahren“ = gr. *ἄγειν*, lat. *agere* „führen“ und ai. *ájati* „treibt“, aus prg. **ágō* und idg. **áĝō*. Neben diesen Verben mit indogermanisch ererbtem **a* in der Wurzelsilbe gab es auch solche mit einstigem **o*, z.B. got., ahd. *faran* „wandern, ziehen“, an. *fara* „fahren, reisen“ aus prg. **pórō*, vgl. dazu ai. *píparti* „fährt hinüber, setzt über“, weiters got., ahd. *malan*, an. *mala* „mahlen“ aus prg. **mólō* = lat. *molere*, ferner lit. *málti* (Präs. *malù*) und heth. *malli* „ds.“ sowie solche mit Schwa, darunter got. *standan*, ahd. *stantan*, an. *standa* „stehen“ mit sekundärem Nasalinfix, s. zu dessen Grundlagen mit seinem archaischen Präteritum Seite 162f. und 173[322].

Die ersten fünf Klassen bilden mit hochstufigem ursprünglichem *e*-Vokalismus in der Wurzelsilbe eine Einheit gegenüber der sechsten Klasse mit *a*-Vokalismus. Bis auf die sechste Klasse gibt es zu allen anderen reichlich Parallelen in weiteren indogermanischen Sprachen, zu der ersten Klasse fallen die lateinischen Entsprechungen mit nullstufiger Wurzel und Nasalinfix gegenüber der Hochstufe im Germanischen auf. Die Mehrheit dieser starken Verben enthält zwar Fortsetzer thematischer Verben der indogermanischen Grundsprache, doch finden sich auch vereinzelt Verben, die damals noch athematisch flektierten. Es fällt jedenfalls auf, dass im Germanischen die einfachen thematischen Verben in einer Weise in Verbalklassen systematisiert worden sind, wie dies in keiner anderen indogermanischen Sprache, auch nicht im Lateinischen geschehen ist, vielmehr zeigen bereits die außergermanischen Präsensbildungen selbst von formal entsprechenden Verben gegenüber dem Germanischen ein recht uneinheitliches Bild.

Innerhalb jeder dieser Klasse gibt es auch vereinzelte Verben mit anderem Wurzelablaut im Präsens oder mit Stammauslaut auf *-ja-* oder *-na-*. An indogermanisch ererbten Verben mit ersterem Stammauslaut wären gleich drei zu nennen: got. *bidjan*, ahd. *bitten*, an. *biðja* aus spg. **ƀiđja*, prg. **g*^{wh}*éd*^{h}*jō* (1. Sg. Präs.; zur 5. Klasse gehörig) = air. *guidid* „bittet“, gr. *θέσσομαι* und awest. *jaiδiiemi* „bitte“ aus idg. **g*^{wh}*éd*^{h}*yō*, außerdem got. *hafjan*, as. *hebbian*, an. *hefja* „heben“ aus prg. **kápjō* (1. Sg. Präs., zur 6. Klasse gehörig) = lat. *capere, -iō* „fangen“, gr. *κάπτειν*

321 Siehe eine Liste der Verben der 6. Klasse aller drei Untergruppen bei Meid 1971: 57 – 59.

322 Im an. Part. Prät. *staþenn* erscheint noch der bloße schwundstufige Stamm wie in lat. *status*, gr. *στατός* aus idg. **stə*$_2$*tós*, s. zu *standan* G. Schmidt 1984: 217 – 220.

„schnappen“ sowie got. *waúrkjan*, ahd. *wurken* „wirken, machen“ aus prg. **wurgjéti* = awest. *vərəziieiti* „ds.“ aus idg. **wr̥ĝyéti*.

Hinzu kommt als siebte Klasse die Gruppe der Verben mit redupliziertem Präteritum und unterschiedlichen Wurzelstrukturem im Präsens, nämlich von den Typen *TaiT, TauT, TaLT, TaNT* wie auch *TēT, TōT* und *Tē, Tō*, die hier jedoch nicht alle einzeln behandelt werden können; zum Präteritum dieser Verben s. Seite 172[323]. Hier ließe sich sich als Gleichung mit indogermanischer Etymologie etwa ein Verbum mit *u* als Wurzelvokal und konsonantischem Stammauslaut (Typus *TauT*) anführen: got. *stautan* mit dem Präteritum *staí-staut*, ahd. *stōzzan*, an. *stauta* aus prg. **stóudō*, vgl. dazu lat. *tundere, -ō* „stoßen“, ai. *tudáti* „stößt“, außerhalb des Germanischen liegt also nullstufige Wurzel vor, im Latein Nasalpräsens. Zu einem weiteren Verbum vom Typus *TaLT* gibt es immerhin eine thematische Entsprechung im Slawischen: got. *waldan*, ahd. *waltan*, an. *valda* (dieses mit schwachem Präteritum *olla* aus urn. **wuldō*) „herrschen, walten“ aus prg. **wáldʰō* = aksl. *vlasti*, Präs. *vladǫ* „ds.“, vgl. dazu aber lat. *valēre* „stark sein, gelten“ ohne den dentalen Stammauslaut.

Got. *saian*, an. *sá* „säen“, ags. *sāwan* und ahd. *sāen* „ds.“ (letzteres mit schwachem Präteritum) basieren auf einem athematischen Verb vom Typus *Tē* mit langem Wurzelvokal, idg. **sē-*, vgl. lit. *sė́ti*, aksl. *sěti* mit dem *ja*-Präsens *sėju* bzw. *sějǫ* (1. Sg.) wie ahd. *sāen*, aber auch lat. *serere* „säen“ mit dem Perfekt *sēvī*. Eine ganz entsprechende Wurzelstruktur zeigt das Verbum ags. *cnāwan* „kennen“, während ahd. *knāen* „ds.“ den *jan*-Verben angehört und an. *kná* „kann“ ganz nach dem Muster von *má* umgebaut worden ist. Zugrunde liegt hier gewiss spg. **knē-*, vielleicht auch prg. **gnē-* und letztlich idg. *ĝneh₃-, ĝnō-* „erkennen“, wenn auch im Germanischen der Wurzelvokalismus nach dem Muster anderer Verben wie jenem für „säen“ umgefärbt wurde; tatsächlich gehört das letztere Verbum in den germanischen Einzelsprachen jeweils ganz verschiedenen Stammklassen an. Weitere Verben mit genaueren Entsprechungen in der übrigen Indogermania gibt es in der siebten starken Verbalklasse kaum.

3.5.1.2. Schwache Verben

Rezenter als die Klassen der starken Verben sind jene schwachen Verben, deren Stamm im Germanischen ursprünglich auf *-*ā*-, *-*ē*- oder *-*i*- statt eines Themavokals auslautete, ihr gemeinsames Merkmal ist deren Präteritum mit dentalem Formans, das in der übrigen Indogermania keinerlei Entsprechung besitzt. Grob gesagt entsprechen diese Verbalklassen im Präsenssystem den so genannten halbthematischen Verbalklassen im Baltischen, aber auch der *ā*-, *ē*- und **ī*-Konjugation

323 Siehe eine Liste dieser Typen der siebten Klasse bei Meid 1971: 103.

im Lateinischen. Allgemein handelt es sich hier – im Gegensatz zu vielen thematischen Verben – um Ableitungen, seien es Denominativa oder Deverbativa.

Am produktivsten unter diesen Verbalklassen ist jene mit Stammauslaut *-ā-*, hier lassen sich mehrere germanisch-lateinische und germanisch-baltische Wortgleichungen anführen. Zum einen sind dies mehrere Denominativa, nämlich ahd. *zamōn* „zähmen" aus prg. **domā-* = lat. *domāre* „bändigen, zähmen" und auch ai. *damā-yáti* „bändigt, bezwingt" (zu lat. *domus* bzw. ai. *dáma-* „Haus" gehörig, ursprünglich „ans Haus gewöhnen") sowie got., ahd. *fiskōn* „fischen" aus prg. **piskā-* = lat. *piscārī* (Denominativ zu *fisks* bzw. *piscis* „Fisch" gehörig). Hinzu kommen die Gleichungen ahd. *halōn* „holen" aus prg. **kalā-* = lat. *calāre* „ausrufen" sowie ahd. *irrōn* „sich irren, verwirrt sein", vgl. got. *aírzeis* „irre geführt", aus prg. **ersā-324* = lat. *errāre* „sich irren, sich verirren".

Eine eindeutig deverbale Ableitung liegt dagegen in der Entsprechung ahd. *zogōn* „erlangen" aus spg. **tugō-*, prg. **dukā́-* = lat. *ēducāre* „erziehen, großziehen" vor (Deverbativ zu ahd. *ziohan* „ziehen" bzw. lat. *ēdūcere* „herausführen, herausziehen", möglicherweise unabhängige Parallelbildungen). Auch mehrere germanisch-baltische Gleichungen stellen Deverbativa dar, unter denen die Gleichung ahd. *eiscōn* „forschen, fragen" aus prg. **óiskā-* = lit. *ieškóti, íeškau* „suchen" (mit *ō*-Stamm auch im Infinitiv), vgl. dazu das einfache Verbum ai. *icchāti* „sucht, wünscht" mit Iterativsuffix und einfachem Themavokal, in den Etymologika als voreinzelsprachlich ererbt anerkannt ist.

Daneben gibt es eine Reihe von Bewegungsverben wie ahd. *greifōn* „greifen" = lit. *graibýti, -aũ* (zu *grīfan* bzw. *griêbti* „ergreifen"), ahd. *dansōn* „ziehen" = lit. *tąsýti, -aũ* „umherzerren" (zu *dinsan* „ziehen, dehnen" bzw. *tęsti* „dehnen"), ahd. *drangōn* „sich drängen" (zu *dringan*) = lit. *trankýti, -aũ* (Iterativ zu *treñkti* „dröhnend stoßen"). Ob diese Verben mit nur baltischen Parallelen altererbt sind, lässt sich nicht sicher sagen, es kann sich auch um unabhängige Parallelbildungen handeln, so dass protogermanische Vorformen wie **graib^{h}ā́-, *tonsā́-, *tronkā́-* nicht völlig gesichert sind[325].

Freilich endeten selbst unter den Stämmen indogermanischer Verben nicht alle ursprünglich auf bloßem Vokal **-ā-*, sondern etliche einst auf **-āje-*, wie u.a. zu ahd. *zamōn* „zähmen", lat. *domāre* „bändigen, zähmen" die Entsprechung ai. *damā-yáti* „bändigt, bezwingt" und die Gleichung got. *frijōn* „lieben" = aksl. *prijati* „beistehen, begünstigen" = ai. *priyā-yáte* „freundet sich an" zeigen.

324 Die Betonung von prg. **domā-, *piskā-, *kalā-* und **ersā-* ist unklar.
325 Zu den germ. *ōn*-Verben s. eine Übersicht Krahe / Meid 1969: 238 243 und Ausführliches im Aufsatz von Schäfer 1984 (semantische Klassifizierung, aber fast nur innergerm. Untersuchung, s. z.B. zu *fiskōn* 1984: 374). Speziell zu ahd. *zamōn* s. Rix 1998: 100: nicht mit lat. *domāre* gleichzusetzen wegen Perf. *domuī*. Zu den germ.-balt. Verbgleichungen s. Krahe / Meid 1969: 241 sowie Schmid 1994: 354 und Dini/Udolph 2005: 67.

Zur Veranschaulichung wird hier das Präsens von got. *frijōn* „lieben“ und ahd. *eiscōn* im Vergleich mit lat. *domāre* und lit. *ieškóti* sowie natürlich das protogermanische Paradigma angeführt:

Indikativ	Prg.	Got.	Ahd.	Latein	Litauisch
1. Sg.	**óiskāmi, -āyō*	*frijō*	*eiscōm*	*domō*	*íeškau*
2.	**óiskāsi*	*frijōs*	*eiscōs*	*domas*	*íeškai*
3.	**óiskāti*	*frijōþ*	*eiscōt*	*domat*	*íeško*
1. Du.	**óiskāwes*	*frijōs*	-	-	*íeškova*
2.	**óiskātes*	*frijōts*	-	-	*íeškota*
1. Pl.	**óiskāme, -o*	*frijōm*	*eiscōmēs*	*domāmus*	*íeškome*
2.	**óiskāte*	*frijōþ*	*eiscōt*	*domātis*	*íeškote*
3.	**óiskānti*	*frijōnd*	*eiscōnt*	*domant*	*(íeško)*
Imperativ					
2. Sg.	**óiskā*	*frijō*	*eisco*	*doma*	
2. Pl.	**óiskāte*	*frijōþ*	*eiscōt*	*domāte*	
Partizip	**óiskānts*	*frijōnds*	*eiscōnti*	*domans*	*íeškąs*

Für die mediopassivischen Formen dieser Verbalklasse eignet sich am ehesten der Vergleich von got. *fiskōda*, Pl. *fiskōnda* mit lat. *piscātur, piscantur*, wenngleich im Lateinischen als italischer Sprache die ursprüngliche Endung des Mediopassivs durch *-r* erweitert wurde; für das Protogermanische könnte man **piskātoi, -ntoi* ansetzen.

Allzu viele Spuren für die Stammbildung auf **-āje-* zeigen die germanischen Sprachen nicht, als Belege werden allgemein die altenglischen Fortsetzer dieser Verbalklasse auf *-ian* wie *fiskian* (= got. *fiscōn*) und ein paar altsächsische Formen wie *makojad*, Opt. *makojan* „sie machen“ ins Feld geführt. Ein Vergleich der Optativformen erübrigt sich beinahe, weil im Althochdeutschen wie auch im Gotischen diese nicht das für diesen Modus sonst charakteristische *-i-* aufweisen (im Gegensatz zu einigen altertümlichen litauischen Formen auf *-ai-* wie *íeškai, -aite*), doch kann in einer Kontraktion von *-ō-i-* ohne weiteres der zweite Vokal geschwunden sein[326]. Das Litauische weicht hier wie die anderen baltischen Sprachen ohnehin nicht nur im Singular, sondern auch mit der Einheitsform in der 3. Person stark von der übrigen Indogermania ab. Das Althochdeutsche weist mit der Endung *-ōm* gegenüber den anderen indogermanischen Sprachen auch in der 1. Person Singular eindeutig nicht die thematische Endung **-ō*, sondern eine Analogiebildung zu den relikthaften athematischen Verben auf, in denen die Endung *-m* tatsächlich indo-

326 Dies nehmen Krahe (1965: 127) und Krause (1968: 242) an, die andererseits die Pluralformen as. *makoiađ* und *makoian* (Infinitiv bzw. Optativ) noch als Relikte der Stammbildung auf **-âje-* ansehen.

germanischer Herkunft ist. Die Imperativendung der 2. Person Singular in den Einzelsprachen ist offenbar analog gebildet, da auslautendes prg. **-ā* im Gotischen wie Althochdeutschen kurzes *-a* ergeben hätte, sofern diese Endung nicht auf prg. **-ā-je* wie in der urspünglichen Stammklasse auf **-āje-* basiert[327].

Die Verben auf *-ē-*, gewöhnlich Zustandsverben, haben sich innerhalb des Germanischen am besten im Gotischen und Althochdeutschen erhalten, doch gibt es hier nur wenige Gleichungen mit außergermanischen Parallelen, darunter zwei *ē*-Präsentien zu indogermanisch ererbten Präteritopräsentien, nämlich got. *witan* mit Stamm *witai-* „sehen, bemerken", ahd. *wizzēn* „klug werden" = lat. *vidēre, -eō* „sehen", aber vgl. dazu lit. *pa-vydėti*, Präs. 3. Sg. *-výdi* „beneiden" und aksl. *viděti, viditъ* „sehen" mit *i*-Stamm im Präsens, sowie got. *munan*, Präs. *munai-* „gedenken", vgl. lit. *minėti* „erinnern, gedenken" und aksl. *mьněti* „glauben, meinen", auch letztere mit *i*-Präsens[328]. Die beiden Gleichungen rechtfertigen es, jeweils einen protogermanischen Präsensstamm **widē-* bzw. **munē-* zu rekonstruieren; für das Gotische wird indes allgemein ein Stamm **widēje-, *munēje-* vorausgesetzt[329]. Auch für die folgenden Zustandsverben kann zu Recht voreinzelsprachliche Herkunft angenommen werden, nämlich für ahd. *rotēn* „rot sein, rötlich schimmern" = lat. *rubēre* „rot sein", lett. *rudēt* „rötlich werden", für ahd. *heilēn* „heilen, heil werden" = aksl. *cělěti* „ds." (zu *heil* „heil, gesund" bzw. *cělъ* „ds."), got. *þahan*, ahd. *dagēn* „schweigen" = lat. *tacēre* „ds."[330]; in allen drei Fällen hat das Protogermanische mit den Stämmen **rud^{h}ḗ-, *koilḗ-* bzw. **takḗ-* noch den Lautstand des Alteuropäisch-Indogermanischen beibehalten.

Die Verben auf *-jan* sind insbesondere als Kausativa mit *a*-Ablaut im Wurzelvokal produktiv geworden und flektieren in den germanischen Sprachen wie die thematischen Verben. Auch hier spiegelt das Gotische den protogermanischen Zustand am besten wider, nur dass bei langem Wurzelvokal *-ei-* (= /ī/) statt *-ji-* erscheint (ganz wie im Nominativ Singular der Maskulina auf *-ja-*, s. Seite 89). Auch hier gibt es ein paar Verben indogermanischer Herkunft wie got. *satjan*, ahd. *sezzen* „setzen" = ai. *sādáyati* „setzt", vgl. auch air. *at-suidi* „hält fest" und got. *lagjan* „legen", ahd. *leggen*, an. *leggja* „legen, stellen" = ksl. *ložiti, ložǫ* „legen", während in ahd. *fuoren* „führen" die Dehnstufe ererbt ist, vgl. ai. *pāráyati* „fährt hinüber, geleitet"; die indogermanischen Grundformen **sod(é)yō, *log^{h}éyō, *pōréyō* sind im Protogermanischen lautlich unverändert geblieben[331]. Ein weiteres Verb basiert auf einem Adjektiv, nämlich got. *hailjan*, ahd. *heilen* „heilen" = aksl. *cěliti* „heil

327 Letztere nimmt von Kienle (1969: 296) an.
328 Siehe diese beiden Gleichungen jetzt bei Rix 1998: 607 bzw. 392. Bammesberger (1988: 7) sucht den Ursprung dieser *i*-Konjugation zu *minėti* in der athematischen Form der 3. Pl. **minint.*
329 Kortlandt (1990b: 6f.) postuliert für das Gotische eine Lautentwicklung von urg. **-ēi-* über **-ǣi-* zu *-ai-* (wie auch in got. *saian* = ahd. *sāen* „säen").
330 Fraglich bleibt die Urverwandtschaft bei dem Synonym got. *ana-silan* „verstummen", das nur einmal belegt ist, mit lat. *silēre* „ruhig sein".
331 Siehe diese Gleichungen bei Krahe / Meid 1969: 246.

machen“ aus idg./prg. **koiléyō/koiléjō*; zu *heil* bzw. *cělъ* heil, gesund“, vgl. gr. *κοῖλυ καλόν* „gut“ (nur bei Hesych belegt).

Eine Sondergruppe bilden die Verben auf got. *-nan*, an. *-na* wie *ga-waknan* = *vakna* „erwachen“, die den Übergang in einen Zustand bezeichnen und im Präsens zwar thematisch flektieren, im Präteritum aber einen Stammauslaut aufweisen, der dem der Verben auf *-ō-* gleicht. Man vergleicht sie formal mit Verben auf *-nā-* im Altindischen und *-νημι* im Griechischen, die aber Transitiva sind. Immerhin stimmt ein Verb mit nullstufiger Wurzel recht genau mit einem altindischen Nasalpräsens überein, nämlich got. *and-bundnan* „gelöst werden“ mit ai. *badhnā́ti* „bindet“, so dass es sich anbietet, für das Germanische eine sekundäre medial-intransitive Bedeutung zu postulieren und als Nasalpräsens für dieses Verbum die Fomen prg. *b^{h}und^{h}né-, idg. *b^{h}n̥d^{h}néh$_1$- zu rekonstruieren[332]. Das andere Verbum, got. *full-nan*, an. *fullna* „voll werden“ zeigt zwar äußerlich ebenfalls Übereinstimmungen mit ai. *pr̥ṇā́ti* „füllt“, stellt aber im Gegensatz zu *pr̥ṇā́ti* ein Denominativ zum Adjektiv got. *fulls* bzw. an. *fullr* „voll“ dar, so dass sich ein Vergleich mit dem Altindischen erübrigt[333]. Angesichts der gotisch-nordischen Übereinstimmungen scheint die protogermanische Herkunft dieser Verbalklasse gesichert, weitere Vergleiche mit außergermanischen Präsentien lassen sich jedoch kaum anstellen.

Germanischer Schuh, rekonstruiert anhand der erhaltenen Schuhe einer Moorleiche.

332 Siehe diesen Vergleich bei Krahe / Meid 1969: 253 und Rix 1998: 60 (ohne Kommentar).
333 Siehe dazu bereits Strunk 1967: 42 Anm. 61.

3.5.1.3. Reliktverben

3.5.1.3.1. Athematische Verben

Da im Gegensatz zum Hethitischen, Indoiranischen und Griechischen in den alteuropäischen Sprachen die athematischen Verben (mit bloßer Wurzel + Endungen) bis auf wenige hocharchaische Allerweltswörter geschwunden sind, war für sie jegliche Stütze zur Ausbildung von Regelmäßigkeiten entfallen. Im Germanischen haben bis zum Beginn der Überlieferung der Einzelsprachen gerade eine Handvoll dieser Verben überlebt, darunter erwartungsgemäß jenes für „sein“:

Indikativ	Prg.	Gotisch	Ahd	An.	Altlatein	Ai.
1.Sg.	**é(z)mi*	*im*	*bim*	*em*	*sum*	*ásmi*
2.	**ési*	*is*	*bis*	*est*	*es*	*ási*
3.	**ésti*	*ist*	*ist*	*es*	*est*	*ásti*
1.Pl.	**ezumé*	*sijum*	*birum*	*erom*	*sumus*	*smás*
2.	**esté*	*sijuþ*	*bis*	*eroþ*	*estis*	*sthá*
3.	**sénti*	*sind*	*sint*	*ero*	*sunt*	*sánti*
Optativ						
1. Sg.	**sijḗm*	*sijau*	*sī*	*sjá*	*siem*	*syā́m*
2.	**sijḗs*	*sijais*	*sīs*	*sér*	*sies*	*syā́s*
3.	**sijḗd*	*sijai*	*sī*	*sé*	*siet*	*syā́t*
1. Pl.	**sīmé*	*sijaima*	*sīm*	*sém*	*sīmus*	*syā́ma*
2.	**sīté*	*sijaiþ*	*sīt*	*séþ*	*sītis*	*syā́ta*
3.	**sīnd*	*sijaima*	*sīn*	*sé*	*sint*	*syúr*

Das Germanische weicht nicht allzu sehr von den älteren indogermanischen Sprachen ab. Unklar bleiben die Formen der 1. und 2. Person Plural im Indikativ, möglicherweise spiegelt hier das Altnordische, wo ein Stamm *er-* (aus urn. **eR-*) verallgemeinert worden ist, den ältesten Zustand wider; in der 2. Person Singular *est* ist dort die Endung *-t* vom Präteritum *vart* „warst“ her übernommen worden[334]. Im Optativ hat sich offenbar der schwundstufige Stamm des Plurals durchgesetzt, doch kann der gotische Stamm *sijai-* indirekt noch auf demselben hochstufigen Stamm wie die altlateinischen Singularformen beruhen, nicht recht durchschaubar sind die altnordischen Formen; in den Formen der 3. Person ist idg. **-t* zur Media abgeschwächt und in den Einzelsprachen gänzlich geschwunden (s. dazu Seite 73)[335].

334 Lühr (1984: 38) setzt für den Pl. germ. **izume, -uþe*, urn. **iRum, -uþe* an; ähnlich bereits Ramat 1981: 175 mit **ezum*.

335 Siehe den Ansatz **siyên* , Pl. **sîme* bei Bammesberger 1986b: 120.

Ein weiteres athematisches Verbum hat im Germanischen nur mit seinen Optativformen überlebt, nämlich jenes für „wollen". Während die ahd. Formen *wilu*, Pl. *wellemēs* schon Angleichungen an den Indikativ thematischer Verben darstellen, sind die Optativformen in got. *wiljau, wileis, wili* usw. „ich will" genau bewahrt, diese Formen stehen sogar mit jenen des Konjunktivs von lat. *velle, velīs, velit* weithin in Einklang, hinzu kommt im Slawischen aksl. *veliti*, 3.Sg. Präs. *velitъ* „wollen, gebieten", das aufgrund des Optativformans zum *i*-Verb umgestaltet wurde. Für das Protogermanische können wir somit als Paradigma etwa **wélyēm* oder (später) **wélīm*, Pl. **welīmé* „ich möchte" rekonstruieren; im Gegensatz zum Optativ des Verbums für „sein" (mit nullstufiger Wurzel **s-*) hat sich hier wie auch bei anderen Verben wohl eher das schwundstufige Optativformans *-ī-* durchgesetzt – wie in alat. *velim* gegenüber *siem*[336].

Die Verben für „gehen" und „stehen" haben sich schon aufgrund ihrer semantischen Opposition im Germanischen gegenseitig stark beeinflusst, auszugehen ist auf jeden Fall von den indogermanischen Wurzeln **ĝʰē-* und **stā-*. Im Germanischen spiegeln ahd., ags. *gān* und ostnordisch *gá* mit *ā* aus prg./spg. **ē* den indogermanischen Wurzelvokalismus genau wider, während krimgotisch *geen* aufgrund seiner einmaligen Überlieferung mehrdeutig ist[337]; die Infinitive lauteten dementsprechend prg. **gʰēnon* und **stānon*. Seine Entsprechungen hat dieses Verbum in ai. *já-hāti* „verlässt" und in der griechischen Form ἐκίχην, Pl. ἐκίχημεν (hom.), zu dem jedoch ein Präsens κιχάνω „erreiche, erlange" (episch) hinzugebildet worden ist. Bestätigt wird dieses athematische Präsens durch die Form der 1. Person Singular, ahd. *gām*, dessen Parallelen ai. **jáhāmi* und gr. *κίχημι lauten müssten, für das Protogermanische wäre demnach **gʰēmi* anzusetzen. Im Gegensatz zu den indogermanischen Entsprechungen bleibt in ahd. *gān* wie in seinen innergermanischen Parallelen der Wurzelvokal stets gleich, die Flexion stimmt mit der der schwachen Verben auf *-ō-* und *-ē-* überein. Im Imperativ liegt derselbe Stamm wie im Indikativ vor, die Flexion entspricht jener der schwachen Verben auf Langvokal, allerdings können die Imperative ags. **gā, gāđ* (ahd. nur *gāt* belegt) auf prg. **gʰē, *gʰē-te* basieren, aber auch als alte Injunktivformen interpretiert werden, also auf prg. **gʰē-s, *gʰē-te* zurückgeführt werden, siehe dazu auch Entsprechendes zum Verbum für „tun".

Im Optativ hingegen lautet der Stamm ahd. *gē-*, dem ganz offensichtlich germ. **gai-* (also mit Modalformans *-i-*) zugrundeliegt und der sich außerhalb des Alemannischen auch auf den Indikativ und die infiniten Kategorien ausgebreitet hat[338].

336 Siehe aber zu diesem Verb Bammesberger 1982: 49 und 1986b: 118 mit Ansatz **welyên*, Pl. **welîme*, ferner Euler 1992: 24f.

337 Siehe zu diesen beiden Verben den Aufsatz von G. Schmidt 1984. Speziell zu krimgot. *geen* s. Stearnrs 1978: 137f., der **gaian* wie in got. *saian* „säen", *waian* „wehen" (aus idg. **sê-, wê-*) ansetzt.

338 Zu ahd. *gân* Bammesberger 1986b: 116 und Rix 1998: 175 (Vergleich mit dem Griechischen) sowie Mottausch 1997: 256ff. (zu den Grundlagen des Indikativ und Optativ S. 258, Tabelle mit indogerm. Grundlagen auf S. 267).

Das nasalhaltige Präsens, das in got. *gaggan*, ahd. *gangan*, an. *ganga* weiterlebt, wurde aufgrund lautlicher Nähe wohl bereits im Protogermanischen mit *g^hē- zu einem Mischparadigma vereinigt, hat mit diesem aber etymologisch nichts zu tun, sondern wird mit lit. *žeñgti, žengiù* „schreiten" verglichen. – Veranlasst wurde letztere Entwicklung wahrscheinlich durch das Nebeneinander des Primärverbs mit einem sekundären Nasalpräsens, also von Stämmen derselben Wurzel, die in ahd. *stān, stēn* bwz. *stantan* (letzteres auch = got. *standan*, an. *standa*) vorliegen. Umgekehrt wurde der Vokalismus in *stān, stēn* jedenfalls von *gān, gēn* her beeinflusst, der ererbte Stamm tritt noch im Präteritum got. *stōþ* usw. auf, s. dazu Seite 173.

Eine ähnliche Wurzelstruktur wie die beiden eben besprochenen Verben zeigt ahd. *tōn*, ags. *dōn* „setzen, tun", zu dem außerhalb des Westgermanischen keine Parallelen mehr vorhanden sind – wenn man von den Formantien des schwachen Präteritums absieht, die im Gotischen noch am besten erhalten sind, s. Seite 174. Dieses Verbum stimmt formal und auch semantisch sehr genau mit ai. *dádhāmi* und gr. *τίθημι* überein, vgl. dazu wiederum die 1. Person Sg. ahd. *tōm*, die nur prg. *d^hṓmi fortsetzen kann. Freilich hat das Germanische den Langvokal der Wurzelsilbe im gesamten Paradigma einschließlich des Imperativs wie im Fall von *gān* und des Optativs durchgeführt, wo das Formans *-ī-* wie bei den schwachen Verben auf *-ō-* schon früh geschwunden sein kann (s. Seite 158 mit Anm. 326)[339].

In der Flexion aller drei Modi stimmt dieses Verbum mit jener der schwachen Verben überein; im Imperativ können indes alte Injunktivformen vorliegen, die Form der 2. Person Singular ahd. *tō*, ags. *dō* kann auf prg. *d^hōs, spg. **dō* zurückgehen, formal also durchaus den altindischen Injunktivformen *dhāḥ* „setze" und *dāḥ* „gib" entsprechen und somit prg. *d^hōs, spg. **dōz* fortsetzen[340].

Das ahd. Verbum *tōn* weist noch dazu im Gegensatz zu *τίθημι* nicht *ē-*, sondern *ō*-Vokalismus auf, der möglicherweise im Protogermanischen durch Kreuzung von idg. *d^hē- mit semantisch nahem **dō-* „geben" verursacht wurde[341].

3.5.1.3.2. Präteritopräsentia

Die Präteritopräsentia stellen ursprünglich nichts anderes als Zustandsverben mit resultativer Bedeutung dar[342]. Mit Sicherheit aus dem Indogermanischen stammen

339 Vgl. dazu auch Ramat 1981: 176 mit dem Ansatz urg. **dōn, dōs, dōt* für den Optativ. Die ahd. Optativformen mit dem Stamm *tūē-, tuoe-* sind rezent und enthalten das Formans der thematischen Verben aus spg. *-*ai*-.

340 Diese ai. Injunktive sind in hortativer Funktion belegt, s. dazu Hoffmann 1967: 262.

341 Diese Kreuzungstheorie s. bei Euler 1984: 89f. und Strunk 1987: 321f.

342 Ausführlich behandelt wurden die Präteritopräsentien in einem Buch von Birkmann (zunächst auf S. 61 – 90 ihre urg. Grundlagen, danach die Paradigmen in den Einzelsprachen). Zu den ursprünglich resultativen Bedeutungen der einzelnen Präteritopräsentien s. Meid 1971: 18 – 39.

wenigstens die zwei Verben dieser Klasse mit den Bedeutungen „wissen“ und „gedenken“; beide bezeichneten dort als Perfektopräsentia (ähnlich wie auch etliche Perfekta im Frühgriechischen) jeweils einen geistigen Zustand[343]: Zum einen setzen got. *wait*, ahd. *weiz* und an. *veit* „weiß“ mit dem Plural *witum, wizzum, vitum* wie ai. *véda*, Pl. *vidmá* und gr. *οἶδα*, Pl. *ἴσμεν* „weiß“ ohne Zweifel idg. **wóida*, Pl. **widmé* in der Resultativbedeutung „habe gesehen und weiß“ fort, zum andern got. *ga-man*, Pl. *munum* „gedenke“ wie gr. *μέμονα*, Pl. *μέμαμεν*, und lat. *meminī* „ds.“ idg. **me-móna*, Pl. **me-mn̥mé* „habe mich erinnert und gedenke“. Das Griechische zeigt wie das Germanische in beiden Verben die ererbten Ablautverhältnisse: im Singular Hochstufe mit qualitativem ursprünglichem *o*-Ablaut, im Plural Nullstufe. Hier zur Veranschaulichung das erstgenannte Perfektopräsens im Germanischen wie in den ältesten indogermanischen Einzelsprachen:

Indikativ	Prg.	Gotisch	Ahd.	Griech.(hom.)	Ai.
1.Sg.	**wóida*	*wait*	*weiz*	*οἶδα*	*véda*
2.	**wóid-ta*	*waist*	*weist*	*οἶσθα*	*véttha*
3.	**wóide*	*wait*	*weiz*	*οἶδε(ν)*	*véda*
1.Du.	**widuwé*	*witu*	-	–	*vidvá*
2.	**widutós*	*wituts*	-	*ἴστον*	*vidáthur*
1. Pl.	**widumé*	*witum*	*wizzum*	*ἴδμεν*	*vidmá*
2.	**widuté*	*wituþ*	*wizzut*	*ἴστε*	*vidá*
3.	**widúnd*	*witun*	*wizzun*	*ἴσασι(ν)*	*vidúr*
Optativ					
1.Sg.	**widīm (-jēm?)*	*witjau*	*wizzi*	*εἰδείην*	*vidyā́m*
1.Pl.	**widīmé*	*witeima*	*wizzīm*	*εἰδεῖμεν*	*vidyā́ma*
Partizip					
Mask.	**weidwṓts*	*weitwōþs*	-	*εἰδώς*	*vidvā́n*
Fem.	**widúsī*	**-usjōs*	-	*εἰδυῖα*	*vidúṣī*

Schon auf den ersten Blick ist klar, dass das quantitative Ablautverhältnis Hochstufe im Singular – Nullstufe im Plural des Indikativs und im Optativ zwischen dem Germanischen und Altindischen am genauesten übereinstimmt. Im Optativ hat das Germanische offensichtlich wie beim Verbum für „sein“ die Schwundstufe im Suffixablaut, das Altindische dagegen die Hochstufe verallgemeinert, während das Griechische (trotz Umbildung des Optativformans) beide Ablautstufen aufweist. Im Gotischen ist sogar noch ein substantiviertes Partizip *weitwōþs, weitwōd-* in der Bedeutung „Zeuge“ erhalten, das in gr. *εἰδώς* mit dem Obliquusstamm auf

343 Zu Perfektopräsentien mit indogermanischer Herkunft s. in der Abhandlung von Euler 1993c: speziell S. 8 – 12. Die formalen Entsprechungen im Hethitischen bilden als *ḫi*-Verben eine eigene Präsenskategorie, vgl. zu ai. *véda*, gr. *οἶδα*, got. *wait* zwar nicht etymologisch, aber semantisch genau heth. *šaqaḫḫi*, s. dazu jetzt Euler 2005b: 33f.

-t- seine genaueste Entsprechung hat[344]; zum Beleg des femininen Partizips s. unter den Präterita auf Seite 167, zur Stammbildung s. Seite 113f. Eindeutig einzelsprachlicher Herkunft ist das präsentische Partizip got. *witands*, ahd. *wizzanti*; es reicht zwar mit dem Lautstand wie im Gotischen sicher in späturgermanische Zeit zurück, fraglich bleibt aber ein prg. **widónts*, zumal kein Bedarf für diese Neubildung bestand, solange das indogermanisch ererbte **weidwṓts* noch als Partizip fungierte.

Andere Präteritopräsentien haben zwar teilweise ebenso verbale Entsprechungen außerhalb des Germanischen, ihre Formkategorien decken sich aber keineswegs mit den etymologisch verwandten Verben in anderen indogermanischen Sprachen[345]. Wie unter den starken Verben gibt es auch unter den germanischen Präteritopräsentien entsprechend der Wurzelstruktur sechs Unterklassen, die – nicht überraschend – nur durch je ein bis höchstens drei Paradigmen vertreten sind; im Gotischen tritt bei mehreren Verben der grammatische Wechsel klar hervor. Hier seien die Verben wiederum nach Stammtypen geordnet und mit protogermanischem Rekonstrukt aufgelistet:

1) Got. *wait*, ahd. *weiz*, an. *veit* aus prg. und idg. **wóida* = ai. *véda* und gr. *οἶδα* (s. oben); got. *áih*, Pl. *áigum*, = ahd. *eigum*), an. *á, eigum* „haben, besitzen“ aus prg. *óika,* idg. **Hóik̂a* = ai. *ī́śe* „besitzt, beherrscht“ (vermutlich ebenfalls ursprünglich reduplizierendes Perfektopräsens)[346]. Got. *lais* „weiß“ hat keine sichere außergermanische Etymologie, in Betracht kommt am ehesten die Verbindung mit ahd. *leisa* „Spur“, lat. *līra* „Furche“, sofern man für prg. **lóisa* die Bedeutung „habe den Weg zurückgelegt, erfahren“ ansetzt[347].

2) Got. *daug* „taugt“, ahd. *toug*, Pl. *tugun* „hilft, nützt“ aus prg. *$*d^hóug^ha$*, vgl. den Präsensstamm gr. *τεύχειν* „verfertigen“ und athematisches ai. *dógdhi* „milkt“ aus idg. *d^hug^h-* „Ertrag, Nutzen bringen“[348].

3) Got. *þarf*, Pl. *þaúrbum*, ahd. *darf*, Pl. *durfun*, an. *þarf*, Pl. *þurfum* „ich bedarf“, aus prg. **tórpa*, Pl. **turpumé*, vgl gr. *τέρπομαι* „sättige mich, genieße“ als Präsens und ai. *tŕ̥̥pyati* „sättigt, befriedigt sich“[349]. Got. *ga-dars*, Pl. *ga-daúrsum*, ahd. *gitar, giturun* setzen wie ai. *dhr̥ṣṇóti*, Perfekt *dadharṣa* „ist kühn, wagt“ und auch gr. *θαρρεῖν* „mutig sein“ ein Verbum idg. *$*d^hr̥s$-* mit einem Perfekt *$*(de)d^hórsa$* fort, das im Protogermanischen gleich lautete (im Plural.

344 Zu den germ. und idg. Grundlagen von *weitwōþs* s. Bammesberger 1990: 216.

345 Siehe weitere Präteritopräsentien ohne genaue außergerm. Parallelen, aber guter indogermanischer Etymologie bei Euler 1993c: 10f.

346 Siehe den Vergleich mit *áih* samt dieser Vermutung bei Mayrhofer 1992: 207; idg. Anlaut s. bei Rix 1998: 199.

347 Siehe diesen Bedeutungsansatz bei Meid 1971: 31.

348 Siehe diesen Bedeutungsansatz bei Meid 1971: 24f.

349 Diese stärkere Bedeutungsdiskrepanz wurde von Betz 1962: 8f. mit einer „merklich pessimistischen Lebenshaltung“ der Germanen begründet, zustimmend Meid 1971: 26.

$^*d^h$ursumé). In got. *kann*, Pl. *kunnum* „kenne", ahd. *kann, kunnun* „weiß, verstehe", an. *kann, kunnum* „kann" liegt eine Sekundärbildung im Singular vor, der Plural geht auf prg. **gunn-*, idg. *ĝn̥h₃-* zurück, vgl. dazu ai. *jñā-, jānā́ti*, gr. *γιγνώσκειν*, lat. *(g)nōscere* „erkennen" aus idg. **ĝneh₃-, ĝnō-*; der hochstufige Singular stellt vielleicht schon eine protogermanische Neuerung **gónna* dar[350]. Eine ähnliche Wurzelstruktur weist ahd. *an*, Pl. *unnum* „gönne", an. *ann, unnum* „liebe" auf, das mit gr. *ὀνινάναι* „nützen" etymologisch verbunden wird und jetzt auf eine indogermanische Wurzel **h₃neh₂-, h₃n̥h₂-* zurückgeführt wird; wiederum erscheint die germanische Hochstufe sekundär (prg. **ónna*), der Plural *unn-* hingegen ererbt aus **h₃n̥h₂-*, die ursprüngliche Bedeutung dieses Präteritopräsens ist wohl am ehesten „bin zugeneigt"[351].

4) Got. *ga-man*, Pl. *ga-munum* „gedenke " aus prg. und idg. **me-móna* (Pl. prg. **munumé*) = gr. *μέμονα* und lat. *meminī* „ds.". Got., an. *skal*, ahd. *scal* „soll", vgl. dazu lit. *skìlti* „in Schulden geraten", apr. *skellānts* „schuldig". Got. *ganah*, ahd. *ginah* „genügt" aus prg. **(kon)nóka* „hat erreicht"[352], vgl. aber das reduplizierte Perfekt ai. *ānaṃśa* zu sekundärem *aśnóti* „erreicht" mit air. *-ánaic* „erreichte" aus idg. **ānoŋk̂e, eh₂noŋk̂e* und lat. *nancīscī* „erlangen".

5) Got. *mag* (Pl. *magum*), ahd. *mag* (Pl. *mugum*), an. *má* (Pl. *megum*)„vermag" aus prg. **móg^{h}a*, vgl. dazu aksl. *mošti*, Präs. *mogǫ* „können", vielleicht auch ai. *sám mahema* „mögen wir zustande bringen" und wahrscheinlich gr. *μάχεσθαι* „kämpfen", dann wäre idg. **mag^h-* anzusetzen und **móg^{h}a* eine innergermanische Neuerung[353].

6) Got *ga-mōt* „finde Raum", ahd. *muoz* „habe Gelegenheit, mag" aus prg. **mṓda* „habe für mich ermessen", vgl. dazu am ehesten ebenfalls dehnstufiges gr. *μή-δεσθαι* „erwägen, ersinnen", aber auch in den hochstufigen Bildungen got. *mitan* „messen", air. *midithir* „urteilt", lat. *meditārī* „ersinnen" usw.[354]. Got. *ōg* „fürchte mich" aus westidg., prg. **āg^h-*, vgl. dazu air. *-ágor* „ds." (ursprüngliches *i*-Verb) und gr. *ἄχνυσθαι* „betrübt sein"[355].

---

350 Harðarson (1993: 81) und Rix (1998: 150) betrachten die Vollstufe in got. *kann* usw. als sekundär, anders noch Seebold 1966: 278 mit einem Ansatz **ĝonə-*. Dagegen s. jetzt Müller 2007: 272 – 277, der *-nn-* überzeugend aus idg. **-nh₃-*, aber den hochstufigen Singularstamm *kann* als sekundär interpretiert.

351 Siehe wiederum Seebold 1966: 278 mit Ansatz **onə-*, dagegen beurteilt Rix (1998: 269) *ann* als analogisch. Den Bedeutungsansatz s. bei Meid 1971: 30.

352 Siehe diesen Bedeutungsansatz bei Rix 1998: 253.

353 Siehe diese Etymologien bei Rix 1998: 379; der Plural ahd. *mugum* ist wohl als Analogie nach *sculum* zu beurteilen, s. Lühr 1987: 271f.

354 Siehe den Bedeutungsansatz bei Meid 1971: 29, zur Etymologie Rix 1998: 380.

355 Siehe Rix 1998: 229 mit laryngalistischem Ansatz **h₂eh₂og^h-, *h₂eh₂g^h-*.

3.5.2. Das Präteritalsystem

3.5.2.1. Die Präterita der starken Verben

Für die Darstellung der Präteritalklassen bilden die zuletzt behandelten Präteritopräsentien einen sehr instruktiven Übergang. Diese bieten nämlich den Schlüssel zum Verständnis der Präterita der starken Verben mit Indikativ und Optativ, da die starken Präterita in der Flexion und teilweise im Wurzelablaut wie in der Flexion weithin mit den Präteritopräsentien übereinstimmen. Der Anschaulichkeit halber sei hier das Präteritalsystem wiederum von got. *baíran*, ahd. *beran*, an. *bera* im Vergleich zum Perfektsystem von ai. *bhárati* aufgeführt:

Indikativ	Prg.	Gotisch	Ahd.	An.	Ai.
1.Sg.	*b^{h}óra	*bar*	*bar*	*bar*	*jabhā́ra*
2.	*b^{h}órta	*bart*	*bāri*	*bart*	*jabhártha
3.	*b^{h}óre	*bar*	*bar*	*bar*	*jabhā́ra*
1. Pl.	*b^{h}ēruwé	*bēru*	-	-	*jabhr̥vá
2.	*b^{h}ērutós	*bēruts*	-	-	*jabhráthur
1. Pl.	*b^{h}ērumé	*bērum*	*bārum*	*bárum*	*jabhr̥má
2.	*b^{h}ērumé	*bēruþ*	*bārut*	*báruþ*	*jabhrá
3.	*b^{h}ērúnd	*bērun*	*bārun*	*báru*	*jabhrúḥ*
Optativ					
1.Sg.	*b^{h}ērī́m (-jḗm?)	*bērjau*	*bāri*	*bǽra*	*jabhriyā́m
1.Pl.	*b^{h}ērīmé	*bēreima*	*bārīm*	*bǽrim*	*jabhriyāmá
Partizip					
(Fem.) Pl.	*b^{h}ērúsī	*bērusjōs*	-	-	*jabhrúṣī

Die Ablautverhältnisse im Präteritum gegenüber dem Präsens sind zumindest im Singular indogermanischer Herkunft: Wie bei den Präteritopräsentien weisen auch die Präterita der starken Verben *a*-Ablaut auf, der den idg. *o*-Ablaut geradlinig fortsetzt: Wie im Präsens got. *baíra*, ahd. *biru* mit ai. *bhárāmi* usw. idg. *b^{h}érō fortsetzen, gehen auch got. und ahd. *bar* bzw. ai. *jabhā́ra* (von der Reduplikation abgesehen) auf eine indogermanische Perfektform *b^{h}óra zurück; diese Ablautregel gilt für die ersten fünf Stammklassen der starken Verben. Im Plural sowie im gesamten Optativ und Partizip weicht das Germanische allerdings mit dem dehnstufigen Wurzelvokal vom Altindischen mit nullstufiger Wurzel ab, da *baíran*, *beran*, *bera* der 4. Klasse der starken Verben angehören, s. dazu Seite 171. Die nicht belegten Formen im Altindischen können problemlos erschlossen werden, da im Rigveda zum Perfekt von *kr̥ṇóti* „macht, tut", *cakā́ra* auch eine Optativform der 2. Person Singular, *cakriyā*, belegt ist.

Die Parallelität in der Flexion zwischen Präteritopräsentien und starken Präterita hat jedenfalls in der Flexionsgleichheit zwischen Perfektopräsentien und Perfektkategorien anderer Verben im Indoiranischen (vor allem Altindischen) ein eindrucksvolles Vergleichsstück. Der Grund hierfür liegt im Wesen des Perfekts selbst begründet, das ursprünglich nicht einfach zur Wiedergabe einer in der Vergangenheit liegenden Handlung diente, sondern in der Vergangenheit abgeschlossene Handlungen oder Ereignisse samt dem daraus resultierenden Zustand bezeichnete. In dieser stativ-resultativen Funktion war es klar abgegrenzt vom Aorist, mit dem in der Vergangenheit abgeschlossene Handlungen in erzählerischem oder berichtendem Kontext und ohne besonderes Augenmerk auf den dadurch geschaffenen Zustand ausgedrückt wurden.

Schon das vedische Altindisch hat den Aorist in seinem Funktionsbereich zur Wiedergabe abgeschlossener Handlungen weithin zugunsten des Imperfekts und Perfekts zurückgedrängt, so dass auch das Perfekt ähnlich wie im Lateinischen bereits schlicht präterital verwendet werden konnte. Dagegen hat das Griechische mit seinem noch rein *stativ*-resultativen Perfekt gegnüber dem Aorist als perfektivischem Narrativ den indogermanischen Zustand genauer bewahrt: *πέφευγα* bedeutet „ich bin geflohen, fort“, *πέποιθα* „ich vertraue (habe mich überzeugen lassen)“; letzteres ist als Perfekt nicht dem Präsens Aktiv *πείθω* „überrede, überzeuge“ zugeordnet, sondern dem Medium *πείθομαι* „lasse mich überreden, gehorche“ mit dem Aor. *ἐπιθόμην*.

Im Germanischen wurde das ehemals rein resultativ-stative Perfekt funktionell zu einem allgemeinen Vergangenheitstempus erweitert, dennoch lässt sich die ursprüngliche Resultativ-Bedeutung vereinzelt noch erkennen. Dies gilt für ahd. **lēh*, Präteritum zu *līhan* „leihen“, aus prg. **lóik*^{w}*a*, vgl. dazu genau das Perfekt gr. *λέλοιπα* (zu *λείπειν* „zurücklassen“)[356], ebenso für got. und somit spg. **waih* (zu got. *weihan* „kämpfen“, aus prg. **wóika*) wie lat. *vīcī* (zu *vincere* „siegen“) aus westidg. **wóika* in der Bedeutung „ich habe siegreich gekämpft, bin Sieger“ fort, weiters got. (und spg.) **baid* (zu got. *beidan* „warten“, aus prg. ** bhóidha*) wie gr. *πέποιθα* (zu *πείθω* „überrede, überzeuge“, Medium *πείθομαι* „lasse mich überreden, gehorche“) aus idg. **(bhe)bhóidha* „habe Vertrauen (gefasst)“, außerdem germ. **ga-bar* aus prg. **b*^{h}*óra* wie ai. *jabhāra* „habe (die Leibesfrucht) getragen, habe geboren“, got. *qam* (zu *qiman* „kommen“) aus spg. **kwam*, prg. **g*^{w}*óma* wie ai. *jagāma* (zu *gácchati* „geht“) aus idg. **g*^{w}*eg*^{w}*óma* „ist gegangen, fort“ oder „ist gekommen, da“[357]. In der indogermanischen Grundsprache konnten all diese Perfektformen wie gesagt ausschließlich in Berichten als Resultative verwendet werden, niemals aber für einfache abgeschlossene Handlungen.

356 In einer Belegstelle, Odyssee 14,134, tritt die resultative Perfektbedeutung von *λέλοιπα* sehr klar zutage, s. dazu Euler 2005b: 81.

357 Siehe den Ansatz idg. **g*^{w}*eg*^{w}*óm-* jetzt bei Meier-Brügger 2000: 161.

Dass das Perfekt im Protogermanischen einen derartigen Bedeutungswandel bereits durchlaufen hatte, bestätigen die italischen und keltischen Sprachen, in denen das indogermanische Aorist- und Perfektsystem zu einer Präteritalkategorie verschmolzen sind, das Perfekt dort also funktional dem Aorist angeglichen worden ist. Der Umstand, dass das einstige Aoristsystem im Germanischen zu Beginn der Überlieferung der Einzelsprachen bis auf wenige Reliktformen unter den starken Präterita nahezu völlig verschwunden ist, führt zum Schluss, dass auch im Germanischen Aorist und Perfekt funktional zusammengefallen sind (zu indikativischen Aoristformen s. Seite 171)[358].

Doch nicht nur im Indikativ, sondern auch im Optativ setzt sich die Parallelität zwischen germanischen und indoiranischen Perfekta und Perfektopräsentia fort, und dies in morphologischer wie syntaktischer Hinsicht: Im Indoiranischen sind die Formen des Optativ Perfekt völlig analog zu den Optativformen der Perfektopräsentien gebildet, nämlich mit nullstufiger Wurzel und Optativendungen der athematischen Verben. Die optativische Perfektform ai. *cakriyā* „du hättest gemacht" (2. Sg., vgl. ap. 3. Sg. *caxriyā*!) steht also zum Indikativ *cakā́ra* im gleichen Verhältnis wie der Optativ *vidyā́t* zu *véda* [359]. Ein ganz entsprechendes Bild bietet das Germanische: Auch dort ist der Optativ des Präteritums starker Verben völlig nach dem Vorbild des Optativ Präsens der Präteritopräsentien gebildet und hat ebenso zum großen Teil die Funktion eines Irrealis der Vergangenheit. Dafür bieten alle altgermanischen Sprachen Belege, vgl. etwa got. *stigjau* als Optativ zum Präteritum *staig* „stieg" mit dem Optativ Präsens *witjau* zum Präteritopräsens *wait*[360]. Diese präteritalen Optative der starken Verben waren mit Gewissheit schon im Protogermanischen verankert.

Selbst in der Akzentuierung von Perfektopräsentia und Perfekta stehen Germanisch und Altindisch miteinander im Einklang: Wurden im Altindischen die Singularformen des Indikativs auf dem Wurzelvokal betont, so lag die Betonung aller anderen Formen (Plural, Optativ und Partizip) auf der Endung. Vor allem im Präteritum der starken Verben im Althochdeutschen spiegeln die unterschiedlichen Reflexe der einstigen Tenues und von *s* als „grammatischer Wechsel" die ehemals wechselnde Betonung wider. Hier Beispiele von Präterita der verschiedenen Stammklassen:

358 Siehe zu germanischen Relikten des Aorists (auch Optativ) speziell jetzt Euler 1992: 22 – 25, zu alat. *advenat* ebda. S. 27. Unter den wenigen Optativformen wäre ags. *cymen* zu nennen (nur in Beowulf 3106 belegt), das sich funktional vom Präsens Optativ *comen* nicht unterscheidet, aber auf einen nullstufige Stamm germ. **kumī-* zurückgeht und sogar in alat. *advenat* „(dass er) ankommt", seinerseits eine aoristische Reliktform (neben dem Präsensstamm *venī-* und dem Perfektstamm *vēn-*), ein Vergleichsstück besitzt, vgl. dazu die altindischen Aoristform *ágan* „ging" (3. Sg.); zugrunde liegt ein athematischer Aoriststamm idg. **g^{w}em-, g^{w}m̥-*

359 Eine Diskussion zum ai. Opt. Perf. als Irrealis der Vergangenheit s. bei Hettrich 1988: 366. Belege awestischer Formen des Opt. Perf. s. bei Kellens 1984: 422f.

360 Siehe Belege des Opt. Prät. als Irrealis bei Euler 1994: 38 – 42 (und jene des indoiran. Opt. Perf. als Irrealis der Vergangenheit s. dort auf S. 34 – 37).

1) Ahd. *līhan* „(ver)leihen, hergeben", Prät. *lēh, liwum*, aus prg. *$*léik^w ō$* (1. Sg.), Perf. *$*lóik^w a$*, Pl. *$*lik^w umé$*, vgl. dazu ai. *riṇákti* „lässt, überlässt", Perfekt *riréca*, Dual *riricáthuḥ*, sowie gr. λείπειν „zurücklassen" mit dem Perfekt λέλοιπα, und lat. *linquere* (ehemaliger Labiovelar).

2) Ahd. *ziohan* „ziehen", Prät. Sg. *zōh*, Pl. *zugum*, aus prg. **déukō* (1. Sg.), Perf. **dóuka*, Pl. **dukumé*; vgl. lat. *dūcere* „führen" (Velar).

3) Ahd. *werdan* „werden", *ward, wurtum*, as. *werđan* „werden", *warđ, wurdun* aus prg. **wértō* (1. Sg.), Perf. **wórta*, Pl. **wurtumé*, vgl. lat. *vertere* „drehen, wenden", ai. *vártate* „dreht sich"[361].

5) Ahd. *wesan* „sein", *was, wārum*, aus prg. **wésō* (1. Sg.), Perf. **wósa*, Pl. **wēsumé*, vgl. ai. *vásati* „wohnt".

6) Für den Labial wartet das Altsächsische mit einem Beispiel der sechsten Verbalklasse auf: *hebbian* „heben", *hōf, hōbun*, aus prg. **kápjō* (1. Sg.), Perf. **kắpa*, Pl. **kāpumé*, vgl. lat. *capere*, Präs. *capiō* „nehmen, ergreifen".

Das Gotische hat unter den starken Verben im Präteritum die stimmlose Spirans verallgemeinert, stattdessen bietet es unter den Präteritopräsentia Beispiele für den Guttural und Labial, s. Seite 165f. Im Altnordischen tritt der grammatische Wechsel nur noch vereinzelt zutage. Wie bereits in der Einleitung erwähnt, wurden die Tenues zunächst aspiriert und entwickelten sich in Tonsilben zu stimmlosen Spiranten und in Vortonstellung über Mediae aspiratae zu stimmhaften Spiranten, die in den Einzelsprachen graphisch zumeist als Mediae wiedergegeben wurden.

Wie gesagt stimmen die Präteritopräsentien und starke Präterita im Wurzelablaut (Hochstufe mit *a*-Färbung im Singular und Nullstufe im Plural) in den drei ersten Klassen miteinander überein, wenngleich es unter den starken Präterita nur im Altindischen genaue Parallelen im Wurzelablaut gibt, vgl. also das Präteritum ahd. *lēh*, Pl. *liwun* zu *līhan* „leihen" aus prg. *$*lóik^w a$*, Pl. *$*lik^w umé$* mit ai. *riréca*, Dual *riricáthuḥ*, dem Perfekt zu *riṇákti* gegenüber dem Perfekt gr. λέλοιπα mit verallgemeinerter *o*-Stufe zu λείπειν „zurücklassen", als ein Beispiel aus der 1. Klasse. Auch für die 3. Klasse besteht eine recht genaue altindisch-germanische Entsprechung, vgl. das Präteritum ahd. *ward*, Pl. *wurtum*, zu *werdan* aus prg. **wórta*, Pl. **wurtumé* mit dem Perfekt ai. *vavárta*, Pl. *vavr̥tuḥ* zu *vártate* gegenüber lat. *vertī* zu *vertere* (alat. *vortere, vorsus*!), dessen *-er-* ebenso auf idg **er* wie auf **or* oder **r̥* basieren kann[362].

361 Der Vergleich des ahd. und urg. Paradigma mit ai. *vártate* wird in den germanischen Grammatiken zur Veranschaulichung der Übereinstimmung zwischen grammatischem Wechsel im Germanischen und altindischer Betonung immer wieder gezogen.
362 Siehe zu den Grundlagen von lat. *vert-* Leumann 1977: 48.

In der 4. und 5. Klasse der starken Verben stehen hingegen qualitativ ablautende Hochstufe mit *a* als Wurzelvokal im Präteritum Singular und dehnstufiges *ē* im Plural und im gesamten Optativ nebeneinander (anstatt der Nullstufe wie bei den Präteritopräsentien). Während die Singularformen gemeinindogermanische Grundlagen haben, setzen die dehnstufigen Bildungen vor allem mit lateinischen Perfekta mit *ē* in der Wurzelsilbe u.E. immerhin alteuropäische Formen fort, vgl. z.B. got. *qam, sat* „kam", „saß" mit ai. *jagā́ma* „ging" bzw. *sa-sā́da* „setzte sich", aber *qēmum, sētum* mit lat. *vēnimus, sēdimus*[363]. Diese Ablautstufe mit *ē* liegt außer im Plural nicht nur im gesamten Optativ vor, sondern auch in dem substantivierten Partizip *bērusjōs* „Eltern", eigentlich Plural zu einem Femininum **bērusi* „Gebärerin", das zu *baíran*, ebenfalls einem starken Verbum der 4. Klasse gehört, im Gotischen aber wie die Maskulina auf *-a- flektiert,* s. dazu Seite 113. Somit können im Protogermanischen bereits die Formen **g^wóma* bzw. **sóda* und im Plural **g^wēmumé* bzw. **sēdumé* nebeneinander existiert haben. – Eine Ausnahme stellt das Verbum für „essen" dar, got. *itan*, ahd. *ezzan*, an. *eta*, das ursprünglich ohnehin ein athematisches Verb war, vgl. ai. *ádmi* und heth. *etmi* „esse" sowie die altlateinischen Formen *com-ēs, -ēst* samt dem Konjunktiv *edim*. Hier bestand der Langvokal von vornherein im gesamten Präteritum, vgl. got. *ēt*, ahd. *āz*, an. *át* mit lat. *ēdī* sowie lett. *ēda*, so dass auch das protogermanische Präteritum **ḗda* gelautet haben muss[364].

Darüber hinaus erscheinen im Westgermanischen in der 2. Person Singular des Indikativs nicht die Formen auf *-t* wie bei den Präteritopräsentien, sondern auf *-i* mit demselben Wurzelablaut wie im Plural, in der 1., 2. und 3. Klasse also mit Nullstufe. Auch hier können noch einstige Aoristformen vorliegen, zumal sich ein paar von ihnen mit griechischen Aoristen formal und sogar etymologisch decken, darunter *stigi* „stiegst" = ἔστιχες „schrittest" und *liwi* „liehst" = ἔλιπες „verließest"[365]; für das Protogermanische lassen sich demnach die Formen **stighes* und **likwes* ansetzen[366].

---

363 Zum Verhältnis der Singularformen mit *a*-Hochstufe zu den Pluralformen mit *ē*-Dehnstufe im Germanischen s. Polomé 1964: 873, der an einen Ersatz von **burun, -uþ, -un* durch dehnstufige Formen denkt, und Meid 1971: 54, der von einer „Mischflexion" spricht; Schmid (1966: 295f. und 1994: 356) sieht sogar eine Verwandtschaft der germ. Pluralformen mit den dehnstufigen Präterita thematischer Verben im Baltischen (Litauischen). Anders Bammesberger 1996: 38f., der die *ē*-Formen wie in got. *gēbum* zu *giban* als Analogien zu den Präterita mit *-ō-* der starken Verben der 6. Klasse (wie in ags. *hlōd* zu *hladan*) erklärt, und Mottausch 2000: 54, der eine Ausbreitung des *ē*-Vokals von *ēt-* „aß" (aus **e-at-*) auch auf die 4. Verbalklasse vermutet.

364 Das *ê* in *êt-* kann aus **e-ed-* oder **He-Hd-*, also aus Reduplikation und vielleicht schwundstufiger Wurzel hergeleitet werden; anders Bammesberger 1986b: 57, der an ein augmentiertes Imperfekt denkt (für das Germanische kaum glaubhaft), sowie Mottausch 2000: 53, der **-ǣ-* als „Vorbild für die Stammgestaltung" der 4. und 5. starken Verbalklasse im Germanischen annimmt.

365 Siehe zum Vergleich des griechischen Wurzelaorists mit der 2. Sg. Prät. im Westgermanischen Hirt 1932: 152f., der außer der Entsprechung *bugi* = ἔφυγες auch *stigi* = ἔστιχες und *liwi* = ἔλιπες anführt; zustimmend Meid 1971: 13ff., der auf die formale Nähe von perfektischem **bhughmé* (Plural zu **bhóugha*) und aoristischem **bhugh(o)mé* verweist, und Euler 1992: 22; anders Bammesberger 1986b: 47, der in diesen Formen der 2. Sg. alte Optative vermutet. Zu weiteren Relikten des Optativs im Germanischen s. hier Anm. 358.

366 Die Betonung ist unklar, Endbetonung möglich.

In den Präterita der sechsten Stammklasse haben die Verben mit ursprünglichem **a* im Präsensstamm auch im Präteritum mit dehnstufigem **ā* recht genaue Entsprechungen außerhalb des Germanischen. So stimmt an. *aka* „fahren“ mit dem Präteritum *ók* aus prg. *ágō*, Präteritum **ā́ga* zwar im Präsens mit gr. *ἄγειν* und lat. *agere* „führen“ überein, das Präteritum deckt sich jedoch nur mit dem Perfekt gr. (att.) *ἦχα*, nicht aber mit lat. *ēgī*, dessen *ē*-Vokal zu Recht als Analogie zum Allerweltsverb *facere – fēcī* gedeutet wird[367]. Ein ganz entsprechendes Verhältnis liegt zwischen den Präterita von got. *hafjan*, as. *hebbian*, an. *hefja* „heben“, got., as. *hōf*, an. *hóf* und dem Perfekt von lat. *capere*, *cēpī* vor[368], mit prg. **kápjō*, Perfekt **kā́pa*. Demgegenüber kann die germanische Gleichung ags. *sc(e)afan* „schaben, kratzen“ und an. *skafa* „schaben“ mit dem Präteritum *scōf* bzw. *skóf* wie lat. *scabere, -ō* „schaben, kratzen“ mit dem Perfekt *scābī* auf prg. und westidg. **skáb^{h}ō*, Perf. **skā́b^{h}a* zurückgeführt werden[369]. – Zum Präteritum von got. *standan* usw. s. Seite 173.

Eine Sonderstellung unter den starken Verben nimmt wie bereits ausgeführt die Klasse der Verben mit reduplizierendem Präteritum ein, das aber nur im Gotischen in reiner Form erhalten ist. In den west- und nordgermanischen Sprachen ist an die Stelle des reduplizierten Stammes zumeist ein Stamm mit dem so genannten *ē₂* getreten, das im Althochdeutschen als *ia* vorliegt. Im Altenglischen ist die Reduplikation zwar bisweilen erhalten, der Vokal in der Wurzelsilbe aber durch Synkope geschwunden, vgl. also das Präteritum des Verbums für „heißen“, got. *haí-hait* mit ahd. *hiaz* und an. *hét*, aber noch ags. *heht* mit Synkope[370]. Im Gegensatz zu den anderen sechs Stammklassen gibt es hier kaum indogermanisch ererbte Verben mit Präterita, die außerhalb des Germanischen genaue Parallelen hätten. So lautet das Präteritum von got. *stautan staí-staut* und von ahd. *stōzzan sterōz* aus westgerm. **stezōt*, also von prg. **stóudō* wohl **ste-stouda*, das von lat. *tundere, -ō* „stoßen“ jedoch *tutudī* und ähnlicherweise von ai. *tudáti* „stößt“ *tutóda*; außerhalb des Germanischen liegt also nullstufige Wurzel vor und das Perfekt kann auf idg. **tutóuda* zurückgeführt werden. Zu got. *waldan* „herrschen“ kann das Präteritum als **waí-wald* analog zu *haíhald* „hielt“ (von *haldan*) erschlossen werden, vgl. dazu die Präterita ahd. *wialt* bzw. *hialt* und ags. *weold* bzw. *heold*[371]. Die slawische Entsprechung *vlasti* bietet hier keine Parallele zum germanischen Präteritum, da dort das Perfekt ausgestorben ist. Auch das reduplizierte Präteritum von got. *saian*, an. *sá* „säen“ (aus prg. **sḗjonon*), got. *saí-so* bzw. an. *sera* (aus spg. **sezō*, prg. **sesṓ*) steht mit seinem *ō*-Ablaut isoliert da, stattdessen scheint ags. *sāwan* mit dem Perfekt *sēvī* von lat. *serere* übereinzustimmen, so dass eine Grundform **sesēu*

367 Siehe den Vergleich zwischen *ók*, òca und *ēgī* bei Rix 1998: 228, der die germ. Form aus **$h_2eh_2(o)\hat{g}$*- herleitet (auf Grundlage von laryngalistischem Ansatz der Verbalwurzel **h2eš*-).

368 Siehe zu diesen Perfekta mit analogem Wurzelvokal *ē* jetzt Meiser 1998: 211.

369 Siehe den direkten Vergleich von got. **skōf* mit *scābī* bei Leumann 1977: 589.

370 Lt. Bammesberger (1986: 67) stammt die Form ags. *heht* aus urg. Zeit.

371 Lt. Bammesberger (1980: 9f.) beruhen ahd. *hialt* auf hochstufigem **he-hald*- und ags. *heold* aus nullstufigem **he-huld*-.

angesetzt wurde; jedoch lässt sich das Präteritum ags. *sēowun* (Pl.) mit Bammesberger leichter aus spg. **sewwun* < **sezwun* erklären[372]. Es gibt somit kein Verb der siebten Stammklasse, dessen Präteritum in irgendeiner außergermanischen Sprache eine einigermaßen überzeugende Parallele hätte.

3.5.2.2. Präterita der athematischen Verben

Bevor jetzt die rezenteren Dentalpräterita der schwachen Verben, der Präteritopräsentia u.a. untersucht werden, seien kurz die Präterita von athematischen Verben gestreift. Archaisches Gepräge zeigt auch das Präteritum des Verbs für „tun", das im Singular eine Reduplikation wie dessen etymologisch entsprechende Perfekta im Altindischen und Griechischen aufweist, vgl. also ahd. *teta* „ich tat" mit ai. *dadháu* und gr. *τέϑη-κα*, so dass der Ansatz von prg. *d^héd^hō-* begründet ist. Im Plural und im Optativ wurde dieses Verb indes nach dem Muster der starken Verben der 5. Klasse umgebildet, so jedenfalls legt es der althochdeutsche Befund nahe[373]. Doch geben im Gotischen und Urnordischen die Präterita der schwachen Verben, das mit dem Verbum für „tun" gebildet wurde, einen noch besseren Einblick in dessen Präteritum, s. Seite 175f.

Das Präteritum des Verbums für „stehen", got. *standan*, ahd. *stantan*, an. *standa*, wurde bereits auf Seite 162f. kurz erwähnt, es flektiert nach dem Muster der 6. Klasse der starken Verben und hat in got. *stōþ*, ags. *stōd* und an. *stóþ* den indogermanisch Stamm **stā-* bewahrt. Für das Protogermanische ist **stāt* als Grundform gesichert, vgl. dazu den Aorist ai. *á-sthāt* = gr. *ἔ-στη* „trat" und sogar aksl. *sta* (in Übersetzung für *ἔστη*). Ausgehend von dieser Form der 3. Person Singular wurde dann das Präteritum **stāt-a* aufgebaut[374]. Das Präteritum des Suppletivums ahd. *gangan* und an. *ganga*, ahd. *giang* bzw. an. *geng* entspricht dem der 7. Klasse der starken Verben.

Das suppletive Verbalparadigma für „sein" wurde außerhalb des finiten Präsenssystems von einem thematischen Verbum **wese-/weso-* ausgefüllt, das in got. *wisan*, ahd., ags. *wesan*, an. *vesa, vera* mit verblasster Bedeutung „sein, leben" weiterbesteht und in ai. *vásati* „wohnt, lebt", awest. *vaŋhaitī* „weilt" seine formal genaue etymologische Entsprechung hat. Nun existierte bereits für das indogerma-

372 Die Theorie zum Präteritum mit *-w-* s. bei Meid 1971: 83, dagegen s. Bammesberger 1980: 13 – 17 und 1986: 61f., der für das Urgermanische im Sg. **sezō*, im Pl. **sezwun* (als Grundlage von **sewwun*, ags. *sēowun*) ansetzt.

373 G. Schmidt (1977: 262) sucht das Präteritum ahd. *teta* mit dem Imperfekt oder Aorist von *dádhâmi* , das ja im Plural mit nullstufiger Wurzel flektiert, gleichzusetzen, doch ergeben sich dazu nicht nur formale, sondern auch syntaktische Fragen; aus letzterem Grund wäre der Vergleich mit dem Aorist oder auch Perfekt überzeugender.

374 Siehe zu *stān* G. Schmidt 1984: 217ff. und Bammesberger 1986b: 52 (der auch die 2.Sg. Perfekt erwägt, weniger glaubhaft). Dass in einer Kategorie der Stamm von einer Form der gebräuchlichen 3. Sg. aus verallgemeinert werden kann, dafür bieten des Polnische mit dem Präsens *jestem* „bin" und das Kymrische mit dem Imperfekt *oedwn* „ich war" (zu *oed* „er, sie war" aus **esāt*, = lat. *erat*) jeweils eine Bestätigung.

nische Verbum **es*- lediglich ein Präsenssystem, was aufgrund seiner Durativbedeutung nicht verwundern kann. In den alteuropäischen Sprachen wie auch im Slawischen wurden die Präteritalkategorien daher durchweg mit einem Verbum *b^h*ū*- (daraus ai. *bhávati* „ist, wird") suppletiv vervollständigt, so dass man für das Protogermanische mit Fug und Recht unterstellen darf, dass dort später seinerseits der Suppletivstamm *b^h*ū*- später durch *wese*- ersetzt wurde. Der Stamm *b^h*ū*- ist aber vor dieser Verdrängung im Westgermanischen teilweise ins Präsenssystem eingedrungen, vgl. ahd. *bim, bist*, as. *bium, bist*, ags. *bēom, bis(t)* gegenüber got. *im, is* und an. *em, est*. Letzeres begründet die Annahme, dass im Protogermanischen **wese-/weso*- das einstige *b^h*ū*- eher relativ spät verdrängt hat[375].

3.5.2.3. Dentalpräteritum

Das schwache Dentalpräteritum der Verben auf *-jan, -ēn, -ōn* und auf *-nan* (letztere nur im Gotischen und Nordischen) sowie auch der Präteritopräsentien beruht offensichtlich zum einen auf Periphrasen mit dem Präteritalpartizip, wenigstens unter den *jan*-Verben wie in got. *waúrhta* , urn. *worahto* und ahd. *worahta* „wirkte" wie auch unter den Präteritopräsentia in got., ahd. *wissa* „wusste", so dass Phrasen wie **wissos esmi* „bin gewiss", **wr̥ktos esmi* „bin einer, der getan hat" mit gutem Grund als Ausgangsbasis vermutet wurden[376]. Zum andern lassen sich Univerbierungen mit dem Verb für „tun" kaum bestreiten, worauf die genauen Übereinstimmungen zwischen den Pluralendungen got. *-dēdum, -dēduþ, -dēdun* und ahd. *tātum, -ut, -un* hindeuten; das Präteritum von got. *salbōn* „salben", *salbōda* wurde daher überzeugend auf Grundlage einer Univerbierung von prg. **solpā́ d*^{h}*éd*^{h}*ōm* „ich versah mit Salbe" interpretiert[377].

Das schwache Präteritum ist offenbar eine jüngere protogermanische Neuschöpfung, da es gegenüber den starken Präterita ein rezenteres Gepräge erkennen lässt und daher offenbar erst später Verbreitung fand – möglicherweise aufgrund des *t*-Präteritums im Keltischen. Die Tatsache, dass das schwache Präteritum sowohl auf Univerbierungen mit dem Verbum für „tun" als auch auf Periphrasen mit dem Par-

375 Speziell zu diesem Suppletivismus im Germanischen s. Tanaka 2002: bes. 13ff., wo er für das Präsens **esti*, das Präteritum **west* (3. Person, urspr. Injunktiv), jünger **wose* (ehem. Perfekt) ansetzt.

376 Zu den formalen Grundlagen der Dentalpräterita s. einerseits Hiersche 1968: 403f. mit dem Ansatz urg. **kuningaz wissaz* als Ausgangsbasis für das Präteritum got. *wissa*, in dem wie in anderen Präteritopräsentien sich „eine Unterwanderung durch das Präteritum von **dōn* eingestellt" habe, und Meid 1971: 107 – 117, der von Partizipialperiphrasen wie **wissos esmi* „bin gewiss", **w»ktos esmi* „bin einer, der getan hat" ausgeht (vgl. zu letzterem auch G. Schmidt 1978b: 22 mit dem Vergleich von kymr. *gwreith* „ich tat" und germ.-got. *waúrhta*) und auch got. *lagida* „legte" in der Struktur mit gall. *logitoe* formal vergleicht (zustimmend Pohl 1989: 204 – 206); die Einwirkung des Präteritums von „tun" beurteilt Meid (ebda.) erst als „gemein- oder nachgemeingermanisch",. Anders Lühr 1984: 46 – 51, die eine Univerbierung des Verbalstammes mit dem Imperfekt des Verbs für „tun" ansetzt, ähnlich Rasmussen 1996, der eine Univerbierung aus Partizip **salbōda*- + *-dēdun* mit anschließender Haplologie postuliert, sowie Bammesberger 1986b: 81, der in *waúrhta* eine Erweiterung eines Perfekts **work*- vermutet, und schließlich Ringe (2006: 168) mit dem Ansatz **wurχta dedē, * wurχta dēdun* als Grundlage für **wurχt(ad)(ed)ē, *wurχt(ad)ēdun.*

377 Siehe diesen Ansatz bes. bei Lühr 1984: 43, zustimmend Bammesberger 1986b: 86.

tizip Präteritum + Hilfsverb „sein“ basiert, führt sogar zu dem Schluss, dass dieses Präteritum erst unmittelbar vor der Lautverschiebung oder in deren Anfangsstadium entstanden ist und sich auf verschiedene Verbalklassen ausgebreitet hat, als die Tenues bereits aspiriert waren und sich die Mediae aspiratae von diesen nur noch durch ihre Stimmhaftigkeit unterschieden. Nach dem hier vertretenen Datierungsansatz müsste dies also ebenfalls im Zeitraum zwischen dem 5. und 2. Jahrhundert v. Chr. geschehen sein.

Bemerkenswerterweise fehlt andererseits im Germanischen wie im Baltischen jegliche Spur des sigmatischen Aoristes, also jener Verbalkategorie, die im Keltischen den Verbalklassen auf *-ā-* und *-i-* zugeordnet war, die den schwachen Verbalklassen im Germanischen etymologisch entsprechen. Dieser Befund lässt den Schluss zu, dass vor dem Ausbau des Dentalpräteritums auch im Protogermanischen eine sigmatische Aoristkategorie bestanden hat. Die interessante Frage, wie und wann dieser Aoristtyp vom schwachen Präteritum verdrängt wurde – wie im Lateinischen vom *v*-Perfekt und Sabellischen vom *t*-Perfekt (vgl. lat. *donavit* und osk. *duunated* gegenüber venet. *donasto*!) – kann dagegen kaum beantwortet werden.

Auch das Präteritum des Verbums für „wollen“, got. *wilda*, an. *vilda*, mit anderem Wurzelablaut ahd. *wolta* und ags. *wolde* (dial. auch *walde*) ist nach dem Vorbild der schwachen Verben und der Präteritopräsentien gebildet; die beiden ersteren Formen setzen zumindest spg. **wildōn*, die westgermanischen Formen vielleicht sogar prg. **wuld*^{h}*ṓn* (< **wl̥-d*^{h}*ōn)* auf der Basis eines Perfekts **wólha* , Pl. **wulmé* fort[378]. Auch das Präteritum des Verbums für „gehen“, got. *iddja* und ags. *ēode* „ich ging“ (die etymologisch allgemein mit idg. **i-* „gehen“ verbunden werden) flektiert nach dem Muster der Dentalpräterita; hier liegt gewiss eine archaische Bildung vor, die zwar in die Zeit des Protogermanischen, nicht aber vor der Ausbildung des schwachen Präteritums zurückreicht und letztlich vielleicht prg. **ejā-* fortsetzt[379]. Zum Präteritum von ahd. *gangan* und an. *ganga* siehe Seite 173.

Über das Präteritum des archaischen Verbums für „tun“ selber geben die schwachen Präterita im Gotischen und im Urnordischen gewisse zusätzliche Erkenntnisse, auch wenn dort dieses Verbum als solches nicht mehr belegt ist. Von einer ausführliche Diskussion der verschiedenen Theorien sei hier abgesehen, vielmehr sei dieses Verbum zusammen mit dem Präteritum des schwachen Verbum für „wirken“, got. *waúrkjan*, ahd. *wurchen* angeführt, wie es im Protogermanischen am ehesten gelautet hat:

---

378 Den Ansatz des Perfekts s. bei Bammesberger 1986b: 118f., der sogar für got. *wilda*, an. *vilda* einen einstigen Aorist mit dem Singularstamm **welÄm* ansetzt.

379 Die Wurzelstruktur dieser Defektiva ist problematisch, eine ansprechende Interpretation bietet G. Schmidt 1984: 228 – 230, der germ. **ijjō-* ansetzt, das im Gotischen nach dem Vorbild der schwachen Verben umgebildet worden sei; zuletzt s. dazu Eichner 2005: 71f.

Indikativ	Prg.	Ahd.	Gotisch	Ahd.	Urnordisch
1.Sg.	*d^héd^hō	*teta*	*waúrhta*	*worahta*	*worahtō*
2.	*d^héd^hōs	*tāti*	*waúrhtēs*	*worahtēs*	
3.	*d^héd^hōd	*teta*	*waúrhta*	*worahta*	**worahtē*
1. Pl.	*d^hḗd^hume	*tātum*	*waúrhtēdum*	*worahtum (-tōm)*	
2.	*d^hḗd^hute	*tātut*	*waúrhtēduþ*	*worahtut (-tōt)*	
3.	*d^hḗd^hund	*tātun*	*waúrhtēdun*	*worahtun (-tōn)*	**worahtun*

Optativ				
1.Sg.	*d^hḗd^hīm	*tāti*	*waúrhtēdjau*	*worahti*
1.Pl.	*d^hḗd^hīme	*tātīm*	*waúrhtēdeima*	*worahtīm*

Zusammenfassend kann man feststellen: Neben den bloßen Perfektopräsentien gab es offenbar schon in der indogermanischen Grundsprache zu präsentischen Verben Perfektkategorien mit derselben Konjugation im Indikativ. Dagegen bestanden Optative allenfalls bei den Perfektopräsentien, wogegen die Optative zu den integrierten Perfektkategorien im Indoiranischen wie im Protogermanischen neu gebildet wurden. Im Germanischen wiederum wurde zu den schwachen (halbthematischen) Verben wie zu den Präteritopräsentien eine neue Präteritalkategorie mit Hilfe des Verbums für „tun" wie auch teilweise auf Grundlage von Präteritalpartizipien geschaffen (letzteres vielleicht unter Einfluss des Keltischen), wobei hier als letztes der Optativ ebenso ganz nach dem Vorbild des Optativs Präteritum der starken Verben ausgebaut wurde. Eine absolute Chronologie für diese morphologische „Kettenreaktion" kann man freilich nicht aufstellen.

Kopie eines wikingerzeitlichen Runensteins in der dänischen UNESCO Welterbestätte „Jelling Mounds, Runic Stones and Church". Das Original stammt wohl aus dem 10. Jahrhundert. Generell sind die linguistisch besonders interessanten, ältesten Runenischriften meistens von lapidarer Kürze, die jüngeren Inschriften wie die abgebildete sind sprachwissenschaftlich weniger aufschlussreich.

3.5.3. Verbum infinitum

Eine weitere infinite Verbalkategorie ist das Partizip des Präteritums mit passivischer oder intransitiver Bedeutung. Zur Flexion des Partizip Präsens (sc. Aktiv) s. Seite 124, zu den Relikten des präteritalen Aktivpartizips s. Seite 113.

Für mediopassivische Präteritalpartizipien liegen im Germanischen ähnlich wie im Slawischen zwei verschiedene Formantien vor, allerdings mit ganz unterschiedlicher Verteilung auf die Verbalklassen. Das Präteritalpartizip wurde im Germanischen zu den starken Verben unabhängig vom Präteritum mit der Nullstufe und dem Suffix **-ono-* und bei den athematischen Verben mit langvokalischer Wurzel mit **-no-* gebildet; hierzu finden sich Entsprechungen im Indoiranischen, ohne dass man eine sichere indogermanisch ererbte Gleichung anführen könnte. Die Entsprechung von got. *waúrdans*, ahd. *giwortan* mit ai. *vávr̥tāna-* (Partizipien zu *wairþan, werdan* bzw. *vártate* „dreht sich") lässt sich aufgrund formaler wie auch inhaltlicher Diskrepanzen zu anderen indogermanischen Sprachen viel eher als unabhängige Parallelbildung verstehen, bestenfalls ist der Ansatz eines prg. **wurtonós* berechtigt. Jünger ist wohl die Ablautstufe des Partizipialsuffixes **-eno-* in ags. *geworden* wie in den urnordischen Formen *slaginaR* „erschlagen", *haitinaR* „geheißen", diese findet sich indes ganz analog im Götternamen ahd. *Wuotan* gegenüber ags. *Wōden* und an. *Óðinn* wieder; andererseits gibt es im Gotischen noch relikthafte Partizipialbildungen wie *fulgins* „verborgen" zu *filhan* „verbergen". Ansonsten ließen sich unter den Partizipien der thematischen Verben allenfalls ahd. *gi-wegan* zu *wegan* „bewegen" etymologisch mit aksl. *vezenъ* (zu *vezti*, 3. Sg. Präs. *vezetъ* „fahren") und unter den athematischen Reliktverben das Partizip *gitān* (zu ahd. *tōn*) mit aksl. *danъ* (zu *dati, damь* „geben") lautlich gut vergleichen, zumal idg. **d^{h}ē-* und **dō-* einander formal und semantisch nahestanden[380].

Weitaus stärker verbreitet als diese Nasalpartizipien waren im Indogermanischen die Präteritalpartizipien mit nullstufiger Wurzel auf **-to-* mit gewöhnlich mediopassivischer oder intransitiver Bedeutung. Die schwachen Verben und die Präteritopräsentien haben Präteritalpartizipien mit dem Formans **-to-*, das seinerseits in der Indogermania noch verbreiteter war als die *n*-Partizipien. Unter den *ā*-Verben stehen etwa ahd. *gi-halōt* „geholt" und lat. *calātus* „ausgerufen" wie ahd. *gi-eiscōt* „erheischt" und lit. *ieškótas* „gesucht" formal und auch in ihrer passivischen Bedeutung miteinander in Einklang; zu diesen Verben kann deswegen prg. **kalātos* und **oiskātos*[381] angenommen werden. Mit Sicherheit aus indogermanischer Zeit stammt das Partizip ags. *(ge)wiss* „gewiss", ahd. *giwis* „gewiss, bestimmt" zu *wāt* bzw. *weiz* „weiß" aus spg. **wissaz*, prg. **wissós*, vgl. dazu ai. *vittá-* „bekannt", gr. *ἄιστος* „ungesehen, ungekannt" (zum Perfektopräsens *véda* bzw. *οἶδα* gehörig)

380 Zu diesen Bildungen mit Nasalsuffix siehe Seite 118.
381 Die Betonung beider Partizipien ist unklar.

und lat. *vīsus* (alat. **vissus*, zu *vidēre* „sehen“) aus idg. **wid-tó-*; das Präteritum got. *wissa* „wusste“ bezeugt aber indirekt **wiss* in der Bedeutung „bekannt“ als Partizip von *wait*.

Ähnlich wie die Präteritalpartizipien auf Nasal wurde im Germanischen schließlich der Infinitiv, ursprünglich ein Verbalnomen, gebildet: Zu den thematischen Verben und Präteritopräsentien (dort meist vom nullstufigen Stamm) ursprünglich auf **-ono-*, zu den schwachen *ō-* und *ē-*Verben sowie zu den athematischen Verben mit langvokalischer Wurzel auf **-no-*. So stehen got. *baíran*, ahd. *beran* usw. formal mit dem Verbalsubstantiv ai. *bháraṇam* = „Last, Tracht“, got. *itan*, ahd. *ezzan* usw. „essen“ formal mit dem Verbalsubstantiv ai. *ádanam* „Futter“ und bedingt auch ahd. *stān* mit ai. *sthā́nam* „Standort, Stelle“ in Einklang. Wiederum erscheinen unabhängige Parallelbildungen plausibler als indogermanischer Etyma, im Protogermanischen können aber bereits Nomina actionis wie **b^{h}éronon, *édonon* und **stā́non* existiert haben.

Auch dieser eindrucksvolle, altnordische Runenstein aus dem 11. Jahrhundert, der sogenannte Erik-Stein, hat für die Rekonstruktion des Germanischen keine besondere Bedeutung. Das Original befindet sich im Wikingermuseum von Haithabu.

4. Besonderheiten der germanischen Syntax

4.1. Der Formengebrauch

Im Gegensatz zur Morphologie fehlen Monographien über die vergleichende Syntax des Germanischen, zum Gebrauch der Nominal- und Verbalformen ebenso wie zum Satzbau. Eine Ausnahme bildet lediglich die *Deutsche Syntax* von Otto Behaghel, die nicht nur die althochdeutsche Syntax behandelt, sondern auch das Gotische und bisweilen andere germanische Sprachen mitberücksichtigt. Diese Lücke kann hier nicht geschlossen werden, es sollen vielmehr nur solche syntaktischen Erscheinungen betrachtet werden, die für das Protogermanische im Verhältnis zu anderen indogermanischen Sprachen besonders charakteristisch und daher von Interesse sind.

4.1.1. Die Verwendung der Kasus

Wie bereits auf Seite 83 erwähnt, hat das Germanische das Acht-Kasus-System der indogermanischen Grundsprache um zwei Kasus reduziert. Aus diesem Grunde fungiert der Dativ in allen altgermanischen Sprachen (wie auch noch im Neuhochdeutschen) als Sammelkasus, der in sich die Funktionen des altererbten Dativs ebenso wie des Lokativs, des Ablativs und auch teilweise des Instrumentals vereinigt. Im Singular sind ohnehin fast durchgehend einstige Lokativformen an die Stelle des Dativs getreten (s. dazu Seite 83), im Plural haben Instrumentalformen die Stelle des Dativs eingenommen. Deutlich wird die ursprünglich lokativische Herkunft singularischer Dativformen in präpositionalen Ausdrücken etwa an zwei bibelgotischen Beispielen: *gabaúrans ist izwis himma daga nasjands, saei ist Xristus frauja, in baúrg Daweidis* „geboren ist euch heute der Heiland, der ist Christus der Herr, in der Stadt Davids" (Luk. 2,11) und *Maria alla gafastaida þo waúrda, þagkjandei in haírtin seinamma* „Maria behielt alle diese Worte und bedachte sie in ihrem Herzen" (Luk. 2,19), vgl. dazu in der lateinischen Vulgata die etymologische identische Präposition mit Ablativ in lokativischer Funktion: *natus est vobis hodie Salvator, qui est Christus Dominus in civitate David* und *Maria autem conservabat omnia verba haec, conferens in corde suo*; an beiden Stellen liegen sowohl im Germanischen wie im Gotischen zugleich Formen mit ursprünglichen Lokativendungen vor.

Formen des Instrumentals Singular finden sich dagegen lediglich noch vereinzelt im Westgermanischen, darunter im Hildebrandslied V. 53f.[382]: *nu scal mih suasat*

382 Siehe zu diesen beiden Instrumentalen Lühr 1982: II 658 – 668; außerdem Schrodt 2004: 96f. (mit weiteren Beispielen bei Otfrid).

chind suertu hauwan, breton mit sinu billiu „Nun wird mich mein eigenes Kind mit dem Schwert schlagen, mit seinem Beil niederstrecken"; im Altnordischen wird dagegen der Instrumental allgemein mit Dativ wiedergegeben. Eindeutig erhalten ist außerdem der Vokativ Singular im Gotischen mit eigenen Kasusformen in mehreren vokalischen Stammklassen. – Der Dual ist im nominalen Formensystem als eigener Numerus geschwunden, so dass auch für das Protogermanische keine nominalen Dualformen mehr nachgewiesen werden können.

Da ansonsten der Kasusgebrauch weithin mit demjenigen anderer älterer und archaischer indogermanischer Sprachen (Latein, Griechisch, Altkirchenslawisch, Litauisch) übereinstimmt, sei hier als Besonderheit lediglich die Verwendung des Dativus absolutus herausgegriffen. Dieser stellt eine Partizipialkonstruktion dar, die eine Nebenhandlung oder Begleitumstände gegenüber der Haupthandlung wiedergibt. Im Lateinischen findet sich diese Konstruktion als Ablativus absolutus, im Altgriechischen als Genitivus absolutus und im vedischen Altindisch als Locativus absolutus wieder, vgl. auch im Neuhochdeutschen die formelhaften Redewendungen im Genitiv: *unverrichteter Dinge* und *stehenden Fußes.*

In den altgermanischen Sprachen, nämlich im Gotischen, Althochdeutschen und Altnordischen gibt es demgegenüber mehrere Belege für den Dativus absolutus. In Joh. 18,22 steht der absolute Dativ in der gotischen Übersetzung anstelle des absoluten Genitivs in der griechischen Vorlage: *iþ þata qiþandin imma, sums andbahte atstandands gaf slah lofin Iesua qaþuh* „Und als er (Jesus) ihm dies sagte, gab einer der Diener, der dabeistand, Jesus einen Schlag mit der Hand und sprach" (doch könnte der Dativ durch *Iesua* hervorgerufen sein). Auch in Matth. 8,5 und im Römerbrief 9,1 werden Genitivi absoluti jeweils mit entsprechenden Dativphrasen wiedergegeben (an der letzteren Stelle findet sich in der lateinischen Vulgata ein Ablativus absolutus); vgl. an der letzteren Stelle got. *ni waíht liuga, miþweitwodjandein mis miþwissein meinai in ahmin weihamma* mit lat. *non mentior: testimonium mihi perhibente conscientia mea in Spiritu sancto* „ich lüge nicht, da mein Gewissen für mich Zeugnis ablegt im Heiligen Geiste"[383]. Vereinzelte Belege für den Dativus absolutus finden sich auch in der althochdeutschen Literatur, sei es im Tatian, Isidor oder bei Otfrid. So heißt es in Tatian 5,8 (= Matth. 1,20): *Imo thô thaz thenkentemo girado truhtines engil in troume araugta sih imo* anstelle von lat. *Haec autem eo cogitante, ecce angelus domini in somnis apparuit ei* „Als er aber dies dachte, siehe, da erschien ihm ein Engel des Herrn im Traum" oder in 34,2 (= Matth. 6,6): *bislozanen thinen turin beto thinan fater in tougaltnesse* für lat. *clauso ostio tuo ora patrem tuum in abscondito* „bei verschlossener Tür bete deinen Vater an im Verborgenen"[384]. – Im Altnordischen tritt der Dativus absolutus vor

383 Siehe Belege des Dativus absolutus im Gotischen bei Mossé 1942: 185f. und bei Behaghel 1924: 421f.
384 Siehe ahd. Belege bei Behaghel, ebda.

allem in der Sagaliteratur auf[385]. Angesichts dieses Befundes kann man darauf schließen, dass der Dativus absolutus im späteren Urgermanisch oder auch schon im Protogermanischen gebräuchlich war.

Ebenso gesichert erscheint der accusativus cum infinitivo im Germanischen. Wirklich produktiv geworden ist er nur im Altnordischen, und zwar unabhängig vom Lateinischen, während im Gotischen, Althochdeutschen und Altsächsischen nur vereinzelte Belege des AcI auftauchen, und dort vorwiegend in Abhängigkeit vom Verbum für „hören" (also ähnlich wie im Neuhochdeutschen). Im Gotischen zeugt die Stelle in Joh. 6,62 eindeutig für einen vom Griechischen unabhängigen Gebrauch: *jabai nu gasaíhviþ sunu mans ussteigan, þadei was faúrþis?* „Wie, wenn ihr nun den Menschensohn dahin auffahren seht, wo er zuvor war?" (in der griechischen Vorlage steht regelmäßig accusativus cum participio nach dem Verb der unmittelbaren Wahrnehmung), vgl. dazu in der Edda Vǫluspá 64: *Sal sér hon standa, sólo fegra, gulli þacþan, á Gimle* „Einen Saal sieht sie stehen, schöner als die Sonne, mit Gold gedeckt, zu Gimle". Zu beachten ist aber ein althochdeutscher Beleg bei Tatian 60,6 (= Luk. 8,46): *ich weiz megin fon mir úzgangen* „Ich weiß, dass eine Kraft von mir ausgeht", vgl. allerdings dazu die lateinische Vorlage ebenfalls mit AcI; andererseits stimmt hiermit auch die Verwendung des AcI in Vǫluspá 19 überein: *Asc veit ec standa, heitir Yggdrasil* „Eine Esche weiß ich stehen, sie heißt Yggdrasil". Angesichts der Parallelen des Nordischen mit den anderen germanischen Sprachen kann man somit annehmen, dass zumindest im Urgermanischen der AcI in Abhängigkeit von Verben der Wahrnehmung und des Wissens verwendet wurde, möglicherweise hatte er im Protogermanischen den AcP verdrängt, der im Lateinischen, Griechischen und Indoiranischen speziell bei Wahrnehmungsverben gebräuchlich war[386].

4.1.2. Die Verwendung von Tempora und Modi

Ebenso wie das Kasussystem ist im Germanischen auch das reichhaltige Formensystem des Verbums stark reduziert. Für den Dual gab es zuletzt noch Verbalformen der 1. und 2. Person, soweit wir es vom Gotischen her beurteilen können. Die Formenkategorien des Mediopassivs sind im Gotischen wie gesagt auf das Präsenssystem beschränkt, für das passivische Präteritum dienten periphrastische Formen, darüber hinaus haben im Altenglischen und Urnordischen nur wenige Reliktformen überlebt; im Protogermanischen war eine mediopassivische Kategorie zumindest im Präsenssystem vorhanden.

385 Siehe altnordische Belege des Dativus absolutus bei Nygaard 1905

386 Siehe den got. und westgerm. Belege des AcI bei Zeilfelder 2005: 746 – 749, die auf S. 748 die Verdrängung des AcP durch den AcI für das Urgermanische annimmt.

Stark vereinfacht wurde vor allem das reichhaltige indogermanische Tempus-Modus-System, wie es im Altindischen, Altiranischen und Griechischen noch existierte. In der indogermanischen Grundsprache gab es wenigstens drei so genannte Aspektkategorien: das Präsenssystem zur Wiedergabe gegenwärtiger, durativer Handlungen, Ereignisse und Zustände, das Aoristsystem für vergangene, abgeschlossene und punktuelle Handlungen und Ereignisse sowie das Perfektsystem zur Wiedergabe von Zuständen, die aus abgeschlossenen Handlungen und Ereignissen resultierten. Im Indikativ waren diese drei Kategorien auf Zeitstufen hin weitgehend festgelegt, nämlich das Präsens auf die Gegenwart und (nahe) Zukunft und der Aorist auf die Vergangenheit.

Da das Perfekt des Indikativs mit seiner resultativen Bedeutung aber auch für abgeschlossene Ereignisse verwendet wurde, näherte es sich offenbar schon in voreinzelsprachlicher Zeit funktional dem Aorist mit dem Ergebnis, dass es in den italischen und keltischen Sprachen mit dem Aorist formal zu einer Kategorie verschmolz und spätestens dann auch funktional mit diesem zusammenfiel. Im Germanischen hat der Aorist nur in wenigen Reliktformen überdauert (s. dazu Seite 171 mit Anm. 365 sowie Anm. 358), dessen Funktionen wurden (ähnlich wie im Lateinischen und großenteils bereits im Altindischen) vom Perfekt übernommen. Zur Verwendung des Präteritums für die Vorvergangenheit s. Seite 185.

Im Modussystem des Germanischen sind der Indikativ (als Modus der Wirklichkeit), der Optativ (Modus des Wunsches, der Möglichkeit, Unwirklichkeit) und der Imperativ (Befehlsmodus) aus dem Indogermanischen erhalten. Geschwunden ist dagegen der Konjunktiv (Modus des festen Wunsches, der Absicht), der sich als vollständige Kategorie ohnehin nur noch im vedischen Altindischen, Awestischen und Griechischen (dort aber auch noch im Neugriechischen![387]) wiederfindet und im Lateinischen vielfach rein futurische Funktion übernommen hat (in der konsonantischen Konjugation und bei den Reliktverben). Somit bestehen im Germanischen, genauer in den germanischen Einzelsprachen zum Beginn ihrer Überlieferung, lediglich das Präsenssystem mit Indikativ, Optativ und Imperativ und das Perfekt- oder Präteritalsystem mit Indikativ und Optativ.

Ähnlich wie im Lateinischen der „Konjunktiv" (dessen Formen großenteils auf Optativen basieren) stand also bereits im Protogermanischen nur noch der Optativ als Modus der Nichtwirklichkeit zur Verfügung. So wurde etwa der Prohibitiv im Griechischen mit der modal gefärbten Negation *μή* und dem ursprünglichen

387 Der Konjunktiv im Neugriechischen stellt damit quasi ein lebendes Fossil der indogermanischen Linguistik dar, was Anlass zu einer methodischen Überlegung gibt: Gesetzt den Fall, wir würden nur die heute noch lebenden indogermanischen Sprachen kennen, dann würde uns zwar mit dem griechischen Konjunktiv auch der indogermanische Konunktiv (jedenfalls als Kategorie) vorliegen. Wir wären aber mangels Vergleichsmöglichkeiten kaum imstande, ihn als Archaismus zu erkennen. Ein Beispiel hierfür bietet der Injunktiv als „Nullmodus" oder „Primitiv" im Altindischen, der erst von Hoffmann 1967 systematisch erforscht wurde.

Konjunktiv[388], im Lateinischen mit der Negation *nē* und dem Konjunktiv (dort funktional mit dem Optativ zusammengefallen) und im Protogermanischen aber mitteils der Negation **ne* und dem Optativ Präsens der 2. Person, dem einzig verbliebenen Modus der Nichtwirklichkeit, gebildet. So lautet die sechste Bitte des Vaterunsers im Gotischen: *ni briggais uns in fraistubnjai* „*μὴ εἰσενέγκῃς ἡμᾶς εἰς πειρασμόν*“ (Matth. 6,13), vgl. dazu ahd. *ni gileitēst unsih in costunga* „führe uns nicht in Versuchung“ (Tatian, ebenfalls Optativ, während in anderen althochdeutschen Fassungen *ni* + Imperativ steht)[389]. Hier steht das Germanische mit dem Baltischen und Slawischen in Einklang, vgl. auch apr. *ni weddeis mans emperbandāsnan* (im Enchiridion) und aksl. *ni vъvedi nasъ vъ napastь* (Bibelübersetzung). Wie das Gotische im Germanischen hat im Baltischen das Altpreußische den ältesten Zustand bewahrt. Möglicherweise reicht also diese Art des Prohibitivs über das Protogermanische hinaus bis in eine voreinzelsprachliche Zeit zurück, gegen eine Herkunft bereits aus westindogermanischer Zeit sprechen aber die noch archaischeren Prohibitive im Altlateinischen mit ehemals aoristischen Formen wie *numquam istud dixis* „sag‘ das nie!“ und *cave... me attigas* „fass mich bloß nicht an!“ (beides bei Plautus).

Eine germanische Neuschöpfung stellt nun der präteritale Optativ dar und zwar als Formenkategorie ebenso wie in seiner Funktion. Nicht nur mit dem formalen Ausbau des Optativs Perfekt hat wiederum das Indoiranische mit dem Germanischen völlig unabhängig voneinander einen gemeinsamen Weg eingeschlagen. Während in der Odyssee noch der Optativ Aorist den Irrealis der Gegenwart oder Vergangenheit wiedergibt, tauchen in Rigveda und Awesta jeweils ein paar Belege auf, in denen der Optativ Perfekt als Irrealis der Vergangenheit wie der Gegenwart dient[390]. In den germanischen Sprachen kann der Optativ des Präteritum für den Irrealis der Vergangenheit wie auch der Gegenwart eintreten, für beides gibt es Belege im Gotischen, Althochdeutschen, Altenglischen und Altnordischen, in den biblischen Übersetzungen wie auch in der heidnischen Dichtung[391]. An dieser Stelle seien nur ein paar Belege des Optativ Präteritum in den germanischen Einzelsprachen wie des Optativ Perfekt im Indoiranischen für den Irrealis angeführt. So gibt Wulfila in der gotischen Bibelübersetzung völlig unabhängig von der griechischen Vorlage den Irrealis der Gegenwart wie der Vergangenheit grundsätzlich mit dem Optativ des Präteritums wieder, z.B. in Joh. 18,36: *iþ us þamma fairƕau wesi meina þiudangardi, aiþþau andbahtos meinai usdaudidedeina* „Wenn mein Reich von dieser Welt wäre, dann würden meine Diener für mich das Leben lassen“ bzw. Joh. 11,21:

388 Vgl. zu dieser Negation genau ai. *mā́*, arm. *mi*, alb. *mo-s*, indirekt auch lat. *nē*, letztlich alle aus idg. **mē*; im Indogermanischen wurde der Prohibitiv wie noch im vedischen Altindisch mit dieser Negation und dem sog. „Injunktiv“ gebildet, einer verbalen Formkategorie, die weder temporale noch modale, sondern lediglich memorative, erwähnende Funktion hatte, s. zum ai. Injunktiv Hoffmann 1967: 98 – 106, den Ausdruck „Memorativ“ ebda. auf S. 279.

389 Siehe zum Prohibitiv speziell im Gotischen im Vergleich zu anderen indogerm. Sprachen Thomas 1975: 236.

390 Siehe zu diesen irrealen Optativen des Perfekts im Ai. Hettrich 1988: 366 und im Awest. Kellens 1984: 422f. sowie den aoristischen Optativen im Gr. Krisch 1986: 12f. und jetzt Hettrich 1998: 267f.

391 Siehe Zitate dieser Belege für den Opt. Prät. als Irrealis in den germ. Sprachen bei Euler 1994: 38 – 42.

iþ weseis þu her, ni þau gadauþnodedi broþar meins „Wenn du hierhergewesen wärst, wäre mein Bruder nicht verstorben“, vgl. dazu auch im Althochdeutschen die Paraphrasen bei Otfrid 4,21,19: *ob iz wari hinana, geflizin mina thegana mit iro kuanheiti* „Wenn es (mein Reich) von hier wäre, würden meine Jünger sich mit ihrer Kühnheit bemühen“ bzw. 3,24,13: *quamist thu er, wir ni thultin thiz ser* „Wärst du eher gekommen, hätten wir nicht dieses Leid erdulden müssen“. Im Altenglischen wird der Optativ Präteritum in derselben Weise verwenden, in Beowulf 590 – 594 heißt es: *Secge ic þē tō sōđe,... þæt næfre Grendel swā fel gryra gefremede, ... ealdre þīnum, hŷnđo on Heorote, gif þīn hige wǣre, sefa swā searogrim* „Ich sage es dir in Wahrheit, ... dass Grendel, ... nie so viel Schrecken und Drangsal an deinem Fürsten in Heorot verübt hätte, wenn dein Mut und Sinn so kampfgrimmig wären“, in V. 1550 – 1552: *Hæfde đā forsīđod sunu Ecgþeowes under gynne grund, ... nemme him heađobyrne helpe gefremede* „Eine schlimme Fahrt hätte da Ecgtheows Sohn unternommen auf dem weiten Grund, ... wenn ihm nicht die Kampfbrünne Beistand geleistet hätte.“ Dieselbe Verwendungsregel gilt für das Altnordische in Liederedda, in Hamðismál 28 lesen wir: *Af væri nú haufuð, ef Erpr lifði* „Ab wäre das Haupt, wenn Erp (noch) lebte“ (Hamði warnt Jomunrek), in Fáfnismál 29: *Lengi liggia létir þú þann í lyngvi í, inn aldna iotun, ef þú sverðz né nytir* „Lange liegengelassen hättest du ihn auf der Heide, den alten Riesen, wenn dir das Schwert nichts genützt hätte.“ Aus all den Belegen kann man mit Fug und Recht schließen, dass der Optativ des Präteritums zumindest im späten Urgermanisch, wenn nicht schon im Protogermanischen in erster Linie zur Wiedergabe des Irrealis aller Zeitstufen benutzt wurde, nachdem das Präteritum als einstiges Perfekt den Aorist als eigene Kategorie verdrängt hatte.

Darüber hinaus hatte das Germanische auch eine Consecutio temporum herausgebildet, wenngleich nicht mit der Fülle an Tempora wie das Lateinische. In indirekten Fragesätzen, Wunsch- und Finalsätzen erscheint bei Gleichzeitigkeit im Allgemeinen der Optativ jeweils im Tempus des Verbums im übergeordneten Satz, wofür sich in allen altgermanischen Sprachen Belege finden[392]. Ein anschauliches Beispiel eines doppelten Interrogativsatzes bietet hier das Hildebrandslied, V. 8 – 11: *Her fragen gistuont fohem wortum, hwer sin fater wari fireo in folche,... „eddo hwelihhes cnuosles du sis* „Er begann mit wenigen Worten zu fragen, wer sein Vater unter den Männern im Volke sei, ... , oder welches Stammes du bist“. Im (elliptischen) Fragesatz der direkten Rede, der nach jenem der indirekten Rede einsetzt, steht das Verb im Präsens, im abhängigen Fragesatz davor jedoch wie das

392 Beispiele für die Consecutio temporum in Nebensätzen mit Optativ s. bei Behaghel 1928: 675 – 678 (Gleichzeitigkeit); speziell zum Althochdeutschen s. Belege bei Larsen 1983: 137 – 143 (auch mit Vor- und Nachzeitigkeit, allerdings fast durchweg aus Otfrid). In den Wunsch- und Finalsätzen hat der Optativ wiederum ähnlich wie im Latein die Rolle des Konjunktivs übernommen, wie der Modusgebrauch im Altindischen und vor allem Griechischen (dort bei Haupttempora im Hauptsatz) zeigt, s. dazu den Aufsatz von Hettrich 1987; Finalsätze mit Optativ im Gotischen s. jetzt bei Ehrenfellner 1998: 229f.

Verb des Hauptsatzes im Präteritum (bei Gleichzeitigkeit)[393]; im Protogermanischen dürfte es demnach kaum anders gewesen sein.

Sofern im Nebensatz Vorzeitigkeit vorliegt, dienten zu dessen Wiedergabe im Germanischen Präterita von Komposita mit perfektivierenden Partikeln, und zwar auch dann, wenn die Handlung des Hauptsatzes der Vergangenheit angehört, zumal es ja für die Vorvergangenheit kein eigenes Tempus wie ein Plusquamperfekt gab. Beispiele dafür sind die gotische Übersetzung von Luk. 2,20 *jah gawandidedun sik þai hairdjos mikiljandans jah hazjandans guþ in allaize þizeei gahausidedun jah gasehvun* „und die Hirten kehrten wieder um, priesen und lobten Gott für alles, was sie gehört und gesehen hatten“, die genau ahd. *wurbun thô thie hirta heimwartes diurente inti got lobonte in allem them thiu sie gihortun inti gisahun* (Tatian) entspricht, während die griechische Vorlage Aorist und die lat. Vulgata Plusquamperfekt verwendet. Eine Bestätigung bietet im Altenglischen Widsith 44, der Schluss von Offas Beschreibung: *heoldon forđ siþþan Engle ond Swǣfe, swā hit Offa geslōg* „von nun an hielten Angeln und Sweben (den Frieden), wie ihn Offa erkämpft hatte“. Somit kommt auch für das Protogermanische nur das Präteritum (ggf. mit perfektivierender Vorsilbe) als Tempus der Vorzeitigkeit und damit der Vorvergangenheit in Betracht – so, wie hierfür im Griechischen und Altindischen der Aorist verwendet wurde[394].

Ein Blatt aus der gotischen Bibelübersetzung (Codex Argenteus). Das einst vermutlich kräftige Rot des mit goldener und silberner Farbe beschriebenen Codex ist in den vergangenen 1500 Jahren etwas verblichen (vgl. Seite 140).

393 Siehe zu diesem Wechsel von indirekter zu direkter Rede Lühr 1982: II 443f. In der direkten Rede fehlt ein Hauptsatz, etwa mit dem Wortlaut: *Dat gifragen ih ,...* (vgl. den Beginn des Wessobrunner Gebets).
394 Siehe zum Aorist für die Wiedergabe der Vorvergangenheit im Altindischen und Griechischen Euler 1990: 133 – 137 bzw. 141f.

4.2. Die Wortstellung

In der Wortstellung unterscheidet sich das Germanische nicht grundlegend von den älteren indogermanischen Sprachen, zumal in allen Einzelsprachen die Flexion zunächst noch lebendig war und daher anders als etwa im heutigen Englisch kein Anlass für strenge Wortstellungsregeln bestand. Am ehesten gewinnt man Aufschluss über ererbte Wortstellungsregeln in Texten heidnischen Inhalts möglichst abgelegener Sprachen wie den allerdings zumeist sehr kurzen urnordischen Runeninschriften. Auch Heldenlieder wie das Hildebrandslied und das Beowulf-Epos geben Einblicke in diesen Bereich der altgermanischen Syntax.

4.2.1. Die Stellung von Verbum und Objekt

Hier sei zuerst etwas zur Stellung des Verbums als Prädikat im Aussagesatz bemerkt, da dieses gleichsam das „Rückgrat" eines Satzes bildet. Im Altindischen und im Lateinischen herrscht im Aussagesatz die Wortfolge Subjekt – Objekt – Prädikat vor, wogegen im Griechischen die Stellung des Verbums stärker variiert. Letzteres war auch im Germanischen der Fall. Hier sollen daher ein paar urnordische Runeninschriften vorgeführt werden, die teilweise aus derselben Zeit wie Wulfilas Bibelübersetzung stammen, deren Satzbau jedoch im Gegensatz zum Gotischen von keiner nichtgermanischen Sprache beeinflusst wurde[395].

1) Horn von Gallehus, Dänemark, um 400 n. Chr. (siehe Abbildung S. 189): *ek hlewagastiR holtijaR horna tawido* „Ich Hlewagast, Holtes Sohn, machte das Horn" (Krause).
2) Stein von Einang, Norwegen, Ende des 4. Jahrhunderts: *<ek go>dagastiR runo faihido* „Ich Godagast malte die Rune".
3) Stein von Järsberg, Südschweden, Beginn des 6. Jahrhunderts: *ek erilaR runoR w(a)ritu* „ich Eril die Runen ritze".

In allen drei Beispielen stimmt die Wortfolge völlig überein, obwohl sie aus allen drei skandinavischen Ländern stammen – ein Hinweis für die noch weitgehend dialektlose Einheit des Urnordischen jener Zeit.
Trotzdem gibt es auch Inschriften mit Zweitstellung des Verbums:

1) Stein von Kjølevik, Norwegen, Mitte des 5. Jahrhunderts: *ek hagusta<l>daR hlaiwido magu minino* „Ich Hagustald bestattete meinen Sohn".
2) Stein von Rö, Schweden, um 400 n. Chr. *ek hraRaR satido <s>tain///* „Ich Hraz setzte den Stein".

Die Belege beider Wortstellungstypen ließen sich vermehren, wenngleich der erstere Typus leicht überwiegt. Demgegenüber herrscht in den voralthochdeutschen

395 Belege beider Wortstellungstypen s. jetzt zusammengestellt bei Nielsen 2000: 170f.

Runeninschriften Mittelstellung des Verbums vor, auf der Bügelfibel von Freilaubersheim mit dem Wortlaut *boso wraet runa* „Boso ritzte die Runen" lesen wir ebenso wie in der Inschrift von Neudingen / Baar *bliþguþ uraet runa* „Bliedgunde ritzte die Runen" und auf einem Elfenbeinring aus Pforzen im Allgäu *aodliþ uraet runa* „Odlind ritzte die Runen"[396]. Auch im literarischen Althochdeutsch, darunter im Hildebrandslied, gibt es noch mehrere Belege für die Endstellung des Verbs neben solchen für Mittel- und auch Anfangsstellung; Ähnliches gilt für das Beowulf-Epos und die Lieder-Edda. Dieser Befund lässt somit den Schluss zu, dass im Germanischen ähnlich wie Griechischen die Stellung des Verbums noch nicht festgelegt war[397].

An dieser Stelle sei eine Besonderheit des Gotischen kurz erörtert: Dort finden sich bisweilen Formen von Verbalkomposita mit Infigierung der Partikel *u* und eines Pronomens oder Pronominaladverbs. Beispiele sind Mark. 8,23: *frah ina ga-u-ƕa-seƕi* „er fragte ihn, ob er etwas sähe" und Mark. 14,44: *at-uh-þan-gaf sa lewjands <ina> im bandwon* „Es hatte aber der Verräter ihnen ein Zeichen gegeben"[398]. Dieses Infigierung von Pronomina ist im Keltischen (Altirischen) geläufig, vgl. dort z.B. eine Form wie *do.s.beir* „er bringt sie" (aus urkelt. **to-sons-b^{h}eret*), und wurde daher von Meid miteinander verglichen[399]. Gewiss kann auch hier das Gotische protogermanisches Erbe bewahrt haben, jedoch erscheint ein Einfluss des Keltischen auf das Germanische wahrscheinlicher als eine indogermanische Grundlage solcher Univerbierungen, zumal in den älteren Großcorpussprachen Personalia zwar als Enklitika, nicht aber als integrierte Verbalinfixe auftreten[400]. Die wenigen Belege des Gotischen lassen ohnehin kaum weiterreichende Folgerungen zu.

4.2.2. Die Stellung von Attributen

4.2.2.1. Pronomina und Zahlwörter

Auch für die Untersuchung der Stellung von Attributen, seien es Adjektive, Pronomina oder Numeralia, eignen sich Texte aus den urnordischen Runeninschriften und aus Heldenliedern am besten, da sie am wenigsten von nichtgermanischen Sprachen beeinflusst wurden.

396 Siehe zu diesen drei Inschriften jetzt Nielsen 2000: 180 und Düwel 2001: 57ff.

397 Siehe Behaghel 1932: 12ff. (mit ahd. Belegen), zur Stellung des Verbums in den altgerm. Sprachen allgemein jetzt Krisch 2004: 113 – 126 mit mehreren Belegen, speziell zu den nord. Runeninschriften jetzt Nielsen 2000: 170 – 174 und Braunmüller 2005: 26 (letzterer mit Vergleich zum Lat.), die zu Recht eine Tendenz von der Subjekt-Objekt-Prädikat-Stellung zur Subjekt- Prädikat- Objekt-Stellung konstatieren.

398 Weitere Beispiele im Gotischen s. bei Krahe / Meid 1969: 40.

399 Siehe Meid 1968: 10 und Krahe / Meid 1969: 40 (dort mit Vergleich zum Germanischen).

400 Ein weiteres Beispiel von „infigierten" Pronomina bietet das Portugiesische mit Futurformen wie *dir-lho-ei* „ich werde es ihm sagen", letztlich aus lat. *dicere illi illud habeo*; auch hier ist die Infigierung zweifellos sekundär.

Im Urnordischen finden sich zwei Belege mit dem Possessivum der 1. Person, so lesen wir auf dem Stein von Kjølevik den Satz: *ek hagusta<l>daR hlaiwido magu minino* (s. Seite 186), ebenso auf dem Stein von Vetteland *magoR minas staina* „meines Sohnes Stein“ (Akkusativ); auch im Altnordischen geht das Substantiv dem Possessiv in der Regel voraus. Im Hildebrandslied können dagegen Possessiva vor und nach dem regierenden Substantiv stehen, in V. 9 geht das Possessiv voraus: *hwer sīn fater wāri* „wer sein Vater sei“, ebenso in V. 15: *usere liuti* „unsere Leute“, auch in V. 5: *gurtun sih iro suert ana* „sie gürteten sich ihr Schwert an“ und in V. 53 *swāsat kind* „das eigene Kind“. Eine Ausnahme bildet V. 24: *Detrihhe darba gistuontun fater[er]es mīnes* „für Dietrich entstand der Verlust meines Vaters“, hier liegt wie im Urnordischen auf dem Possessivum offenbar eine Betonung, um die nahe Verwandtschaft hervorzuheben. Ebenso variiert die Stellung der Possessiva im Altenglischen, im Beowulf-Epos werden sie bevorzugt dann nachgestellt, wenn von nahen Verwandten und Freunden die Rede ist. Im Urgermanischen dürfte es kaum anders gewesen sein.

Erwartungsgemäß tauchen Demonstrativa in den urnordischen Inschriften nur selten auf, so auf dem Stein von Strøm (um 600): *wate hali hino horna* „es netze diesen Stein das Horn” und auf dem Stein von Istaby (Anfang 7. Jahrhundert): *hAþuwulafR .... warAit runAR þAiAR* „Haduwulf ... ritzte diese Runen“; auch hier ist beide Male das Pronomen nachgestellt. Hingegen finden sich im Hildebrandslied nur zwei Belege mit vorangestellten Demonstrativa, nämlich V. 48: *bi desemo riche* „unter diesem Fürsten“ und V. 62: *deser brunnono bedero* „dieser beiden Brustpanzer“. Wie im Fall der Possessiva weicht hier die althochdeutsche Dichtung auch bei der Stellung der Demonstrativa von den ohnehin wenigen urnordischen Inschriften derart ab, dass man für das Protogermanische kaum sicheres sagen kann.

An Belegen von urnordischen Zahlwörtern gibt es nur zwei, zum einen auf dem Stein von Tune (um 400 n. Chr.): *<me>R woduride þrijoR dohtriR staina dalidun* „Mir, dem Wodurid, errichteten drei Töchter den Stein“ und zum andern auf dem Stein von Gummarp (späturnordisch, um 600): *hAþuwolAfA<R> sAte stAbA þria... fff* „Haduwolf setzte drei Stäbe“ (die drei folgenden Runen mit der Bedeutung **fehu* „Vieh“ deuten wohl auf Reichtum hin)[401]. Offensichtlich waren Zahlwörter auf ihre Position hin nicht festgelegt, im zweiten Beleg kann die Stellung durch Hervorhebung der Dreiheit begründet sein. Im Hildebrandslied folgt das Zahlwort dem Substantiv, soweit wir dies dem kurzen Text entnehmen können, in V. 3: *untar heriun twem* „zwischen zwei Heeren“ wie in V. 50: *sumaro enti wintro sehstig* „sechzig Sommer und Winter“, während die Stellung im Beowulf-Epos schwankt. Nach dem Gesagten ist am wahrscheinlichsten, dass im Urgermanischen die Numeralia den regierenden Substantiven vor allem dann folgten, wenn die Anzahl

401 Siehe diese überzeugende Interpretation von *hAþuwolAfA<R>* bei Krause 1971: 149.

hervorgehoben werden sollte. Generell lässt sich sagen, dass im Protogermanischen Attribute durch Nachstellung betont wurden.

4.2.2.2. Genitivattribute

In den älteren urnordischen Inschriften (4./5. Jahrhundert – im Gegensatz zum Altnordischen) geht der Genitiv dem Substantiv voraus, so auf dem Stein von Tune: *arbijano arjosteR* „die Vornehmsten der Erben" und auf dem Stein von Vetteland: *magoR minas staina* (s. oben); auf der Steinplatte von Eggja (späturnordisch, um 700) folgt der Genitiv jedoch dem regierenden Substantiv: *a lat gotnA* „in das Land der Menschen". Am ehesten lässt sich die variierende Position durch Betonung mittels Endstellung begründen: In den ersteren Fällen stehen die Edelsten und der Grabstein, im letzteren Fall die Menschen für den Verfasser der jeweiligen Inschrift im Vordergrund. Im Hildebrandslied stimmen ein Belege mit Voranstellung des Genitivs mit den älteren Runeninschriften überein (V. 26): *degano dechisto* „der Beste der Knappen", ebenso in V. 10: *firio in folce* „in der Menge der Menschen" und in V. 35: *Huneo truhtin* „Herr der Hunnen". Dagegen geht in Vers 51 das Substantiv voraus: *in folc sceotantero* „in die Schar der Schützen" und grundsätzlich innerhalb der Namensformeln *Hiltibrantes sunu* (V. 14 und 36) und *Heribrantes suno* (V. 44 und 45). Dem ersteren Beleg des Hildebrandsliedes entspricht im Altenglischen der Beleg des Fragments Wīdsīđ (V. 36): *sē wæs þāra manna mōdgast ealra* „Er war der Mutigste unter all den Männern". Hier lassen die Belege aller drei germanischen Sprachen darauf schließen, dass auch im Protogermanischen das Genitivattribut den regierenden Nomina (zumindest den Superlativen) gewöhnlich vorausging.

Germanische Gürtelschnallen. Auch diese Gegenstände wurden, wie die auf Seite 149 abgebildeten Fibeln und der Schuh auf S. 160, anhand von Funden originalgetreu rekonstruiert.

5. Wortschatz und Stilmittel

5.1. Protogermanische Neologismen

In dieser grammatischen Abhandlung können und sollen die protogermanischen Neuerungen im Grundwortschatz nicht im Einzelnen betrachtet werden, vielmehr sei auf eine jüngst erschienene Arbeit des Verfassers verwiesen, in der mehrere lexikalischen Neuerungen des Protogermanischen genauer untersucht wurden; hier werden nur ein paar grundlegende Überlegungen angeführt[402].

Ähnlich wie Lautwandel und morphologische Veränderungen lassen sich auch die Veränderungen des Wortschatzes zwischen dem rekonstruierten Indogermanisch und den überlieferten germanischen Einzelsprachen weithin nicht datieren. Von etlichen indogermanischen Lexemen weiß man gerade noch dank dem Gotischen, dass sie auch im Protogermanischen existiert haben, z.B. jenes für „Tag", das in got. *sinteins* „täglich" überlebt hat, vgl. dazu vor allem im Baltischen apr. *deina*, lit. *dienà* „Tag" mit hochstufiger Wurzel. Mehrfach wurden auch indogermanische Wurzelnomina und Heteroklitika aufgrund ihres labilen Wortkörpers von Synonymen verdrängt, so etwa die Bezeichnungen für Himmel, Erde, Winter, Hand und Blut. Wo immer ein Einzelbeleg eines solch archaischen Lexems auftaucht, kann man natürlich auch ein protogermanisches Lexem rekonstruieren, etwa jenes für „Erde" anhand von ags. *folde* und an. *fold* mit seinen indogermanischen Parallelen ai. *pr̥th(i)vī́*, ursprünglich „weite (Erde)" und den Ortsnamen gr. *Πλάταια* und gall. *Letavia*. An dieser Stelle werden einige dieser Neologismen aufgelistet, wobei das Gotische für das Germanische steht:

Begriff	Neologismus	Archaismus	idg. Synonym
Erde	*aírþa*	an. *fold*	ai. *pr̥th(i)vī́*
Himmel	*himins*	-	ai. *dyáu-, div-*
Tag	*dags*	*sin-teins*	apr. *deina*, aksl. *dьnь*
Winter	*wintrus*	-	gr. *χειμών*, lat. *hiems* usw.
Haus	*hūs*	-	ai. *dáma-* = gr. *δόμος* usw.
Schiff	*skip*	an. *nór*	ai. *náu-* = gr. *ναῦς* usw.
Schwert	*mēkeis*	-	ai. *así-* = lat. *ēnsis*
Schild	*skildus*	-	lat. *scūtum* = air. *scīath*
Hand	*handus*	-	heth. *keššar*, gr. *χείρ*
Blut	*blōþ*	-	heth. *ešḫar*, ai. *ásr̥k*
geben	*giban*	-	ai. *dā-, dádāti* = lat. *dare* usw.
trinken	*drigkan*	-	ai. *pā-, píbati* = lat. *bibere* usw.

402 Siehe zum spezifisch protogermanischen Wortschatz nebst archaischen Synonymen indogermanischen Ursprungs Euler 2005/06: 34 – 39.

Diese Gruppe von Neologismen umfasst Begriffe der natürlichen Umwelt, der Technik und des menschlichen Körpers, also aus ganz verschiedenen Bedeutungssphären. Unter den verdrängten Erbworten sind mehrere Wurzelnomina und Heteroklitika sowie die indogermanischen Allerweltsverben für „geben" und „trinken", **dō-* und **pō-*. Dabei wurden die Substantive durch mehrsilbige Synonyme und die Verben durch thematische Bildungen mit mehreren Konsonanten in der Wurzel ersetzt. Die Verdrängung indogermanischer Lexeme hatte also offenbar vor allem formale Gründe. Diese Tendenz zur Verdeutlichung gibt einen indirekten Hinweis auf die Datierung dieser lexikalischen Veränderungen: Der Umbruch des phonologischen Systems im Zuge der ersten Lautverschiebung einschließlich der seitdem generellen Initialbetonung kann den Prozess der Verdrängung seit jeher kurzer Worte aus dem germanischen Lexikon verstärkt haben. Pauschale Schlüsse im Sinne einer allgemeinen Datierung auf das ausgehende erste Jahrtausend v. Chr. verbieten sich aber schon deswegen, weil einzelne Wurzelnomina und Heteroklitika wie *Nacht* bzw. *Wasser* sowie einsilbige Verben wie *tun, gehn, stehn* bis heute überdauert haben.

In der Alvíssmál (Edda) werden mehrere Begriffe der natürlichen Umwelt in der „Sprache der Menschen" und „Sprache der Götter" (Asen) genannt. Es ist gewiss kein Zufall, dass bei den Begriffen aus der Sprache der Menschen Lexeme germanischen Ursprungs, bei jener aus der Sprache der Götter hingegen mehrfach Synonyme mit indogermanischer Herkunft genannt werden, wobei letztere vorwiegend der gehobenen Dichtersprache angehören:

Begriff	Menschen	Asen	Vergleich germ.	indogermanisch
Erde	*iǫrð*	*fold*	ags. *folde*	ai. *pr̥th(i)vī́*
Sonne	*sól*	*sunna*	got. *sunnō*	awest. *huuarə*, *xᵛ ŋg*
Feuer	*eldr*	*funi*	got. *fōn, funins*	heth. *paḫḫur, paḫḫun-*
Gerste	*bygg*	*barr*	got. *barizeins* „aus Gerste"[403]	lat. *far* „Spelt, Dinkel"

Unter den beiden letzteren Synonymen befinden sich nordische Neologismen, dagegen gehört das Substantiv *iǫrđ* der urgermanischen Sprachschicht an, und *sól* basiert zusammen mit *sunna* auf einem indogermanischen Heteroklitikon (s. dazu Seite 107f.). In der altnordischen Edda-Dichtung bestehen außerdem noch mehrere Synonyma für „Götter" nebeneinander, *ǽsir* „Asen", *vanir* „Vanen" und *tívar* in Komposita wie *sigtívar* „Sieggötter", wobei letzteres prg. und idg. **deiwós* fortsetzt. Dieses Wort war in der indogermanischen Grundsprache offenbar die einzige Bezeichnung für die Götter, vgl. ai. *devá-*, lat. *deus* „Gott", *dīvus* „göttlich", keltib. *Teiuo-*, apr. *deiws* (s. dazu Seite 86).

403 Zu *barizeins* setzt Schubert (1968: 56) zu Recht **baris* „Gerste" als zugrundeliegendes Substantiv an.

5.2. Drei besonders archaische Wortfelder

5.2.1. Vorüberlegungen

Der Wortschatz gehört zu den am wenigsten stabilen Teilen des Gesamtsystems Sprache, denn sowohl interne als auch externe Einflussfaktoren bewirken leicht Veränderungen des Lexikons. Zu den internen Faktoren gehören – wie im Absatz 5.1. bereits angedeutet – vor allem phonologische Veränderungen aller Art: Assimilationen, Wegfall von Phonemen oder ganzen Silben am Wortende und Lautverschiebungen führen oft zu Mehrdeutigkeiten (Homonymien). Um Missverständnisse zu vermeiden, behelfen sich die Sprecher oft damit, dass sie mehrdeutig gewordene Begriffe durch neue, wieder eindeutige ersetzen. Dieser Grund für den Umbau des Wortschatzes lässt sich an vielen Sprachen nachvollziehen.

Zu den externen Faktoren, die zu Änderungen im Wortschatz führen, gehören kulturelle Veränderungen und technische Innovationen, vor allem aber politische Umbrüche, Wanderungsbewegungen und Kontakt mit anderen Sprachen. Ein bekanntes Beispiel dafür ist die Übernahme einer geradezu unübersehbaren Zahl romanischer Worte in die englische Sprache in den Jahrhunderten nach der Eroberung Englands durch den normannischen Herzog Wilhelm II. im Jahre 1066. Heute übertrifft die Zahl der Worte mit romanischer Etymologie im Englischen sogar die Zahl der ererbten germanischen Lexeme. Dass dieser Teil des Lexikons der ältere ist, wäre für den Sprachwissenschaftler auch ohne Kenntnis des Alt- und Mittelenglischen erkennbar: Denn unterschiedliche Teile des Wortschatzes sind unterschiedlich stabil, gerade besonders häufig verwendete Worte, etwa Pronomina und Worte der Alltagssprache, werden weniger leicht durch Neubildungen oder Entlehnungen ersetzt.

Ein besonders stabiler Teil des Wortschatzes sind die Zahlwörter, zu denen oben schon einiges gesagt wurde. Im Folgenden sollen kurz drei weitere Wortfelder kurz betrachtet werden, die sich im Germanischen – wie auch in anderen Sprachen – als besonders „resistent" gegen Neuerungen erwiesen haben und die folglich einen teilweise hocharchaischen Charakter aufweisen: Die Verwandtschaftsbezeichnungen, die Körperteile sowie einige Tiernamen.

Da diese Lexeme mit lautlich und formal sehr genaue Entsprechungen in vielen anderen indogermanischen Sprachen bis hin zum Altindischen wiederkehren, dienten sie schon in der Anfangszeit der Vergleichenden Sprachforschung ähnlich wie die Zahlwörter als sichere Kriterien für genetische Sprachverwandtschaft. Es würde eine eigene Arbeit erfordern, den Wortschatz des Protogermanischen auf seine Sprachschichten hin zu untersuchen, die Lexeme aus indogermanischer Zeit, die Neologismen des Protogermanischen sowie dessen frühe Entlehnungen im Einzelnen zu untersuchen. Hier sollen darum nur die Substantive indogermanischer Herkunft aus den drei genannten Bereichen aufgelistet werden. Bei Bedeutungsabweichungen sind die außergermanischen Parallelen in eckige Klammern gesetzt; von einer Erörterung lautlicher Diskrepanzen und formaler Unstimmigkeiten wird aus Gründen der Übersichtlichkeit an dieser Stelle abgesehen.

5.2.2. Verwandtschaftsbezeichnungen

Im Germanischen wie in anderen älteren indogermanischen Sprachen gehört etwa die Hälfte der nicht abgeleiteten Verwandtschaftsbezeichnungen den r-Stämmen an (siehe Seite 105ff.). In der folgenden Tabelle werden die altindischen Parallelen aufgeführt, weil sie dort fast zu allen Bezeichnungen vorliegen:

Prg.	Spg.	Gotisch	Ahd (Ags.)	Altind.	Bedeutung
*patḗr	*fađēr	fadar	fater	pitā́, -ár-	„Vater“
*mātḗr	*mōđēr	mōdar	muoter	mātā́	„Mutter“
*b^{h}rā́tēr	*brōþēr	brōþar	bruoder	bhrā́tā	„Bruder“
*swésēr	*swestēr	swistar	swester	svásā	„Schwester“
*d^{h}uktḗr	*duχtēr	daúhtar	tohter	duhitā́	„Tochter“
*daigwḗr	*taikōr[404]	*taikar	zeihhur	devā́	„Mannesbruder“
*sunús	*sunus	sunus	sunu	*sūnúḥ	„Sohn“
*swékros	*sweχraz	swaíhra	swehur	śváśuraḥ	„Schwiegervater“
*swekrū́s	*sweǥrōn	swaíhrō	swigur	śvaśrū́ḥ	„Schwiegermutter“
*népō(t)	*nefō, -en-	*nifa	nefo	nápāt	„Enkel“
*neptī́s	*neftiz	*nifti	nift	naptī́ḥ	„Enkelin“
*snusā́	*snuzō	*snusa[405]	snur	snuṣā́	„Schwiegertochter“
*widhéwā	*wiđuwōn	*widuwo	wituwa	vidhávā	„Witwe“
*paturjós	*fađurjō	*fadurja	fatureo	pitr̥vyáḥ	„Vatersbruder“
*māturjā́	*mōđurjōn	*mōdurjō	(mōdrige)	*mātr̥vyā́	„Muttersschwester“

Den beiden letzteren Bezeichnungen entsprechen im Griechischen *πατρυιός* und *μητρυιά* mit der veränderten Bedeutung „Stiefvater“ bzw. „Stiefmutter“.

Die Wortliste zeigt, dass das indogermanische System der Verwandtschaftsbezeichnungen bis in die althochdeutsche Zeit hinein, also kaum weniger als 5000 Jahre lang, im Prinzip vollständig erhalten geblieben ist. Erst danach begann ein langsamer Erosionsprozess mit dem Verlust der semantisch sehr speziellen Worte für „Mannesbruder“, „Vatersbruder“ und „Muttersschwester“. Das Erbwort „Schnur“ für Schwiegertochter war im 19. Jahrhundert noch gebräuchlich und

404 Ringe (2006: 69) nimmt die Form **taikuraz* an, analog zu **sweχraz* „Schwiegervater“.

405 Belegt ist krimgotisch *schnos* „ds.“

existiert in den Dialekten des Rheinlands und in Thüringen noch heute. Ältere Lexika verzeichnen auch noch die alten Worte *Schwäher* und *Schwieger* für „Schwiegervater" und „Schwiegermutter". Übrigens gab es im Germanischen noch ein spezielles Wort für den Schwiegersohn, das im veralteten Wort *Eidam* noch lebt, ebenso ein Wort für den Bruder der Mutter („Oheim"), beide gehen indes nicht auf indogermanische Zeit zurück. Das protogermanische Wort **daigwḗr* für den „Onkel väterlicherseits" muss ursprünglich **daiwḗr* gelautet haben, das *g* ist ebenso sekundär hinzugekommen, wie das *t* in spg. **swestēr* aus prg. **swésēr*. Beim Wort für Schwester geschah dies infolge der Analogie mit den Bezeichnungen für Vater, Mutter und Bruder – also gewiss noch vor der ersten Lautverschiebung, als diese Bezeichnungen alle noch auf *-*tēr* endigten. Wann das *g* in **dai(g)wḗr* hinzukam, ist hingegen kaum näher einzugrenzen.

Was die indogermanischen Verwandtschaftsbezeichnungen angeht, so fiel den Philologen schon früh ins Auge, dass fast das gesamte System mit der einzigen Ausnahme des Wortes für die Schwester der Mutter „vom Mann her gedacht ist". Dies hat zu der Annahme geführt, dass in der Entstehungszeit dieses semantischen Systems die Braut mit der Eheschließung von ihrer bisherigen Familie konsequent getrennt wurde – etwa durch Brautkauf oder gar Brautraub[406]. Diese Vermutung wird kaum abschließend zu beweisen oder zu widerlegen sein, sie bestätigt aber den in Kapitel 1 aufgezeigten Informationswert der Ergebnisse der Vergleichenden Sprachwissenschaften für Fragen der Kulturgeschichte.

Grundsätzlich stellt sich hier die Frage, warum – nicht nur in den germanischen Sprachen – gerade die Verwandtschaftsbezeichnungen einen so enorm stabilen Block innerhalb des Wortschatzes bilden. Die einleitenden Überlegungen zu diesem Kapitel beantworten diese Frage schon teilweise: Im System der Familienbeziehungen gibt es weder technische noch kulturelle Innovationen. Ob mit Faustkeil oder Mobiltelefon in der Hand: Vater bleibt Vater und Sohn bleibt Sohn. Außerdem berührt auch der zweite große Faktor für Innovationen im Wortschatz – politische Umwälzungen im weitesten Sinne – den Bereich der Verwandtschaftsbeziehungen kaum: Selbst wenn ein Volk auf Wanderschaft geht, entwurzelt oder von einer feindlichen Macht besetzt wird, der Bereich der Familie bleibt davon normalerweise unberührt und infolgedessen auch das für diesen Bereich verwendete Vokabular[407]. In scharfem Gegensatz zur Stabilität von Worten wie „Sohn" und „Tochter" steht die in vielen Sprachen zu beobachtende Instabilität des jeweiligen Wortes für „Kind". Dieses Lexem wird besonders häufig verändert oder ganz ausgetauscht,

406 Unterstützung erhält diese Theorie durch alte Überlieferungen in mehreren Zweigen der Indogermania, darunter der legendäre Raub der Sabinerinnen in der römischen Legende sowie Nachrichten bei Herodot über Ehebräuche der Illyrer. Die Existenz eines idg. Wort für „Muttersschwester" spricht nicht dagegen, weil es völlig analog zum Wort für „Vatersbruder" gebildet und letzteres auch breiter überliefert, also wahrscheinlich älter ist.

407 Die enorme Stabilität dieses Teils des Wortschatzes legt nahe, dass das System der Verwandtschaftsbezeichnungen noch weiter zurückreichen könnte als die rund 6000 bzw. 7000 Jahre, die seit der Sprachstufe des Protoindogermanischen bzw. Indo-Hittite vergangen sind.

es unterscheidet sich folglich oft auch in nahe verwandten Sprachen, schon das spätgermanische Etymon **barna-* „Kind“ ist nicht ganz sicher, ein indogermanisches nicht bekannt. Als Gründe gelten zum einen die häufiger emotionale Verwendung dieses Begriffs gegenüber der öfter emotionslos gebrauchten reinen Verwandtschaftsbezeichnung, zum anderen Tabuisierungen, wie sie auch beim Wort für „Milch“ zu beobachten sind; diese Tabuisierugen lassen gewisse Rückschlüsse auf die Gefühlswelt der Sprecher zu[408].

5.2.3. Körperteilbezeichnungen

Aus denselben Gründen kaum weniger konservativ als die Verwandtschaftsbezeichnungen sind in den meisten Sprachen – auch im Germanischen – die Bezeichnungen für Körperteile. Nachfolgend eine Übersicht:

Prg.	Spg.	Gotisch	Ahd. (An.)	Ai. (Awest.)	Bedeutung
**kérsun*	**χerzan-*	-	*hirni*	*[śíraḥ, śīrṣṇ-]*	„Hirn“
**ok*^{w}*ṓn*	**augōn*	*augō*	*ouga*	*ákṣi*	„Auge“
**b*^{h}*rḗwā*	**brḗ(χ)wā*	*braƕa*	*brāwa*	*bhrū́ḥ*	„Braue“
**ausṓn*	**auzōn*	*ausō*	*ōra*	*(uš-)*	„Ohr“
**kléumō*	**χléumō*	*hliuma*	*[hliumunt]*	*(sraoman-)*	„Gehör“
**násā*	**nasō*	**nasa*	*nasa*	*nā́sā*	„Nase“
**dónts*	**tanþs*	*tunþus*	*zand*	*dán, dat-*	„Zahn“
**génwus*	**kinnuz*	*kinnus*	*chinni*	*hánuḥ*	„Kinn“
**ómsos*	**amsaz*	*ams*	-	*áṃsaḥ*	„Schulter“
**armos*[409]	**armaz*	*arms*	*arm*	*[īrmáḥ]*	„Arm“
**b*^{h}*āg*^{h}*ús*	**bōguz*	**bōgus*	*buog*	*bāhúḥ*	„Arm, Bug“
**kúbis*	**χupiz*	*hups*	*huffi*	*[śúptiḥ*[410]*]*	„Hüfte“
**klóunis*	**χlauniz*	**hlauns*	*(hlaunn)*	*śróṇiḥ*	„Hinterbacke“
**gnéwon*	**knewan*	*kniu*	*kniu*	*jā́nu*	„Knie“
**pōds*	**fōts*	*fōtus*	*fuoz*	*pā́t, pad-*	„Fuß“
**pérsnā*	**fernzā*	*faírzna*	*fers(e)na*	*pā́rṣṇi-*	„Ferse“
**nag*^{h}*los*[411]	**naglaz*	**nagls*	*nagal*	*nakhám*	„Nagel“

408 Sprachliche Tabuisierungen betreffen einerseits kostbare, aber gefährdete, andererseits bedrohliche Dinge. Deswegen wurden in mehreren indogermanischen Sprachen die Lexeme für Kind und Milch ebenso tabuistisch entstellt die Worte für Bär und Wolf. Die dahinter stehende Angst war offenbar, dass die Nennung die angesprochene Sache entweder gefährde oder herbeilocke. Auch die Entwicklung des Wortes für „nackt“ zeigt in etlichen Sprachen Unregelmäßigkeiten, die mit Tabuisierungen erklärt werden.

409 Die Betonung des Wortes ist unklar: Die Hochstufigkeit spricht für Initialbetonung, die ai. Parallele hingegen für Betonung auf der zweiten Silbe.

410 Das Wort bedeutet „Schulter“.

411 Die Betonung des Wortes ist unklar: Die Hochstufigkeit spricht für Initiatalbetonung, die ai. Parallele wiederum für Betonung auf der zweiten Silbe.

*náb^{h}lō	*nablō	*nabla	nabulo	nābhīlaḥ[412]	„Nabel“
*kérdun	*χertōn	haírtō	herza	hŕ̥d-, śrad-,	„Herz“
*mózg^{h}os	*mazgaz	*mazgs	marg	(mazga-)	„Mark“
*swóidos	*swaitaz	*swaits	sweiz	svédaḥ	„Schweiß“

Weitere Körperteilbezeichnungen haben nur innerhalb des Westindogermanischen, genauer im Lateinischen, etymologische Parallelen:

Prg.	Spg.	Gotisch	Ahd.	Alat.(Ital.)	Bedeutung
*kūtís	*χūđis	*hūds	hūt	cutis	„Haut“
*péllon	*fellan	-fill	fell	pellis	„Fell, Haut“
*kapút	*χa(u)fuþ	haubiþ	houbit	caput	„Haupt, Kopf“
*múntos	*munþaz	munþs	munt	[mentum[413]]	„Mund“
*dung^h(w)ā́	*tungōn	tuggō	zunga	dingua	„Zunge“
*b^{h}árd^{h}os	*barđaz	*bards[414]	bart	barba	„Bart“
*kólsos	*χalsaz	hals	hals	collus	„Hals“
*ákslā	*aχslō	*ahsla	ahsala	[āla]	„Achsel“
*ólenā	*alinō	aleina	elina	[ulna]	„Elle, Unterarm“
*lónd^h(w)ī	*landī	*landi	lenti	lumbus	„Lende“
*nég^{wh}rō	*neurō	*niura	nioro	(nefrōnēs)	„Niere“

Wieder andere Körperteilbezeichnungen haben ihre genauesten Entsprechungen im Griechischen:

Prg.	Spg.	Gotisch	Ahd.	Griech.	Bedeutung
*g^{h}óllā	*gallōn	*gallō	galla	χολή	„Galle“
*órsos	*arsaz	*ars	ars	ὄρρος	„Hintern“
*ētrā́	*ēđrō	*ēdra	ādara	[ἦτορ]	„Eingeweide“
*dakrón	*tagran	tagr	zahar	δάκρυ	„Träne“

Hier fallen mehrere Substantive auf, deren Stammauslaut sich von den Entsprechungen der übrigen indogermanischen Sprachen unterscheidet, nämlich jene für „Nase“, „Bart“, „Hüfte“, „Knie“, „Nagel“, „Fell“ und „Lende“ sowie mit *n*-Erweiterungen die Substantive für „Auge“, „Ohr“ und „Herz“. Außerdem weichen die Lexeme *Hirn*, *Mund* und *Arm* in der Bedeutung von ihren außergermanischen Parallelen ab. – Ohne eine ins Einzelne gehende Analyse der Formen, seien doch vier Auffälligkeiten in der obigen Liste kurz angesprochen:

412 Ursprüngliche Betonung unklar, da erst später überliefert.
413 Das Wort bedeutet „Kinn“.
414 Belegt ist krimgotisch *bars*

- Beim Wort für „Auge“ wurde (offenbar erst in späturgermanischer Zeit, nach Zusammenfall von *o* und *a*) unter dem Einfluss von idg. **aus-* „Ohr“ der Anlaut diphtongiert und so **aǥwṓn* (aus idg. **ok*^{w}-) zu **auǥwōn*. Die Übergangsformen lauteten dann: Prg. **ok*^{w}*ṓn* > **aǥwṓn* > **auǥwōn* und schließlich spg. **augōn*.
- Das Wort „Leumund“ bedeutete ursprünglich schlicht „Gehör“. Als juristischer Terminus hat es trotz seiner semantischen Isolation, dem etwas irreführenden Anklang an „Mund“ und sogar mit einem reichlich archaischen „u“ in der unbetonten Silbe überdauert.
- Das Wort „Ader“ bedeutete ursprünglich nicht nur „Blutgefäß“, sondern noch in mittelhochdeutscher Zeit generell „Eingeweide“. Worte wie „Goldader“ und „Erzader“ stammen noch aus dieser Zeit.
- Recht viele germanischen Körperteilbezeichnungen (von denen mehrere mangels klarer Etymologie nicht in dieser Liste stehen), haben im Deutschen das grammatische Geschlecht gewechselt: Neutral waren einst die Worte *Wange*, *Milz*, *Eiter* und *Leiche*; maskulin waren *Hüfte*, *Wade*, *Zähre* und *Niere*. Sie alle wurden – sicherlich nicht zuletzt unter Einfluss des Plurals mit dem Artikel „die“ im Nominativ und Akkusativ – später Feminina, nur *Eiter* wurde zum grammatischen Maskulinum.

Außerdem sind im Germanischen für einige Körperteile Neologismen aufgekommen, von denen mehrere mit Sicherheit indogermanische Synonyme verdrängt haben, namentlich die Worte *Hand* und *Blut* (siehe dazu Seite 190). Allerdings sind für das Urgermanische nur diejenigen Bezeichnungen gesichert, die auch im Gotischen belegt sind. Andernfalls könnte die Neuschöpfung auch erst in der Zeit aufgekommen sein, als die Ostgermanen sich bereits vom Hauptstamm der Germanen gelöst hatten, also zwischen dem 1. Jahrhundert vor und dem 4. Jahrhundert nach Christus. In solchen Fällen ist natürlich von Interesse, ob für das betreffende Organ ein *anderes* gotisches Wort überliefert ist, oder ob ein gotischer Beleg völlig fehlt. Weit häufiger ist letzteres der Fall, womit die Annahme nahe liegt, dass der entsprechende Neologismus eben doch auf die protogermanische oder zumindest späturgermanische Zeit zurückgeht.

Allerdings haben im Gotischen – und innerhalb des Germanischen nur dort – die indogermanischen Erbworte für „Schulter“ und „Speisefleisch“ (got. *ams* bzw. *mimz*, letzteres aus prg. **mémson*) überlebt. Das belegt die Existenz dieser Wörter in protogermanischer Zeit, zeigt im Umkehrschluss aber auch, dass es mit einer Unsicherheit verbunden ist, ohne gotischen Beleg späturgermanische Etyma etwa für Worte wie „Bein“ (im Sinne von „Knochen“), „Lunge“ oder „Leber“ zu rekonstruieren, denn auch hier könnte jeweils das indogermanische Erbwort noch existiert haben.

Für folgende Körperteilbezeichnungen muss nach dem Gesagten wenigstens späturgermanische Herkunft angenommen werden:

Spg.	Gotisch	Ahd.	Ags.	An.	Bedeutung
**līkan*	*leik*	*līh*	*līc*	*lík*	„Leib“
**blōđan*	*blōþ*	*bluot*	*blōd*	*blóð*	„Blut“
**wlitiz*	*wlits*	*-luzzi*	*wliti*	*[litr]*	„Antlitz“
**wangō(n)*	*wagga(n)-*	*wanga*	*wange*	*vangi*	„Wange“
**werelō*	*waírilō*	-	*weleras*	-	„Lippe“
**χanduz*	*handus*	*hant*	*hand*	*hǫnd*	„Hand“
**fingraz*	*figgrs*	*fingar*	*finger*	*fingr*	„Finger“
**brusts, breustan*	*brusts*	*brust*	*brēost*	*brjóst*	„Brust“
**barmaz, -iz*	*barms*	*barm*	*bearm*	*barmr*	„Schoß“
**wambō*	*wamba*	*wamba*	*wamb*	*vǫmb*	„Bauch“
**kwiđuz*	*qiþus*	*qhuiti*	*kwiđ*	*kviðr*	„Mutterleib“

Es fällt auf, dass hier vorwiegend Bezeichnungen für großflächige oder exponierte Körperteile von Gesicht, Rumpf und Hand vorliegen. Freilich gilt auch das wieder nur mit dem Vorbehalt, dass in den erhaltenen Teilen von Wulfilas Bibelübersetzung ganz offensichtlich nicht alle Körperteilbezeichnungen überliefert sind, die das Gotische hatte (das indogermanisch ererbte Substantiv *bars* „Bart“ ist nur im Krimgotischen bezeugt). Da es zu den wenigsten der hier angeführten Bezeichnungen eine sichere außergermanische Etymologie gibt, wie zu **brusts* im Keltischen air. *bruinne* „Brust, Busen“ und kymr. *bronn* „Brust, Buckel“ oder zu **barmaz* „Schoß“ (in dem die Frau das Kind trägt) das Verbum idg. *b^her-* „tragen“, bleibt der Ansatz protogermanischer Etyma fragwürdig.

Für folgende Körperteilbezeichnungen, die offensichtlich indogermanische Synonyme verdrängt haben, ist bereits die späturgermanische Herkunft etwas fraglich, da sie im Gotischen nicht belegt sind:

Ahd.	Ags.	An.	Ai.	Gr.	Lat.	Bedeutung
bein	*bān*	*bein*	*ásthi*	ὀστέον	*os*	„Knochen“
lungun	*lungen*	*lunga*	*klomā́*	πλεύμων	*pulmō*	„Lunge“
lebara	*lifer*	*lifr*	*yákr̥t*	ἧπαρ	*iocur*	„Leber“
zeha	*tāhe*	*tá*			*digitus*	„Zeh(e)“

Dennoch liegt es nahe, für derartig wichtige Organe wenigstens späturgermanische Neologismen zu postulieren, die dann **bainan, *lungun* (vgl. lit. *leñgvas* „leicht“) und **liƀrō* (vgl. gr. λιπαρός „fett“) sowie **taiχō* (aus prg. **doikā?)* gelautet haben müssten. Dies aus den beschriebenen Gründen umso mehr, als für diese Körperteile keine anderen gotischen Bezeichnungen belegt sind, sondern gotische Belege ganz fehlen.

5.2.4. Tierbezeichnungen

Nicht ganz so stabil wie die Bezeichnungen für Verwandtschaftsverhältnisse und Köperteile sind Tierbezeichnungen. Doch auch hier finden sich eine Reihe ausgesprochen archaischer Lexeme, wie folgende Übersichten zeigen:

5.2.4.1. Haustiere

Prg.	Spg.	Gotisch	Ahd.	Altind.(Iran.)	Bedeutung
*ékwos	_*eχwaz_	_*aíƕs_	_ehu_	_áśvaḥ_	„Pferd“
_*g^{w}ōs_	_*kwōz_	_*kōs_	_chuo_	_gáuḥ_	„Kuh“
*uksṓ	_*uksō_	_aúhsa_	_ohso_	_ukṣā́_	„Ochse, Bulle“
*stéuros	_*steuraz_	_stiur_	_stiur_	-	„Stier“
*sūs	_*sūz_	_*sūs_	_sū_	_sū-karáḥ_	„Sau“
*s(u)weinon	_*sweinan_	_swein_	_swīn_	-	„Schwein“
*pórkos	_*farχaz_	_*farhs_	_farh_	_(pāsa-)_	„Ferkel“
*ówis	_*awiz_	_*aus_	_ou_	_áviḥ_	„Schaf“
*g^{h}aids	_*gaits-_	_gaits_	_geiz_	-	„Ziege, Geiß“
*kuntós	_*χundaz_	_hunds_	_hunt_	_śvā́_	„Hund“
*g^{h}ans	_*gans_	_gans_	_gans_	_haṃsáḥ_	„Gans“
*ánuts	_*anuđiz_	_*anuds_	_anut_	_ātíḥ_	„Ente“

5.2.4.2. Andere Tiere

*wúlpos	_*wulfaz_	_wulfs_	_wolf_	_vṛ̥́kaḥ_	„Wolf“
*kéruds	_*χeruđz_	_*haíruts_	_hiruz_	-	„Hirsch“
*beb^{h}rús	_*beƀruz_	_*bibrus_	_biber_	_(bawra-)_	„Biber“
*udrós	_*uđraz_	_*udrs_	_ottar_	_udráḥ_	„Otter“
*mūs	_*mūz_	_*mūs_	_mūs_	_mūṣ-_	„Maus“
*pískos	_*fiskaz_	_fisks_	_fisk_	-	„Fisch“
*láksos	_*laχsaz_	_*lahs_	_lahs_	_[lakṣám]_	„Lachs“
*natrós, -ís	_*nađraz,-iz_	_nadrs_	_natara_	-	„Natter“
*wúrmis	_*wurmiz_	_waúrms_	_wurm_	-	„Wurm“
*wópsā	_*wafsō_	_*wafsa_	_wefsa_	-	„Wespe“

Wie bei den Körperteilbezeichnungen fallen auch hier Substantive auf, deren Stammauslaut sich von den indogermanischen Entsprechungen unterscheidet; dies ist der Fall bei den Bezeichnungen für „Ziege“, „Hirsch“ und „Fisch“. Zu diesen drei und einigen weiteren Substantiven existieren keine altindischen, aber lateinische Parallelen: *taurus* „Stier“, *haedus* „Ziegenbock“, *cervus* „Hirsch“, *piscis* „Fisch“, *natrix* „Wasserschlange“, *vermis* „Wurm“ und *vespa* „Wespe“; zur Bezeichnung für „Schwein" gehört das lateinische Adjektiv **suīnus* „vom Schwein, schweinern". In der Wurzel stimmen die germanischen Bezeichnungen lautlich im Großen und Ganzen mit den außergermanischen Parallelen überein, größer sind die Abweichungen wie gesagt im Stammauslaut.

Andere Tierbezeichnungen sind offenbar germanische Neuschöpfungen, wobei es hier wie bei den Körperteilen Beispiele gibt, dass alte indogermanische Begriffe durch synonyme Neologismen ersetzt wurden. Hier seien ein paar Tiernamen herausgegriffen, allerdings nur in der späturgermanischen Form, da ihre Existenz für das Protogermanische nicht gesichert ist; als Beispiel einer außergermanischen Sprache wird das Altindische gegenübergestellt:

Spg.	Gotisch	Ahd.	An.	Altind.	Bedeutung
**fulō*	*fula*	*folo*	*foli*	*kiśoráḥ*	„Fohlen"
**kalbez-*	*kalbō*	*kalb*	*kálfr*	*vatsáḥ*	„Kalb"
**lambez-*	*lamb*	*lamb*	*lamb*	*úraṇaḥ*	„Lamm"
**berō*	**baíra*	*bero*	*bjǫrn*	*ŕ̥kṣaḥ*	„Bär"
**fuglaz*	*fugls*	*fogel*	*fugl*	*víḥ*	„Vogel"
**χanō*	*hana*	*hano*	*hani*	*kukkuṭáḥ*	„Hahn"

Hier fallen mehrere Jungtierbezeichnungen auf, die zudem mehrheitlich den Stämmen auf *-s-* angehören (s. dazu Seite 114f.). Die Hälfte dieser germanischen Neubildungen hat indogermanische Synonyme verdrängt, vgl. zu *úraṇaḥ* gr. *ἀρήν*, zu *ŕ̥kṣaḥ* gr. *ἄρκτος* und lat. *ursus* sowie zu *víḥ* lat. *avis*, alle in derselben Bedeutung wie die altindischen Bezeichnungen. Doch nur ein Teil dieser germanischen Lexeme hat eine gesicherte Etymologie, nämlich **kalbez-*, vgl. dazu mit anderer Ablautstufe ahd. *kilbur* „Kalb", awest. *gərəbuš-* „Tierjunges" sowie gr. *δελφύς* „Gebärmutter" aus idg. ***g^{w}*élb*^{h}*us-*, ***g^{w}*l̥b*^{h}*ús-*, und **χanō*, vgl. dazu lat. *canere* „singen" (und *gallicinium* „Hahnenschrei"). „Fohlen" wird mit synonymem gr. *πῶλος* , aber auch mit lat. *pullus* „Junges", ai. *putráḥ* „Sohn" verglichen; dagegen ist der Vergleich von **fuglaz* mit synonymen lit. *paũkštis* „Vogel" in mehreren Etymologika problematisch, und die Hypothese eines dissimilatorischen Schwundes aus **fluglaz* bzw. eine Verknüpfung mit dem Verb **fleug-* „fliegen" ist naheliegend, aber nicht gesichert.

Der Vergleich von **berō* „Bär" mit lit. *bė́ras* „braun" in der Literatur erscheint zwar ebenso wie jener von **beb*^{h}*rús* „Biber" mit ai. *babhrú-* „(rot)braun" einleuchtend, doch fehlen hier genaue außergermanische Parallelen zu **berō*. Gegen den in einigen Etymologika angeführten Vergleich von **lambez-* mit gr. *ἔλαφος* „Hirsch" sprechen sowohl formale wie semantische Diskrepanzen (vgl. zu letzterem vielmehr kymr. *elain* „Hirschkuh" und lit. *élnis* „Hirsch"). Zum Wort für „Hahn" wiederum können schon deshalb keine direkten außergermanischen Parallelen vorliegen, da Hühnervögel in Europa erst in der Hallstattzeit, also nicht vor dem 8. Jahrhundert v. Chr. heimisch wurden (gr. *ἀλεκτρυών* „Hühnervogel" und *ἀλέκτωρ* „Hahn" sind erst in nachhomerischer Zeit belegt). Angesichts dieses Befundes kann man am ehesten **pulṓ, *gʷólbʰes-* und **kanṓ* als bereits protogermanische Vorformen annehmen.

5.2.5. Zusammenfassung

Die Verwandtschaftsbezeichnungen heben sich gegenüber den Tier- und Körperteilbezeichnungen nicht nur durch ihren ungewöhnlich hohen Bestandteil an *r*-Stämmen, sondern auch durch ihren in sich abgerundeten Bestand ab. Wie dargestellt, sind sie besonders resistent gegenüber Neubildungen oder gar Entlehnungen, der größte Teil der Erbworte ist noch im heutigen Deutsch lebendig.

Ein uneinheitlicheres Bild zeigen die germanischen Körperteilbezeichnungen: Ein Großteil stammt aus indogermanischer Zeit, insbesondere für wichtige, in sich abgegrenzte Organe, wogegen für andere, weniger auffällige oder kleinere Körperteile frühestens im Protogermanischen Neologismen entstanden sind.

Wieder anders sieht es bei den Tierbezeichnungen aus, dort enthalten jene der Haustiere lautlich und formal kaum Unstimmigkeiten – im Gegensatz zu denjenigen der Wildtiere. Außerdem wurden in urgermanischer Zeit mehrere Bezeichnungen für Jungtiere neu gebildet.

Bekanntlich unterliegen etwa Speise- und Kleidungsbezeichnungen am stärksten lexikalischen Neuerungen, sei es in Form von Neubildungen oder Entlehnungen. Am anderen Ende der Skala stehen eben die hier dargestellten drei Wortschatzbereiche, vor allem die Verwandtschaftsbezeichnungen, dort treten weder proto- oder späturgermanische Neologismen noch Fremdwörter aus Nachbarsprachen auf. Bei den Körperteil- und Tierbezeichnungen finden sich Neologismen, von denen einige offenbar bis in das Protogermanische zurückreichen; Fremdwörter fehlen jedoch in all diesen Wortschatzbereichen gänzlich.

Insgesamt kann man sagen, dass die Veränderungen im protogermanischen Wortschatz ihrer Art nach durchaus nachvollziehbar sind und auch in ihrem Umfang gut zu dem kaum weniger als 1600 Jahren währenden Zeitraum passen, in dem sich die germanische Sprache weitgehend in sich abgeschlossen entwickelt hat.

5.3. Komposita

Mit der Produktivität von Komposita verschiedenster Art, grundsätzlich auch von Personennamen, hat das Germanische ebenso wie das Indoiranische und Griechische ein wichtiges Erbe aus der indogermanischen Grundsprache beibehalten. Hier können die Komposita nicht in ihrer ganzen Vielfalt erörtert werden, vielmehr sollen die wichtigsten Typen herausgegriffen werden. Einen Überblick über die Arten der Komposita bietet die Wortbildungslehre von Krahe / Meid (1969)[415]. Vorausgeschickt sei außerdem, dass hier nur die Nominalkomposita behandelt werden und nicht die verbalen Komposita mit Präposition oder Lokalpartikeln als Vorderglied, die in den meisten indogermanischen Sprachen, auch in den baltischen und slawischen Sprachen, produktiv geblieben sind.

Im Mittelpunkt stehen vielmehr nominale Komposita, deren beide Bestandteile Substantive oder Adjektive sein können. Wie in anderen indogermanischen Sprachen lauten in diesen Komposita die Vorderglieder großenteils jeweils auf den bloßen Stamm aus, vor allem wenn sie den vokalischen Stammklassen angehören. Am reinsten sind diese Kompositionsfugen im Gotischen und in altgermanischen Personennamen bewahrt, vgl. etwa urn. *alja-markiR* „Fremdling" als *ja*-Stamm mit dem gallischen Stammesnamen *Allo-broges* „Ausländer" (bei Caesar belegt, eigentlich „aus anderer Mark") und den *u*-Stamm got. *filu-faihs* „vielfarbig" mit ai. *puru-péśas-* „vielgestaltig", innerhalb des Germanischen urn. *hagu-staldaR* mit ahd. *hagustalt* „Hagestolz". Unter den Konsonantstämmen findet sich die genaue Kompositionsfuge am ehesten bei den Neutra auf *-s-* als Vorderglied, wie in den Personennamen *Segis-mundus*, *Sigis-mērus* (neben *Segimundus*, *Sigimērus*, bei Tacitus), vgl. dazu got. *sigis-laun* „Siegeslohn" und ahd. *sigis-nemo* „Sieger". Doch kann der Stammauslaut des Vorderglieds im Kompositum auch vom Auslaut des bloßen Nomens abweichen, etwa im Königsnamen *Theodoricus* gegenüber got. *þiudō-* „Volk", vgl. dazu den gallischen Personennamen *Teutomatus* mit *-o-* statt **-ā-*; bei den *n*-Stämmen erscheint in der Kompositionsfuge einfacher Vokal ohne Nasal, vgl. got. *guma-kunds* „männlichen Geschlechts" (zu *guma* „Mann") mit dem Personennamen gr. *Απολλό–δωρος* (zum Götternamen *Απόλλων*), bei Verwandtschaftsnamen auf *-r-* ein zusätzlicher Gleitvokal, vgl. got. *brōþra-lubō* „Bruderliebe" gr. *πατρο-φόνος* „Vatermörder" (in Tragödie belegt). Diese Abweichungen des Stammauslauts in der Kompositionsfuge können somit auch für das Protogermanische vorausgesetzt werden. Auch die Hinterglieder weisen vielfach veränderte Stammauslaute auf, die auf indogermanischen Grundlagen basieren können, vgl. etwa an. *Al-fǫðr* „Allvater" mit gr. *εὐπάτωρ* „einen guten Vater habend" (bei Aischylos), beide mit Hinterglied **-pətōr* statt **pətḗr*[416]. Vereinzelt kann das Hinterglied auch Dehnstufe in der Wurzel aufweisen, vgl. got. *fidur-dōgs*

415 Siehe Krahe / Meid 1969: 16 – 44.

416 Siehe zum Stammauslaut von Vorder- und Hintergliedern Krahe / Meid 1969: 19 – 22.

„vier Tage alt“ gegenüber *dags* „Tag“ mit ai. *śatá-śārada-* „hundert Herbste gewährend; Alter von 100 Jahren“ gegenüber *śarád-* „Herbst“, eine etymologische Gleichung mit außergermanischen Parallelen lässt sich hierzu jedoch nicht anführen.

Den größten Anteil unter den nominalen Komposita stellen die Determinativkomposita, in denen die Bedeutung des Hintergliedes durch das Vorderglied näher bestimmt wird. Dabei kann ein substantivisches Vorderglied die Funktion verschiedener Kasus übernehmen, sei es jene des Genitivs oder (vor Verbalnomina als Hinterglied) auch jene anderer obliquer Kasus. Eindeutig anstelle eines partitiven Genitives findet sich das Substantiv für „Pferd“ im Kompositum as. *eorid*, ags. *ēored*, an. *jóreið* „Reitertrupp“, die zuminest auf spg. **eχwa-raiđō*, wenn nicht sogar prg. **ékwo-roid^{h}ā* zurückgehen, vgl. dazu den Fürstennamen gall. *Eporedorix* (bei Caesar). Demgegenüber bezeichnet das Vorderglied den Ort der Herkunft (also im genitivisch-ablativischen Sinn) in der archaischen Partizipialbildung got. *himina-kunds*, ags. *heofoncund* „von himmlischer Abkunft“ und urn. *ragina-kudo* „von den (ratenden) Göttern stammend“ (Femininum), vgl. dazu den Personennamen gall. *Devognata* und sogar ai. *devá-jāta-* „von Göttern geboren“, *mánujāta-* „von Manu geboren“; diese Komposita *ragina-kudo*, *Devognata* und *devá-jāta-* lassen auf ein idg. **deiwó-ĝn̥h$_1$to-* „von Göttern entsprossen“ schließen, s. dazu Seite 119. Demgegenüber lässt sich das Kompositum mit Vorderglied in instrumentaler Funktion, got. *handu-waúrhts* und ags. *handworht* „mit der Hand gemacht“ nicht über das Germanische hinaus verfolgen, und deswegen nur auf spg. **χandu-wurχtaz* zurückführen, vgl. dazu allenfalls semantisch gr. *χειρουργός* „mit der Hand arbeitend“. Auch das Kompositum mit Vorderglied in Funktion eines Akkusativobjekts, got. *faíhu-gaírns*, ags. *fēohgeorn*, an. *fégjarn* „geldgierig, habgierig“ kann spg. **feχu-gernaz* fortsetzen. Dass diese Komposita bereits im Indogermanischen gebräuchlich waren, wird durch etymologische Parallelen außerhalb des Germanischen, wenngleich mit anderem Inhalt bestätigt, vgl. ai. *ajagará-* „Ziegen verschlingend“ (Atharvaveda) mit lat. *carni-vorus* „fleischfressend“ (Plinius).

In einer weiteren Gruppe von Determinativkomposita wird das Hinterglied durch ein Adjektiv näher definiert, hierzu gehört auch der mythologische Begriff got. *midjungards* „bewohnte Welt“ = ahd. *mittilgart* = ags. *middangeard* „Erde, Welt“ = an. *miðgarðr* „Erde“ (als Wohnstätte der Menschen, im Gegensatz zu *útgarðr* „äußere Wohnstätte der Riesen u.a.“), diese Parallelen können durchaus ein urgermanisches Kompositum **miđj(um)agarđaz* „mittlere Wohnstätte“ (der Menschen) fortsetzen. Auch der südgermanische Stammesname *Alamanni*, eig. „alle Mann zusammen“ reicht wie got. *alamannans* „Gesamtheit der Menschen“ und an. *almenni* „Volk“ in urgermanische Zeit zurück, wahrscheinlich bedeutete spg. **ala-maniz* „gesamter Volksstamm“.

Wieder andere substantivische Determinativkomposita enthalten Vorderglieder, die lediglich wie eine Apposition das Hinterglied näher bestimmen, so z.B. got. _þiu-magus_ „(Knabe als) Knecht“ ags. _were-wolf_ „Werwolf“ (der in Wolfs- wie Menschengestalt erscheint). Die indogermanische Herkunft solcher Komposita wird durch inhaltlich vergleichbare Bildungen außerhalb des Germanischen bestätigt, etwa ai. _rāja-r̥ṣi-_ „königlicher Dichter“ (ep.) oder gr. _ἀνδρό-γυνος_ „Mannweib, Zwitter“ (klass.); doch fehlen auch hier Beispiele mit etymologischen Entsprechungen zum Germanischen.

Für eine kleinere Gruppe von Komposita, die als sog. _dvandva_ „Paar“ zwei jeweils zusammengehörige Begriffe in sich vereinen, ist zumindest im Falle der Entsprechung ahd. _sunufatarungo_ „Vater und Sohn“ (Hildebrandslied, V. 4) und as. _gesunfader_ „ds.“ (Heliand 1176) mit ai. _pitā-putrá-_ „ds., Vater und Söhne“ (Atharvaveda usw.) indogermanische Herkunft wahrscheinlich; freilich können Komposita mit derart elementaren Grundbegriffen auch immer wieder neu gebildet werden[417]. Auch zu Farbadjektiven gibt es nicht nur im Germanischen solche Dvanda-Komposita, vgl. etwa ahd. _rōt-brūn_ und an. _blá-hvíttr_ „blauweiß“ mit gr. _λευκό-μελας_ „schwarzweiß“ (nur gramm.), doch lassen sich hier etymologische Gleichungen nicht einmal bis in das Urgermanische zurückverfolgen. Formal waren auch die zusammengesetzten Zahlwörter von „dreizehn“ bis „neunzehn“ Dvandas, siehe dazu Seite 145.

Darüber hinaus konnten in altgermanischen wie in anderen indogermanischen Sprachen Komposita mit Adverbien, Lokalpartikeln und Präpositionen, aber auch Verben als Vorderglied gebildet werden, diese spielten jedoch nicht die zentrale Rolle wie die reinen Nominalkomposita. Etymologische Gleichungen gibt es daher nur vereinzelt, am ehesten unter den Komposita mit der Negationspartikel germ. _un-_, vgl. etwa die Partizipialbildung mit schwundstufiger Wurzel got. _un-kunþs_, ahd. _un-kund_, an. _ú-kunnr_ „unbekannt“ aus spg. *_un-kunþaz_, prg. *_un-gúntos_ aus voreinzelsprachlichem *_ń̥-ĝn̥h_$_3$_to-_ gegenüber ai. _á-jñāta-_, gr. _ἄ–γνωτος_ und lat. _i-gnōtus_ „ds.“ aus idg. *_ń̥-ĝnōto-_, _ń̥-ĝneh_$_3$_to-_ mit Hochstufe. Zumindest westindogermanischer Herkunft ist das Adjektiv got. _gamains_, ahd. _gimeini_, ags. _gemǣne_ „gemeinsam“ = lat. _commūnis_ (alat. _comoinem_; aus westidg. *_kommóinis_, s. dazu Seite 123). In zwei Gleichungen von Komposita stimmen die Hinterglieder miteinander etymologisch überein, in got. _ga-waúrdi_ „Gespräch“ und lat. _pro-verbium_ „Sprichwort“ (zu _waúrd_ bzw. _verbum_ „Wort“) sowie got. _at-aþni_ „Jahr“ und lat. _bi-ennium_ „Zeitraum von zwei Jahren“ (zu lat. _annus_ bzw. got. _aþns_ „Jahr“, siehe dazu Seite 89).

Die so genannten exozentrischen oder Bahuvrīhi-Komposita bezeichnen nicht den Gegenstand selbst, sondern denjenigen, der diesen Gegenstand hat oder besitzt.

417 Siehe diesen Vergleich bei Krahe / Meid 1969: 23f.

Äußerlich unterscheiden sie sich nicht von anderen Komposita, allerdings können hier auch Zahlwörter mit ihrem bloßen Stamm als Vorderglied eintreten. Vom letzteren Typ gibt es mehrere Wortgleichungen mit außergermanischen Parallelen, vgl. etwa ags. *twi-fēte*, an. *tví-fœtr* „zweifüßig“ aus spg. **twi-fōtja-*, prg. **dwi-pōdjo-* mit ai. *dvi-pád-*, gr. *δί-πους* und lat. *bi-pēs* „ds.“ aus idg. **dwi-pod-, -ped-*, dieser Begriff spielte als Metonym für „Mensch“ schon in der indogermanischen Grundsprache eine Rolle[418]. Weniger gesichert ist die Gleichung an. *tvi-kvángaðr* „zweimal verheiratet“ mit ai. *dvi-jắni-* „zwei Frauen habend“, zwar kann spg. **twi-kwēni-* existiert haben, doch ist auch hier wieder eine unabhängige Parallelbildung möglich[419]. Beispiel für ein Bahuvrīhi-Kompositum mit Pronomen als Vorderglied ist die Gleichung an. *sam-feðri* „denselben Vater habend“ = ap. *hama-pitā* und gr. *ὁμο-πάτωρ* „vom selben Vater stammend“ (letzteres bei Platon); hier kann man mit spg. **sam-fađr-* aus idg. **somo-p$ə_2$tōr* rechnen. Darüber hinaus gibt es unter diesen Komposita häufig solche mit Körperteilbezeichnungen als Hinterglied, z.B. got. *hardu-haírts* „stolz“, *arma-haírts* „barmherzig“, vgl. dazu u.a. ai. *híraṇya-bāhu-* im Hinterglied mit gr. *χρυσό-παχυς* „goldarmig“ (poet., von der Morgenröte).

Rekonstruiertes spätgermanisches Dorf in Fritzlar-Geismar, Basis der Rekonstruktion sind Ausgrabungen an dieser Stelle.

418 Siehe dazu Schmitt 1967:
419 Siehe diesen Vergleich bei Krahe / Meid 1969: 32.

5.4. Germanische Stilmittel

5.4.1. Metaphern

Unter den indogermanischen Sprachen zeichnet sich das Germanische durch die reiche Verwendung von Metaphern aus, die im Altnordischen *kenning* „Kennzeichnung" benannt wurde und dort das dominierende Stilmittel ist. Der Ursprung der Metapher liegt gewiss in der Verwendung bildhaft-übertragener Ausdrucksweisen, in denen etwa das Verbum ursprünglich ein Konkretum als Objekt hatte und sekundär auch mit einem Abstraktum verbunden werden konnte[420].

Am häufigsten sind Metaphern erwartungsgemäß in germanischen Texten vorchristlichen Inhalts, also in Runeninschriften und in der Götter- und Heldendichtung – aber nicht etwa im Bibelgotischen. Tatsächlich tauchen bereits in zwei urnordischen Runeninschriften Metaphern auf, eine Inschrift besteht nur aus einem Kompositum: *(ek?) widuhudaR* „Ich der Waldhund (= Wolf, alliterierend mit *wulf(a)R*!)" (Krause Nr. 37, Fibel II von Himlingøye in Dänemark, um 200 n. Chr.). Die andere Inschrift enthält einen ganzen Satz: *wurte runoR an walhakurne... heldaR kunimu(n)diu* „Es wirkte die Runen auf dem Welschkorn (auf dem Gold) Held dem Kunimund" (Krause Nr. 101, Brakteat von Tjurkö in Schweden)[421]. Dunkel bleibt der Inhalt der späturnordischen Inschrift auf der Steinplatte von Eggja (Krause Nr. 16), in der der zweite Satz lautet: *hin wArb nAseu maR mAde þAim kAibA i bormoþA huni* „Diesen (Stein) bewarf der Mann mit Leichensee, rieb ab damit die Dollen in dem bohrmüden Mastkorb"; *nAseu* wird im allgemeinen als Metapher für „Blut" interpretiert[422].

Diese Tradition des reiches Metapherngebrauches setzt sich erst recht in der altnordischen Dichtung fort, in der strenge Regeln herrschen, nach denen u.a. innerhalb einer Strophe sämtliche *kenningar* inhaltlich miteinander in Einklang stehen müssen[423]. Allein in der Lieder-Edda finden sich reichlich Metaphern, *seglmarr* „Segelross" und *vágmarr* „Wogenross" für Schiffe (Sigrdrífamál 10 bzw. Reginsmál 16), *dólgviðr* „Kampfbaum" für Krieger (Sigrdrífamál 29), *valdǫgg* „Walstatt-Tau" für Blut (Helgaqviða II 44, vgl. urn. *nAseu*), *hugborg* „Mutburg" für die Brust (Gudrúnarqviða I 14). Die Alvíssmál enthält Kenningar in sehr großer Zahl: *vallar fax* „Feldmähne" für „Wald", *fagraræfr* „Schöndach" für „Himmel", *fagrahvél* „Schönrad" für „Sonne", *svefngaman* „Schlaffreude" für „Nacht", *álheimr*

420 Siehe Allgemeines hierzu jetzt bei Haser 2005: 173 – 195, der als Beispiel *attack an argument, demolish an argument* (also ein Verb aus dem kriegerischen Bedeutungsbereich) behandelt.

421 Siehe diese urnordischen Runeninschriften mit den Metaphern bei Krause 1971, 149 und 168 sowie Antonsen 1975, 31 und 79.

422 Siehe Krause 1971, 143f.; die Interpretation von nAseu als Metapher für „Blut" s. auch bei anderen Ausgaben von Runeninschriften.

423 Siehe Krause 1930, 6.

„Walheim“ für „Meer“ (Wohnstätte von Tieren). Unter den Begriffen der Vanen fällt die *v*-Alliteration ins Auge, vielfach muten diese inhaltlich recht weit hergeholt an (wie *vindflot* „Windfluss“ für „Wolke“ und *vindslot* „Windschluss“ für „Flaute“)[424].

Auch im angelsächsischen Heldenepos Beowulf tauchen viele Metaphern auf[425]. Wie in der frühen urnordischen Runeninschrift von Himlingøye der Wolf *widuhudaR* genannt wird, so ist der Name *Bēowulf* – der Titel des Epos – selbst eine Metapher. Er bedeutet wahrscheinlich „Bienenwolf“, mit dem der Bär gemeint ist; wobei diese Metapher mit der Bezeichnung des Bären, ags. *bera,* alliteriert. Auch im Text des Epos treffen wir auf Metaphern, darunter *rodore candel* „Himmelsleuchter“ und *woruldcandel* „Weltleuchte“ sowie *heofenes gim* „Himmelsjuwel“ für die Sonne (V. 1572 und 1965 bzw. 2072) oder *hronrād* „Walstraße“ und *swanrād* „Schwanenweg“ sowie *windgeard* „Windhof“ für das Meer (V. 10 und 200 bzw. 1224); beides erinnert an die Metaphern in Alvíssmál. Auch außerhalb des Beowulf sind im Altenglischen Metaphern überliefert, darunter etwa *brimhengest* „Meeresross“ (vgl. semantisch an. *vágmarr*).

Man kann demnach mit Fug und Recht annehmen, dass Metaphern bereits in der mündlichen Dichtung des Urgermanischen viel Tradition hatten. Die meisten von ihnen lassen sich vier Bedeutungssphären zuordnen, nämlich der natürlichen Umwelt (Sonne, Wind, Meer), der Seefahrt, dem Kampf- und Kriegswesen sowie der Tierwelt. Allerdings lässt sich keine der angeführten Metaphern bis in die indogermanische Grundsprache verfolgen, zumal außerhalb des Germanischen Metaphern keine große Rolle spielten.

5.4.2. Stabreim

Zu den besonders typischen Eigenheiten der germanischen Lyrik gehört der Stabreim, bei dem die am stärksten betonten Worte eines Verses durch gleiche konsonantische Anlaute oder durch (nicht unbedingt gleiche) vokalische Anlaute hervorgehoben werden. Die gesamte altgermanische Versdichtung verwendet den Stabreim, genauer, die stabreimende Langzeile; positiv belegt ist sie im Altenglischen, Altsächsichen, Altnordischen und Althochdeutschen[426]. Belege fehlen nur im Gotischen, was aber keine weiteren Rückschlüsse zulässt, weil keine ostgermanische Lyrik überliefert ist. Ältestes nachweisbares Versmaß ist der aus zwei Halb-

424 Siehe zum Kompositum lagastafr sowohl für „Meer“ wie für „Gerste“ (vielleicht im Sinn von „Grundlage der Flüssigkeit“ als Wasser bzw. Getränk) von See 2000, 353 und 356; anders jedoch 367, wo er lágastafr in Betracht zieht.
425 Siehe zu Metaphern in diesem Epos die Dissertation von Springer 1983 (mit teilweise eher zu vielen Beispielen).
426 Siehe zum germanischen Stabreim u.a. Klaus von See, *Germanische Verskunst* (1967) sowie die Artikel von Marold zum *Stabreim* und von Naumann zur Runendichtung im „Reallexikon der Germanischen Altertumskunde“ Bd. 29 (2005) bzw. 25 (2003).

zeilen bestehende Langvers (Langzeile), mit typischerweise drei Alliterationen, davon zwei im Anvers und eine im Abvers. Der Begriff Stabreim selbst ist vergleichsweise alt, er geht bereits auf Snorri Sturluson (1178–1241), den Autor der Snorra-Edda (jüngeren Edda), zurück. Bereits ab dem Mittelalter wurde dieser Reim in den germanischen Einzelsprachen nach und nach durch den Endreim verdrängt, erhalten hat er sich nicht nur im Deutschen relikthaft in einfachen Alliterationen wie „Leib und Leben“, „Kind und Kegel“, „Mann und Maus“ oder „Haus und Hof“, sondern auch in anderen germanischen Sprachen.

Nach dem in dieser Arbeit Gesagten ist es folglich plausibel, die Anfänge der Dichtung in stabreimenden Langversen in spätgermanischer Zeit anzunehmen. Ein höheres, sprich: protogermanisches Alter ist unwahrscheinlich, da dieses Versmaß die Initialbetonung voraussetzt. Diese Aussage ist insofern nicht trivial, als sich andere Elemente der Dichtung in den indogermanischen Einzelsprachen durchaus bis in die Grundsprache zurückverfolgen lassen[427].

Zu den eindrucksvollsten Artefakten aus (spät)germanischer Zeit gehören die beiden Goldhörner von Gallehus (Südjütland). Sie wogen einst jeweils über 3 Kilo und werden auf die Zeit um 400 n. Christus datiert. Die Originale gingen verloren, das Bild zeigt eine Rekonstruktion anhand alter Aufzeichnungen.Das kleinere Horn trug eine urnordische Runeninschrift, siehe dazu Seite 186. Nach einer nicht ganz unplausible Theorie wurden die kostbaren Hörner nach der totalen Sonnenfinsternis vom 16. April 413 angefertigt, um die vermeintlich zürnenden Götter gnädig zu stimmen.

427 Dies gilt etwa für Metrik: So wurde das altindische Versmaß des Trishtubh mit dem sapphischen Elfsilbler verglichen, s. dazu Schmitt 1967: 307 – 313.

6. Schluss: Auswertung, Ausblick

6.1. Die wichtigsten Ergebnisse

Das Bild, das diese Abhandlung vom Protogermanischen vermittelt, ist unkonventionell gegenüber den bisher erschienenen germanischen Grammatiken und Handbüchern. Dennoch bewegt diese Arbeit sich insofern in traditionellen Bahnen, als sie das indogermanische Phoneminventar gemäß der communis opinio und nicht etwa der Glottaltheorie zugrundelegt, wie sie insbesondere von Thomas Gamkrelidze verfochten wird[428]. Die eigentliche Neuigkeit besteht vielmehr in zwei Punkten:

Zum einen wird hier die Ansicht vertreten, dass die erste Lautverschiebung im 5. oder 4. Jahrhundert v. Chr. zwar allmählich – und vermutlich zunächst regional begrenzt – eingesetzt haben kann, dass sie aber zumindest bei den Tenues erst im ersten Jahrhundert vor Christus ihren Abschluss gefunden hat. Die Sprache der frühen Germanen hatte damit jedenfalls im 5. Jahrhundert, wahrscheinlich auch noch im 2. Jahrhundert v. Chr. ein weit archaischeres Gepräge, als traditionell angenommen wurde. Eine ganz ähnliche „Spätdatierungshypothese" verficht der Wiener Slawist Georg Holzer bezüglich des Protoslawischen im Zeitraum von den großen, expansiven Wanderungsbewegungen der Slawen im 5. und 6. Jahrhundert bis zur Übersetzung biblischer Texte ins Altkirchenslawische Ende des 9. Jahrhunderts. Er zeichnet damit ein phonologisches Bild des Protoslawischen, das sich vom bisherigen sogenannten „Urslawisch" nicht weniger stark unterscheidet als jenes des hier beschriebenen Protogermanischen vom späten Urgermanisch[429]. Sogar die Ursachen des plötzlich rapiden Sprachwandels – Umwälzungen durch Wanderungsbewegungen und, damit verbunden, durch Kontakte mit anderen Sprachfamilien – ähneln sich in beiden Fällen.

Zum andern aber wird der Sprachzustand des Germanischen, wie er vor den frühsten überlieferten Wanderungsbewegungen der Germanen und vor der Lautverschiebung bestanden hat, erstmalig zusammenfassend beschrieben. Somit beträgt der hier durch Rekonstruktion zu überbrückende, undokumentierte Zeitraum vom Protogermanischen bis zum Gotischen nicht mehr 400, sondern mindestens 600 Jahre. Was in solchen Zeiträumen mit einer Sprache geschehen kann, zeigt der Vergleich des Altenglischen des 11. mit dem frühen Neuenglischen des 17. Jahrhunderts. Plausible und vielfach sogar sichere Schlüsse sind über einen solchen

428 Völlig zu Recht ablehnend zur Glottaltheorie Meid 1987: 9f., der sowohl got. *reiks* „Herrscher" als Lehnwort aus dem Keltischen (vgl. dazu hier Seite 52 und 64) als auch arm. *partêz* „Garten" als iranisches Lehnwort (wie gr. *παράδεισος* „Park"!) anführt, die eindeutig jeweils einen Lautwandel von der Media zur Tenuis voraussetzen.

429 Über das ältere Protoslawische hat der Sprachforscher Georg Holzer in den letzten Jahren (bes. 1995 und 2001) mehrere Arbeiten veröffentlicht, zur Herausbildung des Protoslawischen und Protogermanischen s. jetzt die Arbeit von Euler 2005/06: 40 – 53 bzw. 20 – 40.

Zeitraum nur deshalb möglich, weil wir nicht nur das Endergebnis des Sprachwandels kennen – die ab dem 4. Jahrhundert in längeren Texten überlieferten germanischen Einzelsprachen – sondern auch über den Ausgangspunkt, die indogermanische Protosprache, recht gut Bescheid wissen.

6.2. Weitere Überlegungen zur Ausgliederung des Germanischen aus dem westlichen Indogermanisch

In dieser Arbeit wird an vielen Stellen deutlich, dass protogermanische Lexeme phonologisch noch beinahe oder sogar völlig mit ihren indogermanischen Etyma übereinstimmen. Nicht primär in phonologischer Hinsicht, sondern vor allem im Formensystem grenzt sich also das Protogermanische klarer von den indogermanischen Nachbarsprachen ab[430]. In den frühesten Entlehnungen werden Substantive aus dem Keltischen sogar noch in die jeweils etymologisch identische Nominalklasse übernommen, sei es der Herrschertitel gall. *rix* als Wurzelnomen oder dessen Ableitung **rīgion* „Königsherrschaft" als Neutrum der Stammklasse auf *-jo-*. So gesehen war das hier beschriebene Protogermanisch schlicht noch ein indogermanisch-alteuropäisches Idiom. In seinem lautlichen Gestalt weist es gegenüber dem späten Urgermanisch jedenfalls einen ähnlich archaischen Zustand auf wie beispielsweise das Keltiberische gegenüber dem Gallischen, das archaische Latein der Inschriften um 500 v. Chr. gegenüber dem klassischen Latein oder das Mykenische gegenüber dem Jonisch-Attischen. Wie auch immer man diesen Sprachzustand des Protogermanischen beschreiben und einordnen mag – die Kontinuität der Sprachentwicklung seit der indogermanisch-alteuropäischen Epoche wird eindrucksvoll sichtbar.

Aber wie plausibel ist die Vorstellung, dass sich das Protogermanische über tausend Jahre lang, also bis in die letzten Jahrhunderte v. Chr., überwiegend nur im Formensystem, viel weniger aber in seinem phonologischen Gepräge gewandelt hat, um sich erst danach auch in diesem Bereich von der übrigen Indogermania abzugrenzen? Zur Beantwortung dieser Frage kann ein Blick auf das Baltische und Slawische weiterhelfen: So nahm das Protoslawische erst mit dem Beginn der großen Wanderungsbewegungen seiner Sprecher im 5. Jahrhundert n. Chr. auf phonologischer Ebene vor allem mit den Palatalisationen eine rapide Entwicklung (s. Literatur in Anm. 429) nicht zuletzt gegenüber dem Baltischen. Im baltischen Sprachgebiet, das das heutige Lettland, Litauen, Ostpreußen sowie kleinere angrenzende Gebiete östlich davon umfasste, gab es damals und noch lange danach

430 Siehe K.H. Schmidt 1986: 244, der vermerkt, dass das „Vorkeltische" und „Vorgermanische" grammatisch, aber (noch) nicht phonologisch voneinander unterschieden seien. Ganz analog hat sich auch das Protoslawische des 5. Jahrhunderts n. Chr. (also vor den Palatalisationen und vor der Ausbreitung der Slawen) vom Baltischen fast nur auf morphologischer und lexikalischer, nicht aber phonologischer Ebene klar unterschieden (s. dazu Euler 2005/06: 45).

weder Wanderungen noch intensive Außenkontakte, weswegen die baltischen Sprachen ihr archaisches Gepräge noch viel länger weitgehend beibehielten. Am meisten gilt das für das Altpreußische, das sich seit dem Zerfall der urbaltischen Spracheinheit um die Mitte des 1. Jahrtausends v. Chr. bis zum Beginn seiner Überlieferung im 15. Jahrhundert, also rund 2000 Jahre lang, offenbar kaum verändert hat[431].

Im Falle des Germanischen kann man analog davon ausgehen, dass sich dieses während der vorrömischen Eisenzeit, als die Kelten in die Nachbarschaft der Germanen rückten, ungleich stärker gewandelt hat als in der rund 1500 Jahre währenden vorausgegangenen, offenbar friedlicher verlaufenen Bronzezeit. Es fällt zudem auf, dass sich das Protogermanische und Protobaltische am stärksten auf dem Gebiet der Verbalmorphologie von der übrigen Indogermania abgesondert haben; beides sind Sprachen, deren Sprecher während der gesamten Bronzezeit offensichtlich kaum in die Wirren von Wanderungen benachbarter Stämme hineingezogen worden waren. Da das Germanische keine besonderen Ähnlichkeiten mit einem seiner Nächstverwandten aufweist (wie das Baltische mit dem Slawischen oder das Italische mit dem Keltischen), entfällt hier auch die Problematik einer weiteren Zwischenstufe bei der Ausgliederung aus der indogermanischen Grundsprache.

Generell schimmert im Protogermanischen vor der ersten Lautverschiebung ebenso wie im Protobaltischen, im archaischen Latein und wohl auch im Keltischen um 500 v. Chr. (soweit wir letzteres heute beschreiben können[432]) das sprachliche Erbe Alteuropas ungleich stärker durch als tausend Jahre danach im Spätlatein, Gotischen, Frühirischen oder in der ostbaltischen Zwischenstufe.

6.3. Textproben

6.3.1. Vorüberlegungen

Die vorliegende Arbeit hat gezeigt, wie vergleichsweise wenige Hindernisse die Lautverschiebung für die Erschließung des Protogermanischen aufwirft, obwohl sie dessen phonologisches System stark verändert hat. Wie mag das Protogermanische in der La-Tène-Zeit zwischen dem keltischen Niedergang des 5. und der römischen Expansion des 1. Jahrhunderts vor Christus nun geklungen haben, etwa zur Zeit Alexanders des Großen? Diese Frage lässt sich nach den vorausgegangenen Untersuchungen in Ansätzen beantworten.

431 Zur Datierung der Aufgliederung des Protobaltischen s. Mažiulis 1981: 5 11 und Eckert 1994: 19, die das Ende der urbaltischen Periode um das 5. Jahrhundert v. Chr. datieren.

432 Im Fall des Keltischen wird die Rekonstruktion einer Protosprache neben der Frage einer „italisch-keltischen“ Zwischenstufe freilich vor allem dadurch erschwert, dass die am frühesten überlieferten Sprachen Keltiberisch und Gallisch fast nur durch zumeist kurze Inschriften bekannt sind, während das ab dem 7. Jahrhundert n. Chr. überlieferte Altirische bereits viele Veränderungen aufweist.

Die hypothetische Rekonstruktion nicht nur einzelner Formen, sondern zusammenhängender Texte erschlossener Sprachen wird in der Philologie eher mit Skepsis betrachtet. Grund dafür ist, dass sich dabei die Unsicherheiten über die einzelnen Aspekte des Gesamtsystems Sprache häufen. Und doch ist es reizvoll, diesen Versuch zu wagen, der manche Gemeinsamkeit mit der experimentellen Archäologie hat: Ähnlich wie der Archäologe versucht, nur fragmentarisch überlieferte Geräte nachzubauen oder Gebäude nach dem Muster ausgegrabener Grundmauern oder Pfostenlöcher zu errichten, so haben auch Linguisten immer wieder versucht, Texte zu rekonstruieren. Wahr ist, dass Archäologen aus solchen Experimenten mehr lernen können als Philologen. Während nämlich die Archäologie aus dem Nachbau und der anschließenden Erprobung beispielsweise steinerner Äxte oder urtümlicher Schiffstypen viel über deren tatsächliche Herstellung und Handhabung lernen kann, gewinnen Linguisten kaum mehr als eine zusammenfassende und prägnante Darstellung des Forschungsstandes. Da daran aber auch nichts auszusetzen ist, werden nachfolgend ein paar Rekonstruktionen versucht, um dem Leser einen anschaulichen Eindruck des Protogermanischen zu vermitteln. Unter den nachfolgenden Texten ist das Vaterunser insofern anachronistisch, als es jünger ist als die Sprache, in die es hier übersetzt wird. Dennoch bieten sich biblische Texte an, weil sie früh in germanische Einzelsprachen übersetzt wurden, was die Rekonstruktion wesentlich erleichtert.

6.3.2. Die Fabel „Das Schaf und die Pferde“

Bereits August Schleicher versuchte im Jahre 1868, eine Fabel in der indogermanischen Grundsprache abzufassen, diese wurde später von Hermann Hirt dem Wissensstand seiner Zeit (um 1930) angepasst[433]. In neuerer Zeit wurde diese Fabel von Lehmann und Zgusta (1979; mit Austausch von Synonymen) erneut umgeschrieben und damit dem Forschungsstand angepasst. Diese Fassung soll hier zuerst angeführt werden.

Owis ek̂wōses-kʷe
gʷərēi owis, kʷesyo wl̥hnā ne ēst, ek̂wons espe et,
oinom gʷr̥um woĝʰom weĝʰontm̥, oinomkʷe meĝam bʰorom,
oinomkʷe gʰm̥enm̥ ōk̂u bʰerontm̥. Owis nu ek̂wobʰ (y)os (ek̂womos) ewewkʷet:
„k̂ēr agʰnutoi moi ek̂wons aĝontm̥ nerm̥ widn̥tei.“
ek̂wōs tu ewewkʷont: „k̂ludʰi, owei, k̂ēr agʰnutoi n̥smei widn̥tbʰ(y)os (widn̥tmos): nēr,
potis owyōm r̥ wl̥hnām sebʰi gʷʰermom westron kʷr̥neuti.
Neĝʰi ovyōm wl̥hnā esti.“ Tod k̂ek̂luwōs owis aĝrom ebʰuget.

433 Schleichers Rekonstruktion war stark am Befund des Altindischen und Altiranischen orientiert. Aufgrund des insgesamt sehr archaischen Charakters des Sanskrit wurden in den ersten Jahrzehnten der Indogermanistisk etliche Innovationen des Indoiranischen nicht als solche erkannt. Der volle Wert der anderen indogermanischen Einzelsprachen – nicht zuletzt der germanischen – zur Rekonstruktion des Proto-Indogermanischen wurde erst nach und nach erkannt und ausgeschöpft, hinzu kam die Entdeckung u. a. des Hethitischen und Tocharischen.

Zu Deutsch:

Das Schaf und die Pferde
Ein Schaf, das keine Wolle hatte, sah Pferde,
das eine, das einen schweren Wagen zog, das andere, das eine große Last trug, und das dritte, das einen Menschen trug. Das Schaf sprach zu den Pferden:
„Das Herz engt sich mir ein, wenn ich sehe, wie der Mensch die Pferde treibt.“ Die Pferde sprachen: „Hör‘ zu, Schaf! Das Herz engt sich uns ein beim Anblick: Der Mensch, der Herr, bereitet aus der Wolle der Schafe für sich ein warmes Kleidungsstück. / Und die Schafe haben keine Wolle.“ Als das Schaf das hörte, floh es vom Acker.

Um diese Fabel ins Protogermanische zu übertragen, müssen die Lautgesetze angewendet und zudem einige wenige Lexeme ausgetauscht werden:

Owis ékwōs-k^{w}e
Owis, k^{w}ósmō wulnā́ ne wóse, ekwóns konsók^{w}e, oínon gurún wóg^{h}onon
wég^{h}ontun, ánteron mégelon b^{h}óron, tritjón g^{h}umónun b^{h}érontun. Owis ékwomis
g^{w}óte: „Kérdun konáng^{h}jetoi mes sék^{w}onti ék^{w}ons g^{h}umónun ágontun.“
Ekwōses g^{w}ētúnd: „Konkóusije, ówei, kérdun konáng^{h}jetoi unses sék^{w}ontumis:
g^{h}umṓ, pótis ówjōn wulnā́n ses g^{wh}ormón wéstron g^{wh}órwjeti;
óvimis wulnā́ né esti.“ Tód konkóusijonts ówis agrón tlóuke.

Im Späturgermanischen müsste die Fabel etwa lauten:

Awiz eχwōz-uχe
Awis, þazmai wullō ne wase, eχwanz gasáχ^{w}ãe,
ainan kurun waganan wegandun,
anþeran mekelōn burþīnun, þriđjanōn gumanun berandun. Awiz eχwamiz
kwaþe: „Xertōn gaángwjeđai mez seχ^{w}andi eχwanz gumanun akandun.“
Eχwōz kwēđund: „Gaχáusī, awi, χertōn gaángwjeđai unsez seχ^{w}andumiz:
gumō, faþiz awjōn wullōn sez warman westran garwiđi;
avimiz wullō ne esti.“ Þat gaχáusijandz awiz akran þlauχe.

Im Jahr 2007 hat Carlos Quiles Casas eine urgermanische Version dieser Fabel veröffentlicht, deren Sprachform er auf 500 v. Chr. datiert[434]:

Awiz eχ^{w}az-uχ
Awiz, χ^{w}esja wulno ne ist, speχet eχ^{w}anz, ainan kurun waǥan weǥantun,
ainan-uχ mekon ƀoran, ainan-uχ ǥumonun aχu ƀerontun. Awiz nu eχ^{w}amaz weuχet:
„χert aǥnutai meke witantei, eχ^{w}ans akantun weran.“

434 Englische Wikipedia/A Grammar of Modern Indo-European, 2007

Eχʷaz weuxant: „χluđi, awi! kert aknutai uns wituntmaz:
Mannaz, foþiz, wulnon awjan χʷurneuti seƀi warman wistran.
Awjan-uχ wulno ne isti.“ Þat χeχluwaz awiz akran ƀukeþ.

Da der Inhalt solcher Fabeln zeitlos ist – es gibt sie im altindischen Pañcatantra und in der griechischen Literatur bei Äsop ebenso wie im Deutschen unter den Märchen der Gebrüder Grimm bot es sich für Schleicher an, eine Fabel in indogermanischer Sprache niederzuschreiben. Allerdings stellt sich bei mehreren Lexemen die Frage, ob diese jeweils in der gesamten Indogermania verbreitet waren. Für das Germanische bleibt zudem mehrfach unsicher, ob bestimmte lexikalische Neuerungen schon in proto- oder erst in späturgermanischer Zeit geschehen sind. Ersteres ist vor allem dann wahrscheinlich, wenn das betreffende Lexem eine formal und semantisch genaue etymologische Parallele oder zumindest überzeugende Anschlüsse in einer außergermanischen Sprache hat, z.B. *kon-kousije / ga-χausī* in gr. ἀκούειν „hören“ bzw. *sekʷont-* „sehend“ in heth. *šakui-, šakuwa-* „Auge“ – im Gegensatz etwa zu *gʷʰorwjeti / garwiđi* „bereitet zu“, das deswegen hypothetisch bleibt.

In dieser Hinsicht wirft die Fassung von Casas aber noch weit größere Probleme auf: In der vorliegenden phonologischen Form war sie späturgermanisch und gehört also ins späte 1. Jahrtausend vor Christus. Dennoch enthält diese Version archaische aoristische Verbalformen, die aber nur für das Spät*ost*indogermanische und nicht für das Proto-Indogermanische gesichert sind: So wurden der Imperativ **χluđi* von Casas erkennbar nach ai. *śrudhí* und gr. κλῦθι „höre zu“ und die Präterita *weuxet, -ant* nach ai. *á-vocat, -ant* bzw. gr. εἶπε, εἶπον „sagte, sagten“ gebildet. Zu diesen Formen fehlen indes jegliche Parallelen in anderen indogermanischen Sprachen, so dass für sie zu Recht nur spätostindogermanische Herkunft angenommen wird. Etwas spekulativ könnte man für sie zwar dennoch indogermanisches Alter annehmen, auch dann würde aber immer noch jeglicher Anhaltspunkt dafür fehlen, dass sie bis in alteuropäische oder gar germanische Zeiten hinein überdauert hätten. Die von Casas vorgelegte Fassung ist darum zumindest in diesem Punkt unplausibel.

6.3.3. Das Märchen „Der König und sein Sohn“

Das zeitlose Thema des Kinderwunsches erscheint in deutschen Märchen wie Schneewittchen, Froschkönig, Dornröschen ebenso wie in der indischen Mythologie[435]. Mehrere Sprachforscher haben dieses Motiv in indogermanischer Sprache

435 Vgl. Aitareya-Brahmana 7,14 = 33,2, wo sich ein indischer König Kinder wünscht.

bearbeitet, darunter namhafte Philologen wie Erich P. Hamp und Manfred Mayrhofer. Hier deren indogermanische Fassung[436]:

To rḗk̂s é$h_1$est. So n̥putlos é$h_1$est. So rḗk̂s súhnum[437] *éwel(e)t.*
Só tós(y)o ĝ^{h}eutérm̥ (e)pr̥k̂sk̂et:„súh$_x$nus moi ĝn̥h$_1$yotām!“
So ĝ^{h}éutēr tom rḗĝm̥ éweuk^{w}et:„ihgeswo deiwóm Lug^{h}úm[438]*.“*
So rḗk̂s deiwóm Lug^{h}úm húpo-sesore nu deiwóm (é)ihgeto.
„k̂lud^{h}í moi, ph$_2$ter Lug^{h}eu!“
Deiwós Lug^{h}ús km̥ta diwós ég^{w}eh$_2$t.
„k^{w}íd welsi?“ „wélmi súhnum.“
„tód h$_1$éstu,“ wéuk^{w}et loukós ph$_2$tḗr Dyḗus.
Rēĝós pótnih$_2$ súhnum gegonh$_1$e.

Im Protogermanischen müsste das Märchen etwa wie folgt gelautet haben:

Wóse rī́gs, tósmō b^{h}órnā[439] *ne wēsúnd. Rī́gs sunún wéld^{h}ēd.*
Is wā́tim konpróke: „sunús mes konb^{h}éroitou!“
So wā́tis rīgí g^{w}óte: „g^{wh}éd^{h}je deiwón Wā́tonon!“
Rī́gs deiwón Wā́tonon sā́gid^{h}ēd, nu deiwón g^{wh}óte:
„Konkóusije mes, pater Wā́tone.“
Deiwós Wā́tonos apó kémenoi k^{w}óme:
„k^{w}ód welī́s?“ – „Welī́m sunún.“ –
„Tod sijḗd!“ g^{w}óte b^{h}érktos deiwós Wā́tonos.
Rīgés g^{w}énā sūnún konb^{h}óre.

Im Späturgermanischen lautete das Märchen dann etwa wie folgt:

Wase kuningaz, þazmō barnō ni wēzund. Kuningaz sunun weldēd.
Eþi iz ǥudjanun ǥafraχe: „Sunuz mez ǥabéraiđau!“
Sa ǥudjō kuningai kwaþe: „Ƀeđje teiwan Wōđanan!“
Kuningaz teiwan Wōđanan sōkiđēd, eþi teiwai kwaþe:
„Ǥaχáusī mez, fađer Wōđane.“
Teiwaz Wōđanaz afa χiminai kwame:
„Xwat welīz?“ – „Welīn sunun.“ –
„Þat sijēd“, kwaþe berχtaz teiwaz Wōđanaz.
Kuningas kwēniz sunun ǥabáre.

436 Siehe dazu den Artikel von Sen 1994.
437 Die Betonung erscheint u.E. unplausibel angesichts ai. *sūnú-*
438 Die Verwendung dieses keltischen Götternamens für die idg. Zeit erscheint spekulativ; in den hier gebotenen germanischen Rekonstuktionen wird stattdessen der Name „Wotan“ in seinen jeweiligen Formen verwendet.
439 Zur Unsicherheit der Rekonstruktion dieses Wortes s.o., S. 194f.

Und weitere 2000 Jahre später, in heutigem Deutsch:

Es war ein König, der hatte keine Kinder. Der König wünschte sich einen Sohn. Er fragte einen Seher: „Ein Sohn soll mir geboren werden!“
Der Seher sprach zum König: „Bitte den Gott Wodan!“
Der König suchte Wodan auf und sprach zum Gott:
„Höre mir zu, Vater Wodan!“
Gott Wodan kam vom Himmel:
„Was willst du?“ – „Ich will einen Sohn.“ –
„So sei es!“ sprach der leuchtende Gott.
Die Gemahlin des Königs gebar einen Sohn.

6.3.4. Das Gedicht von Felix Genzmer

Für das Germanische hat Felix Genzmer in einem Zeitschriftenaufsatz im Jahre 1936 „ein germanisches Gedicht aus der Hallstattzeit“ (zwischen 700 und 400 v. Chr.) herzustellen versucht:

Was Twistô tîwaz
alanaz erþâi;
Mannuz was Twistanis maguz haitanaz,
aldais uzrunsiz,
mannô metôduz.
Burjinz waiteka þrinz buranz Mannêu:
Ingwjô auk Erminaz, Istwaz þridjô;
aƀ þaimz sind þegnô þeudôz kwumanôz.

„Es war Twistô der Gott,
von der Erde hervorgebracht;
Mannus war der Sohns Twistôs geheißen,
der Ursprung des Menschengeschlechts,
die Gottheit der Menschen.
Drei Söhne weiß ich, geboren durch Mannus:
Ingwjo und Erminaz, Istwaz (ist) der Dritte;
von diesen sind die Knaben des Volkes entsprossen.“

Der Inhalt dieses Schöpfungsmythos beruht auf einer Angabe in Tacitus, Germ. 2, Stil und Charakter sind der Vǫluspá am Beginn der altnordischen Lieder-Edda nachempfunden. Aus der Perspektive dieser Arbeit ist allerdings klar, dass Genzmers Gedicht in der obenstehenden Form nicht in die Hallstattzeit zu datieren wäre, sondern in die Zeit um Christi Geburt. Wie würde das Twisto-Gedicht nun im Protogermanischen lauten, also in der (späten) Hallstattzeit, auf die Genzmers Rekonstruktionsversuch abzielte? Folgende Fassung stellt sozusagen eine „phonologische Umschreibung im Maßstab 1:1“ dar:

Wóse Dwistṓ deiwós
alonós értâi;
Mánnus wóse Dwistenés magçús koidonós,
altóis usrunsís,
mannṓn medâtús.
Bçuríns wóida egón tríns bçuronóns Mánnêu:
éng^{wh}jō áuge érmenos, ístwos tritjṓ;
ápo tóimis senti teknṓs teutā́s g^{w}umonṓs.

Dieser Text wirft im Einzelnen viele philologische Fragen auf, die hier nicht näher erörtert werden sollen. Eines wird deutlich: Durch Lautverschiebungen und Betonungswechsel liegt doch ein bedeutender Unterschied zwischen dem Germanisch der Hallstattzeit und dem der frühen römischen Kaiserzeit. Dieser Unterschied war eher größer als der zwischen Mittel- und Neuhochdeutsch, obwohl der zeitliche Abstand geringer war.

6.3.5. Das Vaterunser

Aufgrund der frühen Überlieferung in den germanischen Einzelsprachen bietet sich auch das Vaterunser für eine Rekonstruktion in späturgermanischer und protogermanischer Sprache an[440]. Prg. **age*, spg. **ake* „sondern“ in der vorletzten Zeile ist eine Konjektur auf der Basis von got. *ak* und ags. *ac* „ds.“.

Späturgermanisch:

Fađer unsere ini χiminai, weiχnaid namōn þīnan, kwemaid rīkjan þīnan,
werþaid weljō þīnaz χwē ini χiminai swē anā erþāi,
χlaiban unseran sénteinan gebe unsiz χijō dagō,
aflēte unsiz, þat skulaniz sīme, swḗ wez aflētamiz skulamiz unseraimiz,
neχ bringaiz unsiz ini fraistōn, ake lausī unsiz afa ubelai.
Þīnan esti rīkjan, maχtiz, wulþuz-uχ ini aiwans.

440 Eine urgriechische und sogar indogermanische Fassung der Einleitung des Vaterunsers (Matthäus 6,9) bietet Schwyzer 1939: 75.

Protogermanisch:

Páter únsere eni kémenoi, wéiknaid nómun téinon, g^{w}*émoid*[441] *rī́gion téinon,*
wértoid wéljō téinos k^{w}*ḗ eni kémenoi swḗ anā értāi,*
klóib^{h}*on únseron séndeinon g*^{h}*éb*^{h}*e únses kíjō d*^{h}*óg*^{h}*ō,*
éti aplḗde únses, tód skúlones sīmé, swḗ weis aplḗdome skúlummis únseroimis,
nék^{w}*e b*^{h}*rénkois uns eni próistān, age lóusije uns apo úb*^{h}*eloi.*
Téinon esti rī́gjon, móktis, wúltusk^{w}*e eni áiwons.*

Diese Rekonstruktionen basieren primär auf dem überlieferten gotischen Text dieses Gebets, aber auch die althochdeutsche und altenglische Fassung tragen zur Rekonstruktion bei. Diese drei Texte seien daher hier angeführt:

Gotisch (Wulfila-Bibel, um 375):

Atta unsar þu in himinam, weihnai namo þein, qimai þiudinassus þeins,
waírþai wilja þeins swe in himinam jah ana aírþai,
hlaif unsarana þana sinteinan gif uns himma daga,
jah aflet uns, þatei skulans sijaima, swaswe jah weis afletam skulam unsaraim,
ni briggais uns in fraistubnjai, ak lausei uns af þamma ubilin,
unte þeina ist þiudangardi jah mahts jah wulþus in aiwins. Amen.

Althochdeutsch (Ostfränkisch, Tatian-Übersetzung, um 830):

Fater unser thu thar bist in himile, si giheilagot thin namo, queme thin rihhi,
si thin uuillo, so her in himile ist, so si her in erdu,
unsar brot tagalihhaz gib uns hiutu,
inti furlaz uns unsara sculdi, so uuir furlazemes unsaren sculdigon,
inti ni gileitest unsih in costunga, uzouh arlosi unsih fon ubile.

Altenglisch (Westsächsisch, Anfang 11. Jahrhundert):

Fæder ūre þu þe eart on heofonum; si þin nama gehalgod, to-becume þin rīce,
gewurþe đin willa on eorđan swa swa on heofonum,
ūrne gedæghwamlican hlaf syle us to dæg,
and forgyf us ūre gyltas swa swa wē forgyfađ ūrum gyltendum,
and ne gelǣd þu us on costnunge ac alys us of yfele soþlice.

441 Denkbar wäre hier statt des Optativ Präsens auch der Optativ Aorist prg. **g*^{w}*umīd,* spg. **kwumī.* Die Formen sind durch die ae. Reliktform *cyme* (Beowulf) als solche gesichert, gegen die Verwendung an dieser Stelle spricht aber die Unbestimmtheit des Zeitraums, in der der im Gebet geäußerte Wunsch als erfüllt gedacht wird. Zum Aorist und dessen Gebrauch siehe oben, S. 168, 182 und 184.

Interessant ist der Vergleich mit dem (Neu)isländischen, der konservativsten lebenden germanischen Sprache:

Faðir vor, þú sem ert á himnunum, helgist nafn þitt, komi ríki þitt,
verði vilji þinn, svo á jǫrðu sem á himni;
gef oss í dag vort daglegt brauð;
og gef oss upp skuldir vorar,
svo sem vér og hǫfum gefið upp skuldunautum vorum;
og leið oss ekki í freistni, heldur frelsa oss frá illu.
Því þitt er ríkið og mátturinn og dyrðin að eilifu.

6.3.6. Zitate und Sprichwörter

Die Rekonstruktion auch nur kürzerer Texte in einer erschlossenen Sprache wirft wie gesagt das Problem auf, dass praktisch immer zumindest einzelne Lexeme oder Formen nicht gesichert sind – dann beginnt die Spekulation, oder freundlicher gesagt: die Bildung von Hypothesen und Konjekturen, die dem seriösen Sprachwissenschaftler aber eigentlich widerstrebt. Einfacher ist die Rekonstruktion ganz kurzer Redensarten und geflügelter Worte. Es gibt sie im Deutschen wie in jeder Sprache zu Tausenden, und man sucht sich aus dieser Fülle zur Rekonstruktion einfach diejenigen heraus, die lexikalisch und morphologisch unproblematisch sind. Nachfolgend einige Kostproben solcher Redensarten für das Protogermanische des 1. Jahrtausends vor Christus und das Späturgermanische. Die Sicherheit der Rekonstruktion ist hier beachtlich hoch – die frühen Germanen hätten diese Sätze mit hoher Wahrscheinlichkeit genau verstanden.

k^{w}os sā́gijeti, só pénteti.
ékwon, ékwon, rī́gjon puri ékwon.
séitu g^{w}émete, age g^{w}émete.
wúrd^{h}ōn konnṓkon g^{w}étenon, nu d^{h}ḗtins sék^{w}oime.
b^{h}érkton sáwel b^{h}rénketi id anā d^{h}óg^{h}on.
kū́son méinon b^{h}úrg^{h}s méinā.
ī́sarnon nuk^{w}e g^{wh}ormón g^{wh}órweje.
wúlpos ne périsō tus g^{w}étonti eni éso.
wḗron wénin (príjāntun) kongónnta eni náutēi.
ne ánterosmōi d^{h}ṓis k^{w}od tú ne wélīs.
g^{w}étonon sílub^{h}ron, tákēnon g^{h}últon.
g^{w}óma, sók^{w}a, ség^{h}esād^{h}ōn.

χwaz sōkīđi, sa finþiđi.
eχwan, eχwan, rīkjan furi eχwan.

seiþu kwemeđe, ake kwemeđe.
wurđōn ganṓχan kweþinan, nu dēþinz seχwaime.
berχtan sawel bringiđi it ana daǥan.
χūsan meinan burgiz meinō.
īsarnan nuχ warman garwī.
wulfaz ne ferizō þuz kweþandi in iza.
wēran wenin (frijōndun) gakánnta in nauþēi.
ne anþerazmai dōz, χwat þu ne welīz.
kweþanan siluƀran, þaχēnan gulþan.
kwama, saχwa, seǥezōđōn.

„Wer sucht, der findet." (nach einem Vers der Bergpredigt)
„A horse, a horse, a kingdom for a horse!" (Shakespeare)
„Spät kommt Ihr, doch Ihr kommt." (Schiller)
„Der Worte sind genug gewechselt, lasst mich endlich Taten sehen!"[442] (Goethe)
„Die klare Sonne bringt es an den Tag." (Märchentitel, Gebrüder Grimm)
„My house is my castle." (Sir Edward Coke)
„Man muss das Eisen schmieden, solange es heiß ist."
„Quand on parle du loup, il n'est pas loin."
„Einen wahren Freund erkennt man in der Not."
„Was du nicht willst, das man dir tu', das füg' auch keinem andern zu!"
„Reden ist Silber, Schweigen ist Gold."
„Veni, vidi, vici." (Caesar)

Diese römische Offiziersmaske ist der vielleicht berühmteste Fund vom Schlachtfeld bei Kalkriese im Kreis Bramsche in der Nähe von Osnabrück, dem wahrscheinlichen Ort der Varusschlacht des Jahres 9 n. Christus. Die meisten Funde von Schlachtorten sind generell unscheinbar, weil solche Plätze nach geschlagener Schlacht vom Sieger geplündert werden.

442 Oben wörtlich übersetzt als: „Der Worte sind genug gesprochen, lasst uns jetzt Taten sehen!"

Ein Stammbaummodell

Die Sprachstufen zwischen dem Indogermanischen und dem Deutschen sind unterstrichen.

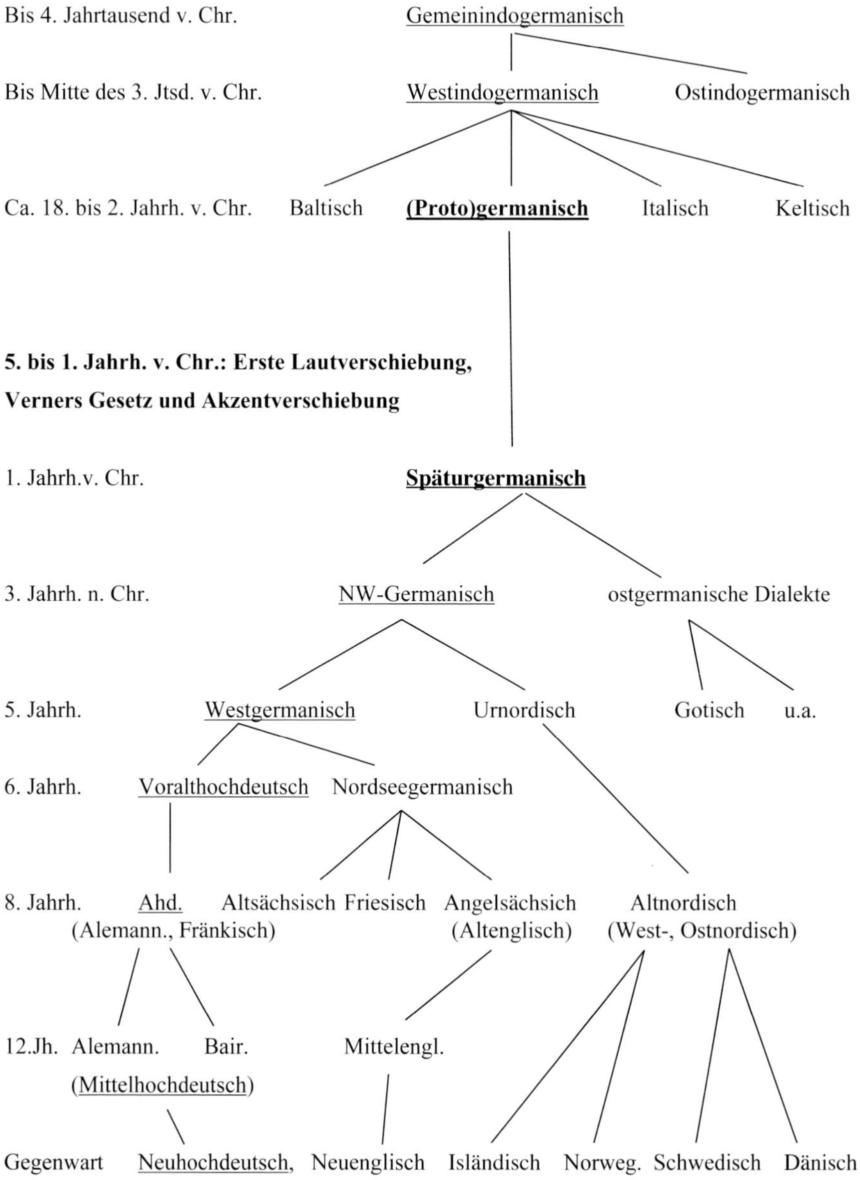

English Summary

Given more than two centuries of scientific work in the field, the common ancestor of all Germanic languages has been thoroughly determined and described. This language, generally called "*Proto-Germanic*" in the English-speaking literature and "*Urgermanisch*" in German, is today fairly well known and understood – although no original texts have survived.

Up until today, however, no comprehensive study has been carried out on the immediately preceding language, which was spoken in Scandinavia and in the northern parts of central Europe during the late Bronze Age and early Iron Age around 500 BC. This fact is somewhat surprising, especially as the scientific community has been quite well informed for many years concerning the stages of linguistic developments before and after this era. As early as 1960, the famous linguist Hans Krahe deplored this *lacuna*, and this book now seeks to fill the gap.

Part 1 of this book summarizes the main ideas and focal points of this work and, moreover, provides a brief overview of the (very limited) historical and (much broader) archaeological knowledge of the subject period, i.e. the 1st millennium BC. In this context, some problems of the cooperation between linguists and archaeologists are also discussed. For example, in Germany, scientific studies related to the Germanic tribes were distorted and abused by a strong nationalist movement during the late 19th and early 20th centuries and, even more so, by the Nazi regime during the years 1933 – 1945. After that, an excessive reaction against all things "Germanic" took place. This *caesura* not only led to a correction of misunderstandings and mistakes, but in an obvious act of overreaction, virtually any cooperation between linguists and archaeologists has been interrupted in Germany for about half a century.

As a part of this overreaction, some most promising fields of linguistic work, especially the systematic examination of toponyms, were neglected and almost abandoned for many years, and – even after such work was resumed – historians and archaeologists often failed to benefit from a comprehensive perception of new and relevant results of international linguistic research.

Still in Part 1, some definitions are made. In German-speaking literature, the term "*Urgermanisch*" is generally used to describe the proto-language of all historical and living Germanic languages. The word *Protogermanisch* is not very much in use, so we coined it here in a specific sense to mean "Proto-Germanic before the first sound shift". More precisely: we refer to the Germanic language before the *three* characteristic changes which are generally used to define "Germanic" in contrast to (later) "Western Indo-European". The noted changes include the Germanic sound shift ("Grimm's law"), "Verner's law" and the change of accentuation to the first syllable. To make the difference fully clear, the well-established term "*Urgermanisch*" (meaning "Proto-Germanic" in English scientific literature) is modified here to *Späturgermanisch* (= "late Proto-Germanic", abbreviation "Spg."). Thus, in a nutshell, the term *Protogermanisch* is used here in the sense of an archaic Proto-Germanic language, sometimes referred to as "pre-Proto-Germanic" or simply "pre-Germanic" in English-speaking linguistic literature, whereas the term "*Späturgermanisch*" is used in the traditional sense of *Proto-Germanic* in English-speaking books.

These more formal issues are closely related to the material questions under discussion in Part 2, which covers the Proto-Germanic phonological system and where the ongoing debates in regard to dating and sequence of the changes due to Grimm's Law and Verner's Law are resumed. In the first half of the 20th century already, the traditional dating of the Germanic sound shift at around 500 BC (or only little later) has been challenged in favour of a later date. Based on sound evaluation of the earliest known lexical material, this view is shared in this book, and some new arguments are given in favour of it.

For example, the Latin spelling "*Cimbri Teutonique*" – not **Chimbri Teudonique*[1] – is a strong argument in favour of the assumption that, during the first century BC, Grimm's law has still been productive at least in the western parts of the lands inhabited by Germanic tribes. Further arguments are provided by the Latin name of river Waal, one of the estuaries of the Rhine River. The Latin term was originally spelled "*Vacalus*" by Caesar, but 150 years later was written as "*Vahalis*" by Tacitus.

Some further evidence can be seen in the tribe names "*Caerosos*", "*Paemanos*" and "*Usipeti*" to the extent we suppose Germanic and not Celtic origine of these names which Caesar explicitly characterizes to be of Germanic, and not Celtic, origin. Furthermore, the famous conquerer and author tells about a Germanic tribe called "*Tencteri*", not **Ten(c)hteri*[2]. Yet, Caesar also reports names which clearly seem to have passed the Germanic sound shift, so the picture remains ambiguous; there is, however, reasonable evidence for the proposition that this sound shift was completed not earlier than in the 1st century BC, at least in the West.

The second basic question is the chronological order of the three (four) fundmental changes under discussion: (1a) aspiration of tenues *p*, *t* and *k*, (1b) Germanic sound shift, (2) Vener's law and (3) change of accent. The traditional view of this se-

1 In later Latin, even the spelling **Chimbri Theudonique* would have been to be expected, but in classical times the writing "th" of the sound *þ* has not yet been established.

2 In later Latin, the spelling **Thenc(h)teri* would have been to be expected, see above.

quence is just as stated here: 1a – 1b – 2 – 3. But if we assume the effects of Verner's law to have occurred after the aspiration of tenues, but *before* the sound shift (one might also say: before the *rest of* the sound shift, since the aspiration of *p*, *t* and *k* may be seen as the first stage of this change), thus 1a – 2 – 1b – 3, then the combined change in Proto-Germanic consonant system becomes more organic and clear.

As we show, the principle of Occam's razor is in favour of this sequence, and an additional difficult problem in the linguistic history of Proto-Germanic is solved at least in part using this assumption: The very rapid changes of Proto-Germanic during the final decades BC appear less dramatic than, as the changes according to Verner's law might have occurred some generations earlier already.

However, an important result of Part 2 is that, whatever opinion our readers might have in relation to these questions of dating and sequence (whereby the authors themselves by no means see their position as proven!), the following Chapters of this book remain valid in any case. The way leading from *Protogermanisch* (= Earlier Proto-Germanic) to *Spätgermanisch* (= Late Proto-Germanic) may be a bit different under the different standpoints, and the relevant dates may differ anywhere from about two to three centuries, but the results as such do *not* depend on either conviction.

The core of the work is thus accomplished in Part 3 and Part 4, which each describe the morphological and syntactical system of the Proto-Germanic language as it was probably spoken during the Urnfeld and Hallstatt periods (and, as we believe, even during the La-Tène).

In Part 3 the morphological system of Proto-Germanic is investigated. Although it is written in the conventional stile of other comparative Germanic grammars (like Krahe, Ramat 1981, Bammesberger 1986), the focus of interest is the reconstruction of archaic Proto-Germanic (Protogermanisch); only when necessary forms in Late Proto-Germanic (Späturgermanisch) are invoked. This part covers the declension and formation of substantives (vowel and consonant stems), the formation of adjectives (including their comparison) and participles, the declension of pronouns, the numerals, the conjugation of strong and weak verbs, the athematic verbs, and the preterito-presents – the latter being of outstanding value for the understanding of the development of Proto-Germanic verbal system.

In part 4 the syntax of Proto-Germanic is analyzed, including the use of cases, tenses, and moods as well as word order. These investigations on syntax and style do not claim completness, however, some quite archaic features of Early Germanic are shown which in most Germanic grammars have been neglected.

Part 5 explains some basic features and developments of the Proto-Germanic lexical system, especially the process of replacing inherited Indo-European words by neologisms.

At this point, the very theoretical reasoning of the preceding Parts provides very vivid and tangible results. Three highly conservative semantic areas are presented at a glance: kinship terminology, anatomical terms and the names of various animals. Keeping in mind that the Proto-Germanic vocabulary is probably the best examined part of this reconstructed language, Part 5 does not try to establish any kind of competition to existing etymological books, but offers on the basis of individual terms an amount of additional insight in the way in which the subject language probably sounded when spoken.

Part 6, on the other hand, provides something entirely new. Based on the given reasoning some short texts in Proto-Germanic are presented: two fables, one poem and the Christian Lord's Prayer. The fables and the poem have been chosen because of existing scientific versions of these texts in Proto-Indo-European and/or (late) Proto-Germanic. The Lord's Prayer has been chosen for reconstruction since early versions exist in all Germanic languages including Gothic, which helps significantly in terms of reconstruction.

Finally, some short sayings and classical quotes are reconstructed in both variants of Proto-Germanic. Thus, the English-speaking reader has the unique chance to learn how to say things like "a horse, a horse, a kingdom for a horse" or "my home is my castle" in a language predating Old Anglo-Saxon by anywhere from 800 to 1200 years. We hope this might be of practical help when meeting very old or very old-fashioned people.

Bibliographie

Ament, Hermann (1986). *Die Ethnogenese der Germanen aus der Sicht der Vor- und Frühgeschichte*, in Wolfram Bernhard / Anneliese Kandler-Pálsson, „Ethnogenese europäischer Völker“. Stuttgart/New York, 247 – 256.

Andersen, Th. (1998). *Goten. Philologisches*, in: „Reallexikon der germanischen Altertumskunde“ 12, 402 – 403.

Antonsen, Elmar H. (1986). *Die ältere Runeninschriften in heutiger Sicht*, in Heinrich Beck, „Germanenprobleme in heutiger Sicht“. Berlin, 321 – 343.

Baitinger, Holger (2002). *Die Ahnen der Glauberger? Fürsten der späten Hallstattzeit*, in „Das Rätsel der Kelten vom Glauberg. Glaube, Mythos, Wirklichkeit“. Stuttgart, 20 – 32.

Bammesberger, Alfred (1976). *Gotisch* aweþi, in „Münchener Studien zur Sprachwissenschaft“ 34, 5 – 7.

Bammesberger, Alfred (1980). *Das Präteritalparadigma einiger „reduplizierender“ Verben im Urgermanischen*, in Manfred Mayrhofer et al., „Lautgeschichte und Etymologie“. Wiesbaden, 1 – 19.

Bammesberger, Alfred (1982). *On the Ablaut of athematic Verbs in Indo-European*, in „Journal of Indo-European Studies“ 10, 43 – 49.

Bammesberger, Alfred (1983). *The Weak Forms in the Germanic* R-*Stem Paradigm*, in „Journal of Indo-European Studies“ 11, 105 – 116.

Bammesberger, Alfred (1984). *Studien zur Laryngaltheorie.* Göttingen: Vandenhoeck & Ruprecht.

Bammesberger, Alfred (1986a). *On the Germanic decades from „20“ to „60“*, in Béla Brogyanyi / Thomas Krömmelbein, „Germanic Dialects. Linguistic and philological investigations“. Amsterdam, 3 – 8.

Bammesberger, Alfred (1986b). *Der Aufbau des germanischen Verbalsystems.* Heidelberg: Winter.

Bammesberger, Alfred (1988). *Die halbthematische Präsensflexion auf* -i *im Baltischen*, in Peter Kosta et al., „Studia Indogermanica et Slavica“. München, 3 – 7.

Bammesberger, Alfred (1990). *Die Morphologie des urgermanischen Nomens.* Heidelberg: Winter.

Bammesberger, Alfred (1996). *The Preterite of Germanic Strong Verbs in Classes Fore and Five*, in „North-Western European Language Evolution“ 27, 33 – 43.

Bammesberger, Alfred (2000). *Urgermanisch* *mann-: *Etymologie und Wortbildung*, in „Studia Etymologica Cracoviensia“ 5, 7 – 11.

Bednarczuk, Leszek (1988): *The Italo-Celtic Hypothesis from the Indo-European Point of View*, in „Proceedings of the First North American Congress of Celtic Studies”. Ottawa, 179 – 189.

Beekes, Robert S.P. (1985). *The Origins of the Indo-European Nominal Inflection.* Innsbruck: Institut für Sprachwissenschaft.

Beekes, Robert S.P. (1998). *The origin of Lat.* aqua *and of *teutā́ “people“*, in „Journal of Indo-European Studies“ 26, 459 – 466.

Behaghel, Otto (1924 / 1928 / 1932). *Deutsche Syntax. Eine geschichtliche Darstellung*, Bd. II, III, IV. Heidelberg: Winter.

Beinhauer, Karl W. (1986): *Die Ethnogenese der Italiker aus der Sicht der Vor- und Frühgeschichte*, in Wolfram Bernhard / Anneliese Kandler-Pálsson, „Ethnogenese europäischer Völker“. Stuttgart/New York, 137 – 145.

Benediktsson, Hreinn (1968). *On the Inflection of the* n-*stems in Indo-European*, in „Norsk Tidsskrift for Sprogvidenskap“ 22, 7 – 31.

Benediktsson, Hreinn (1983). *The Germanic Subjunctive: A morphological Review*, in „North-Western European Language Evolution” 1, 31 – 59.

Betz, Werner (1962). *Zum Germanischen Etymologischen Wörterbuch*, in „Festgabe Hammerich". Kopenhagen, 7 – 12.

Birkhan, Helmut (1970). *Germanen und Kelten bis zum Ausgang der Römerzeit.* Wien: Böhlau.

Birkhan, Helmut (1979). *Das „Zipfsche Gesetz", das schwache Präteritum und die germanische Lautverschiebung.* Wien: Verlag der Österreichischen Akademie der Wissenschaften.

Birkhan, Helmut (1997). *Kelten. Versuch einer Gesamtdarstellung ihrer Kultur.* Wien: Verlag der Österreichischen Akademie der Wissenschaften.

Birkmann, Thomas (1987). *Präteritorpräsentia. Morphologische Entwicklungen einer Sonderklasse in den altgermanschen Sprachen.* Tübingen: Niemeyer.

Birwé, Robert (1956). *Griechisch-arische Sprachbeziehungen im Verbalsystem.* Walldorf: Vorndran.

Bjorvand, Harald (1991). *Der Genitiv Singular der indoeuropäischen o-Stämme im Germanischen*, in „Indogermanische Forschungen" 96, 96 – 117.

Braune, Wilhelm / Reiffenstein, Ingo (2004). *Althochdeutsche Grammatik I: Laut- und Formenlehre*, 15. Auflage. Tübingen: Niemeyer.

Braunmüller, Knut (2005). *Variation in Word Order in the oldest Germanic Runic Inscriptions*, in „Papers on Scandinavian and Germanic Language and Culture". Odense („North-Western European Language Evolution" 46/47), 15 – 30.

Buwen, Peter / Oertel, Kurt / Langguth, Kurt (1998): *Zur Herkunft und Ausbreitung des Indoeuropäischen – Eine Diskussion;* in: http://www.eschenweck.de/klio/indo1.html

Carruba, Onofrio (2004). *Die germanischen Dekaden*, in Maria Kozianka / Lühr Rosemarie Lühr / Susanne Zeilfelder, „Indogermanistik – Germanistik – Linguistik". Hamburg, 25 – 48.

Castritius (1999). *Haruden*, in „Reallexikon der germanischen Altertumskunde" 14, 20 – 21.

van Coetsem, Frans (1970). *Zur Entwicklung der germanischen Grundsprache*, in „Kurzgefasster Grundriss der germanischen Philologie". Berlin, 1 – 93.

van Coetsem, Frans (1994). *The Vocalism of the Germanic Parent Language.* Heidelberg: Winter.

Dini, Pietro U. / Udolph, Jürgen (2005). *Slawisch-Baltisch-Germanische Sprachbeziehungen*, in „Reallexikon der germanischen Altertumskunde" 29, 59 – 78.

Düwel, Klaus (2001). *Runenkunde.* 3. Auflage, Stuttgart: Metzler.

Eckert, Rainer (1983). *Die Nominalstämme auf* –i *im Baltischen unter besonderer Berücksichtigung des Slawischen.* Berlin: Akademie der Wissenschaften der DDR. Zentralinstitut für Sprachwissenschaft.

Eckert, Rainer (1994). *Die baltischen Sprachen. Eine Einführung.* Leipzig: Langenscheidt.

Eggers, Hans Jürgen (1959). *Einführung in die Vorgeschichte.* München: Piper & Co.

Ehrenfellner, Ulrike (1998). *Finale Konstruktionen im Gotischen*, in „Indogermanische Forschungen" 103, 227 – 241.

Eichner, Heiner (1985). *Das Problem des Ansatzes eines uridg. Numerus ‚Kollektiv' (‚Komprehensiv')*, in Bernfried Schlerath, „Grammatische Kategorien. Funktion und Geschichte". Wiesbaden, 134 – 169.

Eichner, Heiner (1987). *Zu den geschlechtigen Nominativformen des Kardinalzahlworts „drei" im Althochdeutschen*, in „Althochdeutsch", hrsg. v. Rolf Bergmann u.a. Heidelberg, 190 – 200.

Eichner, Heiner (2005). *Etymologische Notiz zu gotisch* iddja *und altenglisch* ēode *„ging"*, in Günter Schweiger, „Indogermanica. Festschrift Gert Klingenschmitt". Taimering, 71 – 72.

Ernst, Peter / Fischer, Gottfried (2001). *Die germanischen Sprachen im Kreis des Indogermanischen.* Wien: Edition Praesens.

Euler, Wolfram (1979). *Indoiranisch-griechische Gemeinsamkeiten der Nominalbildung und deren indogermanische Grundlagen.* Innsbruck: Institut für Sprachwissenschaft.

Euler, Wolfram (1984), in Jürgen Untermann / Béla Brogyanyi. *Das Germanische und die Rekonstruktion der indogermanischen Grundsprache.* Amsterdam, 89 – 90 (Diskussionsbeitrag zu Lühr 1984).

Euler, Wolfram (1990), „Präteritaltempora zur Bezeichnung der Vorvergangenheit in den älteren indogermanischen Sprachen“, in Heiner Eichner / Helmut Rix, *Sprachwissenschaft und Philologie*, Wiesbaden, 131 – 149.

Euler, Wolfram (1991). *Die Bedeutung der relativen Chronologie für die Frage nach der Entstehung der indogermanischen Genera*, in „Indogermanische Forschungen“ 96, 36 – 45.

Euler, Wolfram (1992). *Modale Aoristbildungen und ihre Relikte in den alteuropäischen Sprachen.* Innsbruck: Institut für Sprachwissenschaft.

Euler, Wolfram (1993a). *Oskisch-Umbrisch, Venetisch und Lateinisch – grammatische Kategorien zur inneritalischen Sprachverwandtschaft*, in Helmut Rix, „Oskisch-Umbrisch. Texte und Grammatik“. Wiesbaden, 96 – 105.

Euler, Wolfram (1993b). *Ein nahdeiktisches Pronomen in den nördlichen indogermanischen Sprachen – seine voreinzelsprachlichen Grundlagen*, in „Linguistica Baltica“ 2, 15 – 29.

Euler, Wolfram (1993c). *Moduskategorien der Perfektopräsentien im Indogermanischen.* Innsbruck: Institut für Sprachwissenschaft.

Euler, Wolfram (1994a). *Die Frage der italisch-keltischen Sprachverwandtschaft im Lichte neuerer Forschungen*, in G.E. Dunkel u.a., „Früh-, Mittel-, Spätindogermanisch“. Wiesbaden, 37 – 51.

Euler, Wolfram (1994b). *Herkunft und ursprüngliche Funktion des Optativs Präteriti im Germanischen*, in Gertrud Bense, „Diachronie – Kontinuität – Impulse“. Frankfurt/Main, 25 49.

Euler, Wolfram (1997). *Die Beziehungen zwischen der italischen, germanischen und baltischen Sprachgruppe*, in „Res Balticae“ 3, 103 118.

Euler, Wolfram (1999). *Der altindische vr̥kī-Typus und die baltischen Feminina auf -ē-*, in „Klagenfurter Beiträge zur Sprachwissenschaft“ 25, 15 28.

Euler, Wolfram (2000a). *Der Met – Rauschtrank oder Delikatesse Indogermanen? Überlegungen zur Bedeutungsvielfalt von indoiranisch* *mádhu, in Bernhard Forssman, Robert Plath, „Indoarisch, Iranisch und die Indogermanistik“. Wiesbaden, 89 – 101.

Euler, Wolfram (2000b). *Das germanische Wort für „Sonne“ – noch ein* l/n-*Heteroklitikon wie im Indoiranischen?* in „Linguistica Baltica“ 8, 69 – 77.

Euler, Wolfram (2000/01). *Indogermanische Dichtersprache und Alteuropa – ein Widerspruch? (Überlegungen zur frühen Aufgliederung des Indogermanischen)*, in „Klagenfurter Beiträge zur Sprachwissenschaft“ 26/27, 15 – 52.

Euler, Wolfram (2002). *Die Herausbildung von Übergangsdialekten und Sprachgrenzen – Überlegungen am Beispiel des Westgermanischen und Nordischen.* Innsbruck: Institut für Sprachwissenschaft.

Euler, Wolfram (2004). *Überlegungen zur Farbenpalette im Indogermanischen und zu den Farbenbezeichnungen für „blau“*, in „Incontri Linguistici“ 27, 77 – 100.

Euler, Wolfram (2005a). *Vom Vulgärlatein zu den romanischen Einzelsprachen – Überlegungen zur Aufgliederung von Protosprachen.* Wien 2005: Edition Praesens.

Euler, Wolfram (2005b). *Gab es im Indogermanischen „regelmäßige“ Verben?* in Gerhard Meiser / Olav Hackstein, „Sprachkontakt und Sprachwandel“. Wiesbaden, 75 – 90.

Euler, Wolfram (2005/06). *Sprachwandel und –entwicklung in vorgeschichtlicher Zeit – Herausbildung indogermanischer Einzelsprachen, besonders des Germanischen und Slawischen*, in „Klagenfurter Beiträge zur Sprachwissenschaft“ 31/32, 7 – 72.

Euler, Wolfram (2006). *Indogermanisch, Indohethitisch und Indouralisch – Überlegungen zu frühesten Sprachaufgliederungen*, in „Studia Etymologica Cracoviensia“ 11, 19 – 63.

Euler, Wolfram. „Der Schwund des Duals in der Flexion indogermanischer Einzelsprachen“ (unveröffentlicht).

Feist, Sigmund (1932). *The Origin of the Germanic Languages and the Europeanization of North Europe.* In: Language. 8, 1932, S. 245 – 254.

Freeden, Uta von und Schnurbein, Siegmar von (Herausg.) (2002): *Germanica – Unsere Vorfahren von der Steinzeit bis zum Mittelalter.* Stuttgart: Konrad Theiss.

Frey, Otto-Hermann (2002). *Wer waren die Kelten?* in „Das Rätsel der Kelten vom Glauberg. Glaube, Mythos, Wirklichkeit“. Stuttgart, 47 – 57.

Frisk, Hjalmar (1960 – 1973). *Griechisches etymologisches Wörterbuch*, Bd. 1 + 2. Heidelberg: Winter.

Genzmer, Felix (1936). *Ein germanisches Gedicht aus der Hallstattzeit*, in „Germanisch-romanische Monatsschrift“ 24, 14 – 21.

Gimbūtas, Marija (1983). *Die Balten. Geschichte eines Volkes im Ostseeraum*, übersetzt von G. Auerbach. München / Berlin: Herbig.

Gimbūtas, Marija (1992): *Die Ethnogenese der europäischen Indogermanen.* Innsbruck: Institut für Sprachwissenschaft.

Griepentrog, Wolfgang (1995). *Die Wurzelnomina des Germanischen und ihre Vorgeschichte.* Innsbruck: Institut für Sprachwissenschaft.

Hamp, Erich P. (1978). *Indo-European "duck"*, in „Kuhns Zeischrift" 92, 29 – 31.

Hamp, Erich P. (1979). *Indo-European *g^{w}en-H_{a}*, in „Kuhns Zeischrift" 93, 1 – 7.

Harðarson, Jón Axel (1989). *Die* ōn*-Feminina des Germanischen und der Gen. Plur. anord.* kvinna, kvenna, in „Acta Linguistica Hafniensia“ 21, 2, 79 – 93.

Harðarson, Jan Axel (1993). *Studien zum urindogermanischen Wurzelaorist.* Innsbruck: Institut für Sprachwissenschaft.

Harðarson, Jan Axel (2005). *Der geschlechtige Nominativ Singular und der neutrale Nominativ-Akkusativ Plural der* n*-Stämme*, in Gerhard Meiser / Olav Hackstein, „Sprachkontakt und Sprachwandel“. Wiesbaden, 215 – 236.

Hasenfratz, Hans-Peter (2007). *Die Germanen – Religion, Magie, Kult, Mythus.* Erftstadt: Hohe-Verlag.

Haser, Verena (2005). *Metaphor, Metonymy, and Experientialist Philosophy. Challenging Coginitive Semantics.* Berlin / New York: de Gruyter.

Hawkin, John A. (1990): *Germanic Languages*, in: *The Major Languages of Western Europe* (Hg.: Comrie, Bernard), S. 58 – 66. London: Routledge.

Herrmann, Fritz-Rudolf (2002). *Fürstensitz, Fürstengräber und Heiligtum*, in „Das Rätsel der Kelten vom Glauberg. Glaube, Mythos, Wirklichkeit“. Stuttgart, 90 – 107.

Hettrich, Heinrich (1987). *Zur Entwicklung der Finalsätze altindogermanischer Sprachen*, in „Kuhns Zeitschrift“ 100, 219 – 237.

Hettrich, Heinrich (1988). *Untersuchungen zur Hypotaxe im Rigveda.* Berlin: de Gruyter.

Hettrich, Heinrich (1998). *Die Entstehung des homerischen Irrealis der Vergangenheit*, in „Mír Curad. Studies in honor of Calvert Watkins“. Innsbruck, 261 – 270.

Hiersche, Rolf (1968). *Neuere Theorien zur Entstehung des germanischen Präteritums*, in „Zeitschrift für deutsche Philologie“ 87, 391 – 404.

Hiersche, Rolf (1980). *Nochmals altnord.* þau *Ntr. Pl. < idg.* *tō(u) *Masc. Du.*, in „Kuhns Zeitschrift“ 94, 202 – 203.

Hirt, Hermann (1932), *Handbuch des Urgermanischen*, II, Heidelberg: Winter.

Hoffmann, Karl (1967). *Der Injunktiv im Veda. Eine synchronische Funktionsuntersuchung.* Heidelberg: Winter.

Holzer, Georg (1995). *Die Einheitlichkeit des Slavischen um 600 n. Chr.*, in „Wiener Slavistisches Jahrbuch“ 41, 55 – 89.

Holzer, Georg (1996). *Das Erschließen unbelegter Sprachen. Zu den theoretischen Grundlagen der genetischen Linguistik.* Frankfurt am Main: Peter Lang.

Holzer, Georg (2001). *Zur Lautgeschichte des baltisch-slavischen Areals*, in „Wiener Slavistisches Jahrbuch“ 47, 33 – 50.

Holzer, Georg (2002). Urslawisch. (Lexikonartikel), in: Enzyklopädie des Europäischen Ostens (EEO), S. 551 – 557. Klagenfurt.
Jungandreas, Wolfgang (1981). *Catualda*, in „Reallexikon der germanischen Altertumskunde" 4, 353.
Karsten, T. E. (1928). *Die Germanen. Eine Einführung in die Geschichte ihrer Sprache und Kultur.* Berlin: de Gruyter. Überarbeitete Ausgabe 2004, Wiesbaden: Marix.
Kehne, P. (2001). *Markomannen*, in „Reallexikon der germanischen Altertumskunde" 19, 290 – 302.
Kellens, Jean (1984). *Le verbe avestique*. Wiesbaden: Reichert.
von Kienle, Richard (1969). *Historische Laut- und Formenlehre des Deutschen*, 2. Auflage. Tübingen: Niemeyer.
Kimmig, Wolfgang (1968). *Die Heuneburg an der oberen Donau*. Führer zu vor- und frühgeschichtlichen Denkmälern in Württemberg und Hohenzollern, Heft 1. Tübingen: Gesellschaft für Vor- und Frühgeschichte in Württemberg und Hohenzollern.
Klein, Thomas (2004). *Im Vorfeld des Althochdeutschen und Altsächsischen*, in „Entstehung des Deutschen. Festschrift Heinrich Tiefenbach". Heidelberg, 241 – 270.
Klingenschmitt, Gert (1987). *Erbe und Neuerung beim Demonstrativpronomen*, in „Althochdeutsch", hrsg. v. Rolf Bergmann u.a. Heidelberg, 169 – 189.
Klingenschmitt, Gert (2002). *Zweck und Methode der sprachlichen Rekonstruktion*, in Peter Anreiter / Peter Ernst / Isolde Hausner, „Name, Sprache und Kulturen. Festschrift Heinz Dieter Pohl". Wien, 453 – 474.
Kluge, Friedrich / Seebold, Elmar (1995). *Etymologisches Wörterbuch der deutschen Sprache* 23. Auflage. Berlin / New York: de Gruyter.
König, Werner (2005): *dtv-Atlas Deutsche Sprache*, 15. Auflage. München: Deutscher Taschenbuch Verlag.
Kortlandt, Frederik (1990a). *The Spread of the Indo-Europeans*, in „Journal of Indo-European Studies" 18, 131 – 140.
Kortlandt, Frederik (1990b). *The Germanic Third Class of Weak Verbs*, in „North-Western European Language Evolution" 15, 3 – 10.
Kortlandt, Frederik (1992). *The Germanic Third Class of Weak Verbs*, in „North-Western European Language Evolution" 15, 3 – 10.
Kortlandt, Frederik (2006a). *Germanic* $*\bar{e}_1$ *and* $*\bar{e}_2$, in „North-Western European Language Evolution" 49, 51 – 54.
Kortlandt, Frederik (2006b). *The Inflexion of the Germanic* n-*Stems*, in „North-Western European Language Evolution" 48, 3 – 7.
Kossinna, Gustav (1920). *Die Herkunft der Germanen. Zur Methode der Siedlungsarchäologie.* Leipzig: Curt Kabitzsch.
Kossinna, Gustav (1927): *Ursprung und Verbreitung der Germanen in vor- und frühgeschichtlicher Zeit*, 2., unveränderte Auflage 1934. Leipzig: Curt Kabitzsch.
Krahe, Hans (1949). *Ortsnamen als Geschichtsquelle*, Heidelberg 1949.
Krahe, Hans (1954). *Sprache und Vorzeit.* Heidelberg: Quelle & Meyer.
Krahe, Hans (1964a). *Unsere ältesten Flußnamen*. Wiesbaden: Harrassowitz.
Krahe, Hans (1964b). *Vom Illyrischen zum Alteuropäischen*, in: Indogermanische Forschungen 69 (1964) 201 – 212.
Krahe, Hans (1965). *Germanische Sprachwissenschaft II: Formenlehre*, 5. Auflage. Berlin: de Gruyter.
Krahe, Hans (1966). *Germanische Sprachwissenschaft I: Einführung und Lautlehre*, 6. Auflage. Berlin: de Gruyter.
Krahe, Hans / Wolfgang Meid (1969). *Germanische Sprachwissenschaft III: Wortbildungslehre.* Berlin: de Gruyter.

Krahe, Hans / Wolfgang Meid (1970). *Einleitung in das vergleichende Sprachstudium*. Innsbruck: Institut für Sprachwissenschaft.
Krahe, Hans / Seebold, Elmar (1967). *Historische Laut- und Formenlehre des Gotischen*. Heidelberg: Winter.
Krause, Arnulf (2005): *Die Geschichte der Germanen*. Frankfurt am Main: Campus.
Krause, Wolfgang (1930). *Die Kenning als typische Stilfigur der germanischen und keltischen Dichtersprache*. Halle: Niemeyer.
Krause, Wolfgang (1968). *Handbuch des Gotischen*, 3. Auflage. München: Beck.
Krause, Wolfgang (1970). *Runen*. Berlin: de Gruyter.
Krause, Wolfg. (1971). *Die Sprache der urnordischen Runeninschriften*. Heidelberg: Winter.
Krisch, Thomas (1986): *Überlegungen zur Herkunft und Entwicklung der irrealen Konditionalsätze des Altgriechischen*. Innsbruck: Institut für Sprachwissenschaft.
Krisch, Thomas (2004). *Some aspects of word order and sentence type: From Indo-European to New High German*, in Thomas Krisch et al., „Analecta Homini Universali Dicata". Festschrift für Oswald Panagl". Stuttgart, 106 – 129.
Kuckenberg, Martin (2000). *Vom Steinzeitlager zur Keltenstadt. Siedlungen der Vorgeschichte in Deutschland*. Darmstadt: Wissenschaftliche Buchgesellschaft.
Künzl, Ernst (2006): *Die Germanen*. Stuttgart: Konrad Theiss.
Lambert, Pierre Yves (1995). *La langue gauloise*. Paris: Édition Errance.
Larsen, Helle Vang (1983). *Der Gebrauch der Tempora und der Modi in der indirekten Rede im Althochdeutschen*, in „Kopenhagener Beiträge zur germanistischen Linguistik" 81, 134 – 160.
Lehmann, Winfred P. / Zgusta, Ladislav (1979). *Schleicher's Tale after a Century*, in Béla Brogyanyi, „Studies in diachronic, synchronic, and typological Linguistics". Amsterdam, 455 – 466.
Lehmann, Winfred P. (1986). *A Gothic Etymological Dictionary*. Leiden: Brill.
Lehmann, Winfred P. & Jonathan Slocum, Ed. (2007): *A Grammar of Proto-Germanic*. Linguistics Research Center, University of Texas at Austin. (Online-Publikation).
Lejeune, Michel (1985). *Textes gauloois et gallo-romains en cursive latine`: Le plomb du Larzac*, in „Études celtiques" 22, 95 – 177.
Leumann, Manu (1977). *Lateinische Laut- und Formenlehre*, 2. Auflage. München: Beck.
Lühr, Rosemarie (1977). *Die Dekaden „70 – 120" im Germanischen*, in „Münchener Studien zur Sprachwissenschaft" 36, 59 – 71.
Lühr, Rosemarie (1978). *Die Kontinuante der urindogermanischen Medialflexion im Germanischen*, in „Münchener Studien zur Sprachwissenschaft" 37, 109 – 120.
Lühr, Rosemarie (1982). *Studien zur Sprache des Hildebrandsliedes*, Band I und II. Frankfurt / Main: Lang.
Lühr, Rosemarie (1984). *Reste der athematischen Konjugation in den germanischen Sprachen*, in Jürgen Untermann / Béla Brogyanyi, „Das Germanische und die Rekonstruktion der indogermanischen Grundsprache". Amsterdam, 25 90.
Lühr, Rosemarie (1987). *Zur Veränderung im System der Modalverben*, in „Althochdeutsch", hrsg. v. Rolf Bergmann u.a. Heidelberg, 262 – 289.
Lühr, Rosemarie (1993). *Zur Semantifizierung von Zahlwörtern: das Wort „Tausend"' – eine germanisch-baltoslavische Isoglosse?*, in „Linguistica" 33, 117 – 136.
Mallory, James P. / Adams, Douglas Q. (1997). *Encyclopedia of Indo-European Culture*. London / Chicago: Fitzboy Dearborn Publishers.
Marold, Edith (2005). *Stabreim*, in „Reallexikon der germanischen Altertumskunde" 29, 435 – 440.
Matzinger, Joachim (2001). *Die „*m-*Kasus" des Balto-Slawischen und Germanischen* , in „Fremd und eigen. Untersuchungen zu Grammatik und Wortschatz des Uralischen und Indogermanischen in memoriam Hartmut Katz", Wien, 183 – 208.

Mayrhofer, Manfred (1992 / 1996 / 2001). *Etymologisches Wörterbuch des Altindoarischen*, 3 Bände. Heidelberg: Winter.

Mažiulis, Vytautas (1981). *Apie senovės vakarų baltų bei jų santykius su slavais, ilirais ir germanais*", in „Iš Lietuvių etnogenezės", Vilnius: 5 – 11.

Meid, Wolfgang (1968). *Indogermanisch und Keltisch*, Innsbruck: Institut für Sprachwissenschaft.

Meid, Wolfgang (1971). *Das germanische Präteritum*. Innsbruck: Institut für Sprachwissenschaft.

Meid, Wolfgang (1975). *Probleme der räumlichen und zeitlichen Gliederung des Indogermanischen*, in Helmut Rix, „Flexion und Wortbildung". Wiesbaden, 204 – 219.

Meid, Wolfgang (1976). *Die Bezeichnungen für den Menschen im Gotischen*, in „Klagenfurter Beiträge zur Sprachwissenschaft" 2/3, 65 – 77.

Meid, Wolfgang (1982). *„See" und „Meer"*, in „Investigationes philologicae et comparativae. Gedenkschrift für Heinz Kronasser". Wiesbaden, 91 – 96.

Meid, Wolfgang (1984). *Bemerkungen zum indogermanischen Wortschatz des Germanischen*, in Jürgen Untermann / Béla Brogyanyi, „Das Germanische und die Rekonstruktion der indogermanischen Grundsprache". Amsterdam, 91 – 112.

Meid, Wolfgang (1986). *Hans Kuhns „Nordwestblock-Hypothese". Zur Problematik der Völker zwischen Germanen und Kelten*, in Heinrich Beck, „Germanenprobleme in heutiger Sicht". Berlin, 183 – 212.

Meid, Wolfgang (1987). *Germanische oder indogermanische Lautverschiebung?* in „Althochdeutsch", hrsg. v. Rolf Bergmann u.a. Heidelberg, 3 – 11.

Meid, Wolfgang (1989): *Archäologie und Sprachwissenschaft. Kritisches zu neueren Hypothesen der Ausbreitung der Indogermanen*. Innsbruck: Institut für Sprachwissenschaft.

Meid, Wolfgang (1997). *Die keltischen Sprachen und Literaturen*. Budapest: Archaeolingua.

Meier-Brügger, Michael (1992). *Griechische Sprachwissenschaft II: Wortschatz, Formenlehre, Lautlehre, Indizes*. Berlin: de Gruyter.

Meier-Brügger, Michael (2000). *Indogermanische Sprachwissenschaft*, 7., völlig neu bearb. Auflage. Berlin / New York: de Gruyter.

Meillet, Antoine (1930). *Caractères généraux des Langues Germaniques*, 4. durchgesehene Auflage. Paris: Librairie Hachette.

Meiser, Gerhard (1998). *Historische Laut- und Formenlehre der lateinischen Sprache*. Darmstadt: Wissenschaftliche Buchgesellschaft.

Meller, Harald (2004): *Der geschmiedete Himmel – die weite Welt im Herzen Europas vor 3600 Jahren*. Darmstadt: Wissensch. Buchgesellschaft; Stuttgart (2006): Konrad Theiss.

Mossé, Fernand (1942). *Manuel de la langue gotique*. Paris: Édition Montaigne.

Mottausch, Karl-Heinz (1997). *Germanisch* *gǣ- / gai- *„gehen"*, in „Historische Sprachforschung" 110, 252 – 271.

Mottausch, Karl-Heinz (2000). *Das Präteritum der 4. und 5. starken Verbalklassen im Germanischen*, in „North-Western European Language Evolution" 36, 45 – 58.

Müller, Stefan (2007). *Zum Germanischen aus laryngaltheoretischer Sicht*. Berlin / New York: de Gruyter.

Naumann, H.P. (2003). *Runendichtung*, in „Reallexikon der germanischen Altertumskunde" 25, 512 – 518.

Nedoma, Robert (2002). *Negauer Helm*, in „Reallexikon der germanischen Altertumskunde" 21, 52 – 61.

Nedoma, Robert (2005). *Urnordisch* -a *im Nominativ Singular der maskulinen* n-*Stämme*, in „Papers on Scandinavian and Germanic Language and Culture". Odense („North-Western European Language Evolution" 46/47), 155 – 191.

Neumann, Günter (1971). *Substrate im Germanischen?* in „Nachrichten der Akademie der Wissenschaften Göttingen" 4, 77 – 99.

Neumann, Günter (1976). *Bataver*, in „Reallexikon der germanischen Altertumskunde“ 2, 90 – 91.
Neumann, Günter (1981a). *Burgunden. Philologisches*, in „Reallexikon der germanischen Altertumskunde“ 4, 224 – 230.
Neumann, Günter (1981b). *Charuden*, in „Reallexikon der germanischen Altertumskunde“ 4, 375.
Neumann, Günter (1981c). *Cherusker. Namenkundliches*, in „Reallexikon der germanischen Altertumskunde“ 4, 430 – 431.
Neumann, Günter (1981d). *Chauken. Philologisches*, in „Reallexikon der germanischen Altertumskunde“ 4, 393 – 394.
Neumann, Günter (1981d). *Charuden*, in „Reallexikon der germanischen Altertumskunde“ 4, 375.
Neumann, Günter (1986). *Eburonen*, in „Reallexikon der germanischen Altertumskunde“ 6, 348 – 350.
Neumann, Günter (2000). *Kimbern*, in „Reallexikon der germanischen Altertumskunde“ 16, 493 – 495.
Nielsen, Hans F. (2000). *The Early Runic Language of Scandinavia*. Heidelberg: Winter.
Nygaard, M. (1905). *Norrøn Syntax*. Kristiania: Aschehoug.
Oettinger, Norbert (1994). *Der Ablaut von „Ahorn“ im Indogermanischen*, in Historische Sprachforschung“ 107, 77 – 86.
Oettinger, Norbert (1997). *Grundsätzliche Überlegungen zum Nordwest-Indogermanischen*, in „Incontri Linguistici“ 20, 93 – 110.
Pauli, Ludwig (1980). *Das keltische Mitteleuropa vom 6. bis zum 2. Jahrhundert v. Chr.*, in „Die Kelten in Mitteleuropa. Salzburger Landesausstellung im Keltenmuseum Hallein, Österreich“. Salzburg, 25 – 36.
Pedersen, Holger (1909 / 1913). *Vergleichende Grammatik der keltischen Sprachen*, Bd. I + II. Göttingen: Vandenhoeck & Ruprecht.
Peeter, Christian (1974). *Germanic *kwō(z) „cow“*, „Kuhns Zeitschrift“ 88, 134 – 136.
Pijnenburg, Willy J. J. (1989): *Eine germanisch-baltoslawische Isoglosse*, in „Historische Sprachforschung“ 102, 93 – 101.
Pohl, Heinz Dieter (1981). *Baltisch und Slavisch. Fiktion von der baltisch-slavischen Spracheinheit II*, in „Klagenfurter Beiträge zur Sprachwissenschaft“ 7, 93 – 126.
Pohl, Heinz Dieter (1989). *Zur Herkunft des germanischen Dentalpräteritums*, in „Indogermanica Europaea. Festschrift für Wolfgang Meid“. Graz, 193 – 207.
Pohl, Heinz Dieter (1992). *Die baltoslavische Spracheinheit – areale Aspekte*, in „Indogermanisch, Slawisch und Baltisch“. München, 137 – 164.
Pokorny, Julius (1959). *Indogermanisches etymologisches Wörterbuch*. Bern: Francke.
Pokorny, Julius (1969). *Altirische Grammatik*. Berlin: de Gruyter.
Polomé, Edgar (1964). *Diachronic Development of Structural Patterns in the Germanic Conjugation System*, in „Proceedings of the IXth International Congress of Linguists“. Den Haag, 870 – 880.
Porzig, Walter (1954). *Die Gliederung des indogermanischen Sprachgebiets*. Heidelberg: Winter.
Prinz, Friedrich (2005): *Kelten, Römer und Germanen*. München: Piper.
Probst, Ernst (1996): *Deutschland in der Bronzezeit*. München: Bertelsmann.
Ramat, Paolo (1981). *Einführung in das Germanische*. Tübingen: Niemeyer.
Ranke, Friedrich / Hofmann, Dietrich (1967). *Altnordisches Elementarbuch*. Berlin: de Gruyter.
Rasmussen, Jens E. (1996). *On the Origin of the Germanic Weak Preterite*, in „Copenhagen Working Papers in Linguistics“ 4, 161 – 168.
Reichert, H. (2006). *Vahalus*, in „Reallexikon der germanischen Altertumskunde“ 32, 30 – 32.
Ringe, Don (2006). *From Proto-Indo-European to Proto-Germanic*. Oxford: University Press.

Ritter, Ralf-Peter (1993). *Studien zu den ältesten germanischen Entlehnungen im Ostseefinnischen*. Frankfurt / Main: Lang.
Rix, Helmut (1976). *Historische Grammatik des Griechischen.* Darmstadt: Wissenschaftliche Buchgesellschaft.
Rix, Helmut et al. (1998) *Lexikon der indogermanischen Verben. Die Wurzeln und ihre Primärstammbildungen*. Wiesbaden: Reichert.
Rix, Helmut (2003). *Ausgliederung und Aufgliederung der italischen Sprachen*, in Alfred Bammesberger / Theo Vennemann, „Languages in Prehistoric Europe". Heidelberg, 147 – 172.
Rooth, Erik (1974). *Das Vernersche Gesetz in Forschung und Lehre.* Lund: CWK Gleerup.
Rübekeil, Ludwig (2002). *Studien zur Kontaktzone zwischen Kelten und Germanen.* Wien: Verlag der Österreichischen Akademie der Wissenschaften.
Scardigli, Piergiuseppe (1999). *Bemerkungen zum Stammesnamen „Goten"*, in Peter Anreiter / Erzsébet Jerem, „Studia Celtica et Indogermanica. Festschrift für Wolfgang Meid". Budapest, 409 – 411.
Scardigli, Piergiuseppe (2002). *Nordic-Gothic linguistic relations*, in Oskar Bandle u.a., „The Nordic Languages". Berlin, 553 – 558.
Schäfer, Ch. (1984). *Zur semantischen Klassifizierung germanischer denominaler ôn-Verben*, in „Sprachwissenschaft" 9, 356 – 383.
Schaffner, Stefan (2001). *Das Vernersche Gesetz und der innerparadigmatische Wechsel des Urgermanischen im Nominalbereich.* Innsbruck: Institut für Sprachwissenschaft.
Schelesniker, Herbert (1985). *Die Schichten des urslavischen Wortschatzes*, in „Anzeiger für Slawische Philologie" 15/16, 77 – 100.
Schlerath, Bernfried (1995). *Bemerkungen zur Geschichte der* -es-*Stämme im Westgermanischen*, in Heinrich Hettrich et al., „Verba et structurae. Festschrift für Klaus Strunk". Innsbruck, 249 – 264.
Schmid, Wolfgang P. (1966). *Baltische Beiträge IV: Zur Bildung des litauischen Praeteritums*, in „Indogermanische Forschungen" 71, 286 – 296.
Schmid, Wolfgang Paul (1968). *Alteuropäisch und Indogermanisch*, Wiesbaden 1968.
Schmid, Wolfgang P. (1986a). *Donau. Philologisches*, in „Reallexikon der germanischen Altertumskunde" 6, 14 – 16.
Schmid, Wolfgang P. (1986b). *Alteuropa und das Germanische*, in Heinrich Beck, „Germanenprobleme in heutiger Sicht". Berlin, 155 – 167.
Schmid, Wolfgang P. (1989). *Zu den germanisch-baltischen Sprachbeziehungen. Die Komparation der Adjektive*, in „Indogermanica Europaea. Festschrift Wolfgang Meid". Graz, 241 – 250
Schmid, Wolfgang P. (1994). *Bemerkungen zum Werden des Germanischen*, in „Linguisticae Scientiae Collectanea. Ausgewählte Schriften". Berlin/New York: de Gruyter.
Schmidt, Gernot (1970). *Zum Problem der germanischen Dekadenbildungen*, in „Kuhns Zeitschrift" 84, 98 – 136.
Schmidt, Gernot (1977). *Das germanische schwache Präteritum mit idg.* „-dh-", in „Kuhns Zeitschrift" 90, 262 – 269.
Schmidt, Gernot (1978a). *Stammbildung und Flexion der indogermanischen Personalpronomina*, Wiesbaden: Harrassowitz.
Schmidt, Gernot (1978b). *Das keltische und das germanische* t-*Präteritum*, in „Zeitschrift für Celtische Philologie" 36, 13 – 22.
Schmidt, Gernot (1984). *Gotisch* standan, gaggan, iddja, in „Sprachwissenschaft" 9, 211 – 230.
Schmidt, Karl-Horst (1980/81). *The Gaulish Inscription of Chamalières*, in „Bulletin of the Board of Celtic Studies" 29, 256 – 268.
Schmidt, Karl-Horst (1986). *Keltisch-germanische Isoglossen und ihre sprachgeschichtlichen Implikationen*, in Heinrich Beck, „Germanenprobleme in heutiger Sicht". Berlin, 231 – 247.
Schmidt, Klaus M. (1974). *The Gothic Dual Second Person* (-ts), in „Linguistics" 130, 83 – 86.

Schmitt, Rüdiger (1967). *Dichtung und Dichtersprache in indogermanischer Zeit*. Wiesbaden: Harrassowitz.
Schrodt, Richard (1976). *Die germanische Lautverschiebung und ihre Stellung im Kreise der indogermanischen Sprachen*. Wien: Halosar.
Schrodt, Richard (2004). *Althochdeutsche Grammatik II:Syntax*. Tübingen: Niemeyer.
Schubert, Hans-Jürgen (1968). *Die Erweiterung des bibelgotischen Wortschatzes mit Hilfe der Methoden der Wortbildungslehre*, Dissertation. München: Hueber.
Schuppener, Georg (1998). *Einschnitte bei den indogermanischen Zehnerzahlen*, in Wolfgang Meid, „Sprache und Kultur der Indogermanen". Innsbruck, 293 – 321.
Schwyzer, Eduard (1939, 1950). *Griechische Grammatik*, Bd. I und II. München: Beck.
von See, Klaus (1967). *Germanische Verskunst*. Stuttgart: Sammlung Metzler.
von See, Klaus (2000). *Kommentar zu den Liedern der Edda, Bd. 3: Götterlieder*. Heidelberg: Winter.
Seebold, Elmar (1966). *Die Geminata bei germ.* kann, ann *und anderen starken Verben*, in „Kuhns Zeitschrift" 80, 273 – 284.
Seebold, Elmar (1980). *Die Vertretung von anlautend idg.* $*g^{wh}$ *und *ghw- im Germanischen*, in Manfred Mayrhofer et al., „Lautgeschichte und Etymologie". Wiesbaden, 450 – 484.
Seebold, Elmar (1984). *Das System der Personalpronomina in den frühgermanischen Sprachen*. Göttingen: Vandenhoeck & Ruprecht.
Seebold, Elmar (1998). *Germanen, Germania, germanische Altertumskunde. Sprache und Schrift*, in „Reallexikon der germanischen Altertumskunde" 11, 275 – 305.
Seebold, Elmar (1999a). *Hanf. Kulturgeschichtliches*, in „Reallexikon der germanischen Altertumskunde" 13, 628 – 629.
Seebold, Elmar (1999b). *Der Helm von Negau. Eine Auseinandersetzung mit dem Forschungsstand*, in „Gering und doch von Herzen. Festschrift für Bernhard Forssman". Wiesbaden, 259 – 270.
Seebold, Elmar (2000). *Wann und wo sind die Franken vom Himmel gefallen?* in „Beiträge zur Geschichte der deutschen Sprache und Literatur" 122, 40 – 56.
Sen, Subhadra Kumar (1994). *Proto-Indo-European, a multiangular view*, in „Journal of Indo-European Studies" 22, 67 – 90.
Sen, Subhadra Kumar (2005). *Gothic* atta *and* fadar*: A Semantic Analysis*, in Gerhard Meiser / Olav Hackstein, „Sprachkontakt und Sprachwandel". Wiesbaden, 255 – 259.
Senn, Alfred (1954). *Die Beziehungen des Baltischen zum Slavischen und Germanischen*, in „Kuhns Zeitschrift" 71, 162 – 188.
Shields, Kenneth C. (1980). *The Gothic Verbal Dual in* –ts *and Its Indo-European Origins*, in „Indogermanische Forschungen" 84, 216 – 225.
Shields, Kenneth C. (1992). *On the Origin oft he Germanic Decads 70 – 100*, in „North-Western European Language Evolution" 19, 89 – 100.
Shields, Kenneth C. (1994). *On the Indo-European origin of Lithuanian 2nd dual verbal suffix* –ta, in „Baltistica" 29, 33 – 40.
Shields, Kenneth C. (1999). *Germanic dative personal pronouns in* -s, in „Folia Linguistica Historica" 20/1 – 2, 25 – 35.
Shields, Kenneth C. (2001). *Gothic 2nd dual* -ts *and West Germanic 2nd dual* -st: *an analogical connection?* in „North-Western European Language Evolution" 38, 115 – 123.
Simek, Rudolf (2005): *Götter und Kulte der Germanen*. München: Beck.
Simek, Rudolf (2005): *Der Glaube der Germanen*. Kevelaer: Topos plus.
Snædal, Magnús (2002a). *Gothic* kaúrus *"heavy" and ist cognates in Old Norse*, in „North-Western European Language Evolution" 41, 31 – 43.
Snædal, Magnús (2002b). *The* i-*stem adjectives in Gothic*, in „Indogermanische Forschungen" 107, 250 – 267.
Spitra, Helfried und Kersken, Uwe (Hg.) (2007): *Die Germanen*. Bergisch Gladbach: Lübbe.

Springer, Maria Magdalena (1983). *Untersuchung der altenglischen Kenningar im Beowulf-Epos*, Dissertation. Aachen.

Stang, Christian S. (1966). *Vergleichende Grammatik der baltischen Sprachen*. Oslo: Universitetsforlaget.

Stearns, MacDonald (1978). *Crimean Gothic. Analysis and Etymology of the Corpus*. Saratoga / California: Anna libri.

Stiles, Patrick V. (1985). *The fate of the numeral "4" in Germanic (1)*, in „North-Western European Language Evolution" 6, 81 – 104.

Stiles, Patrick V. (1986a). *The fate of the numeral "4" in Germanic (2)*, in „North-Western European Language Evolution" 7, 3 – 27.

Stiles, Patrick V. (1986b). *The fate of the numeral "4" in Germanic (3)*, in „North-Western European Language Evolution" 8, 3 – 25.

Strunk, Klaus (1967). *Nasalpräsentien und Aoriste. Ein Beitrag zur Morphologie des Verbums im Indo-Iranischen und Griechischen*. Heidelberg: Winter.

Strunk, Klaus (1976). *Gr. κρατύς und germ. *χarđus. Nachtrag zu einer fragwürdigen Etymologie*, in „Münchener Studien zur Sprachwissenschaft" 34, 169 – 170.

Strunk, Klaus (1987). Besprechung zu Jürgen Untermann / Béla Brogyanyi, *Das Germanische und die Rekonstruktion der indogermanischen Grundsprache*, Amsterdam, 1984. – „Beiträge zur Namenforschung. Neue Folge" 22, 3, 319 – 323.

Suhonen, Seppo (1988). *Die baltischen Lehnwörter der finnougrischen Sprachen*, in D. Sinor, „The Uralic Languages. Description, History, and Foreign Influences". Leiden, 596 – 615.

Szemerényi, Oswald (1960). *Studies in the Indo-European System of Numerals*. Heidelberg: Winter.

Szemerényi, Oswald (1989). *Einführung in die Vergleichende Sprachwissenschaft*, 3. Auflage. Darmstadt: Wissenschaftliche Buchgesellschaft.

Tanaka, Toshiya (2002). *The Origin and Development of the* *es- *vs.* *wes-*Suppletion in the Germanic Copula: From a Non-Brugmannian Standpoint*, in „North-Western European Language Evolution" 40, 3 – 27.

Thomas, Werner (1975). *Zum Problem des Prohibitivs im Indogermanischen*, in „Dialogus. Festschrift Harald Patzer". Wiesbaden, 307 – 323.

Todd, Malcolm (1992): *The Early Germans*. Oxford: Blackwell. Deutsche Ausgabe (2000): *Die Germanen – Von den frühen Stammesverbänden zu den Erben des Weströmischen Reiches*. Stuttgart: Konrad Theiss.

Tovar, Antonio (1975). *Die späte Bildung des Germanischen*, in Helmut Rix, „Flexion und Wortbildung". Wiesbaden, 346 – 357.

Udolph, Jürgen (1979). *Studien zu slavischen Gewässernamen und Gewässerbezeichnungen. Ein Beitrag zur Frage nach der Urheimat der Slaven*. Heidelberg: Winter.

Udolph, Jürgen (1994). *Namenkundliche Studien zum Germanenproblem*. Berlin / New York: de Gruyter.

Udolph, Jürgen (2004a): *„Anatolien war nicht Ur-Heimat der indogermanischen Stämme"* (Interview), in: Eurasisches Magazin 03-04 vom 26. März 2004.

Udolph, Jürgen (2004b). Rezension zu Ludwig Rübekeil (2002). *Studien zur Kontaktzone zwischen Kelten und Germanen*. – In „Beiträge zur Namenforschung" 39, 196 – 202.

Udolph, Jürgen (2005). *Substrate im Germanischen*, in Gerhard Meiser / Olav Hackstein, „Sprachkontakt und Sprachwandel". Wiesbaden, 688 – 698.

Voyles, Joseph B. (1992). *Early Germanic Grammar: pre-, proto-, and post-Germanic Language*. San Diego: Academic Press.

de Vries, Jan (1977). *Altnordisches etymologisches Wörterbuch*, 2. Aufl. Leiden: Brill.

Wackernagel, Jacob / Debrunner, Albrecht (1930). *Altindische Grammatik*, Band III. Göttingen: Vandenhoeck & Ruprecht.

Watkins, Calvert (1966). *Italo-Celtic Revisited,* in H. Birnbaum / J. Puhvel, „Ancient Indo-European Dialects". Los Angeles, 29 – 50.
Wells, Peter S. (1999). *The Barbarians Speak. How the Conquered People Shaped Roman Europe.* Princeton: Princeton University Press. Deutsche Ausgabe (2007): *Die Barbaren sprechen. Kelten, Germanen und das römische Europa.* Darmstadt: Wissenschaftliche Buchgesellschaft.
Widmer, Paul (2004). *Das Korn des weiten Feldes. Interne Derivation, Derivationskette und Flexionsklassenhierarchie. Aspekte der nominalen Wortbildung im Urindogermanischen.* Innsbruck: Institut für Sprachwissenschaft.
Wiegels, Rainer (2007). *Die Varusschlacht – Wendepunkt der Geschichte?* Stuttgart: Theiss.
Wiese, Harald (2007). *Eine Zeitreise zu den Ursprüngen unserer Sprache. Wie die Indogermanistik unsere Wörter erklärt*, Berlin: Logos.
Wolters, Reinhard (2008). *Die Schlacht im Teutoburger Wald.* München: C. H. Beck.
Wright, Joseph & Elizabeth Mary (1925). *Old English Grammar*, 3. Auflage. Oxford: University Press.
Zeilfelder, Susanne (2001). *Archaismus und Ausgliederung. Studien zur sprachlichen Stellung des Hethitischen.* Heidelberg: Winter.
Zeilfelder, Susanne (2005). *Der AcI im Nordgermanischen, oder: Was ist trivial in der Syntax?* in Gerhard Meiser / Olav Hackstein, „Sprachkontakt und Sprachwandel". Wiesbaden, 745 – 754.
Zimmer, Stefan (2003). *Paemani*, in „Reallexikon der germanischen Altertumskunde" 22, 443 – 444.
Zimmer, Stefan (2006a). *Usipeten/Usipeter und Tenkterer. Sprachliches*, in „Reallexikon der germanischen Altertumskunde" 31, 572 – 573.
Zimmer, Stefan (2006b). *Ubier. Sprachliches*, in „Reallexikon der germanischen Altertumskunde" 31, 355 – 356.

Bildnachweis

S. 1, 115, 208 und 240: Malene Thyssen (WP/GNU) – S. 13: Bibliographisches Institut & F. A. Brockhaus AG, 2001 – S. 17: Landesamt für Denkmalpflege und Archäologie Sachsen-Anhalt, Halle – S. 18: Wikimedia Commons – S. 19 links: www.astronomie2009.de – S. 19 rechts: Andreas Praefcke (Wikimedia Commons) – S. 21 (beide Karten): Wikimedia Commons, ossipro – S. 22: Schreiber (WP/GNU) – S. 27: www.lorinn-de-loc.de – S. 29: Hans J. Holm – S. 31: Humboldt-Universität Berlin (1907) – S. 43: Berig (WP/GNU) – S. 48: Davius Santex (elistas.egrupos.net) – S. 50: Regani (WP/gfr.) – S. 57: Wikimedia Commons – S. 71: lippizzaner.at („Kunsthistorisches Museum Vienna") – S. 82: Landesmuseum für Vorgeschichte/Sachsen-Anhalt in Halle – S. 99: casiopeia (WP/GNU) – S. 160: Bullenwächter (WP/GNU) – S. 185: Asta (WP/gfr.) – S. 122: Cesky Roshlaz/Radio Praha – S. 128 oben: Sten Porse (WP/GNU) – S. 128 unten: www.ahlbacher.info – S. 140: www.bibelausstellung.de – S. 205: AxelHH (WP/gfr.). Sämtliche verwendeten Abbildungen wurden dem Internet entnommen. Die Abbildungen waren dort überwiegend als gemeinfrei gekennzeichnet oder sie standen unter Lizenzen, die der Nutzung in diesem Buch nicht entgegenstehen (GNU o. ä.). In Einzelfällen konnten Urheber und/oder Nutzungsrechte nicht geklärt werden. Hier ist der Verlag für Hinweise dankbar, um Quellenangeben ergänzen und ggf. begründete Ansprüche abgelten zu können.

Die wichtigsten Abkürzungen

1) *Sprachen*

ags. = angelsächsisch
ahd. = althochdeutsch
ai(nd). = altindisch
air. = altirisch
aksl. = altkirchenslawisch
alat. = altlateinisch
alb. = albanisch
alit. = altlitauisch
an. = altnordisch
ap. = altpersisch
apr. = altpreußisch
arm. = armenisch
awest. = awestisch
balt. = baltisch
böot. = böotisch
germ. = germanisch
got. = gotisch
gr(iech). = griechisch
heth. = hethitisch
idg. = indogermanisch
indoiran. = indoiranisch
ital. = italisch
kelt. = keltisch
krimgot. = krimgotisch
kymr. = kymrisch
lat. = lateinisch
lett. = lettisch
lit. = litauisch
myk. = mykenisch
ostidg. = ostindogermanisch
prg. = protogermanisch
slaw. = slawisch
spg. = späturgermanisch
uralb. = uralbanisch
venet. = venetisch
westidg. = westindogermanisch

2) *Grammatische Begriffe*

Abl. = Ablativ
Akk. = Akkusativ
Aor. = Aorist
Dat. = Dativ
Fem. = Femininum
Gen. = Genitiv
Instr. = Instrumental
Lok. = Lokativ
Mask. = Maskulinum
Med. = Medium
Ntr. = Neutrum
Nom. = Nominativ
Opt. = Optativ
Perf. = Perfekt
Pl. = Plural
Präs. = Präsens
Prät. = Präteritum
Sg. = Singular
Vok. = Vokativ

3) *Sonstiges*

ep. = episch
poet. = poetisch
ved. = vedisch

Über dieses Buch

Habent sua fata libelli – dass Bücher ihr Schicksal haben, wusste schon der römische Grammatiker Terentianus Maurus vor 1800 Jahren. Sein geflügeltes Wort bezog sich zunächst darauf, ob und wie ein Werk verstanden würde, ein Risiko, dem auch das vorliegende Werk ausgesetzt sein wird.

Freilich hat dieses ungewöhnliche Buch bereits zum Zeitpunkt seines Erscheinens eine eigene Geschichte. Es begann im März 2006 bei einem Abendessen der beiden Autoren in der Wohnung von Wolfram Euler. Der spätere Co-Autor hatte eine Idee: „Wolfram, Du hast doch dieses Buch geschrieben über die Ausgliederung der romanischen Sprachen aus dem Lateinischen. Man kennt den Ausgangspunkt – Latein – und die Endpunkte, (Alt-)französisch, (Alt-)italienisch usw. Und weil man weiß, wie Sprachen sich entwickeln, kann man die Übergänge recht genau beschreiben, auch wenn sie nicht belegt sind." – Euler nickte. – „Könnte man das selbe nicht auch versuchen für die wenn auch viel längere Übergangszeit vom Indogermanischen zum Germanischen? Beide Sprachen sind zwar selber nur erschlossen, aber das zu recht großen Teilen. Sind die Übergänge bisher voll erforscht?" – „Das ist eine Forschungslücke, die hat schon vor Jahrzehnten Hans Krahe beklagt!" – „Kannst Du sie schließen? Ich unterstütze es, wie immer ich kann!"

Wenige Minuten später war mit zwei weiteren Ideen das Projekt geboren: Euler erinnerte daran, dass die erste Lautverschiebung nicht schon vor 2500 Jahren, sondern erst rund 400 Jahre später stattgefunden hätte. Der Zustand unmittelbar davor sei bis heute kaum erforscht. Badenheuer wiederum bezweifelte, ob die Veränderungen gemäß Verners Gesetz nach und nicht vor dieser Lautverschiebung geschehen seien. Euler erklärte, dass er diese Zweifel teile und diese Frage in einer Arbeit über das Germanische gern weiter untersuchen wolle. Damit war das Projekt klar: Eine Monographie über das Protogermanische vor der ersten Lautverschiebung.

Im September 2006 lag das erste Manuskript vor: 65 Seiten mit 5 Seiten Literaturhinweisen, sie bilden nun den Kern der Kapitel 2 und 3 des fertigen Buches. Es begann ein dreijähriges Tauziehen: Euler beharrte auf maximaler Exaktheit, Badenheuer wollte als Journalist größtmögliche Lesbarkeit und Anschaulichkeit, schlug nacheinander ein Kapitel zur Syntax, zum Wortschatz und schließlich Textrekonstruktionen vor. Euler erarbeitete eines nach dem anderen, Badenheuer redigierte, suchte Fehler, stellte Rückfragen und besorgte am Ende die ganzen Illustrationen. Schon im Sommer 2007 hatte Professor Alfred Bammesberger das in den sprachwissenschaftlichen Teilen weit fortgeschrittene Werk begutachtet – und das so positiv, dass der junge Verlag Inspiration Un Limited bereit war, eine Innovation zu wagen: Forschung ist immer innovativ, aber ein Buch, das abstrakte Grundlagenforschung unmittelbar für ein breiteres Publikum öffnet, ist auch formal ein Novum.

Das jetzige Kapitel 1, überwiegend aus der Feder von Konrad Badenheuer, war schließlich nicht der Beginn, sondern der Schlussstein der Arbeit: Die Wissenschaftsgeschichte hinsichtlich der Germanen, zunächst nur als einführende Wiedergabe gesicherten Wissens gedacht, gab überraschend Blicke auf mittelgroße Abgründe, aber auch neue Ausblicke frei – aus der Sicht des Verlages ein eigenes Stück Erkenntnisfortschritt, das uns veranlasst hat, den bis dahin vorgesehenen Buchtitel „Die Sprache der Germanen“ um die beiden Worte „und Herkunft“ zu erweitern. Das Urteil über das Endprodukt liegt nun bei den Lesern.

George L. Mehren, JD, M.Sc.
Verlag Inspiration Un Ltd., Secretary, Counsel, London